高等医学院校规划教材　国家卫生和计划生育委员
教材供医科院校本专科各专业及临床执业医师培训使用

# 医学法学

（第二版）

Medical Law

主　编　任天波
副主编　汤　波　雷鸣选　徐萍风　杨雪梅
编　者　（以姓名笔画为序）
　　　　朱国明　任天波　汤　波　杨雪梅
　　　　李宝凤　张　杰　张　焜　陈建保
　　　　郑学刚　郝红亮　徐萍风　崔　岚
　　　　雷鸣选

陕西师范大学出版总社有限公司

图书代号　JC12N1031

**图书在版编目(CIP)数据**

医学法学 / 任天波主编 . —西安:陕西师范大学出版总社有限公司,2012.12(2014.2 重印)
ISBN 978-7-5613-6900-5

Ⅰ.①医… Ⅱ.①任… Ⅲ.①卫生法—法学—中国—医学院校—教材 Ⅳ.①D922.161

中国版本图书馆 CIP 数据核字(2012)第 309110 号

## 医学法学

| 主　　编 | 任天波 |
|---|---|
| 责任编辑 | 刘　佳　申　媛 |
| 责任校对 | 黄　薇　于　帅 |
| 封面设计 | 鼎新设计 |
| 出版发行 | 陕西师范大学出版总社有限公司 |
| | (西安市长安南路199号　邮编710062) |
| 网　　址 | http://www.snupg.com |
| 经　　销 | 新华书店 |
| 印　　刷 | 西安永琛快速印务有限责任公司 |
| 开　　本 | 787mm×1092mm　1/16 |
| 印　　张 | 21 |
| 字　　数 | 500 千 |
| 版　　次 | 2014 年 2 月第 2 版 |
| 印　　次 | 2014 年 2 月第 1 次印刷 |
| 书　　号 | ISBN 978-7-5613-6900-5 |
| 定　　价 | 42.00 元 |

读者购书、书店添货如发现印刷装订问题,请与本社高教出版分社联系调换。
电话:(029)85303622(兼传真)　85307826

# 前 言

当听到医患纠纷发展到杀医事件,目睹医生戴钢盔上班的报道……;当听到老百姓抱怨"看病难,看病贵",患者带着录像机看病的消息……,作为医学教育者,我们是多么揪心和痛楚,深感医学教育任重道远。冷静地反思一下,每一件恶性事件的发生,都是医患双方在人文素质、法律知识和伦理道德方面,存在着或多或少的缺失,这也是恶性事件发生的诱因。如果医疗机构多一份社会责任和法律意识,多给患者一份人文关爱,少一点医疗损害和医疗事故;如果患者多一点法律知识和正确的维权意识,多给医师一份人文理解,少一点无知的冲动,正确拿起法律武器维权,也许恶性事件就不会在现实中发生。所以,学习医学法,掌握应用医学法,是医患双方都应该具备的法律知识体系。

医学法是国家依法治国,依法行政,维护和保护人体生命健康权益的现代法学体系的重要部门法。医学法学是以医疗卫生服务领域与法学建设融合发展为研究对象,而发展起来的一门新兴交叉学科,是现代医学教育课程体系的重要组成部分。学习医学法,了解与医药卫生有关的法律制度,明确医药卫生工作中享有的权利和义务,正确履行岗位职责,对促进医疗卫生事业的健康发展,提高医疗卫生人员履行卫生监督执法水平,有着重要的现实意义。

由于医学法学法律法规有很多,不可能面面俱到,所以,在本书编写过程中,将医疗卫生工作实践中运用较多的法律法规精选出来,突出专业特点,坚持实用为本,必需、够用为度。作为医务人员身边必备的医学法律参考书籍,呈现以下特点。

第一,针对性。每章均有导读和概论提示,对医学法的基本理论和基本知识,以及最新法律法规都进行了必要阐释,每章后设置适当习题,用以巩固所学与反思提高。

第二，新颖性。内容筛选新颖精炼，以模块化循序渐进编排章节顺序，将最新的医学法律知识呈现给学者，既可以使读者学习到相关的医学法律知识，又可通俗易懂地指导医疗卫生实践。

第三，前瞻性。尽力做到前瞻性研究与理论探讨和社会实践相结合，根据临床执业工作实际应用，展望医学科学发展引起的法律问题与相关法律法规建设，坚持理论与实践相结合。

第四，实用性。内容安排上主要针对临床医学实践，提高医务人员医学法律意识，依法行医，依法保护自身和病人双方的合法权益，为广大的卫生行政管理人员、卫生监督人员提供有益的参考。

编 者<br>2014 年 2 月 12 日

# 目录 Contents

## 第一章 医学法学的基本理论
### 第一节 概述 …………………………………………………………（ 1 ）
一、医学和医学法的关系 ……………………………………………（ 1 ）
二、医学法学的概念 …………………………………………………（ 3 ）
三、医学法学与相关学科的关系 ……………………………………（ 4 ）
四、医学法学的性质 …………………………………………………（ 5 ）
### 第二节 医学法的特征和基本原则 ……………………………………（ 7 ）
一、医学法的调整对象 ………………………………………………（ 7 ）
二、医学法的特征 ……………………………………………………（ 7 ）
三、医学法的基本原则 ………………………………………………（ 9 ）
### 第三节 医学法的渊源和内容 …………………………………………（ 11 ）
一、医学法的渊源 ……………………………………………………（ 11 ）
二、医学法的内容 ……………………………………………………（ 12 ）
三、医学法的作用 ……………………………………………………（ 13 ）
### 第四节 医学法的制定与实施 …………………………………………（ 14 ）
一、医学法的制定 ……………………………………………………（ 14 ）
二、医学法的实施 ……………………………………………………（ 19 ）
三、医学法的效力范围 ………………………………………………（ 20 ）
四、医学法的适用 ……………………………………………………（ 21 ）

## 第二章 医疗技术人员管理法律制度
### 第一节 概述 …………………………………………………………（ 23 ）
一、医疗技术人员的概念 ……………………………………………（ 23 ）
二、医疗技术人员的分类 ……………………………………………（ 23 ）
### 第二节 执业医师法律制度 ……………………………………………（ 25 ）
一、概述 ………………………………………………………………（ 25 ）
二、执业医师资格考试制度 …………………………………………（ 26 ）
三、医师执业注册制度 ………………………………………………（ 27 ）
四、医师的执业规则 …………………………………………………（ 29 ）
五、医师的考核和培训 ………………………………………………（ 30 ）
六、乡村医生从业管理 ………………………………………………（ 30 ）
七、法律责任 …………………………………………………………（ 32 ）
### 第三节 护士管理法律制度 ……………………………………………（ 33 ）
一、概述 ………………………………………………………………（ 33 ）
二、护士执业考试 ……………………………………………………（ 34 ）

  三、护士执业注册 …………………………………………………………（34）
  四、护士执业 ……………………………………………………………（35）
 第四节 执业药师管理法律制度 …………………………………………（38）
  一、概述 …………………………………………………………………（38）
  二、执业药师资格考试和注册 …………………………………………（38）
  三、执业药师职责 ………………………………………………………（39）
  四、法律责任 ……………………………………………………………（40）
 第五节 职业技师管理的法律规定 ………………………………………（40）
  一、概述 …………………………………………………………………（40）
  二、职业技师资格 ………………………………………………………（40）
  三、技师的执业规则 ……………………………………………………（42）
  四、法律责任 ……………………………………………………………（43）

## 第三章 医疗机构管理法律制度

 第一节 概述 …………………………………………………………………（44）
  一、医疗机构和医疗机构管理立法 ……………………………………（44）
  二、医疗机构的规划布局与设置审批 …………………………………（46）
  三、医疗机构的登记和执业 ……………………………………………（47）
  四、医疗机构监督管理 …………………………………………………（49）
  五、违反医疗机构管理法规的法律责任 ………………………………（49）
 第二节 医疗机构管理中的法律制度 ……………………………………（50）
  一、医疗机构药事管理 …………………………………………………（50）
  二、医疗机构病历管理 …………………………………………………（51）
  三、医疗废物管理 ………………………………………………………（52）
  四、医院感染管理 ………………………………………………………（53）
  五、医疗广告管理 ………………………………………………………（54）
 第三节 医院管理中的法律规定 …………………………………………（55）
  一、医院的概念和任务 …………………………………………………（55）
  二、医院的组织结构和组织编制 ………………………………………（56）
  三、医院分级管理 ………………………………………………………（56）
 第四节 中外合资、合作医疗机构管理中的法律规定 ………………（57）
  一、中外合资、合作医疗机构的概念 …………………………………（57）
  二、合作医疗机构的设置条件 …………………………………………（57）
  三、中外合资、合作医疗机构的审批与登记 …………………………（58）
  四、中外合资、合作医疗机构的执业 …………………………………（59）
 第五节 医学会管理法律制度 ……………………………………………（59）
  一、医学会的成立、变更和注销 ………………………………………（59）
  二、医学会的组织机构和业务范围 ……………………………………（59）
  三、对医学会的监督管理 ………………………………………………（61）
 第六节 其他医疗机构管理中的法律规定 ……………………………（61）

一、个体医疗机构管理的法律规定……………………………（61）
二、急救医疗机构管理的法律规定……………………………（61）
三、康复医疗机构管理的法律规定……………………………（62）

## 第四章 中医药法律制度

### 第一节 概述……………………………………………………（64）
一、中医药的概念………………………………………………（64）
二、中医药法的概念及法制建设………………………………（65）
三、中医药的立法………………………………………………（66）

### 第二节 中医药从业医疗机构与人员管理……………………（67）
一、中医医疗机构的设置管理…………………………………（67）
二、中医从业人员管理…………………………………………（70）
三、中西医结合…………………………………………………（71）

### 第三节 中药管理法律规定……………………………………（73）
一、中药现代化发展纲要………………………………………（73）
二、中药现代化发展的重点任务………………………………（74）
三、推进中药现代化的主要措施………………………………（75）

### 第四节 中医药教育和科研的法律规定………………………（76）
一、中医药教育、科研机构的建立……………………………（76）
二、中医药学术经验和技术专长的继承………………………（77）
三、中医药对外合作交流管理…………………………………（77）
四、中医药发展的保障措施……………………………………（77）
五、中医药科学研究的原则与任务……………………………（78）

### 第五节 民族医药的继承和发展………………………………（80）
一、我国的民族医药学…………………………………………（80）
二、民族医药的法律地位………………………………………（81）
三、继承和发展民族医药学……………………………………（81）

### 第六节 法律责任………………………………………………（83）
一、行政责任……………………………………………………（83）
二、刑事责任……………………………………………………（83）

## 第五章 处方管理法律制度

### 第一节 概述……………………………………………………（84）
一、处方管理办法………………………………………………（84）
二、处方的概念…………………………………………………（85）
三、处方的类型…………………………………………………（86）

### 第二节 处方的内容和管理……………………………………（88）
一、对处方的相关规定及要求…………………………………（88）
二、处方点评……………………………………………………（91）
三、处方点评的模式……………………………………………（92）

第三节　处方的开具与调剂 ·················································· （95）
　　　一、处方的开具 ······························································ （95）
　　　二、处方合理用药的原则 ················································· （97）
　　　三、处方的调剂 ···························································· （100）
　　第四节　监督管理与法律责任 ············································· （101）
　　　一、监督管理 ································································ （101）
　　　二、法律责任 ································································ （102）

## 第六章　药品管理法律制度

　　第一节　概述 ·································································· （104）
　　　一、药品管理法的概念 ···················································· （104）
　　　二、我国药品管理法律的发展 ··········································· （105）
　　　三、药品管理法的调整对象及指导原则 ······························· （106）
　　第二节　药品生产与经营管理法律规定 ································· （106）
　　　一、药品生产企业管理的法律规定 ····································· （106）
　　　二、药品经营企业管理的法律规定 ····································· （108）
　　　三、医疗单位制剂管理的法律规定 ····································· （109）
　　　四、禁止假药、劣药的法律规定 ········································ （110）
　　第三节　药品管理法律制度 ················································ （110）
　　　一、药品标准的法律规定 ················································· （110）
　　　二、新药、仿制药品、新生物制品管理 ······························· （111）
　　　三、进出口药品管理 ······················································· （112）
　　　四、特殊药品管理 ·························································· （113）
　　　五、处方药与非处方药管理 ·············································· （114）
　　第四节　药品监督管理法律制度 ·········································· （115）
　　　一、药品不良反应报告的法律规定 ····································· （115）
　　　二、药品监督管理部门及其职责 ········································ （116）
　　　三、药检机构及其职责 ···················································· （117）
　　第五节　法律责任 ···························································· （118）
　　　一、行政责任 ································································ （118）
　　　二、民事责任 ································································ （121）
　　　三、刑事责任 ································································ （121）

## 第七章　麻醉药品和精神药品管理法律制度

　　第一节　概述 ·································································· （122）
　　　一、麻醉药品和精神药品的概念 ········································ （122）
　　　二、药品依赖性及相关概念 ·············································· （123）
　　　三、国内外麻醉药品和精神药品管理机构 ··························· （124）
　　　四、麻醉药品和精神药品管制的必要性 ······························· （125）
　　第二节　麻醉药品和精神药品的管理 ··································· （126）
　　　一、麻醉药品和精神药品的管理体制 ·································· （126）

二、麻醉药品和精神药品的分类与品种 …………………………………… (127)
　　三、种植、实验研究和生产管理 …………………………………………… (128)
　　四、麻醉药品和精神药品的经营管理 ……………………………………… (129)
　　五、麻醉药品和精神药品的储存和运输管理 ……………………………… (131)
　　六、麻醉药品和精神药品的监督管理 ……………………………………… (132)
　第三节　麻醉药品和精神药品的使用 ………………………………………… (133)
　　一、药品购用印鉴卡的管理规定 …………………………………………… (133)
　　二、医疗机构使用麻醉药品和精神药品的规定 …………………………… (133)
　　三、非医疗机构使用麻醉药品和精神药品的规定 ………………………… (135)
　第四节　法律责任 ……………………………………………………………… (135)
　　一、行政责任 ………………………………………………………………… (135)
　　二、刑事责任 ………………………………………………………………… (138)

## 第八章　传染病防治法律制度
　第一节　概述 …………………………………………………………………… (140)
　　一、传染病概述 ……………………………………………………………… (140)
　　二、传染病的预防 …………………………………………………………… (144)
　　三、传染病防治法概述 ……………………………………………………… (144)
　第二节　疫情控制 ……………………………………………………………… (146)
　　一、传染病疫情的报告、通报和公布 ……………………………………… (146)
　　二、卫生专业机构控制传染病的职责 ……………………………………… (147)
　　三、传染病爆发时的疫区封锁 ……………………………………………… (148)
　　四、疫区的医疗救治 ………………………………………………………… (148)
　第三节　传染性非典型肺炎防治管理法律制度 ……………………………… (149)
　　一、"非典"疫情的报告、通报和公布 …………………………………… (149)
　　二、"非典"疫情的预防与控制 …………………………………………… (150)
　　三、医疗救治与监督管理 …………………………………………………… (151)
　第四节　性病、艾滋病防治法律制度 ………………………………………… (152)
　　一、性病防治法律规定 ……………………………………………………… (152)
　　二、艾滋病防治法律规定 …………………………………………………… (153)
　第五节　结核病防治法律规定 ………………………………………………… (154)
　　一、结核病预防与接种 ……………………………………………………… (154)
　　二、结核病调查与报告 ……………………………………………………… (155)
　　三、结核病治疗 ……………………………………………………………… (155)
　　四、结核病控制传染 ………………………………………………………… (155)
　第六节　法律责任 ……………………………………………………………… (156)
　　一、法律责任追究的责任部门 ……………………………………………… (156)
　　二、法律责任追究的其他有关单位和人员 ………………………………… (158)
　　三、法律责任的追究 ………………………………………………………… (158)

## 第九章 精神卫生法律制度

### 第一节 概述 …………………………………………………………… (162)
一、精神卫生法律制度概述 …………………………………………… (162)
二、精神卫生法 …………………………………………………… (163)
三、精神障碍患者合法权益保障 ……………………………………… (164)

### 第二节 精神疾病的诊断和治疗 ………………………………………… (165)
一、精神障碍与疾病 ……………………………………………… (165)
二、精神障碍与疾病的种类 …………………………………………… (167)
三、精神障碍与疾病的诊断和治疗 …………………………………… (167)
四、精神障碍的再次诊断和医学鉴定 ………………………………… (169)

### 第三节 精神卫生工作的管理保障机制 ………………………………… (170)
一、精神卫生工作的管理保障 ………………………………………… (170)
二、精神卫生服务体系 ……………………………………………… (171)
三、心理健康促进和精神障碍预防 …………………………………… (172)

### 第四节 精神疾病司法鉴定的法律规定 ………………………………… (174)
一、司法鉴定机构 …………………………………………………… (174)
二、鉴定内容 ………………………………………………………… (175)
三、鉴定对象与鉴定人 ……………………………………………… (176)
四、司法精神疾病鉴定书 …………………………………………… (176)

### 第五节 法律责任 ………………………………………………………… (177)
一、行政责任 ………………………………………………………… (177)
二、民事责任 ………………………………………………………… (178)
三、刑事责任 ………………………………………………………… (178)

## 第十章 献血法律制度

### 第一节 概述 …………………………………………………………… (179)
一、献血法的概念 …………………………………………………… (179)
二、献血法律制度 …………………………………………………… (180)
三、无偿献血 ………………………………………………………… (181)

### 第二节 采血与供血 ……………………………………………………… (183)
一、采供血机构 ……………………………………………………… (183)
二、采血管理 ………………………………………………………… (185)
三、供血管理 ………………………………………………………… (187)

### 第三节 临床用血管理 …………………………………………………… (187)
一、临床用血的原则 ………………………………………………… (187)
二、临床用血的管理 ………………………………………………… (188)
三、临床用血制度 …………………………………………………… (189)

### 第四节 血液制品管理 …………………………………………………… (190)
一、血液制品生产经营管理 …………………………………………… (190)
二、单采血浆站的设置 ……………………………………………… (191)

三、原料血浆的采集管理 (192)
第五节 法律责任 (193)
一、行政责任 (193)
二、民事责任 (193)
三、刑事责任 (193)

## 第十一章 母婴保健与计划生育法律制度
第一节 概述 (196)
一、母婴保健法概述 (196)
二、妇幼保健法概述 (197)
三、人口与计划生育法概述 (197)
第二节 母婴保健法 (198)
一、母婴保健管理体制 (198)
二、婚前保健 (198)
三、孕产期保健 (199)
四、婴幼儿的保健 (200)
五、母婴保健医学技术鉴定 (200)
六、严禁采用技术手段对胎儿进行性别鉴定 (201)
七、母婴保健工作管理机构及其职责 (202)
八、法律责任 (202)
第三节 妇幼保健的法律规定 (203)
一、妇幼卫生保健法制建设 (203)
二、妇女卫生保健规定 (203)
三、儿童保健规定 (204)
第四节 人口与计划生育法律制度 (206)
一、人口与计划生育法制建设 (206)
二、实行计划生育是我国的基本国策 (207)
三、人口与发展规划的制定与实施 (207)
四、生育调节与生殖健康 (208)
五、奖励与社会保障 (211)
六、征收社会抚养费 (211)
七、流动人口的计划生育工作 (211)
八、计划生育技术服务 (213)
九、法律责任 (214)

## 第十二章 放射诊疗管理法律制度
第一节 概述 (218)
一、放射诊疗的概念与分类 (218)
二、放射性同位素、射线装置对人体的影响 (219)
三、放射性同位素、射线装置防护的目的 (219)
四、电离辐射防护的基本手段 (219)

五、医疗照射防护法规 (220)
第二节 执业条件 (221)
一、放射诊疗的基本条件 (221)
二、设备和场所警示标志的设置 (223)
第三节 放射诊疗的设置与批准 (224)
一、分级管理、卫生审查和竣工验收 (224)
二、准入申请和许可受理、审查与批准 (224)
三、诊疗科目登记和校验与变更 (225)
四、许可注销 (225)
第四节 安全防护与质量保证 (225)
一、管理人员职责以及放射诊疗设备和检测仪表 (225)
二、放射诊疗场所防护要求和工作人员防护要求 (226)
三、对患者和受检者的防护要求 (227)
四、防范和处置放射事件应急预案的制定 (231)
五、放射事件调查处理与报告 (231)
第五节 监督管理和放射事件的处理 (231)
一、医疗机构放射诊疗管理与监督检查 (231)
二、被检查单位的义务与执法人员的要求 (231)
三、放射事故处理措施 (232)
第六节 法律责任 (232)
一、行政责任 (232)
二、民事责任和刑事责任 (233)

# 第十三章 突发公共卫生事件应急法律制度

第一节 概述 (234)
一、突发公共卫生事件的类型与特征 (234)
二、我国应对突发公共卫生事件的法律制度 (238)
三、国外应对突发公共卫生事件的体制 (240)
第二节 突发公共卫生事件应急条例 (242)
一、突发事件应急条例立法 (242)
二、应急工作的指导原则 (242)
三、《应急条例》的创新 (243)
第三节 突发事件的应急处理体系 (246)
一、突发事件的应急工作 (246)
二、突发事件的应急报告 (248)
三、突发事件的应急处理 (250)
第四节 法律责任 (252)
一、政府部门的法律责任 (252)
二、医疗卫生机构的法律责任 (252)
三、有关单位和个人的法律责任 (253)

# 第十四章 人体器官移植法律制度

## 第一节 概述 …………………………………………………………（254）
一、国外人体器官移植的历史与现状 …………………………（254）
二、中国人体器官移植的历史与现状 …………………………（255）
三、人体器官移植的作用和价值 ………………………………（256）

## 第二节 人类器官移植引发的法律问题 ……………………（256）
一、人体器官移植的概念与分类 ………………………………（256）
二、人体移植器官的来源 ………………………………………（257）
三、器官的获取方式 ……………………………………………（259）
四、受体的选择 …………………………………………………（261）

## 第三节 人体器官移植的法律法规 …………………………（263）
一、国外人体器官移植的法律法规 ……………………………（263）
二、我国人体器官移植的法律法规 ……………………………（264）

## 第四节 法律责任 ……………………………………………（268）
一、行政责任 ……………………………………………………（268）
二、民事责任 ……………………………………………………（269）
三、刑事责任 ……………………………………………………（269）

# 第十五章 现代医学发展中的法律问题

## 第一节 人工生殖技术的法律问题 …………………………（271）
一、人工生殖技术概述 …………………………………………（271）
二、人工生殖技术产生的法律问题 ……………………………（272）
三、人工生殖技术在我国的应用及立法思考 …………………（276）

## 第二节 基因工程与克隆技术的法律问题 …………………（277）
一、基因工程概述 ………………………………………………（277）
二、基因工程引起的法律问题 …………………………………（278）
三、我国基因工程及其立法 ……………………………………（281）

## 第三节 死亡法学 ……………………………………………（283）
一、死亡标准与死亡的法学判定 ………………………………（283）
二、脑死亡的法律问题 …………………………………………（284）
三、安乐死的法律问题 …………………………………………（287）

# 第十六章 医疗损害责任法律制度

## 第一节 概述 …………………………………………………（290）
一、医疗损害责任法的历史沿革 ………………………………（290）
二、医疗损害责任法的概念 ……………………………………（291）
三、医疗损害责任法的特征 ……………………………………（291）

## 第二节 医疗损害责任 ………………………………………（292）
一、医疗损害责任的分类 ………………………………………（292）
二、医疗损害责任的构成要件 …………………………………（293）
三、医疗损害赔偿责任的承担 …………………………………（294）

四、医疗损害责任的免责规定 …… (295)
　第三节　医疗纠纷案件的举证规则 …… (296)
　　一、医疗机构的举证规则 …… (296)
　　二、患方的举证规则 …… (297)
　　三、病历资料的相关规定 …… (298)
　第四节　医疗损害责任赔偿 …… (299)
　　一、侵权损害赔偿 …… (299)
　　二、禁止患者"医闹"的法律规定 …… (300)

## 第十七章　医疗事故处理法律制度

　第一节　概述 …… (301)
　　一、国内外医疗纠纷的现状 …… (301)
　　二、医疗事故处理立法 …… (303)
　第二节　医疗事故 …… (303)
　　一、医疗事故的概念 …… (303)
　　二、医疗事故的法律特征 …… (304)
　　三、医疗事故的等级和医疗事故的分级 …… (305)
　第三节　医疗意外 …… (307)
　　一、医疗意外的含义 …… (307)
　　二、对待医疗意外的态度 …… (307)
　　三、对医疗意外的处理 …… (308)
　第四节　医疗事故的鉴定 …… (310)
　　一、医疗事故技术鉴定的提起 …… (310)
　　二、医疗事故技术鉴定的原则 …… (311)
　　三、医疗事故技术鉴定 …… (311)
　　四、不属于医疗事故的情形 …… (312)
　第五节　医疗事故的处理 …… (313)
　　一、医疗事故争议的协商解决 …… (313)
　　二、医疗事故争议的行政解决 …… (313)
　　三、医疗事故争议的诉讼解决 …… (313)
　　四、医疗事故赔偿 …… (314)
　第六节　法律责任 …… (316)
　　一、行政责任 …… (316)
　　二、刑事责任 …… (316)
　　三、民事责任 …… (318)

**参考文献** …… (321)
**后记** …… (322)

# 第一章 医学法学的基本理论

**本章导引**

> 医学法学是一门新兴的边缘交叉学科。本章主要介绍医学法学以及医学法的概念、性质、任务、调整对象、特征和基本原则等，医学法学与相关学科之间的联系与区别；医学法的渊源、内容、作用；医学法的制定程序、原则、依据；医学法的适用、法律效力范围、遵守以及医学法实施的概念等内容。通过这些内容的介绍了解医学法学的学科体系，对于医学法学的法律体系，医学法学的相关内容有一个清晰的认识，将医疗卫生事业纳入法制轨道。

20世纪以来，由于社会的不断进步和科学技术的飞速发展，自然科学和社会科学逐渐从分化走向融合，为法学全面地、系统地研究医学实践活动中的法律关系，提供了必要的条件和基础，从而使医学法学的研究不断得到深入和发展。特别是随着生物—心理—社会医学模式的建立和医学法律规范不断出台，医药卫生管理活动内容的日益丰富，健康在人们的实际生活和生产劳动过程中受到了更加广泛的关注和重视，医学与法学两大领域也出现了相互渗透、交融和汇流的历史趋势，孕育和生成了医学法学这门具有明显的自然科学和社会科学交叉渗透的特点新兴学科。

## 第一节 概述

医学法学是研究医学法及其发展规律的一门法律科学，是由医学和法学结合而形成的一门新兴的法律科学，属于法学的分支学科。医学法学又称医药卫生法学或卫生法学，它是自然科学和社会科学相互作用、相互结合与互相渗透的产物。

### 一、医学和医学法的关系

1. **医学**（Medicine）

医学是研究人类生命过程及同疾病做斗争旨在保护人体健康的一门科学。在古代，医学主要是指"护卫生命"和"养生"。《辞海》对医学的解释是以增进和保护人类健康，预防和治疗疾病为研究内容的科学。到了近代，随着生产力的发展，人类逐步从被动适应自然，发展到主动适应和改造自然。对于疾病的防治，从被动适应开始向主动预防和战胜疾病转化。正如世界卫生组织所指出的，健康的生活方式比任何复杂的医疗技术都重要。

为增进健康，防治疾病，人类逐步采取了各种个人措施和社会措施。在此背景下，人类也开始了对医学问题的探索，并认为医学的主要含义是为增进健康、防治疾病所采取的个人措施和社会措施，这一观点一直延续至今。所谓个人措施（Individual measures）主要是指个人所具有的良好的生活习惯和卫生行为。而所谓社会措施（Social measures）是指国家采取的有利于人体健康、防治疾病、提高人的生命质量的社会行为。需要指出：无论是个人措施还是社会措施，都不能仅从合乎生理的要求考虑，还必须考虑心理和社会因素对健康的重要影响。随着医学模式的转变，健康已不再仅仅是指身体没有疾病，同时还包括拥有良好的精神状态和社会适应能力。

医学作为现代社会的重要组成部分，已经发展为一门具有科学内涵的知识体系，已成为一项重要的社会事业。一方面，社会离不开医学。因为医学通过各种途径、手段维护和增进人体健康，保护社会生产力，从而来促进社会的发展。同时，人们的健康素质和医学发展水平也是衡量一个国家现代化水平和文明程度的重要标志。另一方面，医学的发展也离不开社会。因为医学受到社会经济、政治、科技、文化、教育等方面的制约。随着国民经济的发展逐步增加医疗事业经费的投入，医学不仅是医疗卫生部门的事，更应是全社会的事，需要全社会的共同参与，支持医疗卫生事业的发展。

在现代社会条件下，医疗卫生作为一种行为措施不应是盲目的，而是建立在科学基础之上的。医疗卫生知识体系，不仅包括硬科学学科和知识，也包括软科学学科和知识。这一学科群和知识体系的出现和不断完善，使医疗卫生教育得到发展，医学知识得到普及，医疗卫生决策更加科学化。

从严格意义上讲，完整的医学概念包括两方面的内容：一是医学实践活动，二是医学科学知识。无论是古希腊著名医学奠基人希波克拉底（Hippokrates of Kos，约前460—前377），阿拉伯著名医学家阿维森纳（Avicenna，公元980—1037），还是现代医学家都认为"医学是科学"、"医学就是如何维护健康的技艺和健康丧失后恢复健康的技艺"。但在大部分情况下，人们将医学的概念狭义化了，仅仅指向了他的知识特性而疏忽了它的实践活动。医学概括了为维护人体健康而进行的所有方面的活动，包括医学实践活动和医学科学知识。

综上所述，医学是研究人类生命过程及同疾病作斗争旨在保护人体健康的一门科学，是维护和保障人体健康而进行的一切个人和社会活动的总和。它包含以下三个方面的内容：一是使人体在出生前便有一个比较强健的体质（优生优育）；二是促使人体在生活和劳动过程中增强体质，能够避免和抵御外部环境对人体的不良影响，并保持良好的精神状态和社会适应能力（防疫、保健）；三是对已患病的人体进行治疗，使之恢复健康（医疗、康复）。

### 2. 医学法的概念

医学法（Medical Law）是由国家制定或认可，由国家强制力保障实施的社会医药卫生保健方面的法的规范的总和。医学法是我国社会主义法律体系的一个组成部分，它通过对各项权利和义务的规定，调整医学发展的实践，确认、保护和发展各种医学法律关系和医疗卫生秩序，旨在保护和增进人民健康，促进医疗卫生事业的发展，是统治阶级进行卫生管理的重要工具。

医学法有狭义和广义两种理解。狭义的医学法，在我国仅指由全国人大常委会制定的医学法律。广义的医学法，不仅包括上述各种医学法律，还包括被授权的其他国家机关所制定的从属于医学法律的、在其所辖范围内普遍有效的医学法规和规章，如卫生和计划生育委员会颁布的各项有关医药卫生的条例、规则、决定、标准、章程和办法等，而且还包括宪法和其他部门法律中有关医药卫生的内容。从广义上理解医学法有利于我们把握各种医学法律规范的相互关系和层次效力。本书所称的医学法即属于广义的医学法。

综上所述，医学法是由于医学实践的需要而产生和发展起来的，其任务就是将医学的基本理论和知识与法学的基本理论、知识，相互交叉、渗透和结合起来，运用于医药卫生事业实践，用法律手段促进医药卫生事业的发展，维护和保障公民的生命和健康。

**3. 医学和医学法的关系**

医学作为科学知识体系，其本身并不具有阶级性；而医学法作为一定社会的统治阶级意志的体现，具有鲜明的阶级性。医学和医学法之间是相互联系、相互影响的。

（1）医学发展对医学法的影响

随着医疗卫生事业的发展，促使了许多医学法律法规的产生。医学法律法规的大量涌现，使医学法逐步形成自己的结构和体系，并从原有的法律体系中脱颖而出，构成一个新的法律部门即医学法。医疗卫生知识及其研究成果被运用到立法过程中，使医学法的内容科学化。

现代医学的发展对一些传统的法律部门提出了新的问题。如人工授精、试管婴儿、安乐死等，使婚姻家庭、继承和伦理等方面的法律关系受到新的挑战，促使人们不得不考虑立法研究。

（2）医学法对医疗卫生发展的影响

医学法决定医疗卫生发展的方向，保证国家医疗卫生战略的实施和调整医疗卫生活动领域中的社会关系，并不断探索现代医学发展引起的立法问题等方式，为医疗卫生事业发展创造良好的社会环境。医学法通过规定医疗卫生机构的设置、组织原则、权限、职能和活动方式等，保证国家对医疗卫生事业单位的有效管理，形成有利于医疗卫生发展的运行机制。

医学法通过控制现代医学无序、失控和异化带来的社会危害性，可以抑制现代医学发展中的消极作用，保障人们的健康利益，社会伦理和医学的有序发展。

## 二、医学法学的概念

**1. 医学法学的概念**

医学法学（Medical Jurisprudence）是研究医学法律规范及其发展规律的一门学科，旨在调整人们在医学发展和保护人体健康的实践中形成的各种社会关系的法律规范。随着社会的不断进步，卫生事业的飞速发展以及医学法立法的大量增加，医学法学的研究对象也将不断得到丰富和发展。

医学法学是以医学法作为研究对象，研究医学法这一社会现象及其发展规律的一门法律学科，主要研究医学法的产生、渊源、调整对象、特征本质、基本原则、内容任务、范畴、效力、制定、实施和诉讼等基本理论；研究医学法在国家法律体系中的地位和作用以及与其他部门法的相互关系；研究各项具体医疗卫生法律制度；研究医学法学如何保障和促进医学科学的发展；研究如何利用医学法学理论来解决医疗卫生改革和医学技术发展中的新问题等。

医学法学是生物学、医学、卫生学、药物学等自然科学和法学相互结合，发展起来的一门新兴的边缘学科。从医学角度看，医学法学属于理论医学的范畴；从法学角度看，医学法学作为一门法律科学，属于应用法学范畴，是在现代医学立法发展并不断完善的基础上建立起来的一个新的部门法学。

**2. 医学法学概念辨析**

（1）医学法与医学法学是两个不同的概念。医学法是关于医学的法，即关于医药卫生的法律制度，属于应用法范畴。医学法学是以医学法及其发展规律为研究对象，属于社会科学和自然科学交叉的法学学科范畴。

（2）医学法学的学科名称定义辨析。学术界有关医学法研究的学科名称有卫生法学、医学法学和医事法学等，三个学科名称研究的根本目的和根本任务是一致的，严格的讲只是三者的研究范畴、调整对象和研究侧重点略有偏差而已，其中医事法学更偏重医学法律诉讼事务的调整。

### 三、医学法学与相关学科的关系

#### （一）医学法学与医学伦理学

医学伦理学（Medical Ethics）是研究医学道德的一门科学。医学法律规范和医德规范都是调整人们行为的准则。医学法学和医德相互联系，相互渗透，互为补充，相辅相成，二者既有联系又有区别。

医学法学与医学伦理学两者之间的联系，具体表现在：

1. 二者的共同使命都是调控人们在医疗卫生领域中的社会关系，维护医疗卫生领域的社会秩序和公民的健康利益。

2. 医学法学体现并确认医学伦理学规范的要求，是培养、传播和实现医德的有力武器；医德体现了医学法学的要求，是维护、加强和实施医学法的重要精神因素。

医学法学与医学伦理学两者之间的区别，具体表现在：

1. 在表现形式上，医学法学是拥有立法权的国家机关依照法定程序制定的，一般都是成文的；医德一般是不成文的，存在于人们的意识和社会舆论之中。

2. 在调整的范围上，医学伦理学调整的范围要宽于医学法学，凡是医学法学所禁止的行为，也是医学伦理学所谴责的行为；但违反医学伦理学的行为不一定要受到医学法的制裁。

3. 在实施的手段上，医学法学的实施以国家强制力为后盾，通过追究法律责任来制止一切损害人体健康的行为；医学伦理学主要借助社会舆论、人们的内心信念和传统习俗来维护公民的合法权益，保障公民的身心健康。

#### （二）医学法学与卫生政策学

卫生政策学（Health Policy）是以卫生政策的制定和贯彻为研究对象的一门学科。卫生政策是指党在一定历史时期内、为实现一定卫生目标和任务而制定的行为准则，医学法学和卫生政策学都是建立在社会主义经济基础之上的上层建筑，在本质上是一致的，体现了广大人民群众的意志和利益，都具有规范性，是调整社会关系的行为准则。

两者的联系主要表现在：党的卫生政策是医学法的灵魂和依据；医学法的制定，则要体现保障党的卫生政策、精神和内容。

#### （三）医学法学与卫生事业管理学

卫生事业管理学（Health Management Disciplines）是研究卫生事业管理工作中普遍应用

的基本管理理论、知识和方法的一门科学。卫生事业管理的方法有多种，法律办法仅是其中的一种。卫生事业管理中的法律方法，是指利用医学法立法、司法和遵纪守法教育等手段，规范和监督卫生组织及其成员的行为，使卫生管理目标得以顺利实现，即通常所说的卫生法制管理。医学法学研究对象之一的医学法律规范，是卫生法制管理工作的活动准则和法律依据。

所以，医学法律规范是医学事业管理工作的活动准则和依据。医学管理工作中的法律方法和其他方法的不同点在于它具有强制性，一方面表现为对于违反医学法律规范的人给予制裁，另一方面表现为对于人们行为的约束。

（四）医学法学与法医学

法医学（Forensic Medicine）是运用医学、生物学、化学及其他自然科学的理论和技术，研究并解决司法工作中有关人身伤亡和涉及法律的各种医学问题的科学。医学法学和法医学两者研究的内容虽然都与医学密切相关，且都与法律不可分离，产生很多联系。但是，医学法学与法医学是两门相互独立的科学，两者有很大的区别：

1. 研究对象不同。法医学以司法实践中有关人身伤亡和涉及法律的各种医学问题为研究对象，运用医学等理论和技术来研究并解决司法问题中涉及法律的医学问题。而医学法学则以医学法为研究对象，运用法学理论来研究并解决医学实践中的有关问题。两者分属于医学学科和法学学科。

2. 产生的依据不同。法医学是因为法律的需要而产生的，为法律服务，其任务是运用自然科学解决司法实践中的医学问题，处理人们之间的纠纷提供科学依据等；医学法学是因为医学的需要而产生的，为医学服务，其任务是运用法律促进医药卫生事业的发展，保障人体生命健康和医疗卫生机构的正常工作秩序。

（五）医学法学与医药卫生科学

医药卫生科学（Medical and Health Sciences）是研究人类生命过程以及防治疾病的科学，属自然科学范畴。医学法学和医药卫生科学的共同使命，都是为了保护人体生命和健康。从这一点来说两者之间是相通的，有着必然的联系，具体表现在以下两点：

1. 医药卫生科学的发展使立法思想受到影响和启迪，促进了许多医学法律、法规的产生，使医学法学逐步形成了自己的结构和体系，并从原有的法律体系中脱颖而出，构成一个新的法律部门。同时，医药卫生科学理论与知识及其研究成果被运用到立法过程中，使医学法律的内容更具有科学性。

2. 医学法律可以决定医药卫生发展的方向，为医药卫生发展创造良好的社会环境，保证国家医药卫生战略的实施，规范医药卫生机构的设置、组织原则、权限、职能和活动方式，控制现代医药卫生无序、失控和异化带来的社会危害等。

## 四、医学法学的性质

医学法学的性质可以从以下几方面来认识：

1. **阶级性**（Class nature）

从医学法学的总体职能来理解，医学法学具有阶级性。马克思主义的法学理论认为，法律是阶级社会的产物，始终存在于阶级社会。法律是由掌握国家政权阶级的物质生活条件决定的，表现掌握国家政权阶级意志的，经国家制定或认可并由国家强制力保证实施的行为规范的总和。其目的在于确认、维护和发展有利于统治阶级的社会关系和社会秩序，实现统治阶级的统治。在阶级社会里，医学知识为谁服务，向着什么方向发展，卫生资源配置以及医学法的制定等方面，都具有阶级性和受一定的政治因素的制约性。因此，医学法学具有阶级性。

2. **社会性**（Social nature）

从立法的根本宗旨来看，医学法学具有社会性。作为制定法律的国家，不仅具有为统治阶级服务的作用，而且还担负着管理社会的职能。因此，医学法学具有像医药卫生知识一样的广泛的社会应用性的特征，表现为执行社会职能，即管理社会生产、公共事务和维护公共秩序等。医学法学的一个重要目的，就是要宣传医学法律知识，增强全体公民的医学法制观念，促进医学事业健康发展，从而提高人民群众的健康水平。依法管理医学事业，既是医学事业发展的根本保证，也是促进社会经济协调发展的必要条件，体现了医学法学的社会性。

3. **科学性**（Scientific nature）

从科学技术进步和调整纷繁复杂的社会关系来看，医学法学具有综合性。医学法律规范具有表现客观事物规律的性能，并形成自己的科学体系。这些客观规律不仅包括法律调整对象的内在规律，也包括法律规范本身固有的规律。立法者只有遵循这些客观规律，将这些规律表现在法律当中，所制定并发布实施的法律才有可能实现立法者预期的目的。违背客观规律的法律，在实施中将成为一纸空文，降低它调整社会生活的功能。在医学法律规范中，相当多的内容是由技术程序、操作规范、卫生标准等构成的。这些内容是对在医药卫生理论和实践中长期积累的知识和经验的总结，并逐步形成自己的科学体系，体现了医学法学的科学性。

4. **综合性**（Comprehensive nature）

从医学法学是边缘学科来理解，它具有交叉性。医学法学的综合性表现在：内容上，它需要从医学的各个领域、各个方面以及各种不同类型的卫生组织管理活动中，概括和抽象出对医药卫生事业具有普遍指导意义的法制思想、原理和方法；方法上，它需要综合运用现代自然科学技术和社会、人文科学的研究成果，阐述医学法学的基本理论，探讨医学司法实践中出现的新问题，从而用法律手段促进医学事业的发展，保护人民群众的身心健康。所以，医学法学不仅涉及法学基础理论，而且与行政法学、民法学、刑法学等都密切相关，具有多学科相互融通的特征。

5. **时代性**（Contemporary nature）

从医学高科技发展的角度来分析，医学法学又具有发展性和时代性。在市场经济条件下，医药卫生事业也面临着如何适应市场经济，建立医疗、预防和保健体系，公平分配医疗卫生资源，创造一个有利于人类健康的公共生存环境。所以，医学法学同样也受市场经济和现代科技的影响，如生殖技术、克隆技术、脑死亡、安乐死、器官移植和基因工程，以及传染病的预防、生物恐怖袭击、突发公共卫生事件的应急处理等，都将产生诸多法律问题。这些问题的提出和解决，都是医疗卫生事业发展所面临的重大课题，集中体现了医学法学的时代性。

## 第二节 医学法的特征和基本原则

### 一、医学法的调整对象

法律的调整对象，即法律规范所调整的社会关系。医学法的调整对象就是由医学法调整的社会关系，即在国家卫生行政机关、医疗卫生组织因预防和治疗疾病，改善人们劳动、学习和生活环境及生活状况，保护和增进人体健康的活动过程中，产生的纵横交错、相互交织的多层次、多层面的各种社会关系，涉及医疗保健、卫生防疫、医药监督管理、医学科研等诸多方面。

#### （一）医疗卫生组织关系

医疗卫生组织关系指卫生行政部门和医疗卫生组织之间的组织、领导关系。为了有效地对医疗卫生工作进行组织和领导，国家通过医学法规将各级卫生行政部门和各级各类医疗卫生组织的法律地位、组织形式、隶属关系、职权范围以及权利义务等固定下来，形成合理的组织管理体系和制度，如《医疗机构管理条例》、《卫生防疫站工作条例》等法律制度，以保证卫生行政部门有效地对医疗卫生工作进行组织、领导，使医疗卫生机构能够依法从事相应的医疗卫生活动。

#### （二）医疗卫生管理关系

医疗卫生管理是宪法赋予国家卫生行政机关的一项职能权利。具体来说，就是国家卫生行政机关根据法律规定，对医疗卫生工作进行的计划、组织、指挥、调节和监督活动。在医疗卫生管理活动中，国家卫生行政机关与其他国家机关、企事业单位、社会团体及公民之间形成的权利义务关系，由医学法来调整。这是一种纵向的行政关系，即领导与被领导、监督与被监督的关系。具体表现为卫生行政隶属关系；卫生职能监督管辖关系；卫生管理关系；如行政许可关系、行政处罚关系、行政赔偿关系、行政复议关系和行政诉讼关系等。

#### （三）医疗卫生服务关系

这是指卫生行政机构、医疗卫生组织、相关的企事业单位、社会团体和公民，在向公民提供医疗预防保健服务、医疗卫生咨询服务、卫生设施服务活动中，与服务对象所产生的社会关系。这是一种横向的社会关系，它表现为提供服务和接受服务的平等民事主体之间的权利和义务关系。

#### （四）综合性卫生关系

综合性卫生关系是指在医学发展的过程中产生了一些新的社会关系，如基因、克隆技术的应用产生了多种多样的社会关系。其中有些是医学法调整的内容。有些还没有纳入医学法的调整。比如人类辅助生殖技术应用产生的社会关系就受医学法的调整，而克隆技术应用中的社会关系还没有进行医学立法，因此不受调整。医学法调整的这类社会关系不单单是纵向或横向的，而往往既是医疗卫生管理关系又是医疗卫生服务关系，因此说它是医学法所调整的一种综合性的卫生关系。

### 二、医学法的特征

医学法是我国法律体系中正在逐步形成的一个新的部门法，具有法律的一般属性。但是，医学法的调整对象是围绕人体健康而产生的各种社会关系，它不仅要受到经济、行政、文化的影响，而且还要受到自然规律和科学技术发展水平的制约。因此，医学法同其他部门法律相比，具有自己的基本特征。

(一) 同自然科学紧密联系，并融进大量技术规范

医学法是调整人们各种医疗卫生活动的法律规范，它的许多具体内容是依据基础医学、临床医学、预防医学和药物学的基本原理及研究成果制定的。医学的发展为医学立法和执法奠定了坚实的科学基础，而医学法反过来又为医学的发展提供保护和向导。特别是在科学技术日益发达的今天，脱离医学等自然科学而制定的医学法，必然是缺乏科学依据的；而没有医学法的规范和控制，也将难以保障医学科学的健康发展。因而医学法与医学等自然科学紧密联系，相互促进，互为条件，这是其他多数法律所不可比拟的。

人们在预防疾病、诊断治疗、康复保健的过程中，逐步总结出一套防止疾病的方法和操作规程，为历代医疗卫生人员所遵循。国家通过一定程序将这些技术规范加以法制化，便构成了医学法的重要内容，例如医学法律规范中的各种诊疗护理规程、计划生育和母婴保健法中的节育手术常规、食品卫生法中的各种卫生标准等。医学法所要保护的是人类健康这一特定的对象，加之医疗卫生工作本身就是一项技术性很强的工作，这就必然要将大量的技术规范法制化，即医学法将直接关系到公民生命健康安全的科学工作方法、程序、操作规范、卫生标准等确定下来，成为技术规范，并把遵守技术规范确定为法律义务，使公民的健康权得以保障。在当前科学发展使医学诊断和医疗过程日益复杂的情况下，如果不用立法来强化医疗卫生技术规范并使之得到切实遵守，其后果必将是难以保障卫生事业的健康发展并严重侵害公民的健康权利。因此，在许多医学法律文件中都包含着不少操作规程、技术常规和卫生标准，这是其他绝大多数规范性法律文件所没有的。

(二) 诸法合体，采用多种调节方式

有效保护公民健康权利是一个非常复杂而又非常具体的社会工程。它不仅涉及人们在劳动、学习和生活中的卫生条件和居住环境，而且涉及对疾病的治疗、预防和控制；不仅关系到优生优育和社会保障事业的发展，而且还关系到公民自身的健康权益；不仅要处理因卫生问题而产生的许多复杂的人际关系，而且要解决一系列卫生质量中的技术问题等。因而，医学法所要调整的社会关系是纵横交错、复杂而多层次、多层面的。这就决定了医学法带有诸法合体、多种调节手段并用的特征，而不能像其他有些法律由于调整的社会关系相对单一而仅仅采用一两种调节手段。

具体而言：首先，医学法的渊源体系和内容体系具有综合性和多样性；其次，医学法的调节手段具有综合性和多样性，既采用纵向的民事手段调整卫生行政管理活动中产生的社会关系，又采用横向的民事手段调整卫生服务活动中的权利和义务关系；第三，医学法除采用自己特有的法律措施外，还借用刑法、民法、劳动法、诉讼法等部门法的调整手段，以有效地保护公民的健康权。

(三) 反映社会共同要求

医学法的根本任务是预防和消灭疾病，改善人们劳动和生活环境的卫生条件，以保护人体健康，促进经济发展，这是全人类根本利益、长远利益之所在。医学法同其他法律一样具

有鲜明的阶级性，其制定必须体现统治阶级的意志和利益。但是，疾病的流行并没有地域、国界和人群的限制，预防疾病的措施、方法和手段，也不会因为国家社会制度的不同而不能互相学习和彼此借鉴。

在人类文明不断发展的今天，健康问题受到越来越多的关注，医疗卫生问题已成为当今人类所面临的共同问题。全世界都在探求解决怎样使人人享有卫生保健，为人们创造一个洁净卫生的环境、预防和消灭疾病、保护人体健康、促进社会经济发展等问题的办法，这在各国医学法中都反映了一些具有共性的内容。同时，各国在医学立法方面不断加强国际合作和交流，以便能更好地相互借鉴，使本国的医学法制建设不断完善。为了"使世界人民获得可能的最高水平的健康"，世界卫生组织等国际组织制订了许多国际卫生协议、条例和公约，成为国际社会共同遵守的准则，从而推动着国际医学法的发展。这些情况都充分体现了医学法在内容上的社会共同性，并成为医学法的一个基本特征。

### 三、医学法的基本原则

（一）医学法基本原则的概念

医学法的基本原则由两部分组成：

1. 一般的基本原则：医学法和一般法律都必须遵循的基本原则，如公平原则、法律面前人人平等原则、以事实为根据和以法律为准绳原则、实事求是原则等。医学法的基本原则，是指贯穿于各种医学法律、法规和规章之中的，用以调整医疗卫生关系的具有普遍指导意义的准则。

2. 特有的基本原则：从狭义上讲，仅指医学法所特有的基本原则，如保护公民健康、预防为主等。它体现了医学法的基本精神，是医学立法的基础，是医学法的制定、修改、实施、监督全过程中都必须遵循的根本准则；是医疗卫生司法的依据，是医疗卫生活动的准则。本书所涉及的医学法基本原则，就是对狭义而言的。

（二）医学法基本原则的内容

1. **保护公民身体健康的原则**

健康权是公民以其身体的生理机能的完整性和保持持续、稳定、良好的心理状态为内容的权利。保护公民健康权的原则是指医学法的制定和实施要从广大人民群众的根本利益出发，把维护身体健康作为医学法的最高宗旨，使每个公民都依法享有改善卫生条件，获得基本医疗保健的权利，以增进身体健康。

其基本要求是：（1）立法机关应把维护公民健康权作为各项医学立法的根本任务，科学而具体地规范医学行为，明确各行业所应承担的责任，使广大人民群众能够有效地实现健康权；（2）各级政府及其卫生主管部门应该高度重视医疗卫生事业，合理调配卫生资源，加大卫生监督与执法力度，严厉打击危害人体健康的违法活动，确保辖区内正常的公共卫生秩序；（3）提供医疗卫生服务的各类社会医疗机构必须把一切为了人民健康作为最高宗旨，妥善处理经济效益和社会效益之间的关系，加强内部管理，确保医疗卫生质量，为保护公民的健康权提供有效的保障。

2. **预防为主的原则**

预防为主的原则是指在维护公民健康的医疗卫生活动中，要正确处理防病和治病的关系，把预防工作放在首位，坚持防治结合，预防为主。因为疾病的发生，往往来源于自然与社会环境中的致病因素、人群与个人生活中的不良习惯。如果举国上下都重视预防工作，加大卫生基本设施建设力度，彻底改变不良卫生习惯，严格遵守生产、工作、学习、生活等环节中的卫生质量要求，就可控制和减少疾病的发生。

因而，医疗卫生工作要坚持"预防为主，综合治理"的方针，对待疾病首先从预防着手，主动与疾病作斗争，以达到减少疾病和消灭疾病的目的，做到有病治病、无病防病，防治结合，立足于防。实践证明，预防为主的方针对控制疾病的发生和流行，保护和增进人体健康，具有投入少、效益高的特点，也是人类与外界环境及致病因素长期斗争所积累的经验总结。

**3. 依靠科技进步的原则**

依靠科技进步的原则是指在防病治病活动中，要高度重视科学技术的作用，大力开展医学科学研究及其成果推广，不断提高医疗预防技能和仪器设备的现代化。卫生部门是一个以推动生命科学发展，维护生命健康权益的高科技部门。生命科学是当今世界科技发展最活跃、最重要的领域之一，它将不断给医学发展以巨大的动力，使人类对自身生命现象和疾病本身的认识不断进入新的阶段。实践证明，医疗卫生事业的发展，健康目标的实现，归根到底依赖于科学技术的发展。医学科技的先导和依托功能，越来越显示其强大威力。因此，以维护人体健康为宗旨的医学法，必然把依靠科技进步作为自己的原则之一。

**4. 中西医协调发展的原则**

中西医协调发展的原则是指在对疾病的诊疗护理中，要正确处理祖国传统医学和西方医学之间的关系，促使两者协调发展而不是偏废其一。祖国传统医学（包括各民族医药学）具有数千年历史，是我国各族人民长期同疾病作斗争中积累的丰富经验的总结。西方医学是随着现代医学技术发展起来的，是现代科学的重要组成部分。正确处理我国传统医学和西方医学的关系，需要我们既要认真学习和运用现代医学的新理论、新技术、新方法、新成就，努力发展和提高现代医学的科学技术水平；同时还必须努力继承和发扬祖国医药学的优秀遗产运用现代科学技术水平，从而使两个职能关系不同的医药学理论体系互相取长补短、协调发展。这必将推进医学科学的现代化，更好地造福于人类。我国医学法把中西医协调发展纳入自己的基本原则，在立法上予以具体规范，在适用上予以保障，有利于实现维护公民健康权利的根本宗旨。

**5. 国家卫生监督的原则**

国家卫生监督原则是指政府卫生行政部门和法律、法规授权承担公共卫生事务管理的事业单位，对管辖范围内的社会组织和个人贯彻执行国家医学法律、法规、规章的情况依法予以检查督导，并同违反医学法的行为作斗争，直至追究法律责任。卫生监督包括医政监督、药政监督、防疫监督和其他有关卫生监督等。为了体现和实现这一原则，医学法对各级各类卫生监督机构的设置、任务、职责、监督程序以及对违法者的处罚种类、裁量标准、处罚程序等一系列问题均作了明确规定。

## 第三节 医学法的渊源和内容

医学法是现代法律的一个分支学科,随着我国医疗卫生法制建设的发展,医学法已成为我国社会主义法律体系的重要组成部分,在法学领域中的地位日益突出,并发展成为一个新兴而独立的法律部门。

**一、医学法的渊源**

医学法的渊源,是指医学法律规范的各种具体表现形式。我国医学法的渊源主要有以下几种表现形式。

（一）宪法

宪法是我国的根本大法,是国家最高权力机关通过一定程序制定的具有最高法律效力的规范性法律文件。宪法规定内容是社会和国家生活中最根本的问题,是国家其他法律立法的基础。我国宪法有关医疗卫生的条款有:国家发展医疗卫生事业,发展现代医药和我国传统医药,建设各种医疗卫生设施,开展群众性卫生活动；推动计划生育；发展社会保险、社会救济和医疗卫生事业；保护婚姻、家庭、母亲和儿童的合法权益等,这些都是我国医学法的制定依据,也是我国医学法的制定渊源。

（二）医学法律法规

医学法律是指全国人民代表大会及其常务委员会制定的法律文件。它分为两种:一是由全国人民代表大会制定的医学法律法规,称为医学基本法律。我国现有的医学法律都是由全国人民代表大会常委会制定的,如《国境卫生检疫法》、《传染病防治法》、《食品卫生法》、《献血法》、《药品管理法》、《职业病防治法》等等。二是由全国人民代表大会常委会制定的法律法规,称为基本法律以外的医学法律法规。如《刑法》、《民法通则》、《劳动法》、《侵权责任法》、《婚姻法》等其他法律中,也有关于医疗卫生的规定和条款,这也是医学法的渊源。

（三）医学行政法规

医学行政法规是指由国务院制定颁布的规范性医学法律文件。它是以宪法和医学法为依据,针对某一特定的调整对象而制定的,如《执业医师法》、《红十字会法》、《母婴保健法》、《医疗机构管理条例》、《人口与计划生育法》、《医疗广告管理办法》等。医学行政法规是医学法的渊源之一,也是下级卫生行政部门制定各种医疗卫生行政管理规章的依据。

（四）医学行政规章

医学行政规章是指有国务院卫生行政部门依法在其职权范围内制定的行政管理法律文件,在全国范围内具有法律效力,如《解剖尸体规则》、《医师资格考试暂行办法》、《广告管理条例施行细则》等。目前,卫生部门规章有1000多件。

（五）自治条例和单行条例

自治条例和单行条例是指民族自治地方的人民代表大会依法在职权范围内,依据当地的政治、经济和文化的特点,制定发布的有关本地区卫生行政管理方面的法律文件。

（六）地方性医学法规

地方性医学法规是指省、自治区、直辖市、省会所在地的市和经国务院批准的较大的市的人民代表大会及其常委会，依法制定和批准的医疗卫生法律文件，如《上海市城乡集市贸易食品卫生管理规定》等。

地方性医学规章是指省及省会所在地的市和经国务院批准的较大的市的人民政府，依法在其职权范围内制定和发布的有关本地区卫生管理方面的规章。

### （七）法律解释

法律解释是由有关权力机关就法律在具体运用过程中，为进一步明确界限或进一步补充，以及如何具体运用所做的解释。包括有效解释和无效解释。有效解释包括立法解释、司法解释、行政解释和地方解释。其中，涉及医药卫生领域的法律解释，都属于广义的医学法律规范，是医学法的渊源。

### （八）医学技术性规范

医学技术规范是医疗单位和个人应遵循的技术标准和准则，它包括医疗技术规范、操作规程和卫生标准等。由有权制定医学法律和法规的国家机关确定或认可的医疗技术规范，也是我国医学法的渊源，这是医学法与其他一般法律部门渊源的区别之一。它们的法律效力虽然不及法律、法规，但在具体的执法过程中却有着非常重要的地位。因为医学法律、法规是对社会医药卫生管理中的一些问题作了原则性的规定，但要对某种行为进行具体的控制，则需要依靠具体的标准、技术规范和操作过程。

### （九）国际医药卫生条约

国际医药卫生条约是指我国与外国缔结或者我国加入并生效的国际条约等规范性医学法律文件。国际医药卫生条约虽然不属于我国国内法的范畴，但其一旦生效也与我国国内法一样，对我国国家机关等组织和公民具有约束力，如《国际卫生公约》等。因此，国际医药卫生条约也应是我国医学法的渊源之一。

## 二、医学法的内容

医学法研究的范围涉及医疗、预防、保健等工作的各个方面，各种医学法律的文件已经用标题表明了它们所要规范的内容。按照其性质进行分类，大致可将医学法分为六个方面。

### （一）医政监督与中医管理方面

医政监督与中药管理方面主要包括医疗机构及其医务人员管理、医疗事故处理、中医医疗管理及其公民献血与血站管理等法律规定。如《医疗机构管理条例》、《执业医师法》、《护士管理方法》、《医疗事故处理条例》、《红十字会法》、《献血法》等。

### （二）药政监督与药品管理方面

药政监督与药品管理方面主要包括药品生产许可管理、新药监督管理、特殊药品监督管理、生物制品及血液制品监督管理、医疗器械监督管理以及药品检验标准等法律规定。如《药品管理法》、《麻醉药品管理方法》、《放射性药品管理方法》、《中药品种保护条例》、《医疗器械注册管理方法》等。

### （三）药品监督与疾病控制方面

药品监督与疾病控制方面主要包括传染病防治、食品卫生管理、学校卫生管理、化妆品卫生监督、国境卫生检疫、劳动卫生监督、公共场所卫生管理、放射防护管理等内容。如《食品卫生法》、《国境卫生检疫法》、《传染病防治法》、《职业病防治法》、《公共场所卫生管理条例》、《尘肺病防治条例》、《学校卫生工作条例》等。

#### (四) 妇幼保健与计划生育管理方面

妇幼保健与计划生育管理方面内容主要包括妇幼卫生、妇女儿童保健、母婴保健和计划生育管理等法律规定。如《母婴保健法》、《女职工劳动保护条例》、《婚姻保健工作常规》、《家庭接生常规（试行）》、《托儿所、幼儿园卫生保健管理办法》等。

#### (五) 医学教育与科学研究管理方面

医学教育与科学研究管理方面主要包括医药卫生科研机构、科研计划、科研成果、科研仪器设备、科研基金、科研档案以及高等医学院校和中等卫生学校师资队伍建设、教育教学管理和医学学生培养等法律规定。如《医药卫生科研计划管理试行办法》、《医药卫生科研机构管理试行办法》、《医药卫生科研成果管理试行办法》、《医药卫生科研仪器设备管理暂行办法》、《全国中等卫生学校工作条例（试行）》、《高等医学院校基础学科助教培养考核试行办法》、《关于培养临床医学硕士和博士学位研究生的试行办法》等。

#### (六) 医疗卫生人事和财务管理方面

医疗卫生人事和财务管理方面主要包括医药卫生系统人事和劳资、职称与职务、计划与财务等法律规定。如《医疗卫生津贴试行办法》、《卫生技术人员职称与晋升条例（试行）》、《公费医疗管理办法》、《卫生事业单位固定资产管理办法》、《医院财务管理办法》等。

### 三、医学法的作用

#### (一) 保护人体健康

世间的一切事物的发展，人是起决定作用的力量，社会的发展离不开体魄健全的人。健康权是公民的一项基本权利，人的生命和健康受法律保护。就我国而言，医学法的贯彻执行，有效地保护了人民的生命健康，医学法以保护公民健康权为根本宗旨，有利于增进身体健康，提高生命质量。

#### (二) 促进经济发展，维护和改善社会生态环境。

制定医学法的目的，就在于保护人民的身体健康，增强人民体质。同时医学立法还能促使企业加强自身管理，推动技术革新，保障安全生产，防止环境污染，防止疾病传播，从而起到了促进经济发展，维护和改善生态环境的作用。

#### (三) 加强卫生事业管理，促进医学发展。

医学立法使我国的卫生事业管理从"人治"走向了"法治"，从道德规范提高到法律规范的高度。这对于提高医疗质量，增强人们的法制观念，促进社会主义精神文明都有重要意义。通过法律手段来保障医学新技术的研究和实施，促进医学的发展，为人类健康服务，为人类造福。

#### (四) 打击违法犯罪，健全社会主义法制

在医学法律、法规中都明确规定了法律的责任，这就使执法机关更好地进行卫生执法，打击违法犯罪行为，保护人民的健康权利。而且也使卫生执法做到了"有法可依"，健全了社会主义法制。

(五) 维护国家主权，促进国际交流。

随着改革开放的不断发展，我国与世界上其他国家的经济、文化交流日益增多，在交往中发生的涉外关系也日趋复杂。为了防止国内外一些疾病的传出传入，解决外贸索赔争议，保障我国人民的身体健康，就必须加强医学立法，进一步加强医学法的贯彻执行，以维护我国的主权和尊严，促进国际交流。如《中华人民共和国国境卫生防疫法》、《艾滋病检测管理的若干规定》等法律、法规，有效地防止了传染病在国际间的传播，保护了人民的健康，维护了国家主权，促进了我国与世界其他国家的经济文化交流。

虽然医学主要是揭示人的自然本质，但也离不开研究人的社会本质。法学则主要是从人的社会本质方面着手处理问题，但也必须要涉及人的自然本质，如刑法中的犯罪原因论就已经深入到生理学领域。随着人们对卫生保健问题的关注，人类卫生健康所面临的挑战和课题也会越来越多，越来越复杂，医药卫生法在人类社会的发展中的重要日益突出。

## 第四节 医学法的制定与实施

### 一、医学法的制定

(一) 医学法制定的概念

医学法的制定，又称医学立法活动，是指国家机关依照法定的权利和程序，制定、认可、修改和废止医学法律及其他规范性医学法律文件的活动。

医学法的制定有广义和狭义之分。狭义的医学法的制定，专指全国人民代表大会及其常务委员会制定医学法律的活动。广义的医学法的制定，是指有立法权的国家机关，按照法定的权限和程序制定具有法律效力的各种规范性文件的活动，其范围既包括了狭义的医学法的制定，还包括了国务院制定医学行政法规，国务院有关部门制定医学行政规章、地方人大及其常务委员会制定地方性医学法规、地方人民政府制定地方政府医学行政规章、民族自治地方的自治机关制定医疗卫生自治条例和单行条例、特别行政区的立法机关制定医疗卫生自治条例和单行条例以及特别行政区的立法机关制定医学法律文件等活动。

医学法的制定具有以下四个特点：

1. **权威性**：医学立法是国家的一项专门活动，只能由享有医学立法权的国家机关进行，其他任何国家机关、社会组织和公民个人均不得进行医学立法活动。

2. **职权性**：享有医学立法权的国家机关只能在其特定的权限范围内进行与其职权相适应的医学立法活动。

3. **程序性**：医学立法活动必须依照法定的程序进行。

4. **综合性**：医学立法活动，不仅包括制定新的规范性医学法律文件的活动，还包括认可、修改、补充和废止等一系列医学立法活动。

医学法的制定是医学执法、医学司法、医学守法的前提和基础，在国家医学法律建设中具有重要的地位。

(二) 医学法制定的依据

1. **保护人民健康是医学法立法的思想依据**

健康是人类生存和发展的基本条件，人民健康状况和卫生发展水平是衡量一个国家或地区发展水平和文明程度的重要标志。国家的富强和民族的进步，包含着公民健康素质的提高。增进人民健康，提高全民族的健康素质，是社会经济发展和精神文明建设的重要目标，是人民生活达到小康水平的重要标志，也是促进经济发展和社会可持续发展的重要保障。以卫生关系为调整对象的医学法必然要把保护人体健康作为其立法的思想依据、立法工作的出发点和落脚点。

法律赋予公民的权利是极其广泛的。其中生命健康权是公民最基本的权利，是行使其他权利的前提和基础。失去了生命和健康，一切权利都成空谈。以保障人体健康为中心内容的医学法，无论其以什么形式表现出来，也无论其调整的是哪一特定方面的社会关系，都必须坚持保护人体健康这一思想为依据。

**2. 宪法是医学法立法的法律依据**

宪法是国家的根本大法，具有最高的法律效力，是其他法律法规的立法依据，其他任何法律不得与宪法抵触。宪法中有关国家发展医疗卫生事业，保护人民健康的规定是医学制定的来源和法律依据。

**3. 卫生政策是医学法立法的法律依据**

卫生政策是党领导国家卫生工作的基本方法和手段。它以科学的世界观、方法论为理论基础，正确反映了医疗卫生科学的客观规律和社会经济与卫生事业发展的客观要求，是对人民共同意志和卫生权益的高度概括和集中体现，医学法立法以卫生政策为指导，有助于使医学法反映客观规律和社会发展要求，充分体现人民意志，是医学法律规范能够在现实生活中得到普遍遵守和贯彻，最终形成良好的医学法律秩序，保证人民群众医疗卫生权益的实现。因此，党的卫生政策是医学法制定的灵魂和依据，医学法立法要体现党的政策的精神和内容。

**4. 社会经济条件是医学法立法的物质依据**

法反映统治阶级的意志并最终由统治阶级的物质生活条件所决定。社会经济条件是医学法制定的重要物质基础。改革开放以来，我国社会主义建设取得了巨大的成就，生产力有了很大发展，综合国力不断增强，社会经济水平有了很大提高，为新时期医学法立法工作提供了牢固的物质依据。但是，我国是发展中国家，与发达国家相比，我国的综合国力、生产力和人民生活水平还不高，地区间发展很不平衡。这些都是医学法立法工作的制约因素。因此医学法的制定必须着眼于我国的实际情况，正确处理好医学立法与现实条件、经济发展之间的关系，以适应社会主义市场经济和卫生事业改革的需要，达到满足人民群众不断增长的多层次的卫生需求、保护人体健康、保障经济和社会可持续发展的目的。

**5. 医药卫生科学是医学立法的自然科学依据**

卫生工作是以生命科学为核心的科技密集型行业，现代卫生事业是在现代自然科学及其应用工程技术高度发展的基础上发展的。以卫生关系为调整对象的医学法，必然要涉及与人的生命、健康相关的自然科学。因此，医学立法工作在遵循法律科学的基础上，必须遵循卫生工作的客观规律，把医学、卫生学、药物学、生物学等自然科学的基本发展规律，作为医学法制定的科学依据。遵循人与自然环境、社会环境及人自身的生理、心理环境相协调的规律，使法学和医药卫生科学紧密联系在一起，科学地立法，促进医学科学的进步和卫生事业发展。只有这样才能达到有效保护人体健康的立法目的。

（三）医学法制定的基本原则

医学法制定的基本原则，是指医学立法主体进行医学立法活动所必须遵循的基本行为准则,是立法指导思想在立法实践中的重要体现。根据《中华人民共和国立法法》的规定,结合我国目前医学立法现状,现阶段我国医学立法必须贯彻以下基本原则。

**1. 遵循宪法的基本原则**

遵循宪法的基本原则,即以经济建设为中心,坚持社会主义道路、坚持人民民主专政、坚持中国共产党领导、坚持马列主义、毛泽东思想、邓小平理论、坚持科学发展观和坚持改革开放,是我们的立国之本,是人民群众根本利益和长远利益的集中反映,理所当然地成为我国立法的最根本指导思想,当然也是医学立法所必须遵循的基本原则。宪法是人民意志和利益的集中体现,只有坚持和维护宪法原则,才能使医学立法工作坚持正确的政治方向,反映人民群众医药卫生方面的愿望和要求,以保证和实现所规定的公民的卫生权益。

**2. 坚持民主立法的原则**

中华人民共和国的一切权利属于人民。人民当家做主的一个重要方面,就是通过各种途径参与国家立法活动,使法律真正体现人民的意志,反映广大人民群众的根本利益和长远利益。因此,医学法的制定要坚持群众路线,采取各种行之有效的措施,广泛听取人民群众的意见,集思广益,在高度民主的基础上高度集中。这样也有利于加强医学立法的民主性、科学性。广泛吸收广大人民群众参与立法工作,调动他们的积极性、主动性,不仅使医学立法更具有民主性,而且有利于医学法在现实生活中得到真正的遵守。

**3. 从国家整体利益出发,维护社会主义法制的统一和尊严的原则**

我国是统一的多民族国家。医学立法活动应站在国家和全局利益的高度,从国家的整体利益出发,从人民的长远的、根本的利益出发,防止出现部门利益、地方保护主义倾向,维护国家的整体利益,维护社会主义法制的统一和尊严。这是依法治国,建设社会主义法治国家的必然要求。

**4. 依照法定的权限和程序的原则**

国家机关应当在宪法和法律规定的范围内行使职权,立法活动也不例外。这是社会主义法制的一项重要原则。依法进行立法,即立法应当遵循法定权限和法定程序进行,不得随意立法。

**5. 从实际出发借鉴我国卫生立法经验的原则**

从实际出发是指我国医学法的制定应当立足于我国实际情况,根据我国的国情,充分考虑到我国的社会经济基础、生产力水平、各地的医药卫生条件、人口的素质以及各地区的不平衡等状况,科学、合理地规定卫生行政机关的权利与责任、公民与组织的权利与义务。制定医学法还应借鉴我国先进的、成熟的卫生立法经验,注意与国际接轨。

**6. 遵循医学科学规律并合理预见其发展的原则**

医学法在制定时除了总结分析现实经验之外,还要科学地预测我国医药卫生工作和卫生改革的发展趋势,制定出超前性的立法,在一定程度上减少医学立法的频繁修改和废止,这样既保证了医学法的前瞻性又保持了它的稳定性。因此,医学法的制定必须要遵循医学规律并合理预见其发展的原则。

**(四) 医学法制定的程序**

医学法制定的程序是指有立法权的国家机关制定医学法所必须遵循的方式、步骤、顺序等的总和。程序是立法质量的重要保证,是民主立法的保障。医学法的制定必须依据法定程序进行。

**1. 医学基本法的制定程序**

（1）法律案的提出。根据《立法法》的规定，全国人民代表大会主席团、全国人民代表大会常务委员会、国务院、中央军事委员会、最高人民法院、最高人民检察院、全国人民代表大会各专门委员会、一个代表团或30名以上的代表联名可以向全国人民代表大会提出法律案，由主席团决定或先交有关专门委员会审议，提出意见后再决定列入会议议程。在全国人民代表大会闭会期间，也可向全国人民代表大会常务委员会提出法律案，由全国人民代表大会常务委员会依法审议后，决定提请全国人民代表大会审议。

（2）法律案的审议。审议步骤如下：①列入全国人民代表大会会议议程的法律案，大会全体会议听取提案人的说明后，由有关专门委员会各代表团审议，各代表团审议法律案时，提案人应当介绍情况，听取意见，回答询问。②法律委员会再根据各代表团和专门委员会的审议意见，对法律案进行统一审议，向主席团提出审议结果报告和法律草案修改稿。③法律草案修改稿经各代表团审议后，由法律委员会根据各代表团的审议意见进行修改，提出法律草案表决稿。④如在审议中有重大的问题需要进一步研究的，经主席团提出，由大会全体会议决定，可授权常务委员会根据代表意见进一步审议，作出决定或提出修改方案，并将决定情况向全国人民代表大会下次会议报告。

（3）法律案的通过。全国人民代表大会主席团将法律委员会提出的法律草案表决稿提请大会全体会议表决，由全体代表的过半数通过。

（4）法律的公布。在全国人民代表大会上通过的法律，由国家主席签署主席令予以公布。法律公布的法定书面形式是在全国人民代表大会常务委员会公报上全面公布，同时有关传媒也可转载。

**2. 医学法律的制定程序**

这里是指由全国人民代表大会常务委员会制定的医学基本法之外的其他医学法律。

（1）立法的准备。主要包括：编制医学立法规划、作出医学立法决策、起草医学法律案等。

（2）法律案的提出。委员长会议可以让常务委员会提出法律案，由常务委员会会议审议。国务院、中央军事委员会、最高人民法院、最高人民检察院、全国人民代表大会各专门委员会，常务委员会组成员10人以上联名可以向常务委员会提出法律案，由委员长会议决定是否将其列入常务委员会会议议程，不列入常务委员会议议程的，应当向常务委员会会议报告或者提案人说明。

（3）法律案的审议。列入常务委员会会议议程的法律案，一般经三次审议：①在全体会议上听取提案人的说明，由分组会议进行初步审议。②在全体会议上听取法律委员会关于法律案审议结果的报告，由分组会议对法律草案修改稿进行审议。③在全体会议上听取法律委员会关于法律草案审议结果的报告，由分组会议对法律草案修改稿进行审议。

对各方面意见比较一致的，可以经两次审议会后交付表决，对部分修改的法律案，各个方面意见比较一致的，也可以经一次常务委员会审议，即时交付表决。

（4）法律案的表决、通过与公布。法律委员会根据常务委员会组成人员的审议意见对法律案进行修改，提出法律草案表决稿，由委员会提请常务委员会全体会议表决，由常务委员会全体组成人员过半数通过，由国家主席签署主席令予以公布。

**3. 医学行政法规的制定程序**

（1）报请立项。国务院有关部门，如卫生和计划生育委员会、国家中医药管理局、国家食品药品监督管理局、国家质量监督检验检疫总局等根据社会发展状况，认为需要制定医学行政法规的，应向国务院报请立项，由国务院法制局编制立法计划，报请国务院批准。

（2）法律起草。起草工作由国务院组织起草，一般由卫生和计划生育委员会等业务主管部门具体承担起草任务。在起草过程中，应广泛听取有关机关、组织和公民的意见，听取意见可采取座谈论、论证会、听证会等多种形式。

（3）法规草案的审查。卫生和计划生育委员会等业务主管部门有权向国务院提出医学行政法规草案，送国务院法制机构审查。

（4）法规的通过和公布。国务院法制机构对医学行政法规草案审查完毕后，向国务院提出审查报告和草案修改稿，由国务院常务会议或全体会议讨论通过或者总理批准。医学行政法规由国务院总理签署国务院令公布，并及时在国务院公报和全国范围内发行的报纸上刊登。

（5）法规的备案。医学行政法规公布后30日内报全国人大常委会备案。

**4. 地方性医学法规的制定程序**

（1）地方医学立法规划和计划的编制。

（2）地方性医学法规的起草。享有地方性立法权的地方人大常委会、教科文卫委员会或卫生厅（局）负责起草地方性医学法规草案。

（3）地方性医学法规案的提出。享有地方性法规制定权的省级地方人民代表大会召开时的主席团、人大常委会、科教文卫委员会、本级人民政府及10人以上代表联名，可以向本级人大提出地方性医学法规案；人民代表大会期间，常委会主任会议、教科文卫委员会、本级人民政府及常委会组成人员5人以上联名，可以向本级人大常委会提出地方性医学法规案。

（4）地方医学法规案的审议。向地方人大提出的地方性医学法规案，由省级地方人大主席团将议案提交地方人民代表大会讨论，或先交议案审查委员会审查后，提请地方人民代表大会讨论；向地方人大常委会提出地方性医学法规案由常委会会议审议，或先交教科文卫委员会后再提请常委会会议审议。

（5）地方性医学法规案的表决和公布。议案经地方人民代表大会代表过半数通过后，由地方人大常委会公布和实施。省、自治区人民政府所在城市和经国务院批准的较大的市级人民代表大会及其常委会制定的地方性法规，经省、自治区人大常委会批准后实施。通过后的地方性医学法规，须报全国人大常务委员会和国务院备案。

**5. 地方性医学规章的制定程序**

立法法规定，省、自治区、直辖市和省会城市及国务院批准的较大的市人民政府，可根据法律、行政法规和本省、直辖市、自治区的地方性法规，制定地方政府规章。

（1）卫生部门规章的制定程序。①立项。②起草：卫生部门规章案的起草工作以国务院医药卫生部门的职能司为主、卫生法制与监督司和政策法规司参与配合。起草时可以请有关医药卫生方面的专家和法律专家参与论证。③审查：卫生部门规章案一般由医药卫生部门下属的业务主管司（局）在其职责范围内提出，送卫生法制与监督司或政策法规司审核。④决定：卫生部门规章草案审核后，提交部（局）务会议讨论，决定通过。⑤公布：卫生部门规章由部门首长签署命令予以公布。⑥备案：卫生部门规章公布后30日内报国务院备案。

（2）地方政府医学规章的制定程序。①起草：政府医学规章案由享有政府医学规章制定权的地方卫生行政部门负责起草。②审查：政府医学规章案由地方卫生行政部门在其职责范围内提出，送地方人民政府法制机构审核。③决定：政府医学规章案由法制机构审核后，提交政府常务委会议或全体会议讨论，决定通过。④公布：政府医学规章由省长、自治区主席或市长签署命令予以公布，并在30日内报国务院备案。

## 二、医学法的实施与遵守

### 1. 医学法的实施

医学法的实施是指医学法律规范在社会生活中的具体应用和实现的活动与过程，是医学法律规范作用于医学社会关系的特殊形式。医学法的实施是医学法运行过程中十分重要的环节，是社会主义医学法治的中心，对于医学法有着存废的重大意义。正如美国著名社会法学家庞德所说的："法律的生命在于它的实行。"

医学法的实施包括医学执法、医学司法、医学守法、医学法制监督和医学法律服务五个方面。

（1）医学执法是指政府及其公务人员严格执法行政，依法管理社会医药卫生事务的专门活动。

（2）医学司法是指司法机关严格执法、公正办理有关医药卫生案件，确保医学法规范的统一实施，维护医学法律的严肃和权威，使医学法律规范在社会生活中得以实现的专门活动。医学执法和医学司法又统称医学法的适用或医学执法活动，是对医学执法活动的广义理解。

（3）医学守法又叫法的遵守，是指一切公民、法人和其他所有社会组织自觉遵守医学法规律，依法从事各种医药卫生活动，并运用法律武器维护自身合法权益，从而使医学法律得到实现。

（4）医学法制监督是指国家权力机关、行政机关、司法机关以及党政、群众团体、企事业单位和公民等依法对医学法律实施中的情况进行监督和督促，以保证医学法律规范实现的活动。

（5）医学法律服务则是指律师等法律工作者通过对公民、法人和有关组织提供上述各环节中的服务来维护医学法的正确实施的一系列活动，随着社会的发展，医学法律服务在医学法实施中的作用将愈来愈体现它的重要意义。

### 2. 医学法的遵守

医学法的遵守是指国家机关、社会组织和公民，依照医学法律的规定，行使权利履行义务，从而使医学法律得以实现的活动。医学法的遵守，是医学法律运行的重要环节，是医学法实施的一种基本形式，也是法制的基本内容和要求。

（1）医学法遵守的主体。既包括一切国家机关、社会组织和全体中国公民，也包括在中国领域内活动的外国组织、外国公民和无国籍人。

（2）医学法遵守的范围。既包括宪法、医学法律、医学行政法规、地方性医学法规、医学行政规章、特别行政区的医学法、我国参加的世界卫生组织的章程等，也包括有关国家机关依法作出的具有法律效力的决定书，如人民法院的判决书、调解书，还包括卫生行政部门的处罚决定书等非规范性文件。医学法遵守的范围还包括公共卫生秩序、居民卫生公约、卫生公德等，所以，医学法遵守的范围极其广泛。

（3）医学法遵守的内容

医学法的适用过程，不但表现为行政执法和司法工作人员严格依法办案，而且也要求其他机构、公民和社会组织自觉守法，予以配合。因此，医学法的遵守是医学法律运行的不可或缺的组成部分。医学法的遵守不是消极、被动的，它要求国家机关、社会组织和公民依法承担和履行义务，同时依法享有和行使权利。

### 三、医学法的效力范围

医学法的效力范围是指医学法具体生效和适用的范围，包括医学法在时间上的效力，在空间上的效力及对人的效力三个方面，即医学法律规范在什么时间、什么地方、对哪些人发生法律效力。

#### （一）医学法的时间效力

时间效力是指医学法律规范从何时开始生效，何时终止生效，及对其颁布实施前的事件和行为有无溯及力。

**1. 医学法的生效**

医学法开始生效的时间，一般根据该法律文件的具体性质和实际情况来决定。我国现行的医学法律、法规、规章生效主要有以下三种情况。

（1）在法律、法规、规章中明确规定颁布之日起生效。如卫生部（现卫生和计划生育委员会）1999年7月16日发布的《医师资格考试暂行办法》中明确规定"本办法自颁布之日起生效"。

（2）在法律、法规、规定中具体规定由其颁布后的某一具体时间生效。例如，1997年12月29日颁布的《中华人民共和国献血法》第24条规定，本法自1998年10月1日起实施。我国现行的几部医学法律，多属此类情况，主要是为法的实施提供一个宣传和准备的时间。

（3）法律、法规、规章中没有明确规定具体生效时间，一般应视为颁布之日起生效。1990年9月卫生部（现卫生和计划生育委员会）颁布的《食糖卫生管理办法》等规章属于此种情况。

**2. 医学法的失效**

医学法的失效即医学法的废止，指医学法律规范效力的终止。目前，我国医学法的失效主要由以下几种情况：

（1）新法颁布实施后，相应的旧法即自然丧失效力。例如：《中华人民共和国传染病防治法》，自1989年起颁布实施生效后，1978年发布的《中华人民共和国传染病防治条例》即自行失效。

（2）在新法中明文宣布旧法废止。例如，2002年4月4日颁布的《医疗事故处理条例》第63条规定"本条例自2002年9月1日起施行。1987年6月29日国务院发布的《医疗事故处理办法》同时废止。"

（3）有关机关发布专门的决议决定，宣布法制某些法规、规章。例如，1996年以来，根据我国《行政处罚法》的规定，要求卫生部（现卫生和计划生育委员会）和各地方人大、政府都对相应的医学法规、规章进行了清理，发布有关决定废止了部分过时或与行政处罚法相抵触的医学法规、规章。

**3. 医学法的溯及力**

医学法的溯及力是指医学法溯及既往的效力，是指新的医学法法律、法规、规章对它生效前的事件和行为是否使用的问题。一般来说，法律、法规只适用于生效后发生的事件和行为，不适用于生效前发生的事件和行为。我国医学法则原则上没有溯及力，即采取法不溯及既往的原则。

我国医学法溯及既往的原则：

（1）适用即有溯及力，不适用则无溯及力。有些法律，法规也规定了对其生效前的某些事件和行为有溯及力，主要表现在某些程序法中。这是为了更好地保护公民，法人和其他组织的合法权益而作的特别规定。例如《医疗事故处理条例》第63条规定："本条例自2002年9月1日起施行。本条例施行前，已经处理结案的医疗事故争议，不再重新处理。"表明了该条例对其生效前已结案的医疗事故没有溯及力。发生在该条例生效前的医疗事故或事件争议，没有定性或未处理或未结案的，则有溯及力，应以该办法为依据处理。

(2)"从旧兼从轻"的原则。我国法律在违法（包括医学违法）制裁办法的溯及力问题上，采取从旧兼从轻的原则。即某一行为，按行为发生时的法律规定为违法行为或制裁较重，而按新法规定该行为不属违法行为或制裁较轻时，则应使用新法予以认定和处理。反之，按行为发生时法律，该行为不属于违法或制裁较轻，按新法规定属于违法或制裁较重时，则应当按行为发生时有效的法律认定和处理。

(二) 医学法的空间效力

空间效力指医学法律规范适用的地域范围，主要是由立法机关所管辖的行政区域范围所决定的。

1. 在全国范围内生效。即在主权管辖的全部范围内生效。全国人大及其常委会制定和颁布的医学法律，国务院制定和颁布的医学行政法规，卫生和计划生育委员会等国务院部委发布的医学规章，除有特别规定外，均适用于我国主权管辖范围所及的全部领域，包括陆地，水域，领空及延伸意义的领土即驻外使馆，在领域外的我国的船舶和飞机上等。

2. 在一定的区域范围内生效。这又分两种情况：一是地方性医学法规和规章，只在发布机关管辖的区域内生效；另一种情况是，某医学行政法规或国务院部门的医学规章，是国务院或其他部门针对特别区域制定的，这些法规、规章明文规定在一定范围内生效，就只能在其限定的范围内适用。如国家有关农村卫生工作或某些特定地方疾病预防工作的行政法规，规章就属此类情况。

(三) 医学法对人的效力

所谓医学法对人的效力是指医学法律规范对什么人有效的问题。在我国，医学法律规范对人的效力主要有三种情况。

1. 对医学法律规范空间效力范围内的所有人均适用，包括中国公民，也包括在该空间范围内的居住的外国人和无国籍人。

2. 对空间效力范围内某种具有特定职能的公民，法人和组织适用，如《执业医师法》、《护士管理办法》、《医疗器械管理条例》等。

3. 对空间效力范围内的某些人适用或不适用，由该医学法律、法规、规章明文作出规定，如《医疗机构管理条例》第53条规定"外国人在中华人民共和国国境内开办医疗机构的管理办法，由国务院卫生行政部门另行规定。"

**四、医学法的适用**

(一) 医学法适用的概念

医学法的适用是医学法实施的一种重要形式，是保障医学法律规范得以实现的重要手段，是医学法治的一项重要内容。从广义上讲，医学法的适用是指国家专门机关、组织及其工作人员依据法定的职权和程序将医学法律规范应用于具体的主体（公民或组织）和事项的活动。它包括各级卫生行政机关、法律法规授权组织，受委托组织，依法进行的医学行政执法活动和司法机关依法处理有关医药卫生纠纷以及违法和犯罪案件的司法活动。执法和司法是根据法的适用主体的性质不同所划分的适用的两种方式。从狭义上讲，法的适用仅指司法活动。现代社会法制系统中最突出、最主要的矛盾就是法的实施问题，而法的实施状况在很大程度上取决于法的适用状况，因此，现代世界各国在法治建设中十分重视法的适用环节。

（二）医学法适用的特点

医学法的适用是一种国家活动，不同于一般公民、法人和其他组织实现医学法律规范的活动。其主要特征有：

1. 主体特定性。医学法的适用主体是特定的，主要是由有关法律予以明确规范的卫生行政机关，法律、法规授权组织，受委托组织和司法机关，他们在法定职权范围内实施医学法律规范的专门活动，其他任何组织和个人都不具有从事此项活动的资格。

2. 职权法定性。无论是国家行政机关（包括法律、法规授权组织）依法享有的执法权，还有司法机关享有的司法权（包括审判权和检察权），其权利的界限和具体的内容都是有相关的法律予以明确规定的。

3. 程序合法性。医学法适用的程序是由相应的程序法予以规定的，医学法的适用，有关机关和个人均不能以任何理由不按法定程序办事。我国司法活动相对集中并严格按照法定程序进行的活动。从目前情况看行政执法程序是一个较薄弱的环节，有待完善和加强。

4. 裁决权威性。医学法的适用是以国家强制力作保证，使医学法律规范在社会生活中得到实现的活动。由于其所作出的裁判或决定具有极大的权威性，一经生效，即具有法律效力。非经法定程序，任何单位和个人都不得随意更改废除或拒不执行。

5. 依据专业性。医学法的适用，既要以医学法律、法规为准绳，又必须以相应的医药卫生专业技术规程和卫生标准为依据。

6. 要式规范性。医学法的适用，一般都要求适用有关法律的相应文书表示出来，卫生监督有卫生监督文书，行政处罚有行政处罚文书等等，每一种文书都具有特定的规范要求和效力。

（三）医学法适用的基本原则和要求

同其他法律的适用一样，医学法的适用必须遵循以下几项基本原则：

1. 以事实为依据，以法律为准绳原则。
2. 公民在适用法律上一律平等原则。
3. 依法行政、司法独立原则。
4. 损害赔偿原则。

医学法在适用中要求做到正确、合法、及时。正确，首先实施认定要正确，其次定性要正确。概言之，也就是适用医学法律时，事实要清楚，证据要确实，定性要准确，处理要适当。合法是指在处理违反医学法律规范案件时，必须在法律授权范围内行事，既要符合实体法的要求，又不能违反程序法的规定。及时是指在正确、合法的前提下，在法定期限内结案。正确、合法、及时三者有机统一、相互联系、缺一不可。

### 思考题

1. 简述医学法制定的概念、依据、基本原则。
2. 简述医学法适用的特点。
3. 医学法的地位和作用是什么？
4. 医学法制定的依据及程序是什么？
5. 简述医学法的效力范围。
6. 简述医学法实施的概念、遵守的主体、内容、范围。

# 第二章

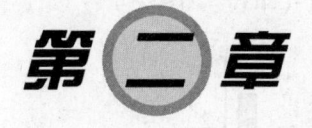

# 医疗技术人员管理法律制度

> **本章导引**
>
> 本章主要介绍执业医师、乡村医生、执业护士、执业药师、职业技师从业注册、管理、权利、义务和法律责任等方面的法律规定;并对法律制度《执业医师法》、《护士管理办法》、《执业药师资格制度暂行规定》以及职业技师管理的相关法律规定等主要内容,进行重点介绍;通过学习,基本掌握医疗技术人员的职业规则,特别是临床执业医师的职业规则,是保护人民健康,保障医患合法权益的制度,是从事医疗工作的重点法律规定。

随着我国医药卫生事业的发展,从事该行业的人数逐年上升,为了充分调动医疗技术人员的积极性和创造性,鼓励卫生技术人员提高技术水平、学术水平和履行相应职责的能力,加强人才的法制管理,促进人才的合理流动,强化对医院的科学管理,建立正常的工作秩序,卫生和计划生育委员会相继出台了管理医疗、预防、药剂、护理或其他专业的技术人员的法律制度,规范卫生医疗技术人员的执业行为,使我国的职业技师管理步入法制轨道,加强卫生技术人员队伍的建设,提高卫生技术人员的职业道德和业务素质,保障医患之间的合法权益,发挥卫生技术人员救死扶伤、防病治病的社会职责。

## 第一节 概述

### 一、医疗技术人员的概念

医疗技术人员(Medical Technicians)是直接受过高等或中等卫生教育或培训,掌握相关的医疗卫生知识和技能,经卫生行政部门的考查或考核并登记注册,从事医疗、预防、药剂、护理或其他专业的技术人员。

### 二、医疗技术人员的分类

为了适应社会社会主义市场经济建设,我国深入改革和大力发展医疗卫生事业,各级、各类医疗机构不断建立。截止到2012年6月底,全国医疗卫生机构数达96.0万个,其中:医院2.3万个,基层医疗卫生机构92.3万个,其他机构1.4万个。基层医疗卫生机构中:社区卫生服务中心(站)3.4万个,乡镇卫生院3.7万个,村卫生室66.4万个,诊所(医务室) 17.8万个。

2011年1月–2012年6月全国医疗卫生机构数量及同比增速（单位：个，%）

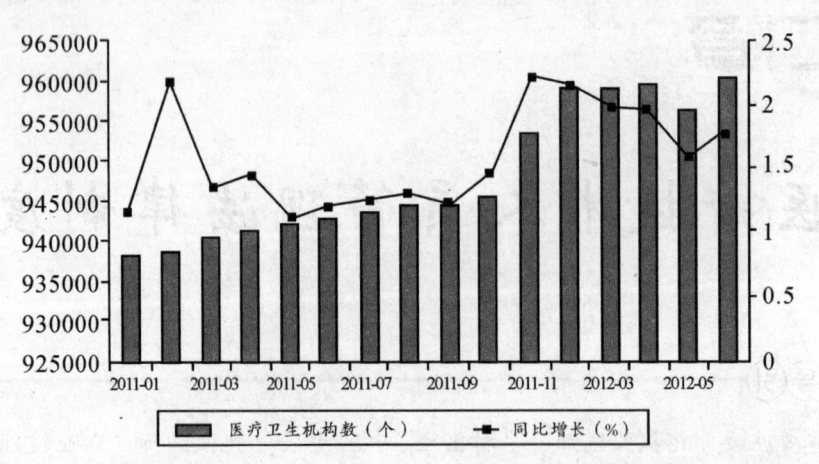

医疗卫生机构的不断增加，需要众多的医疗技术人员。医疗技术人员是医疗机构工作人员的主体，医疗机构工作人员除医疗技术人员外，还有行政管理人员、工程技术人员和工勤人员。医疗技术人员可分为四种类型：

（一）医疗防疫人员

这是指从事医疗、卫生防疫、寄生虫及地方病防治、工业卫生、妇幼保健、计划生育等专业工作中的中医（含民族医）、西医、中西医结合医等人员，其专业技术职务分为主任医师、副主任医师、主治（主管）医师、医师、医士。

（二）药剂人员

这是指从事药剂、药检人员，包括从事中医和西医专业的技术人员，其专业技术职务分为主任药师、副主任药师、主管药师、药师、药士。

（三）护理人员

这是指在医院、门诊部和其他医疗预防机构内担任各种护理工作，在医师指导下执行治疗或在负责地段内担任一般医疗处理和卫生防疫等工作的人员，其专业技术职务分为主任护师、副主任护师、主管护师、护师、护士。

（四）其他技术人员

这是指从事检验、理疗、病理、口腔、同位素、放射、营养等技术操作、机械维修以及生物制品研制等专业技术人员，其专业技术职务分为主任技师、副主任技师、主管技师、技师、技士。

除上述外，还有卫生技术管理干部，这是指在卫生行政部门、卫生企事业单位和学术团体从事医疗、科研、教学、防治、保健、计划生育、药械等技术管理工作的，具有高、中等医药院校毕业或具有同等学力的人员。他们的专业技术职务，依其掌握的专业知识和管理水平，分为主任（药、护、技）师、副主任（药、护、技）师、主管（药、护、技）师、（药、护、技）师、（药、护、技）士。

## 第二节 执业医师法律制度

### 一、概述

#### （一）执业医师法的概念

医师（Physician）是依法取得执业医师资格或者执业助理医师资格，经注册在医疗、预防或者保健机构（包括计划生育技术服务机构）中执业的专业医务人员。

执业医师法（Occupational Physician Law）是调整医师在职业活动过程中所产生的各种社会关系的法律规范的总和。

医师负有救死扶伤、防病治病的社会职责，其执业行为直接关系着公众的生命健康。因此，需要运用法律手段加强医师执业的管理，许多国家制定专门的医师法，也有一些国家在医疗法或者其他相关法律中对此加以规定。

#### （二）执业医师法的立法目的和意义

执业医师法的立法目的是为了加强医师队伍的建设，提高医师的职业道德和业务素质，保障医师的合法权益，保护人民健康。《执业医师法》的颁布，对于依法行医具有重要意义。

**1. 有利于加强医师队伍建设**

为了加强对医师队伍的管理，建国初期，国务院颁布了《医师暂行条例》、《中医师暂行条例》等，但都在50年代停止执行。1956年，又废止了医师资格考试制度，这就难以保证医师队伍的质量。《执业医师法》对执业医师或执业助理医师资格证的取得、执业规则、考核和培训、法律责任等都作了明确的规定，这就使医师队伍的管理有法可依，有利于建设一支高素质的医师队伍。

**2. 有利于提高医师的职业道德和业务素质**

《执业医师法》颁布实施后，全国实行统一的医师资格考试制度，考试注重临床知识技能和相关医学法律、医学伦理、医学心理知识的考核，首先从资格上对医师执业进行了限制；并严格规定了医师的执业规则；同时还规定，在业务素质和职业道德方面加强对医师的考核和培训；对违背职业道德和执业规则的违法行为规定了相应的法律责任，从而在各个方面有利于提高医师的职业道德和业务素质。

**3. 有利于保障医师和患者的合法权益**

长期以来，由于医师的权利和义务不明确，一方面，致使侵犯医师人身安全和名誉、扰乱医疗秩序的现象时有发生；另一方面，少数医师不负责任，违背医疗法律规范，损害患者的健康和利益。《执业医师法》中明确规定了医师的权利和义务。同时，特别强调全社会应当尊重医师，医师依法履行职责，受法律保护。这样，就既有利于保障医师的合法权益，又有利于保护人民健康。

#### （三）执业医师法的适应范围和管理

《执业医师法》适用于在医疗、预防、保健机构中工作的，依法取得执业医师或者执业助理医师资格，经注册取得医师职业证书，从事相应的医疗、预防、保健业务的专业人员。

《执业医师法》规定，国务院卫生行政部门主管全国的医师工作，县级以上地方人民政府卫生行政部门负责管理本行政区域内的医师工作。2002年1月9日中国医师协会在北京成立,其宗旨是发挥行业服务、协调、自律、维权、监督、管理作用,团结和组织全国医师遵守国家《宪法》、法律、法规和政策,弘扬以德为本,救死扶伤的人道主义职业道德,努力提高医疗水平和服务质量,维护医师的合法权益,为我国人民的健康和社会主义建设服务。

(四) 执业医师法的立法历史和现状

我国在西周时代,《周礼》就有对医师年终进行考核以确定其报酬的记载,以后的许多法典如《唐律》、《大明会典》等都有规范医师执业行为的律条。在20世纪20年代出台了对医师职业管理的专门法律,当时的国民政府于1929年颁布了《医师暂行条例》,1943年颁布了《医师法》。

1951年卫生部(现卫生和计划生育委员会)颁布了《医师暂行条例》、《中医师暂行条例》等。一系列规范性文件,不断完善对执业医师的管理,如《卫生技术人员职称及晋升条例(试行)》(1979年)、《医院工作人员职责》(1982年)、《医师、中医师个体开业暂行管理办法》(1988年)、《外国医师来华短期行医管理办法》(1993年)等。1998年6月26日,全国人大常委会第三次会议通过了《中华人民共和国执业医师法》(以下简称《执业医师法》),并于1999年5月1日施行。为了贯彻落实《执业医师法》,卫生部(现卫生和计划生育委员会)成立国家执业医师资格考试委员会,发布《医师资格考试暂行办法》、《医师执业注册暂行办法》、《关于医师执业注册中执业范围的暂行规定》、《处方管理办法》、《医师外出会诊管理暂行规定》等配套规章,使我国对执业医师的管理全面走向法治化的轨道。

## 二、执业医师资格考试制度

(一) 医师资格考试的种类

《执业医师法》规定,国家实行医师资格考试制度。医师资格考试制度是医师执业的标准考试,通过考试评价申请医师资格者是否具备执业所必需的专业知识和技能。1999年7月16日由国务院卫生行政部门制定医师资格统一考试的办法,医师资格考试由省级以上人民政府卫生行政部门组织实施。

国家医师资格考试,分为执业医师资格考试和执业助理医师资格考试。考试类别分为临床、中医(包括中医、民族医、中西医结合)、口腔、公共卫生四类。考试方式分为实践技能考试和医学综合笔试。

(二) 医师资格考试的条件

**1. 参加执业医师资格考试的条件**

具有下列条件之一者,可以参加执业医师资格考试:具有高等学校医学专业本科以上的学历,在执业医师的指导下,在医疗、预防、保健机构中试用期满一年的;取得执业助理医师执业证书后,具有高等学校医学专科学历,在医疗、预防、保健机构中工作满两年的;具有中等专业学校医学专业学历,在医疗、预防、保健机构中工作满五年的。

**2. 参加执业助理医师资格考试的条件**

具有高等学校医学专科学历或者中等专业学校医学专业学历,在执业医师指导下,在医疗、预防、保健机构中试用期满一年的,可以参加执业助理医师资格考试。

**3. 其他参加医师资格考试的条件**

以师承方式学习传统医学专业满3年,或者经多年实践医术确有专长的,经县级以上政府卫生行政部门确定的组织或者医疗、预防、保健机构，经过考核合格并推荐后，可以参加执业医师资格或者执业助理医师资格考试。

在乡村医疗卫生机构中向村民提供预防、保健和一般医疗服务的乡村医生，符合上述有关规定的，也可以依法参加执业医师资格考试。

（三）医师资格证书的取得

参加全国统一的执业医师资格考试或者执业助理医师资格考试，成绩合格的，授予执业医师资格或者执业助理医师资格，由省级卫生行政部门颁发卫生和计划生育委员会统一印制的《医师资格证书》。医师资格证书一经合法取得，就不得非法剥夺。

### 三、医师执业注册制度

（一）申请注册

**1. 注册的组织管理**

《执业医师法》规定，国家实行医师执业注册制度。卫生和计划生育委员会负责全国医师执业注册监督管理工作。县级以上地方卫生行政部门是医师执业注册的主管部门，负责本行政区域内的医师执业注册监督管理工作。

**2. 注册程序**

（1）申请。凡是取得医师资格的，均可以向所在地县级以上人民政府卫生行政部门申请注册。申请医师执业注册，应当提交下列材料：医师执业注册申请审核表；二寸免冠正面半身照片两张；《医师资格证书》；注册主管部门指定的医疗机构出具的申请人6个月内的健康体检表；申请人身份证明；医疗、预防、保健机构的拟聘用证明；省级以上卫生行政部门规定的其他材料。

（2）审核。注册主管部门应当自收到注册申请之日起30日内，对申请人提交的上述材料进行审核。

（3）注册。经审核合格的，予以注册，并发给卫生和计划生育委员会统一印制的《医师执业证书》。

**3. 重新注册**

有下列情形之一的，应当重新申请注册：中止医师执业活动二年以上的；法定不予注册的情形消失的。重新申请注册的人员，应当首先到县级以上卫生行政部门制定的医疗、预防、保健机构或组织，接受3至6个月的培训，并经考核合格，方可依法重新申请执业注册。

**4. 医师执业注册的法律效力**

医师经注册后，可以在医疗、预防、保健机构中按照注册的执业地点、执业类别、执业范围执业，从事相应的医疗、预防、保健业务，其执业活动受到法律保护。未经医师注册取得执业证书，不得从事医师执业活动。

执业地点是指医师执业的医疗、预防、保健机构及其登记注册的地址。执业类别是指医师从事的医疗、预防、保健三类医务工作中的执业活动。执业范围是指医师的具体诊疗科目，包括内科、外科、牙科、儿科、放射科等。

（二）不予注册

《执业医师法》规定，有下列情形之一的，不予注册：不具有完全民事行为能力的；因受刑事处罚，自刑罚执行完毕之日起至申请注册之日止不满二年的；受吊销《医师职业证书》行政处罚,自处罚决定之日起至申请注册之日止不满二年的;甲类、乙类传染病传染期、精神病发病期以及身体残疾等健康状况不适宜或者不能胜任医疗、预防、保健业务工作的;重新申请注册,经卫生行政部门指定机构或组织考核不及格的;卫生和计划生育委员会规定不宜从事医疗、预防、保健业务的其他情形的。

受理申请的卫生行政部门,不符合条件不予注册的,应当自收到申请之日起30日内书面通知申请人,并说明理由。申请人有异议的,可以自收到通知之日起15日内,依法申请复议或者向人民法院提起诉讼。

### (三) 注销注册

医师注册后有下列情形之一的,其所在的医疗、预防、保健机构应当在30日内报告准予注册的卫生行政部门,卫生行政部门应当注销注册,收回医师职业证书:死亡或者被宣告失踪的;受刑事处罚的;受吊销医师执业证书行政处罚的;因考核不及格,暂停执业活动期满,经过培训再次考核仍不及格的;中止医师执业职业活动满二年的;身体健康状况不适宜继续执业的;有国家卫生部规定不宜从事医疗、预防、保健业务的其他情形的。

注册主管部门对具有前款规定情形的,应当予以注销注册,收回《医师执业证书》。被注销注册的当事人有异议的,可以自收到注销注册通知之日起15日内,依法申请复议或者向人民法院提起诉讼。

### (四) 变更注册

医师变更执业地点、执业类别、执业范围等注册事项的,应当到注册主管部门办理变更注册手续,并提交医师变更执业注册申请审核表、《医师资格证书》、《医师执业证书》以及省级以上部门规定提交的其他资料。但经医疗、预防、保健机构批准的卫生支农、会诊、进修、学术交流、承担政府交办的任务和卫生行政部门批准的义诊等除外。

医师申请变更执业注册事项属于原注册主管部门管辖的,申请人应到原注册主管部门申请办理变更手续;医师申请变更执业注册事项不属于原注册主管部门管辖的,申请人应当先到原注册主管部门办理申请变更注册事项和医师执业证书编码,然后到拟执业地点注册主管部门申请办理变更执业注册手续;跨省、自治区、直辖市变更执业注册事项的,除依照规定办理有关手续外,新的执业地点注册主管部门在办理执业注册手续时,应收回原《医师执业证书》,应发给新的《医师执业证书》。

注册主管部门应当自收到变更注册申请之日起30日内办理变更注册手续。对因不符合变更注册条件不予变更的,应当自收到变更注册申请之日起30日内书面通知申请人,并说明理由。申请人如有异议的,可以依法申请行政复议或者向人民法院提起诉讼。

医师在办理变更注册手续过程中,在《医师执业证书》原注册事项已被变更,未完成新的变更事项许可前,不得从事执业活动。

### (五) 个体行医

《执业医师法》规定,申请个体行医须具备如下条件:依法取得执业医师资格;经注册后在医疗、预防、保健机构中执业满五年;依据《医疗机构管理条例》取得医疗机构执业许可证。

个体开业医师应当按照注册的执业地点、执业类别和范围执业。

## 四、医师的执业规则

### (一) 医师依法享有执业权利

依法取得执业医师资格、依法注册的执业医师,在执业活动中享有如下权利,任何人或组织不得侵犯这些权利:

1. 注册的执业范围内,进行医学诊查、疾病调查、医学处置、出具相应的医学证明文件,选择合理的医疗、预防、保健方案。
2. 按照国务院卫生行政部门规定的标准,获得与本人执业活动相当的医疗设备基本条件。
3. 从事医学研究、学术交流,参加专业学术团体。
4. 参加专业培训,接受继续医学教育。
5. 在执业活动中,人格尊严、人身安全不受侵犯。
6. 获取工资报酬和津贴,享受国家规定的福利待遇。
7. 对所在机构的医疗、预防、保健工作和卫生行政部门的工作提出意见和建议,依法参与所在机构的民主管理。

### (二) 医师依法履行执业义务

执业医师在执业活动中,必须履行如下义务:

1. 遵守法律、法规,遵守技术操作规范。
2. 树立敬业精神,遵守职业道德,履行医师职责,尽职尽责为患者服务。
3. 关心、爱护、尊重患者,保护患者的隐私。
4. 努力钻研业务,更新知识,提高专业技术水平。
5. 宣传卫生保健知识,对患者进行健康教育。

### (三) 医师的其他执业规则

医师的其他执业规则包括以下内容:

1. 医师实施医疗、预防、保健措施,签署有关医学证明文件,必须亲自诊查、调查,并按照规定及时填写医学文书,不得隐匿、伪造或者销毁医学文书及有关资料。医师不得出具与自己执业范围无关或者与执业类别不相符的医学证明文件。
2. 对急危患者,医师应当采取紧急措施进行诊治,不得拒绝急救处置。
3. 医师应当使用经国家有关部门批准使用的药品、消毒药剂和医疗器械。除正当诊断治疗外,不得使用麻醉药品、医疗用毒性药品、精神药品和放射性药品。
4. 医师应当如实向患者或者其家属介绍病情,但应注意避免对患者产生不利后果。医师进行实验性临床医疗,应当经医院批准并征得患者本人或者其家属同意。
5. 医师不得利用职务之便,索取、非法收受患者财物或者牟取其他不正当利益。
6. 遇有自然灾害、传染病流行、突发重大伤亡事故及其他严重威胁人民生命健康的紧急情况时,医师应当服从县级以上人民政府卫生行政部门的调遣。
7. 医师发生医疗事故或者发现传染病疫情时,应当按照有关规定及时向所在机构或者卫生行政部门报告。医师发现患者涉嫌伤害事件或者非正常死亡时,应当按照有关规定向有关部门报告。
8. 执业助理医师应当在执业医师的指导下,在医疗、预防、保健机构中按照其执业类别执业。在乡、民族乡、镇的医疗、预防、保健机构中工作的执业助理医师，可以根据医疗诊治的情况和需要，独立从事一般的执业活动。

## 五、医师的考核和培训

### （一）医师的考核

《执业医师法》规定，国家建立医师工作考核制度。县级以上人民政府卫生行政部门负责指导、检查和监督医师考核工作。县级以上人民政府卫生行政部门委托的机构或者组织按照医师执业标准，对医师的业务水平、工作成绩和职业道德状况进行定期考核。

对医师的考核结果，考核机构应当报告准予注册的卫生行政部门备案。

对考核不合格的医师，县级以上人民政府卫生行政部门可以责令其暂停执业活动3个月至6个月，并接受培训和继续医学教育。暂停执业活动期满，再次进行考核，对考核合格的，允许其继续执业；对考核不合格的，由县级以上人民政府卫生行政部门注销注册，收回医师执业证书。

经考核，医师有下列情形之一的，县级以上人民政府卫生行政部门给予表彰或者奖励：

1. 在执业活动中，医德高尚，事迹突出的。
2. 对医学专业技术有重大突破，做出显著贡献的。
3. 遇有自然灾害、传染病流行、突发重大伤亡事故及其他严重威胁人民生命健康的紧急情况时，救死扶伤、抢救诊疗表现突出的。
4. 长期在边远贫困地区、少数民族地区条件艰苦的基层单位努力工作的。
5. 国务院卫生行政部门规定应当予以表彰或者奖励的其他情形的。

### （二）医师的培训

《执业医师法》规定，国家建立医师培训制度。县级以上人民政府卫生行政部门应当制定医师培训计划，对医师进行多种形式的培训，为医师接受继续医学教育提供条件。

县级以上人民政府卫生行政部门应当采取有力措施，对在农村和少数民族地区从事医疗、预防、保健业务的医务人员实施培训。

医疗、预防、保健机构应当按照规定和计划保证本机构医师的培训和继续医学教育。

县级以上人民政府卫生行政部门委托的承担医师考核任务的医疗卫生机构，应当为医师的培训和接受继续医学教育提供和创造条件。

医师培训对象主要包括执业医师、执业助理医师以及其他医务人员；培训内容要适应各类医务人员的实际需要，具有针对性、实用性和先进性，应以现代医学科学发展中的新理论、新知识、新技术和新方法为重点。培训形式包括参加学术会议、学术讲座、专题讨论会、专题学习班、短期或长期培训等。

## 六、乡村医生从业管理

### （一）乡村医生的概念

乡村医生（Doctors in Rural Areas）是指尚未取得执业医师资格或者执业助理医师资格，经注册在村医疗卫生机构从事预防、保健和一般医疗服务的医生。

为了提高乡村医生的职业道德和业务素质，加强乡村医生从业管理，保护乡村医生的合法权益，保障村民获得初级卫生保障服务。2003年8月5日，国务院发布了《乡村医生从业管理条例》，对乡村医生的执业注册、执业规则、考核和培训作了规定。村医疗卫生机构中的执业医师助理医师，依照《执业医师法》的规定管理，不适用《乡村医生从业管理条例》。

国家鼓励乡村医生学习中医学基础知识，运用中医药技能防治疾病，鼓励乡村医生通过医学教育取得药学专业学历；鼓励符合条件的乡村医生申请参与国家医师资格考试；鼓励取得执业医师资格或者执业助理医师资格的人员开办乡村医疗卫生机构，或者在乡村医疗卫生机构向村民提供预防、保健和医疗服务。

（二）乡村医生执业注册

国家实行乡村医生执业注册制度。《乡村医生从业管理条例》公布前的乡村医生，取得县级以上地方人民政府卫生行政主管部门颁发的乡村医生证书，并符合下列条件之一的，可以向县级人民政府卫生行政主管部门申请乡村医生执业注册，取得乡村医生执业证书后，继续在村医疗卫生机构执业：

1. 已经取得中等以上医学专业学历的。
2. 在村医疗卫生机构继续工作20年以上的。
3. 按照省、自治区、直辖市人民政府卫生行政主管部门制定的培训规划，接受培训取得合格证书的。

《乡村医生从业管理条例》公布之日起进入村医疗卫生机构从事预防、保健和医疗服务的人员，应当具备执业医师资格或者执业助理医师资格。不具备规定条件的地区，根据实际需要，可以允许具有中等医学专业学历的人员，或者经培训达到中等医学专业水平的其他人员申请执业注册，进入村医疗卫生机构执业。具体办法由省、自治区、直辖市人民政府制定。

乡村医生经注册取得执业证书后，可在聘用期执业的医疗卫生机构从事预防、保健和一般医疗服务。未经注册取得执业证书的，不得执业。乡村执业医生执业证有效期为5年。

乡村医生有下列情形之一的，不予注册：不具有完全民事行为能力的；受刑事处罚，自刑罚完毕日起至执业注册之日止不满2年的；受吊销乡村医生执业证书行政处罚，自处罚决定之日起至申请执业注册之日止不满2年的。

乡村医生有下列情形之一的，由原注册的卫生行政管理部门注销执业注册，收回乡村医生执业证书：死亡或者宣告失踪的；受刑事处罚的；终止执业活动满2年的；考核不合格，逾期未提出再次考核申请或者经再次考核仍不合格的。

（三）乡村医生执业规则

乡村医生在执业活动中享有以下权利：

1. 进行一般医学处置，出具相应的医学证明。
2. 参与医学经验交流、参加专业学术团体。
3. 参加业务培训和教育；在执业活动中，人格尊严、人身安全不受侵犯；获取报酬。
4. 对当地的预防、保健、医疗工作和卫生行政主管部门的工作提出意见和建议。

乡村医生在执业活动中应当履行下列义务：

1. 遵守法律、法规、规章和诊疗护理技术规范、常规。
2. 树立敬业精神，遵守职业道德，履行乡村医生职责，为村民健康服务。
3. 关爱、爱护、尊重患者、保护患者的隐私。
4. 努力钻研业务，更新知识，提高专业技术水平。

5. 向村民宣传卫生保健知识，对患者进行健康教育。

乡村医生在执业活动中应当遵守下列规则：

1. 应当协助有关部门做好初级卫生保健服务工作；按照规定及时报告传染病疫情和中毒事件；如实填写并上报有关卫生统计报表，妥善保管有关资料。

2. 不得重复使用一次性医疗器械和卫生材料。对使用过的一次性医疗器械和卫生材料，应当按照规定处置。

3. 应当如实向患者或其家属介绍病情，对超出一般医疗服务范围或者限于医疗条件和技术水平不能诊治的病人，应当及时转诊；情况紧急不能转诊的，应当先行抢救，并及时向有抢救条件的医疗卫生机构求助。

4. 不得出具与执业范围无关或者执业范围不相符的医疗证明，不得进行实验性临床医疗活动。

5. 应当在乡村医疗医生基本用药目录规定的范围内用药。

## 七、法律责任

### （一）行政责任

《执业医师法》规定，以不正当手段取得医师执业证书的，由发给证书的卫生行政部门予以吊销；对负有直接责任的主管人员和其他直接负责人员，依法给予行政处分。

#### 1. 对医疗、预防、保健机构的行政处罚

医师在执业活动中，有下列行为之一的，由县级以上人民政府卫生行政部门给予警告或者责令暂停6个月以上1年以下执业活动；情节严重的，吊销其执业证书。（1）违反卫生行政规章制度或者技术操作规范，造成严重后果的。（2）由于不负责任延误急危患者的抢救和诊治，造成严重后果的。（3）未经亲自诊查、调查，签署诊断、治疗、流行病学等证明文件或者有关出生、死亡等证明文件的。（4）隐匿、伪造或者擅自销毁医学文书及有关资料的。（5）使用未经批准使用的药品、消毒药剂和医疗器械的。（6）不按照规定使用麻醉药品、医疗用毒性药品、精神药品和放射性药品的。（7）未经患者或者其家属同意，对患者进行实验性临床医疗的。（8）泄露患者隐私，造成严重后果的。（9）利用职务之便，索取、非法收受患者财物或者牟取其他不正当利益的。（10）发生自然灾害、传染病流行、突发重大伤亡事故以及其他严重威胁人民生命健康的紧急情况时，不服从卫生行政部门调遣的。（11）发生医疗事故或者发现传染病疫情，患者涉嫌伤害事件或者非正常死亡，不按照规定报告的。

医疗、预防、保健机构对属于注销情形而未履行报告职责，导致严重后果的，由县级以上人民政府卫生行政部门给予警告；并对该机构的行政负责人依法给予行政处分。

#### 2. 对行政责任相关责任人的行政处罚

未经批准擅自开办医疗机构行医或者非医师行医的，由县级以上人民政府卫生行政部门予以取缔，没收其违法所得及其药品、器械，并处10万元以下的罚款；对医师吊销其执业证书。

阻碍医师依法执业，侮辱、诽谤、威胁、殴打医师或者侵犯医师人身自由、干扰医师正常工作、生活的，依照《治安管理处罚法》的有关规定处罚。

卫生行政部门工作人员或者医疗、预防、保健机构工作人员违反《执业医师法》有关规定，弄虚作假、玩忽职守、滥用职权、徇私舞弊，尚不构成犯罪的，依法给予行政处分。

## （二）民事责任

《执业医师法》规定，医师在医疗、预防、保健工作中造成医疗事故的，依照法律或者国家有关规定，承担相应民事责任；未经批准擅自开办医疗机构行医或非法行医，给患者造成伤害的，依法承担赔偿责任。

## （三）刑事责任

《执业医师法》规定，违反《执业医师法》，构成犯罪的，依法追究刑事责任。

《刑法》规定，医务人员由于严重不负责任，造成就诊人死亡或者严重损害就诊人身体健康的，处3年以下有期徒刑或者拘役。

未取得医生执业资格的人非法行医，情节严重的，处3年以下有期徒刑、拘役或者管制，并处或者单处罚金；严重损害就诊人身体健康的，处3年以上10年以下有期徒刑，并处罚金；造成就诊人死亡的，处10年以上有期徒刑，并处罚金。

未取得医生执业资格的人擅自为他人进行节育复通手术、假节育手术、终止妊娠手术或者摘取宫内节育器，情节严重的，处3年以下有期徒刑、拘役或者管制，并处或者单处罚金；严重损害就诊人身体健康的，处3年以上10年以下有期徒刑，并处罚金；造成就诊人死亡的，处10年以上有期徒刑，并处罚金。

# 第三节　护士管理法律制度

## 一、概述

### （一）护士的概念

护士（Nurse）是指受过高、中等护理专业教育，熟练掌握基础护理和一般专科护理知识和技能，并具有一定的卫生预防工作能力的卫生技术人员。

护理工作在预防疾病、维护和促进人民健康方面，发挥着越来越重要的作用。护理工作的范围由单纯的疾病护理扩大到身心健康护理；护理对象由少数患者扩大到全社会的人群，渗透到健康保健、临终关怀、社区护理及家庭护理等领域。

### （二）护士管理办法建设

护士在促进健康、预防疾病、恢复健康的过程中起着十分重要的作用。护士的业务水平和素质的高低，直接影响着医疗护理的质量。新中国建立后，政府和有关部门十分重视护理队伍的稳定、护理人员的培养和护理质量的提高，先后颁布了多部涉及护理管理方面的法律、法规和规章。1982年，卫生部（现卫生和计划生育委分员会）在发布的《医院工作制度》和《医院工作人员职责》中，规定了护理工作制度和各级护士职责。1988年卫生部（现卫生和计划生育委分员会）制定了包括护士在内的《医务人员医德规范及实施办法》。为加强护士管理，提高护士的医护质量，保障医疗和护理安全，保障护士的合法权益，卫生部（现卫生和计划生育委分员会）于1993年3月26日颁布了《中华人民共和国护士管理办法》（以下简称《护士管理办法》），自1994年1月1日起实施。该办法明确规定，国家发展护理事业，促进护理学科的发展，加强护士队伍建设。重视和发挥护士在医疗、预防、保健和康复工作中的作用；护士的执业权利受法律保护，护士的劳动应受到社会尊重。

## 二、护士执业考试

### （一）护士执业考试的条件

凡申请护士执业者，必须通过卫生和计划生育委员会统一执业考试，取得《中华人民共和国护士执业证书》。申请护士执业考试必须具备以下条件之一：

1. 获得高等医学院校护理专业专科以上毕业文凭者，以及获得经省级以上卫生行政部门确认免考资格的普通中等卫生（护理）学校护理专业毕业文凭者，可以免予护士执业考试。

2. 获得其他普通中等卫生（护理）学校护理专业毕业文凭者，可以申请护士执业考试。

### （二）护士职业证书的取得

在我国，符合护士管理办法规定的免考条件者以及护士职业考试及格者，由省、自治区、直辖市卫生行政部门发给《中华人民共和国护士执业证书》，该证书在全国范围内有效。

## 三、护士执业注册

### （一）注册原则

我国实行护士职业许可制度。护士职业注册的原则是：

1. 未经护士职业注册者，不得从事护士工作。

2. 护理专业在校生或毕业生进行专业实习，以及按《护士管理办法》规定进行临床实践的，必须按照卫生和计划生育委员会的有关规定在护士的指导下进行。

3. 境外人员申请在中华人民共和国境内从事护理工作的，必须依《护士管理办法》的规定通过执业考试，取得《中华人民共和国护士执业证书》并办理注册。

### （二）注册程序

获得《中华人民共和国护士执业证书》者，方可申请护士执业注册。护士注册机关为执业所在地的县级卫生部门。

**1. 首次注册**

申请首次护士注册必须填写注册申请表，缴纳注册费，并向注册机关缴验：（1）《中华人民共和国护士执业证书》。（2）身份证明。（3）健康检查证明。（4）省级卫生行政部门规定提交的其他证明。

注册机关在受理注册申请后，应当在 30 日内完成审核，审核合格的予以注册，审核不合格的，应该书面通知申请者。

**2. 再次注册**

护士注册的有效期为两年。护士连续注册，在前一注册期满前 60 日，对《中华人民共和国护士执业证书》进行个人或集体校验注册。但中断注册 5 年以上者，必须按省、自治区、直辖市卫生行政部门的规定参加临床实践 3 个月，并向注册机关提交有关证明，方可办理再次注册。

**3. 不予注册**

《护士管理办法》规定，有下列情形之一的不予注册：

（1）服刑期间。

（2）因健康原因不能或不宜执行护理业务。

(3) 违反《护士管理办法》，被终止或取消注册。
(4) 其他不宜从事护士工作的。

## 四、护士执业

### (一) 护士执业的权利

《护士管理办法》规定，护士的执业权利受法律保护。护士的劳动受全社会尊重。护士依法履行职责的权利受法律保护，任何单位和个人不得侵犯。

### (二) 护士执业的规划

1. 护士在执业中应当正确执行医嘱，观察病人的身心状态，对病人进行科学的护理。遇紧急情况应及时通知医生并配合抢救，医生不在场时，护士应当采取力所能及的急救措施。
2. 护士有承担预防保健工作、宣传防病治病知识、进行康复指导、开展健康教育、提供卫生咨询义务。
3. 护士执业必须遵守职业道德和医疗护理工作规章制度及技术规范。
4. 护士在执业中得悉就医者的隐私，不得泄露，但法律另有规定的除外。
5. 遇有自然灾害、传染病流行、突发重大伤亡事故及其他严重威胁人群生命健康的紧急情况，护士必须听从卫生行政部门的调遣，参加医疗救护和预防保健工作。

### (三) 护士职责

**1. 主任护士职责**

(1) 在护理部主任（总护士长）的指导下，指导本科室护理业务技术、科研和教学工作。
(2) 检查指导本科室急、重、疑难病人的计划护理、护理会诊及抢救危重病人的护理。
(3) 了解国内外护理发展动态，并根据本院具体条件努力引进技术，提高护理质量，发展护理学科。
(4) 主持本科室的护理大查房，指导主管护师的查房，不断提高护理水平。
(5) 对本科室护理差错、事故提出技术鉴定意见。
(6) 组织在职主管护师、护师及进修护师的业务学习，模拟教学计划，编写教材，并负责讲授。
(7) 带教护理专科学生的临床实习，担任部分课程的讲授，并指导主管护师完成此项工作。
(8) 协助护理部做好主管护师、护师晋级的业务考核工作，承担对高级护理人员的培养。
(9) 制定本科室护理科研、技术革新计划，并负责指导实施。参与审定、评价护理论文和科研、技术革新成果。
(10) 负责组织本科室护理学术讲座和护理病案讨论。
(11) 对全院的护理队伍建设、业务技术管理和组织管理提出意见，协助护理部加强对全院护理工作的领导。

**2. 主管护师职责**

(1) 在科护士长领导下和本科主任护师指导下进行工作。

（2）负责督促检查本科各病房护理工作质量，发现问题，及时解决，把好护理质量关。

（3）解决本科护理业务上的疑难问题，指导危重和疑难病人护理计划的制订及实施。

（4）负责指导本科各病房的护理查房和护理会诊，对护理业务给予具体指导。

（5）对本科各病房发生的护理差错、事故进行分析、鉴定，并提出防范措施。

（6）组织本科护师、护士进行业务培训，拟订培训计划，编写教材，负责讲课。

（7）组织护理系、护理专修科学生和护校学生临床实习，负责讲课和评定成绩。

（8）制定本科护理科研和技术革新计划，并组织实施。指导全科护师、护士开展科研工作。

（9）协助本科护士长做好行政管理和队伍建设工作。

**3. 护师职责**

（1）在病房护士长领导下和本科主管护师指导下进行工作。

（2）参加病房的护理临床实践，指导护士正确执行医嘱及各项护理技术操作规程，发现问题，及时解决。

（3）参与病房危重、疑难病人的护理工作及护理技术操作。带领护士完成新业务、新技术的临床实践。

（4）协助护士长拟订病房护理工作计划，参与病房管理工作。

（5）参与本科主任护师、主管护师组织的护理查房、会诊和病例讨论。主持本病房的护理查房。

（6）协助护士长负责本病房护士和进修护士的业务培训，制订学习计划，组织编写教材并担任讲课。对护士进行技术考核。

（7）参加护理专业部分临床教学，带教护师临床实习。

（8）协助护士长制订本病房的科研、技术革新计划，提出科研课题，并组织实施。

（9）对病房出现的护理差错、事故进行分析，提出防范措施。

**4. 门诊部护士职责**

（1）在门诊部护士长指导下进行工作。

（2）负责器械的消毒和开诊前的准备工作。

（3）协助医师进行检诊，按医嘱给病员进行处理。

（4）经常观察候诊病员的病情变化，对较重病员应提前诊治或送急诊室处理。

（5）负责诊疗室的整洁、安静、维持就诊秩序，做好卫生防病、计划生育宣传工作。

（6）做好隔离消毒工作，防止交叉感染。

（7）认真执行各项规章制度和技术操作常规，严格查对制度，做好交接班，严防差错事故。

（8）按照分工，负责领取、保管药品器材和其他物品。

**5. 急诊室护士职责**

（1）在急诊室护士长领导下进行工作。

（2）做好急诊病员的检诊工作，按病情决定优先就诊，有困难时请求医师决定。

（3）急症病员来诊，应立即通知值班医师，在医师未到以前，遇特殊危重病员，可行必要的急救处置，随即向医师报告。

（4）准备各项急救所需用品、器材、敷料，在急救过程中，应迅速而准确地协助医师进行抢救工作。

（5）经常巡视观察室病员，了解病员病情、思想和饮食情况，及时完成治疗及护理工作，严密观察与记录留观病员的情况变化，发现异常及时报告。

（6）认真执行各项规章制度和技术操作常规，做好查对和交接班工作，努力学习业务技术，不断提高急诊业务能力和抢救工作质量，严防差错事故。

（7）护送危重病员及手术病员到病房或手术室。

6. **手术室护士职责**

（1）在护士长领导下担任器械或巡回护理等工作，并负责手术前的准备和手术后的管理工作。

（2）认真执行各项规章制度和技术操作规程，督促检查参加手术人员的无菌操作，注意病人安全，严防差错事故。

（3）参加卫生清扫，保持手术室整洁、肃静、调节空气和保持室内适宜的温度。

（4）负责手术后病员的包扎、保暖、护送和手术标本的保管和送检。

（5）按分工做好器械、敷料的打包消毒和药品的保管，做好登记统计工作。

（6）指导进修、实习护士和卫生员的工作。

7. **供应室护士职责**

（1）在护士长的领导下进行工作，负责医疗器械、敷料的清洗、包装、消毒、保管、登记和分发、收回工作，实行下收下送。

（2）经常检查医疗器材质量，如有损坏及时修补、登记，并向护士长报告。

（3）协助护士长请领各种医疗器材、敷料和药品，经常与临床科室联系，征求意见，改进工作。

（4）认真执行各项规章制度和技术操作规程，积极开展技术革新，不断提高消毒供应工作质量，严防差错事故。

（5）指导护理员（消毒员）、卫生员进行医疗器材、敷料的制备、消毒工作。

8. **病房护士职责**

（1）在护士长领导和护师指导下进行工作。

（2）认真执行各项护理制度和技术操作规程，正确执行医嘱，准确及时地完成各项护理工作，严格执行查对及交接班制度，防止差错事故发生。

（3）做好基础护理和精神护理工作，经常巡视病房，密切观察病情变化，发现异常及时报告。

（4）认真做好危重病人的抢救工作。

（5）协助医师做好各种诊疗工作，负责采集各种检验标本。

（6）参加护理教学和科研，指导护生和护理员、卫生员的工作。

（7）定期组织病人学习，宣传卫生知识和住院规定。经常征求病人的意见，改进护理工作。在出院前做好卫生保健宣传工作。

（8）办理入、出院，转科，转院手续及有关登记工作。

（9）在护士长领导下，做好病房管理、消毒隔离、物资药品材料请领保管工作。

（四）处罚

《护士管理办法》规定的处罚主要包括六个方面：

1. 未经护士执业注册从事护士工作的，由卫生行政部门予以取缔。
2. 非法取得《中华人民共和国护士执业证书》的，卫生行政部门予以缴销。
3. 护士执业违反医疗护理规章制度及技术规范的，由卫生行政部门视情节予以警告、责令改正、终止注册直至取消其注册。
4. 非法阻挠护士执业或侵犯护士人身权利的，由护士所在单位提请公安机关予以行政处罚，情节严重，触犯《刑法》的，提交司法机关依法追究刑事责任。
5. 违反《护士管理办法》其他规定的，由卫生行政部门视情节予以警告、责令改正、终止注册直至取消其注册。
6. 当事人对行政处理决定不服的，可以依据国家法律、法规的规定申请行政复议或者提起行政诉讼。当事人对行政处理决定不履行又未在法律规定期限内申请复议或提起诉讼的，卫生行政部门可以申请人民法院强制执行。

## 第四节 执业药师管理法律制度

### 一、概述

（一）执业药师的概念

执业药师（Licensed Pharmacist）是指经过全国统一考试合格，取得《执业药师资格证书》并经注册登记，在药品生产、药品经营、药品使用单位中执业的药学技术人员。

（二）执业药师管理法制建设

我国是1994年开始实施执业药师资格制度。为贯彻《药品管理法》和《中共中央、国务院关于卫生改革与发展的决定》，加强药学技术人员和药品市场管理工作，保障人民用药安全有效，根据国务院赋予国家药品监督管理局的职能，人事部、国家药品监督管理局在总结执业药师、执业中医师资格制度实施情况的基础上，于1999年重新修订了《执业药师资格制度暂行规定》和《执业药师资格考试实施办法》对执业药师实行统一名称、统一政策、统一组织考试和统一管理。

### 二、执业药师资格考试和注册

（一）执业药师考试制度

为了加强对医药专业技术人员的职业准入控制，加强对药品生产和流通的管理，确保药品质量，保障人民用药安全和维护人民健康，促进我国医药事业的发展，国家在药品生产和药品流通领域实施执业药师资格制度。凡从事药品生产、经营活动的企事业单位，在其关键岗位必须配备有相应的执业药师资格人员。执业药师通过资格考试取得职业资格，依法独立执行业务。人事部和国家医药管理局共同负责全国执业药师资格制度的政策制定、组织协调、资格考试、注册登记和监督管理工作。

执业药师资格考试实行全国统一大纲、统一命题、统一组织的考试制度。人事部负责审定考试科目、考试大纲和试题，会同国家医疗管理局对考试进行检查、监督和指导，并组织或授权组织实施各项考务工作。每年举行一次。

《执业药师资格制度暂行规定》指出，凡中华人民共和国公民和获准在我国境内就业的其他国际的人员，遵纪守法并具备以下条件之一者，可申请参加执业药师资格考试：

1. 药学中专毕业后，从事医药工作满十年。
2. 药学大专毕业后，从事医药工作满六年。
3. 药学大学本科毕业后，从事医药工作满四年。
4. 获药学第二学士学位或研究生班结业后，从事医药工作满两年。
5. 获药学硕士学位后，从事医药工作满一年。
6. 获药学博士学位。
7. 已正式受聘担任主管药师职务的人员。

通过执业药师资格考试的合格者，由各省、自治区、直辖市人事（职改）部门颁发人事部统一印制的、人事部和国家医药管理局用印的执业药师资格证书，经注册后全国范围有效。

（二）执业药师注册制度

**1. 注册**

执业药师资格实行注册登记制度，国家医药管理局及省级医药管理局（总公司）为执业药师的注册管理机构，人事部和各级人事（职改）部门执业药师的注册和使用情况有检查、监督的责任。各省、自治区、直辖市人事（职改）部门，根据人事部和国家医药管理局发出的执业药师考试合格名单，向考试合格者核发资格证书，并通知其到当地省级医药管理部门注册。接到通知后须在3个月内办理注册登记手续，逾期不办者，职业资格考试不再有效。

申请执业药师注册者，必须同时具备下列条件：（1）遵纪守法，遵守药师职业道德。（2）执业药师资格考试合格。（3）身体健康，能坚持在执业药师岗位工作。（4）经所在单位考核同意。再次注册后，应经单位考核合格并有知识更新，参加业务培训的证明。

经批准注册的执业药师，由省级医药管理局在执业药师资格证书中的注册登记栏中加盖印章，并报国家医药管理局备案。执业药师注册有效期一般为3年，有效期满前3个月，持证者要按规定主动到注册机构重新办理注册登记。对不符合要求的，不予重新注册。

凡脱离药师工作岗位连续时间2年以上者（含2年），注册管理机构将取消其注册；若要重新注册，必须再次通过执业药师资格考试。

**2. 注销**

执业药师有下列情形之一的，应当由所在单位向注册管理机构提出注销：（1）死亡。（2）服刑。（3）因健康原因不能或不宜从事执业药师业务。

有下列情况之一者，不予注册：（1）不具有完全民事行为能力的。（2）因受刑事处罚，自刑罚执行完毕之日到申请注册之日不满2年的。（3）收到取消执业药师职业资格处分不满2年的。（4）国家规定不宜从事执业药师业务的其他情形的。

### 三、执业药师职责

《执业药师资格制度暂时规定》指出，执业药师应具有良好职业道德和业务素质，以提供合格药品，维护人民身体健康为基本准则。执业药师有权依法开办或领办药品生产、经营企业。执业药师资格证书是申请企业执照的必备文件。凡各级药品生产，经营企业和药品流通部门，均应配备执业医师负责有关业务，执业药师必须对药品质量负责。执业药师必须熟悉《药品管理法》等医药法规、条例，带头执行国家对药品生产、销售和流通环节的各种具体规定。执业药师应不断更新知识，注意国内外医药信息的收集和整理，掌握最新的药学知识和先进的医药技术，以保持较高的专业水平。执业药师有权参与药品全面质量管理各环节的标准、规章制度和操作规程等的制定，及对违反各项规定的处理。执业药师对违反《药品管理法》等法规的部门领导的决定或意见，有权提出劝告，拒绝执行，并向上级报告。一个执业医师只能在一个单位执业，并对其所分工的业务负责。国家医药管理局制定执业药师岗位工作规范，对必须有执业药师上岗的关键岗位做出明确规定并予以公布。

### 四、法律责任

《执业药师注册管理暂行办法》和《执业药师资格制度暂行规定》对执业药师的法律责任作了六个方面的规定。

1. 按规定必须设执业药师任职的岗位，必须由取得执业药师资格的人员充任，各级医药管理部门对执业药师的上岗情况有检查监督的责任。

2. 对现已在需有执业药师任职的岗位工作，但尚未通过执业药师资格考试的人员，要进行强化培训，限期达到要求。对经过培训仍不能通过执业药师资格考试者，必须调离岗位，另作安排。

3. 对伪造学历、资历或考试作弊，骗取执业药师证书的人员，发证机关应取消其执业药师资格，收回其证书，并建议给予必要的行政处分。

4. 对执业药师违反《药品管理法》等造成不良后果的，所在单位应如实上报，由主管的医药行政管理机关会同当地有关执法部门，根据情况分别给予下列处分：警告；罚款；停职检查；注销其注册，并收回执业药师资格证书。

5. 凡以骗取、转让、借用、伪造《执业药师资格证书》、《执业药师注册证》和《执业药师继续教育登记证书》等不正当手段进行注册人员，一经发现，由执业药师注册机构收缴注册证并注销注册。构成犯罪的，依法追究其刑事责任。

6. 执业药师注册机构的工作人员，在注册工作中玩忽职守、滥用职权、徇私舞弊，由其所在单位依据有关规定给予行政处分；构成犯罪的，依法追究刑事责任。

## 第五节 职业技师管理的法律规定

### 一、概述

职业技师（Occupation Technician），是指除医疗预防保健人员、中西等人员和护理人员之外的其他卫生技术人员，包括从事检验、理疗、病理、口腔、同位素、放射、营养、生物制品生产等各项医疗技术工作的人员。

为了发展我国医药卫生事业，充分调动卫生技术人员的积极性和创造性，鼓励卫生技术人员提高技术水平、学术水平和履行相应职责的能力，加强人才的法制管理，促进人才的合理流动，强化对医院的科学管理，建立正常的工作秩序，卫生部（现卫生和计划生育委员会）分别于1979年2月发布了《卫生技术人员职称及晋升条例（试行）》；1982年1月和4月发布了《全国医院工作条例》、《医院工作制度》；1986年3月，中央职称改革领导小组发布了《卫生技术人员职务试行条例》，这些医学法律法规，使我国的职业技师管理基本步入法制轨道。

### 二、职业技师资格

职业技师必须热爱祖国，遵守宪法和法律，拥护中国共产党的领导，贯彻执行党的卫生

工作方针,遵守职业道德,全心全意为人民服务,积极为社会主义现代化建设贡献力量。除此以外,职业技师还应具备以下条件:

1. **技士**
(1) 了解本专业基础理论,具有一定的技术操作能力。
(2) 在上级技师的指导下,能胜任本专业一般技术工作。
(3) 中专毕业见习1年期满。

2. **技师**
(1) 熟悉本专业基础理论,具有一定的技术操作能力。
(2) 能独立处理本专业常见病或常用专业技术问题。
(3) 借助工具书,能阅读一种外文的专业书刊。
(4) 中专毕业,从事技士工作5年以上,经考核证明能胜任技师职务;大学专科毕业,见习1年期满后,从事专业技术工作2年以上;大学本科毕业,见习1年期满;研究生班结业或取得硕士学位者。

3. **主管技师**
(1) 熟悉本专业基础理论,具有较系统的专业知识,掌握国内本专业先进技术并能在实际工作中应用。
(2) 具有较丰富的临床或技术工作经验,能熟练地掌握本专业技术操作,处理较复杂的专业技术问题,能对下一级技师进行业务指导。
(3) 大学毕业或取得学士学位,从事技师工作4年以上,研究生班结业或取得第二学士学位,从事技师工作3年左右;取得硕士学位,从事技师工作2年左右;取得博士学位者。

4. **副主任技师**
(1) 具有本专业较系统的基础理论和专业知识、了解本专业国内外现状和发展趋势,能吸取最新科研成就并应用于实际工作。
(2) 工作成绩突出,具有较丰富的临床或技术工作经验,能解决本专业复杂疑难问题或具有较高水平的科学论文或经验总结;能顺利阅读一种外文的专业书刊。
(3) 具有指导和组织本专业技术工作和科学研究的能力,具有指导和培养下一级技师工作和学习的能力。
(4) 具有大学本科以上学历,从事主管技师工作5年以上;取得博士学位,从事主管技师2年以上。

5. **主任技师**
(1) 精通本专业基础理论和基本知识,掌握本专业国内外发展趋势,能根据国家需要和专业发展确定本专业工作和科学研究方向。
(2) 工作成绩突出,具有丰富的临床或技术工作经验,能解决复杂疑难的重大技术问题或具有较高水平的科学专著、论文或经验总结;能熟练阅读一种外文的专业书刊。
(3) 作为本专业的学术、技术带头人,善于指导和组织本专业的全面业务技术工作,具有培养专业人才的能力。
(4) 从事副主任技师工作5年以上。

各级职业技师职务,必须有行政领导在经过合法的评审委员会评审、符合相应条件的人员中，按照限额进行聘任或任命。对未进过评审委员会评审或评审认定不符合条件者，任何单位或任何人不得聘任或任命其担任职业技师职务。

### 三、技师的执业规则

（一）检验科技师执业规则

1. 收标本时严格执行查对制度，标本不符合要求，应重新采集；普通检验检查，当天发出报告；急诊检验检查，报告随做随发。
2. 认真核对检验结果，填写登记后发出报告单。
3. 采取消毒措施，防止交叉感染。
4. 保管好仪器设备和各种试剂，保证检验质量。
5. 积极配合医疗、教学和科研，开展新的检验项目和技术革新。

（二）放射科技师执业规则

1. 急诊病人随到随检，各种特殊造影检查，应事先预约。
2. 重要摄片，由医师和技师共同确定投照技术；特检摄片和重要摄片，待观察摄片合格后允许病人离开；对不宜搬动的病人，应到病床前检查。
3. $\chi$ 线诊断要密切结合临床，坚持集体阅片。
4. 进行放射治疗时，认真做好放射治疗计划，严格执行查对制度和技术操作规范，认真给病人介绍放射治疗的注意事项，注意观察患者疗效和放射反应。
5. 患者全部 $\chi$ 线照片，都要由放射科登记，归档，统一保管。
6. 严格遵守《放射防护规定》，做好防护保健工作。
7. 专人管理 $\chi$ 线机器，定期清洁，保养和检修。

（三）同位素治疗技师执业规则

1. 严格掌握适应症和禁忌症，病员服用同位素前，应严格核对品种、剂量和用法，准确无误后到实验室服用；对应用不同同位素的患者，应分开病室管理治疗。
2. 同位素治疗仪器的使用、药品的分装和投药，均应严格执行操作规程，防止扩大污染和差错事故。
3. 随检随报，登记建卡，统一保管资料，定期追踪观察。
4. 配备急救药品和设备，掌握抢救技能。
5. 严格执行放射性同位素制剂的有关管理规定，妥善管理和处置防护用具，放射性废物及被污染的一切物品，做好防护和保健工作。

（四）特殊检查室技师执业规则

1. 特殊检查包括基础代谢、心电图、超声波、脑电图、脑电流图、肌电图、超声心动图、内镜、肺功能检查等。
2. 检查前应详细阅读申请单，了解患者是否按要求做好准备；危重患者检查应由医护人员护送或到病床前检查；需预约时间的检查，应详细交代注意事项；传染病患者放在最后检查，应严格执行消毒规范。
3. 及时准确报告检查结果，有疑难问题应与临床医师联系，共同研究解决。
4. 严格遵守操作规程，做好机器的保管、保养和维修。
5. 各种检查记录，要统一归档保管。

### （五）理疗科技师执业规则

1. 确定患者的治疗种类与疗程，严格执行查对制度和技术操作规程。
2. 经常深入病房，了解患者病情，观察治疗效果；要给患者介绍理疗方法，更好地发挥物理治疗作用。
3. 进行高频治疗时，应除去患者身上一切金属物，注意地面、患者和高频机器的隔离。
4. 爱护理疗仪器，定期检查维修。

### （六）病理科技师执业规则

1. 做好标本的采集工作，活体组织标本，应及时用固定液固定；脏器或较大标本不要切开和翻转，对较小病灶加以标记；需检查癌细胞的分泌物和穿刺标本必须新鲜，盛具必须干净。
2. 活体组织检查应于3日内报告，冷冻切片随时报告，均应留副页存档。
3. 尸检按《尸体解剖规则》执行。

### （七）营养室技师执业规则

1. 从多数病人的经济情况出发，计划与制定合乎治病原理及卫生要求的膳食；除因特殊代谢需要限制某些营养外，应该根据供应情况，调配符合营养的膳食，定期计算营养价值。
2. 制定医院膳食种类，如普通膳食，半流质、流质以及各种治疗膳食；在制定各菜谱时，应全面考虑营养价值、治疗原则、伙食标准、样别调剂、季节性食物以及病人饮食习惯等。
3. 积极配合临床，开展临床营养科研工作，做好营养知识的宣传。
4. 食品卫生，送餐准时，保管洁净。
5. 收支平衡，账目清楚。

## 四、法律责任

技师执业受到社会的尊重，技师的权利与义务受法律的保护和制约，任何人不得侵犯，否则承担相应的法律责任。

技师在执业过程中，若出现医疗事故或其他违法行为，必须承担相应的行政责任、民事责任、刑事责任。

违反《放射性同位素与射线装置放射防护条例》的，可视情节轻重，给予警告并限期改正；或者处以罚款和没收违反所得；在放射性废水、废气、固体废物排放中造成环境污染事故的，按照国家《环境保护法》的有关规定执行处罚；发生放射事故尚未造成严重后果的，可由公安机关按《治安管理处罚法》予以处罚，造成严重犯罪的，由司法机关追究刑事责任；利用放射性同位素或者放射射线装置进行破坏或者有意伤害他人，构成犯罪的，由司法机关依法追究刑事责任。

### 思考题

1. 执业医师法的立法目的和意义是什么？
2. 我国的《执业医师法》的历史和现状是怎样的？
3. 如何才能取得执业医师、执业护士、执业药师的资格？
4. 执业医师、乡村医生、执业护士、执业药师注册的法定情形有哪些？
5. 医师享有哪些权利，承担哪些义务？

# 第三章 医疗机构管理法律制度

> **本章导引**
>
> 本章主要介绍医疗机构管理的法律规定，我国《医疗机构管理条例》法律制度的立法，医疗机构的规划布局与设置审批、登记、执业和监督管理程序，以及违反医疗机构管理法规的法律责任。重点介绍医院管理中的法律规定、医院管理主要内容，包括医院任务、组织结构、组织编制、分级管理、病历管理、废物管理、医院感染、广告管理。并介绍中外合资合作医疗机构管理、医学会管理和个体医疗机构的管理，急救医疗机构管理以及康复医疗机构管理的法律规定。

新中国成立以来，我国医疗机构有了很大程度的发展，特别是在社会主义市场经济体制下，随着医疗卫生事业改革的深入发展和社会的需要，国家扶持医疗机构的发展，鼓励多种形式兴办医疗机构，最大限度地满足人民群众防病治病、健康保健的需求。但是，我国医疗机构一些管理者和医务人员，重视临床医疗、忽视规范管理，存在有法不依、触法不知的现象，这是医疗纠纷产生的重要原因。将医疗机构的管理纳入法制建设的范畴，目的是给人民群众提供一个服务质量可靠、医德医风过硬、治疗安全的医疗环境。加强医疗机构管理法律制度建设，有效地保障公民医疗健康保健服务，是促进医疗卫生事业健康发展的迫切需要。

## 第一节 概述

### 一、医疗机构和医疗机构管理立法

#### （一）医疗机构的概念

医疗机构（Medical Institutions），是指以救死扶伤、防病治病、为公民健康服务为宗旨的，依据《医疗机构管理条例》的规定，经登记取得《医疗机构执业许可证》，从事疾病诊断、治疗、教学活动的医院、卫生院、疗养院、门诊部、诊所、卫生所（室）以及急救站等医疗单位。从概念上看，医疗机构不包括计划生育技术服务机构，但是从广义上讲，由于计划生育机构也从事"医疗"活动，因此，计划生育技术服务机构也属于医疗机构的范畴。

合法的医疗机构必须是依据《医疗机构管理条例》和《医疗机构管理条例实施细则》的规定，经县级以上卫生行政部门审查批准，经登记取得《医疗机构执业许可证》的机构。

**1. 医疗机构的类别**

医疗机构根据不同的划分标准，可以分为若干不同的类别。在我国医疗实践中，主要有以下两种划分。

医疗机构依照规模的不同，分为以下十二类：（1）综合医院、中医医院、中西医结合医院、专科医院、民族医医院、康复医院。（2）妇幼保健院。（3）中心卫生院、乡（镇）卫生院、街道卫生院。（4）疗养院。（5）综合门诊部、专科门诊部、中医门诊部、中西医结合门诊部、民族医门诊部。（6）诊所、中医诊所、民族医诊所、卫生所、医务室、卫生保健站、卫生站。（7）村卫生室（所）。（8）急救中心、急救站。（9）临床检验中心。（10）专科疾病防治院、专科疾病防治所、专科疾病防治站。（11）护理院、护理站。（12）其他诊疗机构，包括：计划生育技术服务机构、卫生防疫机构、国境卫生检验机构、开展诊疗活动的医学科研机构、开展诊疗活动和教学实践的教学机构、开展医疗美容业务的美容服务机构、军队医疗机构、军队编外医疗卫生机构等。

医疗机构依照功能的不同，分为四类：（1）以医疗工作为中心，从事治病防病的医疗机构，主要包括各级各类医院。（2）专门从事急救工作的医疗机构，如急救中心、急救站等。（3）以康复医疗为重点的医疗机构，包括疗养院、康复中心和康复医院等。（4）以开展医疗美容诊疗业务为主的医疗机构。

**2. 医疗机构的特征**

（1）医疗机构的宗旨是救死扶伤、防病治病、为公民健康服务，这是医疗机构的最基本特征。医疗机构负有救死扶伤、防病治病、为公民健康服务的职责（义务），如果其没有很好地履行自己的义务，将受到社会的谴责、管理机构的行政处罚甚至法律的制裁。

（2）医疗机构的主要活动是疾病诊断、治疗、教学和紧急救护的活动，这是医疗机构的又一个明显特征。同时，也承担着临床教学、培养教育卫生专业技术人才的任务，并且，该任务是一项十分艰巨的任务。

（3）医疗机构也是维护国家卫生安全、社会公共卫生安全、应对突发公共卫生事件的机构。也就是说，医疗卫生机构的职责，不是单纯的救死扶伤、防病治病、为公民健康服务，其还担负着维护国家卫生安全、社会公共卫生安全、应对突发公共卫生事件使命。

医疗机构是国家和人民卫生安全、身体健康的保障机构，也是经济发展和社会进步的保障机构。

**3. 医疗机构管理法律制度的基本原则**

（1）依法设置医疗机构的原则

依法设置医疗机构原则，是指设置医疗机构必须依法设置，依法审批、登记，非依法设立的医疗机构不受国家法律保护并应受到国家法律的制裁。《医疗机构管理条例》第九条规定："单位或者个人设置医疗机构，必须经县级以上地方人民政府卫生行政部门审查批准，并取得设置医疗机构批准书，方可向有关部门办理其他手续。医疗机构执业，必须进行登记，领取《医疗机构执业许可证》。"由此可见，单位或者个人设置医疗机构，第一步就是要经审查批准并取得批准书、进行登记，才可执业。否则，就没有资格办理其他手续或者执业，即体现了依法设置医疗机构原则。

（2）依法执业原则

依法执业原则，是指已经依法设立的医疗机构，必须按照核准登记的诊疗科目开展诊疗业务、管理药品、施行手术等；必须严格依照《医疗机构管理条例》的规定和职业道德、社会公德的要求执业，否则，将受到法律的追究。对于这一原则，我国国务院《医疗机构管理条例》第四章作出了具体规定。

（3）部门监督原则

部门监督原则，是指负有对医疗机构监督管理职责的卫生行政部门，应当对经批准设立的医疗机构进行检查、指导、评估、综合评价，对达不到标准的医疗机构提出处理意见的原则。

### （二）医疗机构管理法制建设

随着医疗机构的发展，医疗机构管理法制建设也不断得到加强。建国初期颁布了《医院诊所暂行条例》等法规；卫生部（现卫生和计划生育委员会）先后制定了《综合医院组织编制原则（试行草案）》（1976年12月2日）、《农村合作医疗章程（试行草案）》（1979年12月15日）、《全国医院工作条例》（1982年1月12日）、《医院工作制度》（1982年4月7日）、《医师、中医师个体开业暂行管理办法》（1988年11月21日）、《医院分级管理办法（试行）》（1989年11月29日）、《医院工作制度补充规定（试行）》（1992年3月7日）等。

为加强对医疗机构的管理，促进医疗卫生事业的发展，保障公民健康，1994年2月26日，国务院颁布了《医疗机构管理条例》，对医疗机构的规划布局、设置审批、登记执业、监督管理、法律责任等方面作了明确规定。此后，卫生部（现卫生和计划生育委员会）又陆续颁布了《医疗机构管理条例实施细则》（1994年8月29日）、《医疗机构监督管理行政处罚程序》（1994年8月29日）、《医疗机构基本标准（试行）》（1994年9月2日）等规章。

## 二、医疗机构的规划布局与设置审批

依据《医疗机构基本标准（试行）》的规定："本标准（即医疗机构基本标准）为医疗机构执业必须达到的最低标准，是卫生行政部门核发《医疗机构执业许可证》的依据。少数地区执行本标准确有困难的，可由省、自治区、直辖市卫生行政部门根据实际情况调整某些指标，作为地方标准，报卫生和计划生育委员会核准备案后施行。尚未执行本标准的医疗机构，可比照同类医疗机构基本标准执行。民族医医院基本标准由各省、自治区、直辖市卫生行政部门制定"。

### （一）设置条件

医疗机构设置的基本要求是：各类医疗机构的设置必须在床位、科室设置、人员、房屋、设备要求等方面满足其开展执业活动必须达到的最低标准，符合《医疗机构基本标准（试行）》规定的要求。

符合设置医疗机构的设置规划和基本标准：

**1. 医疗机构的规划**

县级以上地方人民政府卫生行政部门应当根据本行政区内的人口、医疗资源、医疗需求和现有医疗机构的分布状况，制定本行政区域医疗机构设置规划。机关、企业和事业单位可以根据需要设置医疗机构，并纳入当地医疗机构的设置规划。县级以上地方人民政府应当把医疗机构设置规划纳入当地区域卫生发展规划和城乡建设发展总体规划。

**2. 医疗机构的设置审批**

国家统一规划的医疗机构的设置由卫生和计划生育委员会决定。单位和个人设置医疗机构应当符合医疗机构设置规划和医疗机构基本标准。申请设置医疗机构时，应提交设置申请书、设置可行性研究报告、选址报告和建筑设计平面图等文件，经县级以上地方人民政府卫生行政部门审查批准，并取得设置医疗机构批准书，方可向有关部门办理其他手续。

### 3. 设置医疗机构的基本标准

根据《医疗机构基本标准（试行）》，设置医疗机构应具备的基本标准包括：有与执业范围相适应的床位、仪器和设备；有与执业范围相适应的科室，包括临床科室、医技科室等；有与执业范围相适应的卫生技术人员；有与执业范围相适应的医疗业务用房；有相应的规章制度；有符合法定要求的资金等。

## （二）设置过程

### 1. 申请

按以下规定提出设置申请：不设床位或者床位不满100张的医疗机构，向所在地的县级人民政府卫生行政部门申请；床位在100张以上的医疗机构和专科医院，按照省级人民政府卫生行政部门的规定申请。

有下列情形之一的，不得申请设置医疗机构。主要规定有：不能独立承担民事责任的单位；正在服刑或者不具有完全民事行为能力的个人；医疗机构在职、因病退职或者停薪留职的医务人员；发生二级以上医疗事故未满5年的医务人员；因违反有关法律、法规和规章，已被吊销执业证书的医务人员；被吊销《医疗机构执业许可证》的医疗机构法定代表人或者主要负责人；省、自治区、直辖市政府卫生行政部门规定的其他情形。

### 2. 审批

县级以上地方人民政府卫生行政部门，对单位或者个人设置医疗机构的申请，应当自受理设置申请之日起30日内，依据当地《医疗机构设置规划》及《医疗机构管理条例实施细则》，做出批准或者不批准的书面答复；批准设置的，发给设置医疗机构批准书。

申请设置医疗机构有下列情形之一的，不予批准：不符合当地的《医疗机构设置规划》；设置人不符合规定的条件；不能提供满足投资总额的资信证明；投资总额不能满足各项预算开支；医疗机构选址不合理；污水、污物、粪便处理方案不合理；省、自治区、直辖市卫生行政部门规定的其他情形。

## 三、医疗机构的登记和执业

医疗机构执业登记的主要事项包括：医疗机构的名称、机构办公地址（或者场所）、法定代表人（或主要负责人）、所有制形式、诊疗科目、注册床位数、注册资金。

医疗机构的名称、机构办公地址（或者场所）、法定代表人（或主要负责人）、诊疗科目、注册床位数的改变，必须向原登记机关办理变更登记。医疗机构歇业时，必须向原登记机关办理注销登记，经登记机关核准后，收缴《医疗机构执业许可证》，医疗机构非因改建、扩建、迁建原因停业超过1年的，视为歇业。

县级以上地方人民政府卫生行政部门审批《医疗机构执业许可证》，应当自受理执业登记申请之日起45日内，根据《医疗机构管理条例》和《医疗机构基本标准》进行审核。审核合格的，予以登记，发给《医疗机构执业许可证》；审核不合格的，将审核结果以书面形式通知申请人。

床位不满100张的医疗机构，其《医疗机构执业许可证》每年校验1次；床位在100张以上的医疗机构，其《医疗机构执业许可证》每3年校验1次。校验由原登记机关办理。

## (一) 登记

### 1. 申请医疗机构执业登记的条件

医疗机构执业，必须进行登记，领取《医疗机构执业许可证》。医疗机构的执业登记，由批准其设置的人民政府卫生行政部门办理。依据《医疗机构管理条例》的规定，申请医疗机构执业登记、取得《医疗机构执业许可证》应具备六项条件：（1）有设置医疗机构批准书。（2）符合医疗机构的基本标准。（3）有适合的名称、组织机构和场所。（4）有与其开展的业务相适应的经费、设施和专业卫生技术人员。（5）有相应的规章制度。（6）能够独立承担民事责任。

### 2. 医疗机构执业不予登记的情形

申请医疗机构执业不予登记的情形：（1）不符合设置医疗机构批准书核准的事项。（2）不符合《医疗机构基本标准》。（3）投资不到位。（4）医疗机构用房不能满足诊疗服务功能。（5）通讯、供电、上下水道等公共设施不能满足医疗机构正常运转。（6）医疗机构规章制度不符合要求。（7）消毒、隔离和无菌操作等基本知识和技能的现场抽查考核不合格。（8）省、自治区、直辖市卫生行政部门规定的其他情形。

### 3. 个体申请医疗执业登记的条件

根据《医师、中医师个体开业暂行管理办法》的规定，个体开业医师、中医师由所在县（市区）卫生行政部门核发开业执照，进行监督管理，并收取管理费。个体开业医师、中医师必须获得开业执照方能开业。个体开业医师、中医师应严格按批准的地点、诊疗科目及业务范围执业，变更地点、诊疗科目、业务范围和诊所名称，应报发照机关批准。到外省、市、县开业者，必须到所在地区卫生行政主管部门申请办理开业执照。

凡具有下列资格之一者，可申请个体开业：（1）获得高等医学院毕业文凭，在国家和集体医疗机构连续从事本专业工作三年以上（牙科、针灸、推拿2年以上），经地、市卫生行政主管部门审核合格者。（2）按卫生和计划生育委员会关于卫生技术人员的职称评定和职务聘任制度的规定，取得医师资格后，在国家和集体医疗机构连续从事本专业工作3年以上（牙科、针灸、推拿2年以上），经地、市卫生行政主管部门审核合格者。（3）通过省、自治区、直辖市卫生行政主管部门统一考试和考核，取得医师、中医师资格，并在国家承认的医疗机构从事本专业工作3年以上（牙科、针灸、推拿2年以上），经地、市卫生行政主管部门审核合格者。

根据《中医人员个体开业管理补充规定》，凡具有下列资格之一，且未在国家、集体医疗机构中工作者，可申请从事个体行医：（1）已取得中医士资格证书者。（2）已取得藏、蒙、维、傣等其中任何一种民族医士资格证书者。（3）根据国家中医药管理局《关于对现有民间中医一技之长人员进行复核有关问题的通知》精神，经复核合格的民间中医一技之长人员。（4）中医士（含各民族医士）只能在农村乡、村所在地开业。在城镇只能随个体中医师以上专业技术人员从业；经复核合格的民间中医一技之长人员，只能在当地县（区）范围内开业。

### 4. 个体申请医疗执业不予登记的情形

凡属下列情形之一者，不得申请开业：（1）精神病患者。（2）在执业中犯有严重过错，被撤销医师、中医师资格者。（3）全民所有制和集体所有制卫生机构的在职人员。（4）其他不适于开业行医者。

## （二）执业

任何单位或者个人，未取得医疗机构执业许可证不得开展诊疗活动。医疗机构执业，必须遵守有关法律、法规和医疗技术规范，按照核准登记的诊疗科目开展诊疗活动，并将医疗机构执业许可证、诊疗科目、诊疗时间和收费标准悬挂在营业处所明显的位置。

根据《医疗机构管理条例》，医疗机构在执业过程中必须遵守以下规定：（1）对危重病人应当立即抢救，对限于设备或者技术条件不能诊治的病人，应当及时转诊。（2）未经医师（士）亲自诊查病人，医疗机构不得出具疾病诊断书、健康证明书或者死亡证明书等证明文件。（3）未经医师（士）、助产人员亲自接产，不得出具出生证明书或者死亡报告书。（4）施行手术、特殊检查或者特殊治疗时，必须征得患者同意，并应当取得其家属或者关系人同意并签字。（5）无法取得患者意见时，应当取得家属或者关系人同意并签字。（6）无法取得患者意见又无家属或者关系人在场，或者遇到其他特殊情况时，经诊治医师应当提出医疗处置方案，在取得医疗机构负责人或者被授权负责人员的批准后实施。（7）发生医疗事故，按照国家有关规定处理。（8）对传染病、精神病、职业病等患者的特殊诊治与处理，应按国家有关法律、法规的规定办理。（9）必须按照有关药品管理的法律、法规，加强药品管理。（10）必须按照人民政府或者物价部门的有关规定收取医疗费用，详细列项，并出具收据。

医疗机构除开展疾病诊疗活动外，还必须承担相应的预防保健工作，承担县级以上人民政府卫生行政部门委托的支援农村、指导基层医疗卫生工作等任务。在发生重大灾害、事故、疾病流行或者其他意外情况时，医疗机构及其技术人员必须服从县级以上人民政府卫生行政部门的调遣。

### 四、医疗机构监督管理

《医疗机构管理条例》规定："国务院卫生行政部门负责全国医疗机构的监督管理工作；县级以上地方人民政府卫生行政部门，负责本行政区内医疗机构的监督管理工作。"

县级以上人民政府卫生行政部门行使下列监督管理职权：（1）负责医疗机构的设置审批、执业登记和校验。（2）对医疗机构的执业活动进行检查指导。主要包括以下方面：①执行国家有关法律、法规、规章和标准情况，执行医疗机构内部各项规章制度和各级各类人员岗位责任制情况，医德医风情况，服务质量和服务水平情况，执行医疗收费标准情况，组织管理情况，人员任用情况，省、自治区、直辖市卫生行政部门规定的其他检查、指导项目。②负责组织对医疗机构的评审，对医疗机构的基本标准、服务质量、技术水平、管理水平等进行综合评价。（3）对违反《医疗机构管理条例》的行为给予处罚。

国家实行医疗机构评审制度，由专家组成评审委员会，按照医疗机构评审办法和评审标准，对医疗机构的执业活动、医疗服务质量等进行综合评审。

### 五、违反医疗机构管理法规的法律责任

#### （一）禁止非法行医

《医疗机构管理条例》规定："禁止非法行医。"非法行医是指不合法地从事医疗活动，具体是指违反《中华人民共和国执业医师法》、《中华人民共和国母婴保健法》、《医疗机构管理条例》等有关卫生法律法规的行为。

非法行医行为，主要有以下几种：（1）无证行医。无证行医是指医疗机构和卫技人员

未经卫生行政部门的许可,没有取得必需的许可证照、证件就从事医疗活动。就人员具体是指医师无《中华人民共和国医师执业证书》、护士无《中华人民共和国护士执业证书》。(2)医疗机构在没有经过卫生行政部门审核登记的情况下擅自改变其名称、执业场所、主要负责人、诊疗科目、床位数等经过核准的项目开展医疗执业活动。(3)医疗机构出租、承包科室的行为。(4)医疗机构和计划生育技术服务机构利用B超鉴定胎儿性别和选择性别的终止妊娠手术的行为。(5)医疗机构聘用非卫生技术人员开展医疗活动。(6)医师没有按照《医师执业证书》注册的执业地点、执业类别、执业范围开展执业活动。

### (二)违反医疗机构管理法规的处罚条例

《医疗机构管理条例》规定:"未取得医疗机构执业许可证擅自执业的,责令其停止执业活动,没收非法所得和药品、器械,并可以根据情节处以1万元以下罚款;逾期不校验医疗机构执业许可证,仍从事诊疗活动的,责令其限期补办校验手续;拒不校验的医疗机构,吊销其医疗机构执业许可证;出卖、转让、出借医疗机构执业许可证的,没收非法所得,并可以处以5000元以下罚款;情节严重的,吊销其医疗机构执业许可证;诊疗活动超出登记范围的,予以警告、责令其改正,并可以根据情节处以3000元以下罚款;情节严重的,吊销其医疗机构执业许可证;使用非卫生技术人员从事医疗技术工作的,责令限期改正,并处以5000元以下罚款,情节严重的,吊销其医疗机构执业许可证;出具虚假证明文件的,予以警告;造成危害后果的,可以处以1000元以下罚款;对直接责任人由所在单位或者上级机关给予行政处分。"

当事人对行政处罚决定不服的,可以依照国家法律、法规的规定申请行政复议或者提起行政诉讼。当事人对罚款及没收药品、器械的处罚决定未在法定期限内申请复议或者提起诉讼又不履行的,县级以上人民政府卫生行政部门可以申请人民法院强制执行。

## 第二节 医疗机构管理中的法律制度

### 一、医疗机构药事管理

医疗机构药事管理指在医疗机构内以医院药学为基础,以临床药学为核心,促进临床科学、合理用药的药学技术服务和相关的药事管理工作。医疗机构药事工作是医疗工作的重要组成部分。为科学规范医疗机构药事管理工作,保证用药安全、有效、经济,保障人民身体健康,卫生部(现卫生和计划生育委员会)于2002年1月21日发布了《医疗机构药事管理办法》。

### (一)药事管理组织

《医疗机构药事管理办法》规定:(1)医疗机构根据实际工作需要,应该设立药事管理组织。二级以上的医院应成立药事管理委员会,其他医疗机构(诊所、中医诊所、民族医诊所、卫生所、医务室、卫生保健所、卫生站除外)可成立药事管理组。药事管理委员会(组)监督、指导本机构科学管理药品和合理用药。(2)按照精简高效的原则设置相应药学部门,在医疗机构负责人的领导下,负责本机构药事管理,按照《药品管理法》及相关法律、法规,监督、管理本机构临床用药和各项药学服务。药事管理委员会(组)的日常工作由药学部门负责。

## (二) 临床药学管理

临床药学是研究临床合理用药，并使药物发挥最大疗效的综合性学科。我国医疗机构临床药学工作应面向患者，在临床诊疗活动中实行医药结合。临床医药学专业技术人员应参与临床药物治疗方案设计；建立重点患者药历，实施治疗药物检测，开展合理用药研究；收集药物安全性和疗效性的信息，建立药学信息系统，提供用药咨询服务。医疗机构要逐步建立临床药师制。

## (三) 药学研究管理

医疗机构应创造条件，支持药学专业技术人员结合临床实际工作需要开展药学研究工作。

## 二、医疗机构病历管理

病历是指医务人员在医疗活动过程中，形成的文字、符号、图表、影像、切片等资料的总和，包括门（急）诊病历和住院病历。要加强医疗机构病例管理，保证病历资料客观、真实、完整。卫生部（现卫生和计划生育委员会）于2002年8月2日发布了《医疗机构病历管理规定》，要求医疗机构建立病历管理制度，设置专门部门或者配备专（兼）职人员，具体负责本机构病历和病案的保存与管理工作。

### (一) 病历保管

在医疗机构建有门（急）诊病历档案的，其门（急）诊病历由医疗机构负责保管。医疗机构应当严格病历管理，严禁任何人涂改、伪造、隐匿、销毁、抢夺、窃取病历。

### (二) 病历查阅

除涉及对患者实施医疗活动的医务人员及医疗服务质量监控人员外，其他任何机构和个人不得擅自查阅该患者的病历。因科研、教学需要查阅病历的，需经患者就诊的医疗机构有关部门同意后查阅，查阅后应立即归还，不得泄露患者隐私。

### (三) 病历复印、复制

住院病历因医疗活动或复印、复制等需要带离病区时，应当由病区指定专门人员负责携带和保管。医疗机构应当受理下列人员和机构复印或者复制病历资料的申请：（1）患者本人或其代理人。（2）死亡患者近亲属或其代理人。（3）保险机构、公安、司法机关因办理案件，需要查阅、复印或者复制病历资料的，医疗机构应当在公安、司法机关出具采集证据的法定证明及执行公务人员的有效身份证明后予以协助。

### (四) 复印、复制病历资料的内容

复印、复制病历资料的内容包括：门（急）诊病历和住院病历中的住院志（即入院记录）、体温单、遗嘱单、化验单（检验报告）、医学影像检查资料、特殊检查（治疗）同意书、手术同意书、手术及麻醉记录单、病理报告、护理记录、出院记录。复印或复制的病历资料经申请人核对无误后，医疗机构应当加盖证明印记。医疗机构复印或者复制病历资料，可以按照规定收取工本费。

### (五) 病历资料的封存

发生医疗事故争议时，医疗机构负责医疗服务质量监控的部门或者专（兼）职人员，应当在患者或者其代理人在场的情况下，封存病历讨论记录、疑难病例讨论记录、上级医师

查房记录、会诊意见、病程记录等。封存的病历可以是复印件。

（六）病历保管时限

门（急）诊病历档案的保存时间，自患者最后一次就诊之日起不少于15年。

### 三、医疗废物管理

医疗废物是指医疗机构医疗、预防、保健以及其他相关活动中，产生的具有直接或者间接感染性、毒性以及其他危害性的废物。医疗废物包括大量的一般性废物和少量的危害性废物。

为了加强医疗废物的安全管理，防止疾病传播，保护环境，保障人体健康，2003年6月16日，国务院颁布了《医疗废物管理条例》。为了贯彻实施该条例，规范医疗卫生机构对医疗废物的管理，有效预防和控制医疗废物对人体健康和环境产生危害，卫生部（现卫生和计划生育委员会）于2003年10月15门发布了《医疗卫生机构医疗废物管理办法》，卫生部（现卫生和计划生育委员会）和国家环境保护总局制定了《医疗废物分类目录》。

（一）建立、健全医疗废物管理责任制

1. 医疗卫生机构法定代表人或者主要负责人为第一负责人，切实履行职责，确保医疗废物的安全管理。

2. 医疗卫生机构应当依照国家有关法律、行政法规、部门规章和规范性文件的规定，制定并落实医疗废物管理的规章制度、工作流程和要求、有关人员的工作职责，以及发生医疗卫生机构内医疗废物流失、泄漏、扩散和意外事故的应急方案。

3. 医疗机构应当设置负责医疗废物管理的监控部门或者专（兼）职人员。

（二）医疗废物分类管理

1. 根据医疗废物的类别，将医疗废物分置于符合《医疗废物专用包装物、容器的标准和警示的规定》的包装物或者容器里。

2. 在盛装医疗废物前，应当对医疗包装物或者容器进行认真检查，确保无破损、渗漏和其他缺陷。

3. 感染件废物、病理性废物、创伤性废物、药物性废物及化学性废物不能混合收集，少量的药物性废物可以混入感染性废物，但应当在标签上注明。

4. 废弃的麻醉、精神、放射性、毒性等药品及其相关的废物的管理，依照有关法律、行政法规和国家有关规定、标准执行。

5. 化学性废物中批量的废化学试剂、废消毒剂应当交由专门机构处置。

6. 批量的含有汞的体温计、血压计等医疗器具报废时，应当交由专门机构处置。

7. 医疗废物中病原体的培养基、标本和菌种、毒种保存液等高危险废物，应当首先在产生地点进行压力蒸汽灭菌或者化学消毒处理，然后按感染性废物收集处理。

8. 隔离的传染病人或者疑似传染病人产生的具有传染性的排泄物，应当按照国家规定严格消毒，达到国家规定的排放标准后方可排入污水处理系统。

9. 隔离的传染病人或疑似传染病病人产生的医疗废物，应当用双层包装物，并及时密封。

10. 放入包装物或者容器内的感染性废物、病理性废物、损伤性废物不得取出。

（三）人员培训和职业安全防护

医疗机构应当对本机构工作人员进行培训，提高全体工作人员对医疗废物管理工作的认识。对从事医疗废物分类收集、运送、暂时贮存、处置等工作人员和管理人员，进行相关法律和专业技术、安全防护以及紧急处理等知识的培训。

（四）监督管理

县级以上地方人民政府卫生行政部门应当依据《医疗废物管理条例》和《医疗卫生机构医疗废物管理办法》的规定，对所辖区域的医疗卫生机构进行定期监督检查和不定期抽查；在监督检查或者抽查中发现医疗卫生机构存在隐患时，应当责令立即消除隐患；对医疗卫生机构发生违反《医疗废物管理条例》和《医疗卫生机构医疗废物管理办法》规定的行为依法进行查处。

### 四、医院感染管理

医院感染是指住院病人在医院内获得的感染，包括在住院期间发生的感染和在医院内获得出院后发生的感染，但不包括入院前已开始或入院时已处于潜伏期的感染。医院工作人员在医院内获得的感染也属于医院感染。

为加强医院感染管理，有效预防和控制医院感染，保障医疗安全，提高医疗质量，卫生部（现卫生和计划生育委员会）于2000年11月20日发布了经过修订的《医院感染管理规范（试行）》。它适用于各级各类医院，其他医疗机构可参照执行。各级各类医院必须将感染管理作为医疗质量管理的重要组成部分，纳入医院管理工作。

（一）医院感染管理组织

各级各类医院必须成立医院感染管理委员会，由医院感染管理科、医务处（科）、门诊部、护理部、临床相关科室、检验科、药剂科、消毒供应站、手术室、预防保健科、设备科、后勤等科室主要负责人和抗感染药物临床应用专家等组成，在院长或业务副院长领导下开展工作。

医院感染管理委员会的主要职责是：

1. 依据有关政策法规，制定全院控制医院感染规划、管理制度，并组织实施。
2. 根据《综合医院建筑标准》有关卫生学标准及预防医院感染的要求，对医院的改建、扩建和新建提出建设性意见。
3. 对医院感染管理科拟定的医院感染管理工作计划进行审定，对其工作进行考评。
4. 建立会议制度，定期研究、协调和解决有关医院感染管理方面的重大事项，遇到紧急问题，随时召集会议。

（二）医务人员职责

医务人员在医院感染管理中应履行下列职责：

1. 严格执行无菌技术操作规程等医院感染管理的各项规章制度。
2. 掌握抗感染药物临床合理应用原则，做到合理使用。
3. 掌握医院感染诊断标准。
4. 发现医院感染病例，及时送病原学检验即药敏试验，查找感染源、感染途径，控制蔓延，积极治疗病人，如实报告；发现有医院感染流行趋势时，及时报告感染管理科，并协助调查；发现法定传染病，按《传染病防治法》的规定报告。
5. 参加预防、控制医院感染知识的培训。
6. 掌握自我防护知识，正确进行各项技术操作，预防锐器刺伤。

### (三) 医院感染知识培训

医院继续教育主管部门必须对各级管理和医务、工勤人员进行预防、控制医院感染知识的常规培训。培训内容包括管理知识和专业知识。

1. **管理知识** 包括职业道德规范、医院感染管理相关的法律、法规、规章、制度等，各类人员均必须掌握。

2. **专业知识** 应根据专业或职业的特点决定：

(1) 各级管理人员应了解医院感染管理工作及理论的进展和本院、本管辖医院感染管理的要点及相关管理知识。

(2) 医务人员应掌握无菌技术操作规程、医院感染诊断标准、抗感染药物合理应用、消毒药械正确使用和标准等相关知识。

(3) 工勤人员应掌握预防、控制医院感染的基础卫生学和相关消毒药械的正确使用等基本知识。

医院必须对新上岗人员、进修生、实习生进行医院感染知识的岗前培训，时间不得少于3学时，考核合格后方可上岗。

### (四) 医院感染的监测

医院感染监测是指长期、系统、连续地观察、收集和分析医院感染在一定人群中的发生、分布及其影响因素，并将监测结果报送和反馈给有关部门和科室，为医院感染的预防控制和管理提供科学依据。《医院感染管理规范（试行）》规定，医院必须对病人开展医院感染监测，以掌握本院感染发病率、多发部位、多发科室、高危因素、病原体特点及耐药性等。

### (五) 医院感染的控制

当出现下列情形时，医院应当根据《医院感染管理规范（试行）》的规定查找感染原因，采取有效控制措施。确诊为传染病的医院感染，按《传染病防治法》的有关规定报告和控制：

1. 医院感染散发病例，即医院感染在某医院或者某地区住院病人中为历年的一般发病率水平，历年是指情况大致相同的年份。历年的一般发病率水平因医院、时间、感染部位的不同，而有所差异。

2. 医院感染流行，即某医院、某科室医院感染发病率显著超过历年散发发病率水平。

3. 医院感染爆发，即在某医院、某科室的住院病人中，短时间内突然发生许多医院感染病例的现象。

4. 医院感染流行趋势，即在某医院、某科室的医院感染病例数增加快，短期内不能控制的趋势。

## 五、医疗广告管理

医疗广告是指医疗机构通过一定的媒介或者形式，向全社会或者公众宣传其运用科学技术诊疗疾病的活动。1993年11月，国家工商行政管理局、卫生部（现卫生和计划生育委员会）联合颁布的《医疗广告管理办法》规定：医疗广告必须真实、健康、科学、准确，不得以任何形式欺骗或误导公众，内容仅限于医疗机构名称、诊所地点、从业医师姓名、技术职称、服务商标、诊疗时间、诊疗科目、诊疗方法、通信方式等。

医疗广告中禁止出现下列内容：
1. 有淫秽、迷信、荒诞语言文字、画面的。
2. 贬低他人的。
3. 保证治愈或者隐含保证治愈的。
4. 宣传治愈率、有效率等诊疗效果的。
5. 用患者或者其他医学权威机构、人员和医生的名义、形象或者用其推荐语言进行宣传的。
6. 冠以祖传秘方或者名义传授等内容的。
7. 单纯以一般通信方式诊疗疾病的。
8. 国家卫生行政部门规定的不宜进行广告宣传的诊疗方法。
9. 违反其他有关法律、法规的。

医疗广告的管理机关，是国家工商行政管理局和地方各级工商行政管理机关。医疗广告专业技术内容的出证者，是省、自治区、直辖市卫生行政部门。医疗机构必须持有效卫生行政部门出具的医疗广告证明，方可进行广告宣传。

## 第三节 医院管理中的法律规定

### 一、医院的概念和任务

（一）医院的概念

医院是指以诊治疾病为主要任务并设有病房的医疗机构。它借助一定的病床设施和医疗设备，通过医务人员的集体协作，对病人实施诊疗活动，从而达到治病防病、保障人体健康的目的。

医院按照不同的标准有不同的分类。最常见的是根据业务性质和收治病人范围的不同，分为综合医院和专科医院两大类。

1. 综合医院

它是指拥有一定数量的病床，设置内、外、妇、儿、中医、五官等专科，并配备药剂、检验、放射等医技科室，配备有相应的人员和设备的医疗机构。综合医院是我国各类医院的主体。

2. 专科医院

主要指为治疗某一类疾病而设立的单科性医疗机构。它包括传染病医院、精神病医院、结核病医院、麻风病医院、职业病医院、儿童医院、妇幼保健医院、肿瘤医院、口腔医院、眼耳鼻喉科医院、胸科医院、骨科医院、中医医院等。其中，中医医院和儿童医院，由于具有较齐全的分科，可以视为特殊类型的综合医院。

（二）医院的任务

《全国医院工作条例》第2条规定了医院的任务是："必须以医疗工作为中心，在提高医疗质量的基础上，保证教学和科研任务的完成，并不断提高教学质量和科研水平。同时做好扩大预防、指导基层的计划生育的技术工作。"具体而言，医院的任务有以下几个方面：

1. **医疗**

医疗是医院的中心任务。医院的医疗工作以诊疗和护理两大业务为主体，并与其他辅助业务密切配合,形成完整的医疗体系。一般分为门诊医疗、住院医疗、急救医疗和康复医疗。

**2. 教学**

教学是医院的一项重要任务,是培养医学后备人才的需要。按照医学教育对象的划分,主要包括:对医学院校学生的临床教学和毕业实习及毕业后的专科培训;对本院各类人员的继续教育;对下级医疗机构人员的培训和技术指导等。

**3. 科研**

科研是提高医院医疗和教学质量的重要基础。医院由于其拥有丰富的临床病例资料,同时又是进行临床医学实践的重要场所,因此,医院开展科研工作,一方面具有得天独厚的条件,另一方面也对于提高医疗业务水平和推动医学科学的发展具有重要意义。

**4. 预防保健**

预防保健是医院的社会责任。医院不仅是治疗病人的场所,还必须进行预防保健工作,提供社会保健服务,成为为公民保障健康服务的中心。

## 二、医院的组织结构和组织编制

(一) 医院的组织结构

科学合理的医院组织结构,是完成医院各项任务、提高医疗工作质量和管理水平的组织保障。我国的综合医院通常由诊疗部门、辅助治疗部门、护理部门、行政部门和后勤部门等构成。

(二) 综合医院的组织编制

根据《综合医院组织编制原则(试行草案)》的规定,综合医院机构设置实行院和科室两级制。医院设置科室,应以医院的性质、任务、规模、本身的技术力量和业务实际需要、业务发展规划为依据,从有利于病员的诊断、治疗、康复和增进健康出发设立。

医院人员编制是指医院工作人员的定员、结构比例和职务配备。医院人员编制是以病床为基数核定的。综合医院病床与工作人员编制比例,300 张病床以下的医院,按 1:1.3～1:1.4 计算;300～500 张床位的,按 1:1.4～1:1.5 计算;500 张床位以上的医院,按 1:1.6～1:1.7 计算。病床与门诊量之比应按 1:3 计算,不符合 1:3 时,可按每增减 100 门诊人次增减 5～7 人。对于医药科研和教学所需人员,可在总编制内增加 5%～15%。

《综合医院组织编制原则(试行草案)》还规定了医院各类人员的比例:卫生技术人员占总编制的 70%～72%,其中,中西医师占 25%,护理人员占 50%,药剂人员占 8%,检验人员占 4.6%,放射人员占 4.4%,其他卫生技术人员占 8%;行政管理和工勤人员占总编制的 28%～30%,其中行政管理人员占总编制的 8%～14%。

## 三、医院分级管理

对医院实行分级管理,是根据医院的功能、任务、设施条件、技术建设、医疗服务质量和科学管理的综合水平,为改善与加强医疗卫生工作的宏观管理,调整与健全二级医疗预防体系,充分合理地利用医疗卫生资源,提高医院科学管理水平和医疗卫生服务质量,更好地为保障人民健康服务的一项重要制度。

(一) 医院的分级与分等

根据《医院分级管理办法(试行草案)》的规定,医院按功能和任务的不同划分为一、二、三级。其划分标准是:一级医院是直接向一定人口的社区提供预防、医疗、保健、康复服务的基层医院、卫生院。二级医院是向多个社区提供综合医疗卫生服务和承担一定教学、科研任务的地区性医院。三级医院是向几个地区提供高水平专科性医疗卫生服务和执行高等教学、科研任务的区域性以上的医院。在卫生行政部门的规划与指导下，一、二、三级医院之间，应建立与完善双向转诊制度和逐级技术指导关系。

各级医院经过评审，按照《医院分级管理标准》确定为三级十等，即一、二级医院分为甲、乙、丙三等，三级医院分为特、甲、乙、丙四等。

（二）医院评审

建立医院评审制度是对医院进行分级管理的一项重要制度和有效手段。医院评审委员会是在同级卫生行政部门的领导下，独立从事医院评审的专业性组织，由同级卫生行政部门聘请有经验的医院管理、医院教育、临床、医技、护理和财务等有关方面的专家若干人组成。

医院评审委员会分为部级评审委员会、省级评审委员会、地（市）级评审委员会三级。部级评审委员会，由卫生和计划生育委员会组织，负责评审三级特等医院，制定与修订医院分级管理标准及实施方案，并对地方各级评审结果进行必要的抽查复核。省级评审委员会，由省、自治区、直辖市卫生厅（局）组织，负责评审二、三级甲、乙、丙等医院（包括计划单列市的二、三级医院）。地（市）级评审委员会、由地（市）卫生局组织，负责评审一级甲、乙、丙等医院。医院评审，每3年为一个评审周期。

（三）医院工作制度

医院工作制度是为了使医院加强科学管理，建立正常工作秩序，改善服务态度，提高医疗护理质量，防止医疗差错事故发生而建立的，是医院工作顺利开展的要求和保障。为此，卫生部（现卫生和计划生育委员会）于1982年4月7日颁布了《医院工作制度》，对医院的各项制度提出了原则性要求，共包括64项具体制度，内容涉及医院工作的各个方面和环节，每一项具体制度都明确了相应科、室、部门的职责范围和完成工作任务的原则要求。

# 第四节　中外合资、合作医疗机构管理中的法律规定

## 一、中外合资、合作医疗机构的概念

中外合资、合作医疗机构是指外国医疗机构、公司、企业和其他经济组织（以下称合资、合作外方），按照平等互利的原则，经中国政府主管部门批准，在中国境内（香港、澳门及台湾地区除外，下同）与中国的医疗机构、公司、企业和其他经济组织（以下称合资、合作中方）以合资或者合作形式设立的医疗机构。

为了适应改革开放的需要，加强对中外合资、合作医疗机构的管理，促进我国医疗卫生事业的健康发展，卫生部（现卫生和计划生育委员会）、对外经济贸易合作部于2000年5月发布了《中外合资、合作医疗机构管理暂行办法》。

国务院卫生行政部门和对外贸易经济行政部门在各自的职责范围内负责全国中外合资、合作医疗机构管理工作。县级以上地方人民政府卫生行政部门（含中医/药主管部门）和外经贸行政部门在各自职责范围内，负责本行政区域内中外合资、合作医疗机构的日常监督管理工作。

## 二、合作医疗机构的设置条件

中外合资、合作医疗机构设置与发展，必须符合当地区域卫生规划和医疗机构设置规

划，并执行卫生和计划生育委员会制定的《医疗机构基本标准》。

### （一）要求

申请设立中外合资、合作医疗机构的中外双方，应是能够独立承担民事责任的法人。合资、合作的中外双方应当具有直接和间接从事医疗卫生投资与管理的经验，并符合下列要求之一：

1. 能够提供国际先进的医疗机构管理经验、管理模式和服务模式。
2. 能够提供国际领先水平的医学技术和设备。
3. 可以补充或改善当地在医疗服务能力、医疗技术、资金和医疗设置方面的不足。

### （二）条件

设立的中外合资、合作医疗机构应当符合以下条件：

1. 必须是独立的法人。
2. 投资总额不得低于 2000 万人民币。
3. 合资、合作的中方，在中外合资、合作医疗机构中所占的股权比例或权益，不得低于 30%。
4. 合资、合作期限不超过 20 年。
5. 省级以上卫生行政部门规定的其他条件。

合资、合作中方以国有资产参与投资（包括作价出资或作为合作条件），应当经过相应主管部门批准，并按国有资产评估管理的有关规定，由国有资产管理部门确认的评估机构对拟投入国有资产进行评估。经省级以上国有资产管理部门确认的评估结果，可以作为拟投入的国有资产的作价依据。

## 三、中外合资、合作医疗机构的审批与登记

### （一）卫生和计划生育委员会审批

设置中外合资、合作医疗机构，应先向所在地设区的市级卫生行政部门提出申请，并提交有关材料；设区的市级卫生行政部门对申请人提交的材料进行初审，并根据区域卫生规划和医疗机构设置规划，提出初审意见，并与申请材料、当地区域卫生规划和医疗机构设置规划一起报所在地省级卫生行政部门审核；省级卫生行政部门对申请材料及市级卫生行政部门初审意见进行审核后，报卫生和计划生育委员会审批。申请在中国境内设立外商独资医疗机构的，不予批准。

### （二）外商投资企业许可

申请人在获得卫生和计划生育委员会设置许可后，按照有关法律、法规向商务部提出申请，并提交有关材料；予以批准的，发给外商投资企业批准书。

### （三）注册登记

获准设立的中外合资、合作医疗机构，应当收到外商投资企业批准证书之日起 1 个月内，凭此证书到国家工商行政管理部门办理注册登记手续。

### （四）执业登记

获准设立的中外合资、合作医疗机构，应当按《医疗机构管理条例》和《医疗机构管理条例实施细则》中关于医疗机构执业登记所规定的程序和要求，向所在地省级卫生行政

部门规定的卫生行政部门申请执业登记，领取医疗机构执业许可证。

中外合资、合作医疗机构的名称由所在地地名、识别名和通用名依次组成，中外合资、合作医疗机构不得设置分支机构。中外合资、合作医疗机构合资、合作期20年届满，因特殊情况确需要延长合资、合作期限的，合资、合作双方可以申请延长合资、合作期限。

### 四、中外合资、合作医疗机构的执业

中外合资、合作医疗机构作为独立的法人实体，自负盈亏，独立核算，独立承担民事责任。

中外合资、合作医疗机构应当执行《医疗机构管理条例》和《医疗机构管理条例实施细则》关于医疗机构执业的规定；执行医疗技术准入规则和临床诊疗技术规范，遵守新技术、新设备及大型医用设备临床应用的有关规定；发生医疗事故，依照国家有关法律、法规处理；聘请外籍医师、护士，按照《执业医师法》和《护士管理办法》等有关规定办理；发布本机构医疗广告，按照《中华人民共和国广告法》、《医疗广告管理办法》办理。

## 第五节  医学会管理法律制度

### 一、医学会的成立、变更和注销

（一）医学会的成立

中华医学会（以下简称医学会）是全国医学科学技术工作者自愿组成的依法登记成立的学术性、公益性、非营利性法人社团，是中国科学技术协会的组成部分，是发展我国医学科学技术事业的重要社会力量。

医学会的宗旨是团结组织广大医学科学技术工作者，遵守国家宪法、法律和法规，执行国家发展医学科技事业的方针和政策。崇尚医学道德，弘扬社会正气。坚持民主办会原则，充分发扬学术民主，提高医学科技工作者的业务水平，促进医学科学技术的繁荣和发展，促进医学科学技术的普及和推广，促进医学科学技术队伍的成长和提高，促进医学科技与经济建设相结合，为我国人民的健康服务，为社会主义现代化建设服务。

（二）医学会的变更

医学会章程、名称、法定代表人、主要负责人、业务主管部门等重大变更，由理事会提出变更报告，提交会员代表大会通过。涉及登记证书及其他登记内容的一般性变更，由理事会审议决定。变更需向原业务主管部门和社会团体行政主管机关申报依法办理变更登记手续。

（三）医学会的注销

医学会终止须由理事会提出，经全国会员代表大会三分之二以上代表通过，报中国科学技术协会和卫生和计划生育委员会审查同意，到民政部办理注销手续后方可生效。医学会终止清算后，剩余资产按社会团体行政主管机关的有关规定处理。

### 二、医学会的组织机构和业务范围

（一）组织机构

医学会的最高权力机构是全国会员代表大会。其职权包括：制定和修改本会章程；选举和罢免理事会；推举名誉会长；审议、批准上届理事会的工作报告和财务报告；决定本会的

工作方针和任务；通过提案和决议；决定终止事宜；决定其他重大事宜。

全国会员代表大会须有三分之二以上会员代表出席方能召开，其决议须经到会会员代表半数以上通过方能有效。全国会员代表大会每5年召开一次。因特殊情况需提前或延期召开时，须经理事会或常务理事会讨论通过，并报业务主管部门和社团登记管理机关同意，但延期召开最长不得超过一年。

医学会下设理事会，理事会是全国会员代表大会的执行机构，在代表大会闭会期间领导本会工作，对全国会员代表大会负责，每届任期五年。理事会会议须有三分之二以上理事出席方能召开。其决议须经到会理事三分之二以上通过方能有效。理事会会议每两年必须召开一次，因特殊情况可采取通讯形式召开。

医学会会长、副会长、秘书长由理事会从常务理事中选举产生。会长、副会长、秘书长可以连选连任，任期最长不超过两届。

医学会还设有名誉理事或咨询顾问和名誉理事单位。对学术上有杰出成就，对医学会工作有重要贡献，不再继续担任理事、常务理事者，经本会常务理事会同意，分别予以表彰或聘任为名誉理事。

理事会根据工作需要，可酌情设立若干工作委员会，分别承办理事会交办的有关工作任务。

医学会按不同学科或专业，经常务理事会批准，成立相应的专科分会（其正式名称为"中华医学会某某分会"，对外交往时经业务主管单位和登记管理机关批准仍可使用"中华医学会某某学会"的名称），专科分会是理事会领导下的分支学术机构，负责组织本学科（专业）的学术活动。专科分会不是法人社团，不得另立章程；专科分会实行委员制，由总会、专科分会和省、自治区、直辖市医学会民主协商推荐全国委员组成委员会，由委员会民主协商推选主任委员、副主任委员和常务委员组成常务委员会。委员会每届任期3年。

（二）业务范围

1. 开展医学科技学术交流，组织重点学术课题探讨和科学考察等活动，密切学科间和学术团体间的横向联系与协作。

2. 编辑出版各类医学学术期刊、图书资料及音像制品。

3. 开展继续医学教育，组织会员和其他医学科技工作者学习业务，不断更新科学技术知识，提高医学科学技术业务水平。

4. 开展多渠道、多种形式的医学卫生科普宣传和健康教育活动，提高人民群众的医学卫生知识水平，增强自我保健能力。

5. 发展同国外医学学术团体和医学科学技术工作者的联系和交往，开展国际学术交流。

6. 开展医学科学技术决策论证，提出医药卫生科技政策和工作方面的建议。

7. 开展医药卫生科学技术的咨询服务活动，举办医药卫生科学技术展览，大力推动医学科研成果的转化和应用。

8. 评选和奖励优秀的医学科技成果、学术论文和科普作品。宣传、奖励医德高尚、业务精良的医务人员。

9. 向党和政府反映医学科学技术工作者的意见和要求，依法维护医师的权益，举办为会员服务的事业和活动。

10. 承办政府及有关部门委托的工作任务。

11. 发现、推荐和培养优秀医学科技人才。表彰、奖励在医学科技活动中成绩优异的会员，以及在学会工作中成绩突出的学会工作人员。

### 三、对医学会的监督管理

医学会接受业务主管单位中国科学技术协会、社团登记管理机关民政部的业务指导和监督管理；医学会机关挂靠在卫生和计划生育委员会。

## 第六节　其他医疗机构管理中的法律规定

### 一、个体医疗机构管理的法律规定

#### （一）个体医疗机构的概念和任务

个体医疗机构是指个体开业行医者根据国家法律规定所开办的门诊部、诊所、卫生站、卫生室或医院等。个体医疗机构是我国医疗卫生事业的一个组成部分，其执业主要表现为个体医师的执业活动。个体开业医师依靠自身的医疗技术，在国家规定的范围内，依法从事医疗卫生工作，受国家法律保护。

个体开业医师的任务是：贯彻预防为主的方针，承担卫生行政部门规定的初级卫生保健任务。

#### （二）个体医师的开业资格

根据《执业医师法》的规定，申请个体行医的执业医师，须经注册后在医疗、预防、保健机构中执业满5年，并按照国家有关规定办理审批手续。未经批准，不得行医。

个体医师执业需要办理审批手续，主要是按照《医疗机构管理条例》的规定，经县级以上地方人民政府卫生行政部门审查批准，取得设置医疗机构批准书，并经登记，取得医疗机构执业许可证等。

#### （三）个体医师的执业规则

根据《医师、中医师个体开业暂行管理办法》的规定，个体开业医师、中医师必须遵守国家法律、法规、医疗卫生工作制度和技术操作规程；遵守医疗道德规范，坚持文明行医，钻研业务技术，保证医疗卫生工作质量；加入当地的卫生工作者协会并接受其行业性监督、管理和业务培训。

#### （四）个体医师执业的监督检查

根据《执业医师法》的规定，县级以上地方人民政府卫生行政部门对个体行医的医师，应当按照国务院卫生行政部门的规定，经常监督检查。凡发现医师注册后有下列情形之一的，应当及时注销登记，收回医师执业证书：死亡或者被宣告失踪的；受刑事处罚的；受吊销医师执业证书行政处罚的；依照《执业医师法》的有关规定，暂停执业活动期满，再次考核仍不合格的；中止医师执业活动满2年的；有国务院卫生行政部门规定不宜从事医疗、预防、保健业务的其他情形的。

### 二、急救医疗机构管理的法律规定

#### （一）急救医疗机构的概念

急救医疗机构是指各级卫生行政部门统一领导下，从事急诊抢救工作的医疗组织，包括大、中城市急救站、急救中心和医院的急诊科（室）等。急诊抢救是医疗工作的最前线，包括现场抢救、途中救护以及医院急诊救护的全过程。实践证明，急诊抢救工作在救治伤病员、保障人体健康、保护劳动力方面具有十分重要的作用。

### （二）急救医疗机构的设置

根据卫生和计划生育委员会《关于加强城市急救工作的意见》，城市应逐步建立健全以急救中心、急救站、医院急诊科（室）、街道卫生院、群众性基层卫生组织（红十字会卫生站、防治站）相结合的急救医疗网络。大城市可根据情况在急救中心下设若干急救分站。急救任务由医院承担的城市，可选择一、二个医院担负中心急救站的指挥调度任务。有条件的城市在加强急救医疗网建设的同时，也可逐步向专科、专业急救网方向发展。

农村急救医疗工作，主要由县医院急诊室（科）、乡镇卫生院急救室和卫生室（所）为主体的急救医疗网络负责。县医院急诊室（科）应成为全县急救医疗的基地和技术指导中心，凡急诊抢救病人，不受划区医疗限制。

### （三）急救医疗机构的任务

独立急救站的任务是：中心急救站在市卫生行政部门的直接领导下，统一指挥全市日常急救工作，分站在中心急救站的领导下，担负一定范围内的抢救任务；以医疗急救为中心，负责对各种危重患者、意外灾害事故现场受伤人员，进行护送途中的抢救治疗；在基层卫生组织和群众中宣传普及急救知识，有条件的急救站可承担一定的科研教学任务；接受上级领导指派的临时救护任务。

医院急诊科（室）的任务是：迅速、准确地诊断和治疗从基层医院、急救站转来的或自行来院的急诊病人；根据城市急救中心的指挥，派出医护人员及车辆到现场抢救伤病员。

### （四）急救医疗机构的组织管理

为充分发挥医疗急救网络的作用，使急救工作迅速、准确、有效地开展，减少伤亡，必须加强急救医疗机构的组织管理。主要是做好以下工作：急救中心（站、分站）与医院急救室分工负责全市的急救工作，建立适合本地实际能有效协调急诊抢救的组织指挥系统，充分发挥各级医疗单位急救网络的作用。遇到重大灾难、意外事故时，各级急救组织应迅速报告卫生行政部门，并迅速组织现场抢救和护送伤病员；配备必要的抢救人员，充实技术骨干，提高抢救人员的应急能力；改善急救通讯设备，建立健全信息管理制度，做到通讯灵活、指挥有效；统一管理、调动分散在各医疗单位的救护车，做到抢救及时；增添必要的抢救、监护设备，改进急诊室（所）的条件，提高抢救成功率；各级急救组织必须建立健全以岗位责任制为中心的规章制度，提高科学管理水平和急救质量；搞好经济管理，充分调动职工的积极性。

## 三、康复医疗机构管理的法律规定

### （一）康复医疗机构的概念

康复医疗机构是指以残疾人和慢性病、老年病的功能障碍患者为服务对象、促进患者功能恢复的医疗机构。我国目前的康复医疗机构主要有：疗养院；康复中心或康复医院；综合医院设置的康复医学科（室），有门诊或病床等。

### （二）康复医疗机构建设与管理的法律依据

《残疾人保障法》规定，政府和有关部门有计划地在医院设立康复医学科（室），举办必要的专门康复机构，开展康复医疗与训练、科学研究、人员培训和技术指导工作；同时，对康复医疗机构的发展方向、建设和管理、工作内容以及人才培养等方面都做了规定，是康复医疗机构建设与管理的重要法律依据。

### （三）康复医疗机构业务人员的构成

为顺利开展康复医疗工作，康复医疗机构除了需要与其康复医疗任务相适应的房屋设施、器械设备外，还必须配备有受过较为系统训练的康复业务技术人员，主要包括：康复医师；以运动疗法为主的物理治疗师（士）、作业治疗师（士）、言语治疗师；康复工程人员、临床心理治疗师、康复护士、中医师等。

## 思考题

1. 简述医疗机构的概念。
2. 阐述医疗机构的规划布局与设置审批程序。
3. 简述医疗机构的登记程序和执业条件。
4. 简述医疗机构监督管理办法及违反医疗机构管理法规的法律责任。
5. 案例：2003年初，学过一点医学知识但未取得医师资格的安××，在广东五华县某村擅自开设"高峰诊所"行医。同年7月16日，万××因胸闷发热到高峰诊所诊治，安××诊断万××是肺炎，在不具输液的条件下，对万××进行输液治疗。万××在输液过程中病情加重，出现抽搐、咯血的危重症状，后送海洋中心卫生院抢救无效于19日上午7时许死亡。其亲属向公安机关报案，要求公安机关对万××的死因进行调查，要求安庆承担民事与刑事法律责任。由于公安机关的介入调查，同年7月21日，安××被迫到海洋派出所投案自首。

   (1) 此案中被告在对原告诊疗过程中违反了哪些法律规定？

   (2) 安××属于非法行医罪还是医疗事故罪，应该承担什么责任？法律依据是什么？

   （分析思路：无证行医导致严重医疗事故要承担民事与刑事法律责任。）

6. 案例：某市一区中医院从2005年4月开始，未经批准，私自在《××报》夹页上及在网页上发布广告。广告中还编造了一些在北京中医药大学附属医院任职的"教授"、"主任医师"的名字和一些"患者"就诊的经历。2005年9月，该医院在本院的网页上发布《名医中药专利药方治疗妇科炎症疗效百分百》的广告，出现"严×主任医师、唐×教授"及"患者钟×、张×"等人员信息。经调查核实，该医院从未聘任过上述人员，广告内容中列举的所谓患者也不存在。此外，该医院在多家报刊上发布《秘方治疗痛风再创突破》的医疗广告，使用了未经注册的"某市中医药研究院痛风病治疗中心"的医疗机构名称。

   (1) 本案中该医院的行为是否违反了广告管理的法律规定？

   (2) 对该医院是否要进行处罚？处罚的法律依据是什么？

   （分析思路：根据《反不正当竞争法》、《广告法》、《医疗机构管理条例》，应承担擅自在印刷品、网页和其他传媒系统上发布不实广告的责任。）

# 第四章

# 中医药法律制度

**本章导引**

本章主要介绍中医药法的概念及法制建设、中医药立法的目的和适用范围、中医药发展的指导思想和原则、中医药法的作用；中医药从业医疗机构及人员管理、中西医结合；中药现代化发展的重点任务和主要措施；中医药教育和科研机构、中医药发展保障措施、中医药科学研究的原则和任务；我国的民族医药学、民族医药的法律地位、继承和发扬民族医药学，以及违反中医药法规的行政责任和刑事责任。

中医药是医学宝库中的一颗明珠，具有灿烂而悠久的历史，是我国人民几千年来同疾病作斗争的智慧结晶，为中华民族的繁衍和昌盛发挥了巨大的作用。在世界医学体系中，唯有中国中医药学有着完整的理论体系和丰富实践经验的总结，并产生了广泛的国际影响，受到世界各国医学界的高度重视。中医药理论是我国传统文化的重要组成部分，为保护中医药理论和中药品种，我国制定了一系列的法律法规，如《中华人民共和国中医药条例》（以下简称《中医药条例》）、《中药品种保护条例》等。

## 第一节 概述

### 一、中医药的概念

中医学（Chinese Medicine），是研究人体的生理、病理、疾病的诊断、预防及治疗等理论和方法的医学科学。它从宏观的、动态的、整体的观点出发，研究人体的各种内在联系和内外环境之间的相互关系，进而阐明人体生命活动的基本规律。

所谓中医（Traditional Chinese Medicine，TCM），是指中国固有的医学和利用中国医学理论、方法和历史传统经验，为人治病的医生。中医是我国特有的一种传统医疗科学和诊疗专业技术人员，包括藏、蒙、回、维、傣、苗等各兄弟民族医。

所谓中药（Chinese Herbal Medicine），是指以动植物、矿物质等自然药物为主要原料，运用独特的传统方法和工艺加工炮制的用以防病、诊断和治疗疾病，有明确的适应症和用法、用量的动植物、矿物质天然或者加工品。是经过中华民族世代中医专业技术人员的漫长诊疗实践，研究出来的一种能解除人的疾患、促进人们健康的防病、治病的药物。中药包括中药材（天然药物）、中成药、中药材提取物、中药材制剂和中药人工制成品。

中医药（Traditional Chinese Medicine）是中医和中药的总称，指在我国古代哲学思想的影响和指导下，中华民族世代中医专业技术人员，运用自然药物作为解除人的疾患、促进人的健康的基本原料的药品，经过漫长的医疗实践而逐步形成的独特的医药理论体系。

## 二、中医药法的概念及法制建设

### （一）中医药法的概念

中医药是指在中国古代哲学的影响和指导下，在长期的医疗实践中逐步形成的独特的医药理论体系及以自然药物为主的诊疗实践。这里所说的中医药泛指中华民族传统医药，包括中医药和民族医药。

中医药法（Traditional Chinese Medicine Act）是指调整因中医药防治疾病所产生的各种社会关系的法律规范的总和。中医药法规内容广泛，形式多样，它既包括全国人大常委会颁布的医学法律和国务院发布或批准发布的医学行政法规中关于中医药的条款，以及卫生和计划生育委员会、国家中医药管理局为发展中医事业而制定的各项医学规章，又包括各级地方政府和卫生部门颁布的相应的实施细则、条例和办法等。

### （二）中医药法制建设

在世界传统医学中，唯有中医药学有着完整的理论体系和丰富的实践经验总结，并产生越来越广泛的国际影响。在美国，针灸以州法律的形式被列为医疗手段，中医药总体上已经逐渐为美国卫生行政部门所接受，并被批准为公众合法的医疗保健手段。

中医药是中华民族的宝贵财富，其传承和发展应受到国家法律的保护。中医药管理的法律制度应当按照中医药的特点和活动规律以及我国卫生事业的实际来制定和完善，以促进中医药事业的健康发展。

新中国成立后，党和政府非常重视中医药事业的发展，中医药事业进入了一个新的发展阶段，中医药法制建设也在不断地完善。1982年，《宪法》明确规定了"发展现代医药和我国传统医药"，这是制定中医药法律规定的根本法律依据。此后，一系列中医药法律文件相继颁布，如1985年卫生部（现卫生和计划生育委员会）颁布了《中医药人员技术职务任职条件（试行）》；1986年颁布了《全国中医院工作制度与工作人员职责（试行）》、《全国中医医院组织机构及人员编制标准（试行）》；1987年国家中医药管理局颁布了《中医科技计划课题管理办法（试行）》；1988年颁布《中医药科学技术进步奖励管理办法（试行）》；1993年颁布了《全国示范中医医院建设验收标准》等。

1997年《中共中央、国务院关于卫生改革与发展的决定》充分肯定了传统医药的重要地位和作用，进一步明确了中西医并重的方针，把传统医药确定为卫生事业发展的重点领域，为传统医药事业的快速健康发展指明了方向。为加强中医药法制建设，卫生和计划生育委员会、国家中医药管理局相继颁布了一系列中医药管理法律规范和政策文件，涉及中医药的地位、作用和发展方向，中医医疗机构管理，中药生产经营管理，中医药队伍建设，科研管理以及发展民族医药等方面的内容。国家中医药管理局先后制定了《中医事业"八五"计划及十年规划设想》、《中医事业"九五"计划及2010年规划设想》。2002年10月，科技部、卫生部（现卫生和计划生育委员会）等部委联合发布了《中药现代化发展纲要》（2002—2010年）。2003年11月，国家中医药管理局发布了《关于进一步加强中西医结合工作的指导意见》。2003年4月7日，国务院颁布了《中华人民共和国中医药条例》（以下简称《中医药条例》），并于2003年10月1日起施行。这是新中国成立以来，第一部对中医药进行规范的行政法规。2007年1月11日，科技部、卫生部（现卫生和计划生育委员会）、国家中医药管理局、国家食品药品监督管理局、国家自然科学基金委员会等16个部门联合制定了《中医药创新发展规划纲要（2006—2020年）》。2007年12月25日，卫生部（现卫生和计划生育委员会）、国家中医药管理局等十一个部委联合发布了《关于切实加强民族医药事业发展的指导意见》。

国家各项中医药管理法律制度和政策文件的制定，为我国医疗卫生事业更好地继承和发展中医药，保障和促进中医药事业的发展，保护人民健康发挥了极大的作用。

## 三、中医药的立法

### （一）立法的指导思想

坚持以人为本、为人类健康服务的根本宗旨，按照"自主创新，重点跨越，支撑发展，引领未来"的新时期科技工作方针，在继承发扬中医药优势、特色的基础上，充分利用现代科学技术，努力证实、阐明中医药的科学内涵，通过技术创新提高中医医疗服务能力和中药产业技术水平，通过知识创新丰富和完善中医药理论体系和医疗保健模式，加快中医药现代化和国际化进程，全面提高我国的医疗保健和重大疾病防治水平，不断满足广大民众的社会需求，确立我国在传统医药领域的优势地位，提高中医药的国际化能力和国际市场份额，为人类健康作出更大贡献。

### （二）立法的基本原则

我国《中医药条例》规定，国家保护、扶持、发展中医药事业，实行中西医并重的方针，鼓励中西医相互学习，相互补充，共同提高，推动中医、西医两种医学体系的有机结合，全面发展我国中医药事业。《中医药创新发展规划纲要（2006—2020年）》进一步提出坚持"继承与创新并重，中医中药协调发展，现代化与国际化相互促进，多学科结合"的基本原则，推动中医药传承与创新发展。

### （三）立法的目的

加强中医药法制建设，是中医药事业发展的需要，也是中医药规范化、标准化、现代化的保证和中医药走向世界的必要条件。《中医药条例》第1条规定："为了继承和发展中医药学，保障和促进中医药事业的发展，保护人体健康，制定本条例。"

### （四）立法的适用范围

凡在中华人民共和国境内从事中医医疗、预防、保健、康复服务和中医药教育、科研、对外交流以及中医药事业管理活动的单位或者个人，都应当遵守《中医药条例》。

中药的研制、生产、经营、使用和监督管理依照《中华人民共和国药品管理法》执行。

### （五）中医药法的作用

#### 1. 保护公民的健康

尽管现代医药在我国已经有了较大发展，但是中医药在保护公民的健康方面仍然起着重要的作用。特别在广大农村，人们防病治病，还习惯采用中医的简、便、验、廉的方药。正确使用中医治疗，疗效可靠、副作用小，有益于人体健康的恢复。把发展中医药以法的形式明确规定下来,有利于进一步保护公民的健康。

**2. 促进中药事业的发展**

新中国成立以来,党和政府为了保护和发展中医药事业,制定并执行了一系列正确的中医政策,其基本要点是:努力继承、发掘、整理、提高中医药学;团结和依靠中医,发展和提高中医;组织西医学习和研究中医,实行中西医结合;采取先进科学技术,实现中医现代化;有计划按比例地发展中医和中西医结合事业,并为其发展与提高创造良好的物质条件;保护和利用中药资源,发展中药事业。把党的中医政策法制化,对于振兴中医药事业,促进中医药长期持续、稳定的发展,有着十分重要的作用。

**3. 促进国际医学交流与发展**

在世界医药发展的历史上,中医药产生过很大影响。如唐代中医医学传往欧亚许多国家,我国成为当时欧亚的医学中心;我国预防天花的"人痘接种术",通过日本、朝鲜传到俄国、土耳其等地。《本草纲目》曾译成拉丁、朝鲜、日、俄、英、法等多种文字,在世界上广泛流传。建国50年来,古老的中医药越来越引起了世界各国的重视,在不少国家出现了"中医热"、"针灸热",建立了各种专门机构从事中医药和针灸的研究,并派专家、学者、留学生来我国考察学习,或邀请我国中医药专家出国进行学术交流和讲学。世界卫生组织在我国设立了传统医学合作中心。中医药立法是扩大中医药在国际上的影响,促进国际医学的交流与发展的重要保障。

# 第二节 中医药从业医疗机构与人员管理

## 一、中医医疗机构的设置与管理

开办中医医疗机构,应当符合国务院卫生行政部门制定的中医医疗机构设置标准和当地区域卫生规划,并按照《中医药条例》的规定办理审批手续,取得医疗机构执业许可证后,方可从事中医医疗活动。

(一)中医医疗机构的设置

**1. 中医医院的设置**

中医医院是以医疗工作为中心,结合医疗进行教学和科学研究,继承和发扬中医药学,培养中医药人才的基地。《中医药条例》、《全国中医医院工作条例(试行)》、《中医医疗机构管理办法(试行)》、《中医病症诊断疗效标准》、《全国示范中医医院建设验收标准》等法规对中医医院的管理作了明确的规定。

中医医院的业务科室和病床分配比例,可根据中医专科特色和各自的规模、任务、特色及技术发展状况确定。根据《全国中医医院组织机构及人员编制标准(试行)》的规定,中医医院人员编制按病床与工作人员1:1.3~1:1.7计算。病床数与门诊量的比例按1:3计算,每增减100门诊人次,可增减6~8人,或比同级西医综合医院的编制高15%~18%。医生和药剂人员要高于西医综合医院的比例,护理人员可低于综合医院的比例。在医生和药剂人员中,中医、中药人员要占绝对多数。

**2. 中医专科的设置**

综合医院的中医专科和专科医院的中医科是中医医疗体系中的一个重要的组成部分,也是继承与发扬中医药学不可忽视的力量。卫生和计划生育委员会《关于加强综合医院、专科医院中医专科工作的意见》及《关于加强中医专科建设的通知》中指出，中医科的地位和作用，在医院内与其他各科同样重要。中医科在诊断、治疗、护理、病历书写、病房管理等各个环节，要保持和发扬中医特色。中医病床一般应占医院病床总数的 5%～10%。

**3. 中医坐堂医诊所管理**

为了加强对中医坐堂医诊所的管理，保障公民享有安全、有效、便捷的中医药服务，2007年9月26日，卫生部（现卫生和计划生育委员会）、国家中医药管理局颁布了《中医坐堂医诊所管理办法》，适用于药品零售企业申请设置的中医坐堂医诊所。《中医坐堂医诊所管理办法》对于充分发挥中医坐堂医的作用，构建符合中医药特点的中医药服务体系，更好地满足群众对中医药服务的需要具有现实意义。

（1）申办条件与要求

申请设置中医坐堂医诊所的药品零售企业，必须同时具备以下几个条件：①具有药品经营质量管理规范认证证书、药品经营许可证和营业执照。②有独立的中药饮片营业区，饮片区面积不得少于50平方米。③中药饮片质量可靠，品种齐全，数量不得少于400种。

（2）机构设置与执业登记

设置中医坐堂医诊所，须按照医疗机构设置规划，由县级卫生、中医药行政管理部门根据《医疗机构管理条例》、《医疗机构管理条例实施细则》和《中医坐堂医诊所管理办法》及《中医坐堂医诊所基本标准》的有关规定进行设置审批和执业登记。中医坐堂医诊所配备的医师必须取得中医执业医师资格后从事5年以上临床工作。"中医坐堂医诊所"可以作为中医执业医师的第二执业地点进行注册。中医执业医师未经在中医坐堂医诊所注册的，不得在该中医坐堂医诊所执业。

（3）执业规则与业务管理

中医坐堂医诊所执业，必须严格遵守国家有关法律、法规、规章和技术规范，加强对医务人员的教育，预防医疗事故，确保服务质量和医疗安全。在中医坐堂医诊所只允许提供中药饮片处方服务，不得随意改变或扩大执业范围。同一时间坐诊的中医执业医师不超过2人。

（二）中医医疗机构的管理

国务院中医药管理部门负责全国中医药管理工作，中医医疗机构由中医药管理部门负责监督管理。国务院有关部门在各自的职责范围内负责与中医药的有关工作。

县级以上地方人民政府负责中医药管理的部门负责本行政区域内的中医药管理工作，在各自的职责范围内负责与中医药有关的工作。

**1. 中医医疗机构的管理要体现中医特点**

《中医药创新发展规划纲要（2006—2020年）》提出，完善中医疾病防治、养生保健和诊疗技术体系。充分发挥中医药预防、治疗、康复和养生保健的作用；提高具有中医特色的诊疗技术水平和规范化程度；提高重大疾病防治、突发公共卫生事件应对能力和技术水平，提高农村和社区医疗服务水平及普及程度，提高中医医疗服务对国家医疗服务体系的贡献率。

中医医院要办成以中医中药为主，体现中医特点的医疗单位。医疗工作必须以四诊八纲、理法方药、辨证论治为指导，在诊断、治疗、急救、护理、营养、病房管理等一系列问题上，都必须本着"能中不西、先中后西、中西结合"的原则，充分发挥中医特长；同时，积极利用先进的科学技术和现代化手段，促进中医事业的发展。《中医药条例》规定，中医医疗机构从事医疗服务活动，应当充分发挥中医药特色和优势，遵循中医药自身发展规律，运用传统理论和方法，结合现代科学技术手段，发挥中医药在防治疾病、保健、康复中的作用，为群众提供价格合理、质量优良的中医药服务。

**2. 教学科研立足于临床实际**

从实际出发，重视职工在职教育和进修培训，积极承担临床教学任务，加强中医文献资料整理、名老中医经验总结和临床科研工作，大力开展技术引进和学术交流活动，提高学术水平，增强中医药人员的技术素质。

在保障措施方面，根据《中医药条例》的规定，县级以上地方人民政府应当根据中医药事业发展的需要以及本地区国民经济和社会发展状况，逐步增加对中医药事业的投入，扶持中医药事业发展。《中医药条例》规定，非营利性中医医疗机构，依照国家有关规定享受财政补贴、税收减免等优惠政策。

在考核监督方面，《中医药条例》规定，与中医药有关的评审或者鉴定活动，应当体现中医药特色，遵循中医药自身的发展规律。中医药专业技术任职资格的评审，中医医疗、教育、科研教育机构的评审评估，中医药科研课题的立项和成果鉴定，应当成立专门的中医药评审、鉴定组织或者由中医药专家参加评审、鉴定。

**3. 加强中药药剂管理**

根据《中药调剂室工作制度（试行）》和《中药库管理制度（试行）》的规定，要求做到：（1）中药加工炮制、贮藏保管、调剂煎熬配方必须遵守操作规程和规章制度，保证药品质量。（2）在坚持使用中药为主的前提下，应以饮片为主、中成药为辅。（3）重治轻补，严格中成药购销。（4）创造条件，开展重要剂型改革。根据《药品管理法》，医疗机构配制的制剂，应当是本单位临床需要而市场尚没有供应的品种，并须经所在地省、自治区、直辖市人民政府的药品监督管理部门批准后方可配制。配制的制剂按照规定进行质量检验并且合格，凭医师处方在本医疗机构使用。特殊情况下，经国务院或者省、自治区、直辖市人民政府的药品监督管理部门批准，医疗机构配制的制剂可以在指定的医疗机构之间调剂使用。医疗机构配制的制剂，不得在市场销售。

2007年3月12日，国家中医药管理局和卫生部（现卫生和计划生育委员会）联合颁布了《医院中药饮片管理规范》，对各级各类医院中药饮片的采购、验收、保管、调剂、临方炮制、煎煮等管理作出了规定。

**4. 中医院制剂室现代化建设**

中医院制剂室的现代化建设是中医院现代化建设的一个重要内容，关系到中医特色能否发挥，是中医院现代化程度的一个重要标志。中药制剂的数量、品种、剂型、疗效以及给药途径都要通过制剂室的现代化建设而建立一整套规范的标准。建设符合《医疗机构制剂质量管理规范》（GPP）的现代化制剂室，不仅能够促进中医院科研的发展，为中医院带来明显的经济效益和社会效益，而且可以在很大程度上推进中医院的现代化进程，使院内制剂的工艺流程固定、剂型固定、标准固定，为新药研发打下基础；同时又可以解决中药制剂与国际接轨的问题。

**5. 中医医疗机构仪器设备管理**

仪器设备是发展中医药事业的物质基础和技术条件，提高仪器设备的管理水平，充分发挥其社会效益和经济效益，有利于推动中医药事业的发展和振兴。《全国中医医院医疗设备标准（试行）》、《中医机构仪器设备管理暂行办法》等规定：为加强仪器设备的宏观管理，中医机构应成立由领导、专家和管理人员组成的管理委员会，对本单位大型精密贵重仪器设备工作进行业务指导。

中医医疗机构的一般医疗设备仪器，原则上不低于同级西医机构仪器的标准。遵照"充分论证、统筹安排、重点装备、综合平衡"的原则，根据中医医疗机构的任务、规模、技术力量、专业特长和财力，首先装备常规需要的基本设备，然后在考虑高、精、尖设备时做到有计划、有步骤更新。实行统一领导，归口管理，分级负责；建立管理档案，保证设备完好运转；对大型精密仪器的使用，按照专管专用的原则，充分发挥仪器设备的社会效益和经济效益；逐步完善管理制度，提高使用率。

**6. 中医医疗广告管理**

《中医药条例》规定，发布中医医疗广告，医疗机构应当按照规定向所在省、自治区、直辖市人民政府负责中医药管理的部门申请并报送有关材料，经批准取得中医医疗广告批准文号。未取得中医医疗广告批准文号的，不得发布中医医疗广告。

**7. 气功医疗管理**

气功医疗（Qigong Therapy），是指对他人传授或运用气功疗法直接治疗疾病，构成医疗行为的一种活动。气功医疗是几千年来我国劳动人民在与大自然和疾病斗争过程中，运用意识作用，对自己心身进行锻炼及自我调节的一种经验总结，是一种独特、有效的祛病健身方法。气功医疗在我国源远流长，典籍浩繁，是我国民族文化中的一朵奇葩，也是中医学理论体系中的重要组成部分。为了促进气功医疗事业的顺利发展，1989年10月19日，国家中医药管理局制定了《关于加强气功医疗管理的若干规定（试行）》；1996年8月5日，中共中央宣传部、国家体委、卫生部（现卫生和计划生育委员会）、民政部、公安部、国家中医药管理局、国家工商行政管理局联合发布了《关于加强社会气功管理的通知》。为了加强医疗气功管理，保护人民健康，根据《中华人民共和国执业医师法》和《医疗机构管理条例》，2000年卫生部（现卫生和计划生育委员会）发布了《医疗气功管理暂行规定》。根据该规定，开展气功医疗活动必须在医疗机构内进行；医疗机构申请开展医疗气功活动，应向其登记执业的卫生行政部门或中医药行政管理机构提出申请，经审核合格批准后方可开展医疗气功活动。从事医疗气功活动的人员，应具有中医执业医师或中医执业助理医师资格、取得医师执业证书并经医疗气功知识与技能考试取得医疗气功技能合格证书。医疗机构和医疗气功人员，不得借医疗气功之名，损害公民身心健康、宣扬迷信、骗人敛财，严禁使用、制造、经营或散发宣称具有医疗气功效力的物品。

## 二、中医从业人员管理

### （一）中医从业人员的资格

卫生和计划生育委员会、国家中医药管理局相继颁布了若干行政规章和管理规范，特别是《中华人民共和国执业医师法》颁布后，执业中医师资格考试及其注册，执业中医师权利和义务的明确，使中医执业人员的管理走上了正规化、法制化的轨道。

《中医药条例》规定，中医从业人员，应当依照有关卫生管理的法律、行政法规、部门规章的规定通过资格考试，并经注册取得执业证书后，方可从事中医服务活动。以师承方式学习中医学的人员以及确有专长的人员应当按照国务院行政部门的规定，通过执业医师或者执业助理医师资格考核考试，并经注册取得医师执业证书后，方可从事中医医疗活动。2006年12月卫生部（现卫生和计划生育委员会）发布了《传统医学师承和确有专长人员医师资格考核考试办法》，该办法对以师承方式学习传统医学或者经多年传统医学临床实践医术确有专长、不具备医学专业学历的人员，申请参加医师资格考试的资格评价和认定作出了具体的规范。

（二）中医从业人员的管理

对中医从业人员要建立技术档案，定期进行考核，保证合理使用，对有名望的技术骨干不要过多安排非业务活动。中医医院的人事部门，要根据中医医院的特点，建立健全以岗位责任制为中心的各项规章制度，明确各类人员职责，通过完善技术职称的聘审制度来调动中医技术人员的工作积极性。

《中医药条例》规定，中医从业人员应当遵守相应的中医诊断治疗原则、医疗技术标准和技术操作规范。全科医师和乡村医生应当具备中医药基本知识以及运用中医诊疗知识、技术，处理常见病和多发病的基本技能。

（三）中医从业人员的处罚

根据《中医药条例》的规定，未按照规定通过执业医师或者执业助理医师资格考试取得执业许可，从事医疗活动的，依照《中华人民共和国执业医师法》的有关规定给予处罚。

### 三、中西医结合

（一）中西医结合的概念

中西医结合（Combination of Chinese Traditional and Western Medicine），是指把中医药知识和西医药知识结合起来，用现代的科学方法来整理研究中医药学。广义的中西医结合，则是指中西医两种医学体系知识的结合，即凡是一切诊断、治疗、病理、生理、药理等方面知识的各种不同的结合，都可以称作中西医结合。

（二）中西医结合的指导思想

中西医结合是在我国既有中医又有西医的历史条件下产生的，是中国特色社会主义卫生事业的重要组成部分，在医疗卫生保健工作中发挥着重要的作用。中西医结合充分吸收两种医学特长，并使之相互沟通、相互融合、相互促进、相互补充，对继承发展中医药学，实现中医药现代化，促进我国医学和世界医学的进步具有重要意义。

新中国成立以来，党和政府非常重视中西医结合工作，制定了一系列法律和政策，促进我国中西医结合事业的发展。《中共中央、国务院关于卫生改革与发展的决定》明确提出，中西医要加强团结，互相学习，取长补短，共同提高，促进中西医结合。《中医药条例》进一步规定，推动中医、西医两种医学体系的有机结合，全面发展我国中医药事业。2003年11月，国家中医药管理局发布了《关于进一步加强中西医结合工作的指导意见》。

中西医结合工作的指导思想是：认真贯彻党的中西医结合方针政策，积极利用现代科学技术，充分吸收中医、西医两种医学特长，发掘、整理、研究、阐释中医药学的经验和理论精华，以提高临床疗效和学术水平为核心，以基地建设为基础，以人才培养为重点，以研究中西医结合点为主线，积极探索，开拓创新，促进中西医结合不断发展，更好地为人类健康服务。

（三）中西医结合工作的主要任务

中西医结合工作的主要任务是：积极吸收和利用中医药及现代医学的理论、技术和方法，通过多学科交叉、渗透与融合，深入探索中西医的结合点；广泛开展中西医结合临床研究，特别是针对目前严重危害人类健康的重大疾病和疑难疾病，提出中西医结合防治的新理论、新方案和新方法；加强中西医结合基础研究，揭示中西医结合防病治病原理，促进中西医结合学术创新；培养和造就一支适应社会和学科发展需要的高素质中西医结合人才队伍；建设一批特色突出、优势显著、设施配套、功能齐全、管理科学的中西医结合医疗、科研基地；建立和完善具有中西医结合特点的诊断标准、治疗方案和疗效评价体系等技术标准规范，加快信息技术在中西医结合领域的广泛应用，整体提高中西医结合学术水平和防病治病能力。

（四）中西医结合医疗机构及科研机构建设

各地在制定区域卫生规划和调整卫生资源过程中，应进一步明确中西医结合医疗机构的功能定位。省级中西医结合医院应当成为区域性医疗中心之一。加强综合医院中西医结合科、中西医结合专科医院建设，重视和加强中西医结合专科建设。鼓励和支持符合条件的综合医院或专科医院向中西医结合医院方向发展。鼓励和支持中西医结合医疗机构之间，以及与其他医疗机构之间的合作和联合，实现优势互补和资源共享，发挥规模效益。

中西医结合医疗机构、科室，要以系统掌握中医、西医两种医学知识与技能的中西医结合人员为主体，设置及装备条件要逐步达到国家规定的要求。有条件的中西医结合医院应设立研究机构，加强临床研究。国家中医药管理局确定的全国重点中西医结合医院建设单位，要认真做好建设工作，完成建设任务，充分发挥示范带动作用，推动中西医结合医院整体水平的提高。政府举办的中西医结合医院特别是二级以上中西医结合医院，要在农村、社区卫生服务中充分发挥人员培训、技术指导和双向转诊的作用，以满足不同层次的医疗保健需求。

（五）加强中西医结合人才培养

**1. 加强中西医结合继续教育**

中医和中西医结合医疗机构、高等医学院校，应承担高层次中西医结合人才的培养培训任务，培养不同层次的中西医人才。在医学院中摆正中西医结合在医学教育中的位置，西医院校应安排一定的时间进行中医药学课程的讲授与实习，积极举办国家级中西医结合继续教育项目。不断完善中西医结合执业医师考试、专业技术职务任职资格考试的内容和标准，鼓励和吸引更多有志于中西医结合事业的人员充实到中西医结合队伍中去。

医疗机构的中西医医生比例达到国家规定的标准。合理使用中西医结合人员，做到合理安排，妥善使用。要妥善解决中西医结合医务人员的职称待遇，保持队伍的相对稳定。在中西医结合人才队伍建设中，要培养中西医结合人员坚持实践第一的精神，开拓进取，勇于创新，积极探索中西医结合的最佳途径。中西医结合人员应加强与中医及其他专业技术人员的团结合作，互相尊重，互相学习，促进多学科的相互融合，不断提高中西医结合的学术水平和创新能力。

**2. 加强中西医结合学历教育**

加强与国家有关部门的协调，促进和完善中西医结合学历教育，扩大高层次中西医结合人才培养规模。积极配合国家有关部门，继续办好7年制中医学专业中西医结合方向，争取开办长学制中西医结合专业教育；适当增加中西医结合博士研究生和硕士研究生学位授权点的数量，使中西医结合研究生的招生数量有较大增加，鼓励有条件的高等医学院开办研究生班。

**3. 加强中西医结合学科带头人和学科骨干的培养**

要充分发挥老一辈中西医结合专家的"传、帮、带"作用，促进年轻一代学科带头人脱颖而出。鼓励老中西医结合专家通过师承形式培养学术继承人，加速中西医结合临床人才的成长。各地要培养和造就一支应对突发公共卫生事件的中西医结合医疗救治专业技术队伍，有计划地选拔一批具有较好中医理论和临床基础的中西医结合专业技术人员，开展中西医结合防治突发公共卫生事件的知识培训，提高中西医结合专业技术人员在突发公共卫生事件中的应急反应能力和救治水平，更好地发挥中西医结合应对突发公共卫生事件的重要作用。

（六）大力开展中西药结合工作

遵循和运用现代科学技术先进方法，研究推广使用中草药，筛选验证秘、单、验方，合理保护开发利用药材资源，加速进行剂型改革，创制高效、安全、可靠的新型药物。中西药的结合，从药性、药理到剂型的中西渗透，将产生大量有益于人类健康的新型药品，并有力地促进中医药走向世界的步伐，最终造福于全人类。

（七）开展中西医结合对外交流与合作

多层次、多渠道开展中西医结合对外交流与合作。各级中医药行政管理部门要重视建立国家和地区间的学术交流与技术合作的正常渠道，鼓励各中西医结合医疗、研究机构与国外学术机构建立比较固定的合作关系，加强中西医结合人员交流，促进设立中西医结合对外科技合作项目。通过举办各种类型的国际学术会议，交流科研成果，扩大中西医结合在世界范围内的影响。

## 第三节 中药管理法律规定

我国颁布了《药品管理法》、《中药品种保护条例》、《中医药条例》等法律法规，相关中医药规范化管理的制度也相继出台，如1987年卫生部（现卫生和计划生育委员会）、国家中医药管理局发布了《关于加强中药剂型研制工作的意见》（1989年10月11日）、国家中医药管理局发布了《中药商业质量管理规范（试行）》等。

### 一、中药现代化发展纲要

2002年10月科技部、卫生部（现卫生和计划生育委员会）、国家中医药管理局等部委发布了《中药现代化发展纲要（2002—2010年）》，这是我国第一部中药现代化发展的纲领性文件。《中医药条例》中规定："中药的研制、生产、经营、使用和监督管理依照《中华人民共和国药品管理法》执行。"对加强中医药行业的依法管理，体现了国家对中医药产业的规范化管理与重视。

（一）中药现代化发展的指导思想

中药现代化发展的指导思想是：以科学发展观为指导，继承和发扬中医药学理论，运用科学理论和先进技术，推进中药现代化发展；立足国内市场，积极开拓国际市场；以科技为动力，以企业为主体，以市场为导向，以政策为保障，充分利用中医药资源优势、市场优势和人才优势，构筑国家中药创新体系；通过创新和重大关键技术的突破，逐步实现中药产品结构调整和产业升级，形成具有市场竞争优势的现代中药产业。

## （二）中医药现代化发展的基本原则

### 1. 继承和创新相结合

继承和发扬中医药学特色和优势，充分利用科学理论和先进技术手段，借鉴现代医药和国际植物药的开发经验，努力挖掘中医药学宝库，不断创新，积极开发具有自主知识产权的中药创新产品，全面提高中药的研究开发能力和生产水平。

### 2. 资源可持续利用和产业可持续发展相结合

在充分利用资源的同时，保护资源和环境，保护生物多样性和生态平衡。特别要注意对濒危和紧缺中药材资源的修复和再生，防止流失、退化和灭绝，保障中药资源的可持续利用和中药产业的可持续发展。

### 3. 政府引导和企业推进相结合

政府通过制订国家战略目标、创造良好发展环境，引导中药现代化发展的方向；企业根据市场的需求和发展，围绕国家战略目标，不断创新。

### 4. 总体布局与区域发展相结合

充分考虑总体布局，同时根据各地区实际情况，发挥区域优势，促进区域经济发展；配合西部大开发战略的实施，通过中药现代化的发展，促进改善西部的生态环境，发展生态经济，提高西部地区的综合经济实力。

### 5. 传统中医药与中医药现代化发展相结合

在推进中医药现代化进程的同时，高度重视中医药现代化的发展，实现相互促进，协同发展。加强传统中医药理论的基础研究，建立能够体现中医药优势和特点的疗效评价体系。

## （三）中药现代化发展的战略目标

坚持"继承创新、跨越发展"的方针，依靠科技进步和技术创新，构筑国家现代中药创新体系；制定和完善现代中药标准和规范，开发一批疗效确切的中药创新产品，突破一批中药研究开发和产业关键技术，形成具有市场竞争优势的现代中药产业，保持我国中医药科技的优势地位，实现传统中药产业向现代中药产业的跨越，为国民经济和社会发展及人类健康作出贡献。

# 二、中药现代化发展的重点任务

## （一）创新平台建设

充分吸纳各方面力量，建立和完善现代中药研究开发平台。开展中药筛选、药效评价、安全评价、临床评价、不良反应监测及中药材、中药饮片（包括配方颗粒）、中成药的生产技术、工艺和质量控制研究。加强中药国家重点实验室、中药国家工程和技术研究中心建设；发挥优势，突出特色，整体布局，建立种植、研究开发、生产有机配合、协调发展的中药产业基地，促进中药现代化的全面发展。加强中药研究开发支撑条件平台建设，改善中药研究开发实验条件，提高仪器设备装备水平和实验动物标准，加强信息共享平台建设。

## （二）标准化建设

加强中药材规范化种植和中药饮片炮制规范研究，建立中药材和中药饮片的质量标准及有害物质限量标准。加强常用中药化学对照品研究，建立国家中药标准物质库。加强符合中药特点的科学、量化的中药质量控制技术研究。大力推行和实施中药材生产质量管理规范、药品生产质量管理规范、药品非临床研究质量管理规范、药品临床试验管理规范和药品经营质量管理规范,规范中药研究、开发、生产和流通过程,不断提高中药行业的标准化水平。

（三）基础理论研究

1. 加强多学科交叉配合,深入进行中药药效物质基础、作用机理、方剂配伍规律等研究,积极开展中药基因组学、蛋白组学等研究。

2. 重视中医药基础理论的研究与创新,特别是与中药现代化发展密切相关的理论研究,如证候理论、组方理论、药性理论,探索其科学内涵,为中药现代化提供发展源泉。

（四）中药产品创新

1. 选择经过长期中医临床应用证明疗效确切、用药安全、具有特色的验方,开发中药现代制剂产品。

2. 改进中药传统制剂,提高质量控制水平,发展疗效确切、质量可控、使用安全的中药新产品,全面提升中药产品质量。

3. 根据国际市场需求,按照有关国家药品注册要求,进行针对性新药研究开发,实现在发达国家进行药品注册,促进我国中药进入发达国家药品主流市场。

（五）优势产业培育

1. 加强中药提取、分离、纯化等关键生产技术的研究和先进适用技术的推广应用,提高企业的核心竞争力,加速现代中药产品产业化进程,促进中药大品种、大市场、大企业的发展。

2. 加强中药知识产权保护,开发专利产品,注册专用商标,实施品牌战略;逐步改变以药材和粗加工产品出口为主的局面,扩大中成药出口比例,促进产业结构升级,拓展中药国际市场。

3. 推进市场机制下的企业兼并重组,逐步形成一批产品新颖、技术先进、装备精良、管理有素、具有开拓精神的中药核心企业和数个中药跨国企业,使企业成为中药现代化的实施主体。

（六）中药资源保护和可持续利用

《中医药条例》第29条规定:"国家保护野生中药材资源,扶持濒危动植物中药材人工代用品的研究和开发利用。县级以上地方人民政府应当加强中药材的合理开发和利用,鼓励建立中药材种植、培育基地,促进短缺中药材的开发、生产。"根据该条例规定,开展中药资源保护和可持续利用工作,应包括以下内容:

1. 开展中药资源普查,建立野生资源濒危预警机制;保护中药种质和遗传资源,加强优选优育和中药种源研究,防止品种退化,解决品种源头混乱的问题。

2. 建立中药数据库和种质资源库,收集中药品种、产地、药效等相关数据,保存中药材种质资源。

3. 加强中药材野生变家种家养研究,加强中药材栽培技术研究,实现中药材规范化种植和产业化生产;加强植保技术研究,发展绿色药材。

4. 加强中药材新品种培育,开展珍稀濒危中药资源的替代品研究,确保中药可持续发展。

### 三、推进中药现代化的主要措施

我国为了发展中医药事业,推进中药现代化,在有关立法中提出了推进中药现代化的措施：
1. 加强中药现代化发展的整体规划，建立高效、协调的管理机制。
2. 建立多渠道的中药现代化投入体系。
3. 加大对中药产业的政策支持：国家将中药产业作为重大战略产业加以发展；国家支持中药企业积极开拓国际市场，参与国际竞争；推进中药材产业化经营；各地对发展中药种植（养殖）应给予各项农业优惠政策支持；中药资源保护、可持续利用和综合开发要纳入国家扶贫、西部开发等计划予以支持；制定有利于中药现代化发展的价格和税收政策；完善中药注册审评办法。
4. 加强对中药资源及中药知识产权保护管理力度。
5. 加速中药现代化人才培养。
6. 进一步扩大中药的国际交流与合作。
7. 充分发挥中药行业协会的作用。

## 第四节 中医药教育和科研的法律规定

### 一、中医药教育、科研机构的建立

《中医药条例》规定：国家采取措施发展中医药教育事业。各类中医药教育机构应当加强中医药基础理论教学，重视中医药基础理论和中医药临床实践相结合，推进素质教育。根据社会需求和中医药事业发展的需要，逐步形成规模适度、专业结构合理的中医药教育体系。目前我国不仅有以高、中等中医药院校教育为主的普通专业教育，还开展了师承教育、住院医师规范化培养、各种类型中医药专门人才培养等多种形式的继续教育、岗位培训以及技能培养为主的中医药职业教育。

2009年4月颁行的《国务院关于扶持和促进中医药事业发展的若干意见》指出，应根据经济社会的发展和中医药事业的需要，规划发展中医药院校教育。调整中医药高等教育结构和规模，坚持以中医药专业为主体，按照中医药人才成长规律施教，强化中医药基础理论教学和基本实践技能培养。选择部分高等中医药院校进行中医临床类本科生招生与培养改革试点。加强中医药职业教育，加快技能型人才培养。国家支持建设一批中医药重点学科、专业和课程，重点建设一批中医临床教学基地。

中医药科研管理体制改革应打破地区、行业界限，形成以市场和社会需求为导向、多学科参与中医药科学研究的新局面。《中医药条例》规定，国家发展中医药科学技术，将其纳入科学技术发展规划，加强中医药科研机构建设。县级以上地方人民政府应当充分利用中医药资源，重视中医药科学研究和技术开发，采取措施开发、推广、应用中医药技术成果，促进中医药科学技术发展。中医药科学研究应当建立符合中医药特点的科技创新体系、评价体系和管理体制，改革和创新项目组织管理模式，整合中医药科技资源。推进中医药科研基地特别是国家和省级中医临床研究基地建设。支持中医药科技创新，开展中医药基础理论、诊疗技术、疗效评价等系统研究，推动中药新药和中医诊疗仪器、设备的研制开发，加强重大疾病的联合攻关和常见病、多发病、慢性病的中医药防治研究。推行中医药科研课题立项、科技成果评审同行评议制度。

## 二、中医药学术经验和技术专长的继承

国家鼓励开展中医药专家学术经验和技术专长继承工作，培养高层次的中医临床人才和中药技术人才。

《中医药条例》规定，承担中医药专家学术经验和技术专长继承工作的指导老师应当具备下列条件：（1）具有较高学术水平和丰富的实践经验、技术专长及良好的职业道德。（2）从事中医药专业工作30年以上并担任高级专业技术职务10年以上。

中医药专家学术经验和技术专长继承工作的继承人应当具备下列条件：（1）具有大学本科以上学历和良好的职业道德。（2）受聘于医疗卫生机构或者医学教育、科研机构从事中医药工作，并担任中级以上专业技术职务。

国家要求开展中医药古籍普查登记，建立综合信息数据库和珍贵古籍名录，加强整理、出版、研究和利用。整理历代医家医案，研究其学术思想、技术方法和诊疗经验，总结中医药学重大学术创新规律。依托现有中医药机构设立一批当代名老中医药专家学术研究室，系统研究其学术思想、临床经验和技术专长。整理研究传统中药制药技术和经验，形成技术规范。挖掘整理民间医药知识和技术，加以总结和利用。

## 三、中医药对外合作交流管理

中医药国际化目标是要使中医药理论和实践得到国际社会的公认，使中医药服务和产品逐步进入国际医药和保健的主流市场，中医独特的医疗保健康复模式及其价值逐渐被国际社会所理解和接受。《中医药条例》第24条规定："国家支持中医药的对外交流与合作，推进中医药的国际传播。"因此，国家支持、鼓励参与相关国际组织开展的传统医药活动，进一步开展与外国政府间的中医药交流合作，扶持有条件的中医药企业、医疗机构、科研院所和高等院校开展对外交流合作。完善相关政策，积极拓展中医药服务贸易。在我国对外援助、政府合作项目中增加中医药项目。

加强中医药知识和文化对外宣传，促进国际传播。《中医药条例》规定："重大中医药科研成果的推广、转让、对外交流，中外合作研究中医药技术，应当经省级以上人民政府负责中医药管理的部门批准，防止重大中医药资源流失。""属于国家科学技术秘密的中医药科研成果，确需转让、对外交流的，应当符合有关保守国家秘密的法律、行政法规和部门规章的规定。"

## 四、中医药发展的保障措施

（一）具体保障措施的规定

**1. 国家支持、鼓励各种方式发展中医药事业**

目前，我国中医药发展面临许多新情况、新问题，如中医药特色优势逐渐淡化，服务领域趋于萎缩；老中医药专家很多学术思想和经验得不到传承；一些特色诊疗技术、方法濒临失传；中医药理论和技术方法创新不足；中医中药发展不协调，野生中药资源破坏严重；中医药发展基础条件差，人才匮乏。

各地区、各有关部门要充分认识扶持和促进中医药事业发展的重要性和紧迫性，采取有

效措施,全面加强中医药工作,促进中医药事业持续健康发展。支持、鼓励发展中医药事业,应坚持中西医并重,把中医药与西医药摆在同等重要的位置,坚持中医与西医相互取长补短、发挥各自优势,促进中西医结合;继承与创新相结合,既要保持特色优势,又要利用现代技术;坚持统筹兼顾,推进中医药医疗、保健、科研、教育、产业、文化全面发展;坚持发挥政府扶持作用,动员各方面力量共同促进中医药事业发展。

### 2. 加强对中医药文献的整理、研究与保护工作

对中医药理论进行系统整理和现代诠释,研究挖掘中医药科学文献和古典医籍,构建中医药知识库,系统继承中医药的宝贵知识和经验,是中医药发展创新的源泉和基础。《中医药条例》第 28 条规定:"县级以上各级人民政府应当采取措施加强对中医药文献的收集、整理、研究和保护工作;有关单位和中医医疗机构应当加强重要中医药文献资料的管理、保护和利用。捐献对中医药科学技术发展有重大意义的中医诊疗方法和中医药文献、秘方、验方的,参照《国家科学技术奖励条例》的规定给予奖励。"

### 3. 加强中医药法制建设和知识产权保护

积极推进中医药立法进程,完善法律法规。加强中医药知识产权保护和利用,完善中医药专利审查标准和中药品种保护制度,研究制订中医药传统知识保护名录,逐步建立中医药传统知识专门保护制度。加强中药道地药材原产地保护工作,将道地药材优势转化为知识产权优势。

各级政府加强对中医药工作的组织领导,加大对中医药事业的投入,国家医疗保障政策和基本药物政策鼓励中医药服务的提供和使用,加强中医药行业的管理等都是中医药发展的具体保障措施。

## (二) 中医药资源的管理

国家保护野生中药材资源,扶持濒危动植物中药材人工代用品的研究和开发利用。县级以上地方人民政府应当加强中药材的合理开发和利用,鼓励建立中药材种植、培育基地,促进短缺中药材的开发、生产。国家将进一步加强对中药资源的保护、研究开发和合理利用。开展全国中药资源普查,加强中药资源监测和信息网络建设。保护药用野生动植物资源,加快种质资源库建设,在药用野生动植物资源集中分布区建设保护区,建立一批繁育基地,加强珍稀濒危品种保护、繁育和替代品研究,促进资源恢复与增长。结合农业结构调整,建设地道药材良种繁育体系和中药材种植规范化、规模化生产基地,开展技术培训和示范推广。合理调控、依法监管中药原材料出口。

## 五、中医药科学研究的原则与任务

### (一) 中医药科学研究的指导思想与选题原则

中医药科学研究工作的指导思想是:坚持辩证唯物主义,本着科技工作"要面向经济建设"的原则,从振兴中医事业,发展中医学术出发,面向防治疾病,为提高人民群众健康水平服务;以应用研究为主,加强基础研究,重视开发研究,正确处理继承与发扬、理论与实践、当前与长远的关系;贯彻"双百"方针,发扬学术民主,以利于促进中医科技的发展。

中医药科研选题的原则是：既着眼于解决医疗实践中的问题，又要注意到中医药学科发展的需要，力求选择有较大社会效益和经济效益的课题；要遵循中医药理论体系，发扬中医药优势和特色；选题新颖，目标明确，思路清晰，具有实用性、科学性、先进性和可行性；以临床为基础，从临床研究入手，在取得疗效、掌握一定规律的基础上开展试验理论研究。

（二）中医药科研的任务

中医机构的科研工作要采取传统的和现代的科学知识、方法和手段，以临床研究为主要任务，着重解决常见病、多发病和疑难急重症，发挥预防和护理等方面的特长，在提高中医药疗效上狠下工夫；同时加强开展中医理论和文献的研究，不断探索疗效机理，逐步阐明中医理论的本质；开展中药质量与剂型的研究。具体包括：

1. 结合临床实践，以治疗疑、难、急、重症为重点展开研究，提高医疗效果。

2. 承担国家防病治病的重点项目，对恶性肿瘤、肝炎、心脑血管病、老年疾病等，组织优势力量，协同攻关。

3. 中医理论的研究。对中医症和病进行研究，特别对中医学术发展有重大影响的脏腑本质、各种肺腑虚实证临床规律等理论课题的研究，使中医"证"和"病"逐步规范化、科学化、客观化。还要抓紧针灸针麻原理、经络、脾、肾本质和阴阳学说的研究。

4. 中医古籍的整理研究。根据卫生和计划生育委员会规划，把《素问》、《灵枢经》、《难经》、《针灸甲乙经》、《伤寒论》、《金匮要略》等12种古籍的整理研究，列为重点科研项目，要继续加强整理研究工作。

5. 著名老中医学术经验的继承研究工作。继承老中医学术经验，是一件刻不容缓的事，是抢救我国中医药学术、发展中医药事业的一项特殊政策，也是培养新一代中医药专家的重要途径。老中医在临床中积累的经验，实践性很强，只有在长期实践中才能学到，要给他们配备助手，紧紧抓住继承临床经验这个重要环节，重点进行实验研究观察，同时整理出版老中医医案医话。

6. 发掘整理和推广民间的秘、单、验方。散在民间的秘、单、验方是祖国医学宝库的组成部分，为使其充分发挥医疗保健作用，并免于失传，必须组织人力进行收集、整理和研究。对筛选出的方剂、疗法，要组织临床验证；对疗效卓著的，经过正式鉴定后可推广应用，并进一步组织力量对其作用机理进行探讨研究。

7. 中药剂型改革的研究。对经过长期临床验证、行之有效的传统中药剂型要采取有力措施继承发掘，并发展提高，要积极利用现代科学技术和手段，加强新剂型的开发研制，要向体积小、副作用小、使用量小、高效速效长效、生产方便、携带方便、贮存方便、使用方便的方向发展。要把急症用药作为工作重点，为临床提供多剂型、多品种、多途径、多系列的有效药物。

（三）中医药科研成果的评定

在各级医学科学委员会的统一领导下，组织由中医专家组成的科学技术委员会，下设若干专题委员会，负责中医药科研成果的评定工作。

中医药科研成果的评定，要坚持以下原则：以中医专家为主，根据所涉及的学科面，适当邀请有关专家参加；根据中医药临床、理论、古籍研究等不同成果的特点，分别拟定出不同评定标准；对每一项中医药科研成果，都应以其实践性、科学性、先进性予以评价。

## 第五节 民族医药的继承和发展

民族医药是中华民族优秀文化的瑰宝之一,新中国成立以来,民族医药事业得到了较大的发展。为了进一步促进民族医药事业的发展,1997年11月在北京成立了中国民族医药学会。为深入贯彻党的十七大精神,落实十七大报告中关于坚持中西医并重,扶持中医药和民族医药事业发展的重要论述,切实加强民族医药事业的发展,2007年12月25日,国家中医药管理局、国家民族事务委员会、卫生部等发布了《关于切实加强民族医药事业发展的指导意见》,对民族医药工作提出了新的要求。

**一、我国的民族医药学**

民族医药是我国传统医药的重要组成部分,包括藏族、蒙古族、回族、维吾尔族、傣族、苗族、彝族、壮族、朝鲜族等少数民族医学。

(一)藏族医学

藏族医学(Traditional Tibetan Medicine)是以藏族为主的少数民族在漫长的医疗实践中创造发展起来的传统医学,简称藏医学或藏医。在青藏高原,动植物品种较为稀少,药物多取自高山氧气稀薄环境中生长的耐寒动植物。早期藏医还吸收其邻近地区及古国的先进医药经验,使藏医学具有多种成分及来源的特点。在西藏,因为佛教思想渗透到社会的各个方面,成为占支配地位的强大精神力量,因此藏医学自奠基时期起就熏染了浓厚的藏传佛教的色彩。藏族医学已有1200多年文字记载的历史,其理论体系主要是"三元素"学说(风、胆、痰)。

藏族医学的著作有:《医学大典》、《无畏的武器》等,可惜都相继失传;《月王药诊》一书,它是现存最早的一部藏医古代文献。公元8世纪末的《四部医典》,成为藏医学史上最有影响的经典著作。

(二)蒙古族医学

蒙古族医学(Traditional Mongolian Medicine)是中国蒙古族的传统医学,简称蒙医。自元代以后,蒙医已积累起丰富的医疗经验,形成了一定的医疗理论,并且设立了太医院、上都惠民司等医疗机构。至明末清初,体系渐趋完整。

蒙医以藏医《四部医典》为基础,蒙古族医学家和药学家结合自己的民族文化和医疗实践,写出一批医药著作,如《饮膳正要》(14世纪初叶)、《方海》(17世纪)、《蒙药正典》、《蒙医药选编》、《普济杂方》(19世纪),对中国医学做出了贡献。其中《蒙医正典》等古典蒙医巨著,是蒙医最有影响的经典著作,形成了具有自己特点的以"三邪"学说(赫衣、希拉、巴达干)为主要理论体系的蒙医理论。

(三)回族医学

回族医学(Traditional Hui Medicine)是中国传统医学与阿拉伯—伊斯兰医学"东西合璧"的产物。金元之际,回族医药发展到了鼎盛时期,涌现出与回族医药有关的《回回药方》、《海药本草》、《饮膳正要》、《瑞竹堂经验方》等专著。其中《回回药方》是唐中叶西方伊斯兰医药传入中国后中国人编撰的一部伊斯兰医药百科全书,它集阿拉伯医药学与中国传统医学为一体,具有中国回族特色的医药大型综合性医著。从《回回药方》中所载方剂来看，在药物剂型的运用方面，既有中国式的丸、散、膏、汤，又保存有阿拉伯式的芳香挥发药、滴鼻剂、露酒剂、油剂、糖浆剂等。

回族医学在其漫长的发展过程中，形成了一套独特的民间疗法。回族民间偏方验方有个重要的特点，就是药食同疗、寓药于食，这与回人善烹调、喜精作食品有一定关系。

（四）其他民族医学

其他民族医学，也是我国民族医学史的璀璨明珠，如维吾尔族、傣族、苗族、彝族、壮族、朝鲜族等少数民族也积累了不少医药经验。这些传统医药为本民族人民的身体健康和繁衍昌盛做出了重要贡献，也为中华民族传统医药宝库增添了光彩。

其中维吾尔族医学具有悠久的历史，并且早就与内地的中医有广泛的交流，形成了包括四元素（土、水、火、风）、四津（血津、痰津、胆津、黑胆津）及五行（金、木、水、火、土）等内容的理论体系；傣族医学有1000多年的历史，在古老的《贝叶经》上，就有用傣文刻写的医药、方剂、制剂等内容，很有民族特色。

## 二、民族医药的法律地位

民族医药是我国重要的卫生资源、优秀的文化资源、潜在的经济资源和具有原创优势的科技资源。我国《宪法》明确规定，国家发展医疗卫生事业，发展现代医药和我国传统医药。中共中央、国务院《关于卫生改革与发展的决定》进一步明确指出，各民族医药是中华民族传统医药的组成部分，要努力发掘、整理、总结和提高，充分发挥其保护各族人民健康的作用。

《中医药条例》第38条规定，民族医药与中医药的法律地位一样，民族医药的管理参照《中医药条例》执行。民族医药通过立法，可以继承、保护、扶持和促进民族医药事业，这是落实党和国家民族政策的具体体现，对于继承和弘扬优秀的传统民族文化、丰富中华文化内涵，进一步促进和推动社会主义文化大发展大繁荣具有重要的现实意义和深远的历史意义。

## 三、继承和发展民族医药学

1984年和1995年，国家民族委员会、卫生部（现卫生和计划生育委员会）、国家中医药管理局先后两次召开了全国民族医药工作会议。第二次全国民族医药工作会议决定实施"316"工程，即在全国选择30个民族医的医、教、研机构进行重点建设；培养100名民族医药的学科带头人；重点加强60个民族药产供销网点的建设。1997年，国家中医药管理局和国家民委联合下发了《关于进一步加强民族医药工作的意见》。2001年，国家中医药管理局坚持"发掘、整理、总结、提高"的方针和分类指导的原则，以人才培养为重点，科技进步为依靠，开始启动、组织实施全国民族医重点专科（专病）建设项目。

（一）加强对民族医药工作的组织领导

各级中医药、民族医药管理部门要加强组织领导，安排专人负责民族医药工作，在制定实施中医药工作计划和方案时，将民族医药工作纳入其中。各级政府要加大对民族医药的投入，为民族医药事业发展提供必要的物质条件，对涉及政府安排投资的建设性项目按建设程序审批，各地要积极拓展筹资渠道，广泛动员和筹集社会各方面的资金，发展民族医药事业。

（二）推进民族医药服务能力建设

1. 加强民族医疗机构服务能力建设

对民族医疗机构切实加大投入，改善就医条件；在有条件的综合性医院、乡镇卫生院、社区卫生服务中心设立民族医科（室）。鼓励社会力量举办民族医疗机构。鼓励和支持民族医疗机构间、民族医疗机构与其他医疗机构间的合作，实现优势互补、资源共享。

**2. 发挥民族医药在基层卫生工作中的优势与作用**

要加强乡镇卫生院民族医药服务能力建设，通过多种形式加强对村卫生室的民族医药业务管理和指导；在民族地区乡镇卫生院、村卫生室组织推广安全、有效、简便、价廉的民族医药适宜技术；允许乡村民族医药技术人员自种自采自用民族草药；将民族医药服务纳入本地区社区卫生服务发展规划，统一安排、统筹发展。

**3. 加强民族医药服务的监督管理**

要认真贯彻执行《中华人民共和国中医药条例》、《医疗机构管理条例》、《乡村医生从业管理条例》等法律法规，加强民族医疗机构、民族医药从业人员、民族医诊疗技术的准入和民族药使用的管理。

### （三）加强民族医药人才队伍建设

加强民族医药院校教育工作，加强现有民族医药院校的基础设施建设，鼓励和扶持民族地区举办高等民族医药教育，鼓励有条件的高等学校设立民族医药学院、民族医药系，或设立相应的专业、专业方向，鼓励有条件的民族医药院校积极开展民族医药专业研究生教育。高等医学院校开展的医学专业教育应有民族医药内容。

扶持建设藏医、蒙医、回医、维医、傣医等民族医药重点学科建设点，逐步完善民族医药教材，切实加强民族医药继续教育工作。继续做好全国老民族医药专家学术经验继承和优秀民族医药临床人才培养工作，加强农村、社区民族医药人才培养和队伍建设。鼓励在职的中医药、西医药人员积极学习民族医药知识与技能。

### （四）加强民族医药挖掘继承和科研工作

继续做好民族医药文献发掘整理工作，加强民族医学临床应用研究。重点开展民族医药特色诊疗技术、单验方及临床治疗方案整理评价等方面的研究。开展常见病与多发病民族医药临床诊疗指南、临床技术操作规范、疗效评价标准的研究。筛选推广一批民族医药适宜技术，并在部分地区开展基层民族医药适宜技术推广示范地区建设工作，研究探索民族医药适宜技术推广的方式方法。加强民族药物研究与产业化。加强民族医药科研管理和支撑条件建设。

### （五）加强民族医药知识产权保护和药用资源保护利用

知识产权部门要会同中医药部门研究制定民族医药传统知识保护的相关法规和政策。加大宣传力度，增强民族医药知识产权保护与利用的意识，充分利用现有的知识产权制度保护民族医药传统知识。认真做好民族药资源的保护。要建立民族药濒危品种和道地药材养殖种植基地；建立民族药自然保护区，加强家种、家养驯化研究；选好品种，建立规范的民族药材生产基地，保证民族医药医疗的需要；对民族药材和民族成药实行原产地保护和标识保护。

### （六）完善发展民族医药事业的政策措施

推进符合民族医药特点的执业医师、执业药师资格制度建设，增设民族药专业。完善民族医药人员专业技术职务聘任制度。对于长期从事民族医药工作、符合晋升条件的专业技术人员，由地方政府人事行政部门会同业务主管部门按照职称政策有关规定，评聘相应民族医药专业技术职务。

# 第六节 法律责任

## 一、行政责任

1. 负责中医药管理部门的工作人员在中药管理工作中违反《中医药条例》的规定，利用职务上的便利收受他人财物或者获取其他利益，滥用职权，玩忽职守，或者发现违法行为不予查处，造成严重后果，尚不够刑事处罚的，依法给予降级或者撤职的行政处分。

2. 中医医疗机构违反《中医药条例》的规定，有下列情形之一的，由县级以上地方政府负责中医药管理的部门责令限期改正；逾期不改的，责令停业整顿，直至由原审批机关吊销其医疗机构执业许可证，取消其城镇职工基本医疗保险定点医疗机构资格，并对负有责任的主管人员和其他直接责任人员依法给予纪律处分：（1）不符合中医医疗机构设置标准的。（2）获得城镇职工基本医疗保险定点医疗机构资格，未按照规定向参保人员提供基本医疗服务的。

3. 未经批准擅自开办中医医疗机构或者未按照规定通过执业医师或者执业助理医师资格考试取得执业许可，从事中医疗活动的，依照《执业医师法》和《医疗机构管理条例》的有关规定给予处罚。

4. 中医药教育机构违反《中医药条例》的规定，有下列情形之一者，由县级以上地方人民政府负责中医药管理的部门责令限期改正；逾期不改正的，由原审批机关予以撤销：（1）不符合规定的设置标准的。（2）没有建立符合规定标准的临床教学基地的。

5. 违反规定，造成重大中医药资源流失和国家科学技术秘密泄露，情节严重，尚不够刑事处罚的，由县级以上地方人民政府负责中医药管理的部门责令改正，对负有责任的主管人员和其他直接责任人员依法给予纪律处分。

6. 违反规定，损毁或者破坏中医药文献的，由县级以上地方人民政府负责中医药管理的部门责令改正，对负有责任的主管人员和其他直接责任人员依法给予纪律处分。

7. 篡改经批准的中医医疗广告内容的，由原审批部门撤销广告批准文号，1年内不受理该中医医疗机构的广告审批申请。负责中医药管理的部门撤销广告批准文号后，应当自做出行政处理决定之日起5个工作日内通知广告监督管理机关。广告监督管理机关应当自收到负责中医药管理的部门通知之日起15个工作日内，依照《广告法》的有关规定查处。

## 二、刑事责任

负责中医药管理部门的工作人员在中医药管理工作中违反《中医药条例》的规定，利用职务上的便利收受他人财物或者获取其他利益，滥用职权，玩忽职守，或者发现违法行为不予查处，造成严重后果，构成犯罪的，依法追究刑事责任。违反规定，造成重大中医药资源流失和国家科学技术秘密泄露，损毁或者破坏属于国家保护文物的中医药文献，情节严重，构成犯罪的，依法追究刑事责任。

### 思考题

1. 试述中医药法的概念、作用。
2. 阐述中医医院机构及编制、中医医院的管理制度。
3. 简述中药生产、经营管理和品种保护的法律规定。
4. 中医药人员管理制度内容主要包括哪几个方面？
5. 什么是中西医结合，怎样促进中西医结合？
6. 简述违反中医药法规的法律责任。

# 第五章

# 处方管理法律制度

**本章导引**

> 从法律角度看,在司法实践中,处方是具有一定意义的法律文书,关系到患者的痊愈、生存与死亡。处方管理办法对处方书写规则、药品剂量与数量的书写,作了明确的规定,医师处方权的取得、开具处方的条件、开具处方的规则、处方的调剂、开具处方的要求等,是本章的学习重点。处方管理的法律法规对处方的相关事项以法律的形式,给予了严格的规定,建立了监督管理机制,确保医疗机构对处方的严格管理,并对医师使用处方权的法律责任,做了明确的规定,保障了患者的合法权益。

## 第一节 概述

《处方管理办法》(以下简称《办法》)做为我国处方管理的第一部正式法规,具有其重要的历史意义和现实意义。正确理解《办法》的目的和特点,在执行过程中灵活操作,使其落实到位,避免执行流于形式,每个医院针对自己的现况可以采取不同的措施,但目的是相同的:规范处方管理、提高处方质量、促进合理用药、保障医疗安全。

### 一、处方管理办法

据统计,我国目前全国因药物不良反应而住院治疗的病人,每年多达250多万人。各级医院住院病人中,每年约有19.2万人死于药源性疾病,死亡人数是主要传染病死亡人数的10倍以上,且有逐年增长的趋势。在美国,以1994年为例,全年死于药物不良反应的人数为10.6万人,仅次于心脏病、癌症和中风死亡的人数,每年美国因药物不良反应,直接导致的住院费用高达40亿美元。

2004年8月10日卫生部(现卫生和计划生育委员会)和国家中医药管理局颁布了《处方管理办法(试行)》(以下简称《试行办法》)施行后,使我国医疗机构处方管理开始步入法制化轨道。对规范医师处方开具和药师处方调剂行为,加强临床用药管理、促进药物合理使用等都起到了积极作用。但因《试行办法》的法律约束力不足,在一些地方或一些医疗机构执行不力,同时在执行过程中也出现了许多新问题,如麻醉药品和精神药品管理与国务院相关规定脱节,一药多名、医药市场混乱、商业贿赂、不合理用药等现象仍然比较严重,试行办法面临许多新的难题不能解决。虽然卫生和计划生育委员会又制定了一些新规定，但都不能从根本上解决问题。

为规范处方管理，提高处方质量，促进合理用药，保障医疗安全，卫生部委托中国医院协会药事管理委员会，根据《执业医师法》、《药品管理法》、《医疗机构管理条例》、《麻醉药品和精神药品管理条例》等有关法律、法规，组织专家在广泛调查研究的基础上，对试行办法进行修订。2006年11月27日，经卫生部（现卫生和计划生育委员会）会议讨论通过《处方管理办法》，2007年5月1日起正式发布施行。共8章63条，对处方管理的一般规定，处方权的获得，处方的开具、调剂、监督管理、法律责任做出了明确规定。其特点如下：

1. 规范医师开具处方和药师调剂处方的行为，应当遵循安全、有效、经济的原则，这一明确的目的对抵制商业贿赂和医药市场的无序竞争，减少假、劣药对人民群众健康的危害，正确引导临床用药，促进药物合理使用，提高药物治疗水平，充分合理地使用有限的医药、卫生资源起到很大作用，将"规范处方管理，提高处方质量，促进合理用药，保障医疗安全"的目的落到实处。

2. 监督管理和法律责任两章内容强化了法律责任，突出了卫生行政部门的监管职责，保护了患者用药权益，确立了《办法》的法律地位和权威性，明确表达了政府对合理用药及药品管理的意向和决策。

3. 规定处方包括医疗机构病区用药医嘱单，扩大了处方的界定范围，提高了药物使用的安全性、合理性。

4. 明确规定了处方书写的12项规则；处方须开具药品通用名；药师审核"四查十对"的具体内容；麻醉药品、精神药品使用的具体管理办法及监管、法律责任的具体要求。由此大大提高了《办法》的实际操作性。

5. 对药事管理和药学部门工作规范化、程序化的要求，明确了医疗机构药学部门是医疗卫生技术部门之一，强化了医、药、护、技是医疗机构的四大技术支持系统，充分肯定了药学人员在医疗系统的地位和责任。

6. 监督管理的内容强化了医疗机构领导的责任和对医院药学发展的重视。对开展临床药学服务，坚持以人为本的服务理念起了很大的促进作用。

《办法》的实施，使我国医疗机构的处方管理更加法制化、规范化，为促进医院合理用药，保障患者用药安全，缓解群众看病贵起到了重要的作用。

《办法》适用于与处方开具、调剂、保管相关的医疗机构及其人员。处方的监督管理部门为国家卫生和计划生育委员会、县级以上地方卫生行政部门：（1）国家卫生和计划生育委员会负责全国处方开具、调剂、保管相关工作的监督管理。（2）县级以上地方卫生行政部门负责本行政区域内处方开具、调剂、保管相关工作的监督管理。

## 二、处方的概念

处方（Prescription）是指由注册的执业医师和执业助理医师（以下简称医师）在诊疗活动中为患者开具的、由取得药学专业技术职务任职资格的药学专业技术人员（以下简称药师）审核、调配、核对，并作为患者用药凭证的医疗文书。处方还包括医疗机构病区用药医嘱单。

处方是由医生开具和药师调剂而形成，是具有法律性、专业性和经济性的医疗文书。医师处方直接关系到患者的医疗效果，它具有法律、技术和经济多方面的重要意义。医师处方的法律意义在于医师书写处方或药剂人员调配处方如出现差错造成医疗事故时，医师或药剂人员负有法律上的责任。处方的技术意义，在于它写明了药品名称、规格、数量及用量用法等。处方的经济意义在于它是统计调剂工作量、药品消耗数量及经济金额等的原始资料，尤其是贵重药品、麻醉药品和剧毒药品，可作为报销、预算和采购的依据。

《处方管理办法》首次将医疗机构医嘱单定义为处方，扩大了处方管理范围，医嘱单按照处方管理的目的就是要改变医疗机构对医嘱单的书写、审查、核对及发放的"病区领药清单"管理模式。纠正医疗机构及其医师、药师、护师对"医嘱单"传统的认识，认识到同处方一样，医嘱单具有法律、技术、经济意义，是医疗机构药事管理的重要内容。使病区用药医嘱单的管理规范化，增强了病区用药医嘱单的法律效力。

### 三、处方的类型

在医疗、药剂工作的实践中，应用的处方种类繁多，分类的角度和方法也不同，一般来说，处方可根据其性质和药事管理法规分类。

（一）根据处方的性质分类

**1. 法定处方**（Statutory Prescription）

法定处方主要指药典、部颁标准收载的处方。它具有法律的约束力，在制造或医师开写法定制剂时，均需遵照法定处方的规定。

**2. 协定处方**（Agreement Prescription）

协定处方通常是由医院药剂科或某一地区根据经济性医疗需要，与医师协商制定的处方。它适于大量配制与贮备，便于控制药物的品种与质量，提高工作效率，并减少病人等候取药的时间。但协定处方仅适用于最为常用的药剂和通常惯用的剂量。由于病种繁多，药物品种繁多，患者体质不同，因此不应当也不可能将所有药剂都列入协定处方范围。医师可根据患者具体情况，使用协定处方或临时书写处方。

**3. 单方、验方、秘方**

单方、验方、秘方是民间积累的有效经验处方。单方（Single Prescription）一般是比较简单的处方，通常只含一、二味药。验方（Folk Prescription）是民间经验积累的处方，简单有效；秘方（Efficacious Prescription）是秘而不宣的单方或验方。应根据科学方法控制单方、验方和秘方。

**4. 医师处方**（Physicians Srescription）

医师处方是医师对某一病人医疗或预防需要写给药剂科的有关调配和发出药剂的书面文件。

**5. 制剂处方**（Formulation Prescription）

制剂处方主要指药典、部颁标准收载的法定制剂处方以及各种地区性制剂手册和医院制剂室报当地卫生行政部门批准的本单位特有的制剂处方。制剂处方都应当在长期医疗实践中总结提高，使处方组成符合医疗需要。

（二）根据处方的药事管理分类

**1. 西医处方**（Western Medicine Prescription）

一个完整的西医处方可分为下列几个部分：

处方前记：病人姓名，性别，年龄，处方号，医院名称，科别，处方日期。

处方头：凡处方都以 Rp 或 R 起头，是拉丁文 Reipc 的缩写。处方正文包括药品名称、剂型、规格及数量、用药方法，用药方法通常用"sig"（Signa 的缩写，意为给予的标记）作标志，后边是具体应用方法。

处方后记：包括医师签名、配方人员及复核发药人员签字、药价及收费盖章。

### 2. 中医处方（Traditional Chinese Medicine Prescription）

中医处方的内容，大致与西医处方相似。一般有病人姓名、药方、煎制（配制）方法、用法、禁忌及医师签字等。症状及诊断一项统称医案可记载在处方上，但目前一般另行保存。中医处方通常都用中文书写。中医处方调配中需要注意药方中药名的附加术语。药名的附加术语，是指医师为了临床需要，在药物正名前或后加入一个或两个字，以表示医师的用药要求，调剂人需要精通这些术语，才能准确完成处方的调剂要求，达到医师用药的预期疗效。药名附加术语有以下几种情况：

（1）要求产地的：如川贝母、浙贝母、川郁金、广郁金等。川贝母长于滋阴润肺，多用于虚证，浙贝母长于清热，多用于实证，应在配方时注意，勿互相代用。药物的性味随产地的地理环境不同而有不同，故中药讲究"地道药材"。

（2）要求产收季节的：如陈皮、青皮、绵茵陈等。药物质量与采收季节有密切关系，如茵陈有"三月茵陈四月蒿"之说。

（3）要求净选切制的：如净半夏、槟榔片等。净选切制的目的是洁净药物，把药材加工成片、段、块等不同形状的"生片"，以保证药物的纯度，利于有效成分的煎出。

（4）要求炮炙的：不同炮炙品功效不同，如生地为清热凉血药，熟地为补血药；有的可以减少毒性，如制种乌；有的可以提高疗效，有的可以矫味等。因此配方时不可生炙互代。

（5）要求体质、部位、新陈的：如当归头、麻黄根、鲜地黄等，传统认为：当归头补轿而上行、当归尾破血而下行；麻黄根能上汗，麻黄茎能发汗，鲜地黄长于清热生津，不同部位、新陈不同的药材功效亦有不同，配方时也应注意。

中医处方中常见在某种药名的上角或下角，加有的注释语叫"脚注"。常见的脚注有以下两种功能：要求需要特殊煎服方法的，如先煎、后下、色煎、烊化、单煎、冲服、兑服等，配方时这类药品都要单包并注明用法。要求临方炮制的，如判碎、研细、捣汁、拌炒等，以提高药物疗效。

### 3. 麻醉药品处方（Narcotic Drugs Prescription）

（1）麻醉药品范围，是指连续使用后易产生生理依赖性、能成瘾的药品。如医院常用的有阿片类、吗啡类、可卡因类、乙基吗啡类、可待因类以及合成药杜冷丁、芬太尼、美散痛、安侬痛、二氢埃托非等。

（2）麻醉药品只能用于医疗、科研和教学上的正当需要。

（3）麻醉药品使用专用红处方。在处方正文上方应有诊断意见，调配使用麻醉品的每张处方，须由有麻醉药品处方权的医师签字（签名）。处方不得涂改，书写应完整。配方应严格实行核对双方签字。为门（急）诊患者开具的麻醉药品注射剂，每张处方为一次常用量；控缓释制剂，每张处方不得超过7日常用量；其他剂型，每张处方不得超过3日常用量。

（4）为门（急）诊癌症疼痛患者和中、重度慢性疼痛患者开具的麻醉药品、第一类精神药品注射剂，每张处方不得超过3日常用量；控缓释制剂，每张处方不得超过15日常用量；其他剂型，每张处方不得超过7日常用量。

(5) 麻醉药品的管理应有专人负责，专柜加锁。专用帐册，专用处方（红色），专册登记，实行逐方登记统计，实耗实销的办法，每日清点，留存处方，处方保存三年。

### 4. 精神药品处方（Psychotropic Drugs Prescription）

精神药品是指直接作用于中枢神经系统使之兴奋或抑制，连续使用能产生依赖性的药品。一般分为两类：

第一类：有苯丙胺、安眠酮、可可巴比妥、安钠咖、咖啡因、强痛定、复方樟脑酊、利他林等。第二类：有异戊巴比妥及其他巴比妥，有安定及其他安定类，安酚待因、镇疼新等。

在处方用量上，要严格按照《处方管理办法》的规定书写，第一类精神药品注射剂，每张处方为一次常用量；控缓释制剂，每张处方不得超过7日常用量；其他剂型，每张处方不得超过3日常用量。哌醋甲酯用于治疗儿童多动症时，每张处方不得超过15日常用量。第二类精神药品一般每张处方不得超过7日常用量；对于慢性病或某些特殊情况的患者，处方用量可以适当延长，医师应当注明理由。

## 第二节 处方的内容和管理

根据《办法》规定，处方标准由卫生和计划生育委员会统一规定，处方格式由省、自治区、直辖市卫生行政部门统一制定，处方由医疗机构按照规定的标准和格式印制。这一规定体现了处方规定、管理的"三计划"，即卫生部门规定处方标准，省、自治区、直辖市卫生行政部门制定格式，医疗机构使用。

### 一、对处方的相关规定及要求

（一）处方的用纸和颜色

药品处方的用纸，应首先考虑到便于书写、便于认读、便于携带、便于保管。因此，不宜过薄。过薄的处方导致书写文字显示不清、书写过程中容易将处方划破，大小以32开为宜。

为了便于识别处方种类，我国《办法》对药品处方颜色也做了明确规定，五类基本情况用四种不同颜色的处方：

1. 普通处方的印刷用纸为白色，为白色处方，是最为常规的处方颜色。
2. 急诊处方印刷用纸为淡黄色，右上角标注"急诊"。
3. 儿科处方印刷用纸为淡绿色，右上角标注"儿科"。
4. 麻醉药品和第一类精神药品处方印刷用纸为淡红色，右上角标注"麻、精一"。
5. 第二类精神药品处方印刷用纸也为白色，区别于普通处方的白色处方的地方在于这种白色处方的右上角标注"精二"。

（二）书写处方的基本要求

处方书写正确与否，不仅反映了医师的诊疗水平，也体现医师是否具有高度的责任心，医师处方规范化程度，同时也反映了每个医院医师的整体业务素质和管理水平。所以，在书写和调配处方时，都必须严肃认真，以保证患者的用药安全和有效。不同类型的处方有不同的要求，但是在书写处方的要求方面一致，按照2007年颁布的《办法》，处方书写的基本要求为：

1. 患者一般情况、临床诊断填写清晰、完整，并与病历记载相一致。

2. 每张处方限于一名患者的用药。
3. 字迹清楚，不得涂改；如需修改，应当在修改处签名并注明修改日期。

（三）处方的基本内容：

处方作为种特殊文件，具有一定的格式与项目，各医院根据要求都印有自己的处方笺。按照《办法》的规定，处方标准由卫生和计划生育委员会统一规定，处方格式由省、自治区、直辖市卫生行政部门统一制定，处方由医疗机构按照规定的标准和格式印制。标准处方一般包括三部分内容：前记、正文和后记。

**1. 前记**

处方前记是设立在处方正文之上简单记录患者一般资料的栏目，便于医师、药剂师工作之用。现在前记的内容包括医疗机构名称、费别、患者姓名、性别、年龄、门诊或住院病历号、科别或病区和床位号、临床诊断、开具日期等。可添列特殊要求的项目。这些项目的规定有其重要的医疗意义。

姓名：清楚写明病人的姓名，可以避免病人之间的错取或错服药品。

性别：性别对药物的反应，原则上并无差异，但对于某些性激素和作用于性器官的药物，性别反应的差异是不言而喻的。此外，妇女在月经、妊娠、哺乳期等特殊的生理状态，对某些药物的反应也与一般情况不同。还应注意某些药物可能通过胎盘进入胎儿或经乳腺分泌进入乳婴体内，从而有引起畸胎或影响胎儿发育和引起中毒的危险。

年龄：儿童与老年人对药物的反应与成年人不同，故成人应写明实足年龄，婴幼儿应写明实足岁月。儿科处方上，最好在年龄后边有体重一项，这对于按体重计量给药和遇有重姓名或相似的患者时，便于鉴别。

科别：科别应书写清楚、准确，如果处方存在问题时便于同该科医师联系。

处方日期：为避免病情变化，处方原则上在当日有效，故处方上应写明确切的日期。

另外，有的小医疗单位（如医务室等），药品处方上没有医疗单位名称，因药品处方涉及法律责任，故必须注明医疗单位的名称。

麻醉药品和第一类精神药品处方还应当包括患者身份证明编号、代办人姓名、身份证明编号。

**2. 正文**

每张处方均以 Rp 起头，Rp 或 R 这个标示是拉丁文 Recipe 的缩写，有"请取"的意思，（这是古代流传下来的习惯，相传是来自代表火星的符号，有驱灾避邪的意思），分列药品名称、剂型、规格、数量、用法用量。

（1）名称书写要求。药品名称应当使用规范的中文名称书写，没有中文名称的可以使用规范的英文名称书写；医疗机构或者医师、药师不得自行编制药品缩写名称或者使用代号；书写药品名称、剂量、规格、用法、用量要准确规范，药品用法可用规范的中文、英文、拉丁文或者缩写体书写，但不得使用"遵医嘱"、"自用"等含糊不清字句。

药名不能用汉语拼音或化学元素符号（如碳酸氢钠写成 $NaHCO_3$）书写。一些约定俗成的缩写，如"A. P. C"、"A. T. P"等不会导致混淆误解，允许书写。具体哪些药物可用缩写，缩写代表哪些药物由各医疗单位自行决定。

一种药物只有一种盐的可省略盐基书写。而对于可用盐基表示规格的药物或有两种以上盐类而含量不同的药物则不可省略盐基书写，因为省略可致混淆。前者如磷酸伯氨喹啉和磷酸氯喹啉．可写为伯氨喹啉和氯喹啉；后者如枸橼酸哌哔嗪和磷酸哌哔嗪，均不可省略"枸橼酸"、"磷酸"。

同一种药物可能有不同的剂型，不同剂型其用法、用量有所不同。原则上应在处方中注明药物的剂型，用中文开写的处方，剂型写在中文药名后；而用外文书写的处方，剂型则写在外文药名前。如头孢拉定有口服的胶囊、注射用的注射剂等剂型。用中文书写药名时一般可分别书写为头孢拉定胶囊（或先锋霉素Ⅵ胶囊）、头孢拉定注射剂（或先锋霉素Ⅵ注射剂），也可用拉丁文分别书写为 caps, Cephradini 和 inj, Cephradini，而一般不能简写为头孢拉定或 Cephradini，以免混淆。

(2) 药品剂量与数量书写要求

药品剂量与数量用阿拉伯数字书写。剂量应当使用法定剂量单位：重量以克（g）、毫克（mg）、微克（μg）、纳克（ng）为单位；容量以升（L）、毫升（ml）为单位；国际单位（IU）、单位（U）；中药饮片以克（g）为单位。片剂、丸剂、胶囊剂、颗粒剂分别以片、丸、粒、袋为单位；溶液剂以支、瓶为单位；软膏及乳膏剂以支、盒为单位；注射剂以支、瓶为单位，应当注明含量；中药饮片以剂为单位。

除剂量表示外，医师还应熟悉每种药物的常用剂量或剂量范围（毒性药品、麻醉药品、精神药品还应熟悉其剂量）。随着药品和临床血液浓度检测手段的不断提高，发现许多药物有很大的个体差异，除按照一般剂量外，还要注意药物的个体化。临床血液浓度的检测使医师能够针对个体确定更合适的给药方案，以增加疗效，降低毒性反应。

下述药物应熟悉其有效血液浓度范围，尽可能根据血液浓度用药。第一，治疗指数低、安全范围窄、毒副作用强的药物。如地高辛，安全有效的血液浓度为 $0.5 - 1.5 ng/ml$。由于其生物利用度的差异及个体差异较大，有的服用常用剂量可出现毒性反应，而有的还不能控制症状。第二，具有非线性药动学特性、在体内消除速率常数与剂量有依赖关系的药物。如苯妥英钠、保泰松等药物的半衰期随剂量的增大而延长，当剂量增加到一定程度时，剂量稍有增加，即可引起血液浓度的很大变化。对超过药物治疗剂量或有效药物浓度范围的用药，医师应在超剂量药物旁签名，否则药房有权拒绝配药及发药。第三，小儿发育尚未成熟、老年人脏器功能减退，对药物的耐受性较差，用药剂量较成人小；女性对药物的敏感性一般比男性高，用药剂量较小；月经期、妊娠期、哺乳期、更年期对药物的耐受性较差，在妊娠期用药可能影响胎儿的生长、发育，哺乳期药物可通过乳汁分泌，对哺乳儿产生一定的影响；患者的病理情况（尤其是肝、肾功能等）、营养状态、联合用药等也可能影响药物的用量。这些在临床工作中也应特别注意。

(3) 用法的标示

用法的标示是指处方中对患者用药的具体指示。医师写清楚用法标示，患者才能正确使用药物，才能达到应有的药效。用法主要有内服和外用两大类别，药物是否外用，是否有毒，怎样使用，应特别交代（最好同时进行口头交代），因为一张处方可同时开写内服药和外用药，药房也是同时发药，若把外用药当作内服药服用（尤其是中药的洗剂当作内服药的情况有一定代表性）则很容易产生严重的毒副作用或导致药原性疾病。所以医师及药师均有义务向病人解释清楚药物的使用方法。处方中 Singnature 是对病人发出用药指示的意思，通常缩写成为 Sig. 对于外用药还有很多暂无略语表示的可用中文具体写清楚用法，如雾化吸入、喷雾吸入、漱口、坐浴、浸泡等。外用药每次用药剂量可以准确操作的，应写明具体剂量，难以操作或剂量太小影响疗效的，可写"适量"，对多部位用药者可不必一一列明具体部位而简写为"患处"。

(4) 处方正文的其他具体要求

患者年龄应当填写实足年龄，新生儿、婴幼儿写日、月龄，必要时要注明体重。西药和中成药可以分别开具处方，也可以开具一张处方，中药饮片应当单独开具处方。这样比《办法》的规定更为灵活，更方便工作，有助于药师审方和对不合理用药的分析。开具西药、中成药处方，每一种药品应当另起一行，每张处方不得超过5种药品。中药饮片处方的书写，一般应当按照"君、臣、佐、使"的顺序排列；调剂、煎煮的特殊要求注明在药品右上方，并加括号，如布包、先煎、后下等；对饮片的产地、炮制有特殊要求的，应当在药品名称之前写明。

药品用法用量应当按照药品说明书规定的常规用法用量使用，特殊情况需要超剂量使用时，应当注明原因并再次签名。除特殊情况外，应当注明临床诊断。在开具处方后的空白处需要划一斜线以示处方完毕。

3. 后记

医师签名或者加盖专用签章，药品金额以及审核、调配、核对、发药药师签名或者加盖专用签章。处方医师的签名式样和专用签章应当与院内药学部门留样备查的式样相一致，不得任意改动，否则应当重新登记留样备案。

医师必须熟悉处方书写内容和规则，并严格遵守，这样才能保证处方书写的规范，减少和杜绝因书写不符合规定而导致的处方退修、无效、拒付，造成工作效率下降，增加患者困难等。药师必须熟悉处方书写内容和规则，熟悉处方标准的格式，注意有关处方纸张的颜色、特别标记的要求。药师掌握这些审核处方的基础知识和规定，才能保证正确行使检察处方合法性和规范性职责。规范处方书写的目的是为了提高处方质量，减少处方失误，促进合理用药；要求处方清洁、整齐，以体现处方的严肃性和法制性，保证患者合法权益。

## 二、处方点评

### (一) 基本概述

处方点评是近年来在中国医院管理系统中发展起来的用药监管模式，是医院将医生处方用药过程中对临床处方进行综合统计分析，从不同层面和不同角度反映医疗机构处方工作的整体和细分情况，为医疗机构管理层进行决策提供科学的数据支持，以达到合理用药，用药监测、管理的目的。

处方点评的依据是《办法》、《医院处方点评管理规范（试行）》、《药品说明书》、《麻醉药品和精神药品管理条例》、《中华人民共和国药典临床用药须知》、《新编药物学》和《抗菌药物临床应用指导原则》等七个相关法规和规章制度。

处方点评工作是依据相关法规和技术规范，对处方书写的规范性及用药的适宜性等行为进行评价的专业活动。

### (二) 建立点评制度

医疗机构应当建立处方点评制度，填写处方评价表。对处方实施动态监测及超常预警，登记并通报不合理处方，对不合理用药及时予以干预。医院需要定期对院内处方进行评价，了解医师对处方管理办法执行的情况和医师使用药品的正规性、正确性以及必要性和经济性。成立药品使用监管小组,及时发现不合理用药情况并及时予以干预,如发现医师以处方开药谋取利益,取消其处方权。使医院的处方管理有据可循,使得处方的管理更加正规化,阻止不规范处方的出现,提高医院的管理水平,增进医患的沟通、改善医患关系。(见附表08-1)

(三) 医师处方中较常见的问题

1. 中文和拉丁文合写处方,一种药不能同时用两种文字,如 APC、Co 丹参片等。
2. 滥用商品名、音译名,易造成重复或错误。
3. 滥用缩写及代号,如以 PN 代表青霉素、自创缩写未被公认且易混淆。此外,不能以药物分子式当药品开处方,如氯化钾用"KCL"、碳酸氢钠用"$NaHCO_3$",氯化钠用"$NH_4CL$"等。
4. 患者年龄不详或只写"成"字,特别是老人、儿童很难核对剂量,易造成中毒。
5. 意义含糊:如盐酸(《中华人民共和国药典》含 36%~38% HCL);稀盐酸(《中华人民共和国药典》含 9.5%~20.5% HCL),某处方开 2% 稀盐酸溶液 100mL,是要取稀盐酸(含 10% HCL)20mL 加水到 100mL 呢,还是要取 2m 加水到 100 mL 呢?此处方概念含糊不清,容易引起差错。
6. 超剂量或剂量过小。处方时偶尔忽略或由于粗枝大叶、笔下之误写错剂量、如阿托品片 0.3mgx10 写成 0.3g x10,1000 倍之差,患者用了就会有生命危险。
7. 服药方法书写不清或不完全按照用法口授、遵医嘱或按说明书服用等,皆不合要求。
8. 未注明规格含量,如麦迪霉素片 0.1x1 瓶,是要 50 片还是 100 片的一瓶呢?又如匹罗卡品滴眼液 10mL,是要 2%、1% 还是 0.5% 浓度的?这皆不合要求。
9. 青霉素类一定要注明皮试或续用。某些需皮试的药物如破伤风抗毒素针或细胞色素 C 针等皆应注明皮试,否则出现问题医师应负责任。

### 三、处方点评的模式

处方点评主要是将整个合理用药管理根据医院的需要总结了三个管理规定:不规范处方、用药不适宜处方、超常处方三项进行规定。通过六项点评指标达到多层次管理:单张处方的药品的数量、药品使用是否符合适应症、国家基本药物的使用比例、抗菌药物的使用比例、注射剂型的使用比例、不合理用药比例。此系统中院内包括三个层次的点评管理:医生出具处方时的自我复查、药房药剂师的复查评价、院长统计监督,最后卫生局对相关资料监察管理,根据医院处方点评管理规范(试行)多层次管理督促医生合理用药模式。

(一) 传统模式

传统的处方管理模式,大多以实时提醒督促医生合理用药,缺乏完善的多层次回顾式的处方监察管理系统,对于大量的医生处方只能每月随机抽取 100 张或 1‰ 的处方进行点评。人工查阅统计,没有统一标准对不合理用药进行评价,缺乏说服力和权威性,使处方点评的管理实施遇到众多难点。

(二) 现代模式

通过现代化的技术水平,建立起处方点评的自动化模式,不但可以实时对抽样处方点评,还涵盖了医院所有处方点评细节,不仅仅对处方抗菌素、注射剂等用药的情况统计、点评,还增加了安全用药模块。对不合理处方的点评项目包括:联合用药不适宜、重复给药、配伍禁忌、是否会产生药物不良反应（ADR）及潜在的具有临床意义的药物相互作用。

处方管理附表：

**表 05-1 处方评价表**

医疗机构名称：　　　　　　　填表人：　　　　　填表日期：

| 序号 | 处方日期（年月日） | 年龄（岁） | 药品品种 | 抗菌药(0/1) | 注射剂(0/1) | 基本药物品种数 | 药品通用名数 | 处方金额 | 诊断 |
|---|---|---|---|---|---|---|---|---|---|
| 1 | | | | | | | | | |
| 2 | | | | | | | | | |
| 3 | | | | | | | | | |
| 4 | | | | | | | | | |
| 5 | | | | | | | | | |
| 总计 | | | A = | C = | E = | G = | I = | K = | |
| 平均 | | | B = | D = | F = | H = | J = | L = | |
| % | | | | | | | | | |

**注**：有 = 1 无 = 0；结果保留小数点后一位。

A：用药品种总数　　　　　　　　B：平均每张处方用药品种数 = A/30
C：使用抗菌药的处方数　　　　　D：抗菌药使用百分率 = C/30
E：使用注射剂的处方数　　　　　F：注射剂使用百分率 = E/30
G：处方中基本药物品种总数　　　H：基本药物占处方用药的百分率 = G/A
I：处方中使用药品通用名总数　　J：药品通用名占处方用药的百分率 = I/A
K：处方总金额　　　　　　　　　L：平均每张处方金额 = K/30

**表 05-2**

| 序号 | 就诊时间（分钟） | 发药交代时间（秒） | 处方用药品种数 | 实发处方药品数 | 标签标示完整的药品数 | 患者是否了解全部处方药用法(0/1) |
|---|---|---|---|---|---|---|
| 1 | | | | | | |
| 2 | | | | | | |
| 3 | | | | | | |
| 4 | | | | | | |
| 5 | | | | | | |
| 总计 | A = | B = | C = | D = | F = | H = |
| 平均 | | | | E = | G = | I = |
| % | | | | | | |

**注**：是 = 1 否 = 0。

A：患者平均就诊时间　　　　　　B：患者取药时药师平均发药交代时间
C：处方用药品种总数　　　　　　D：按处方实际调配药品数

E：按处方实际调配药品的百分率 = D/C　　F：标签标示完整的药品数
G：药品标示完整的百分率 = F/D　　　　　H：能正确回答全部处方药用法的例数
I：患者了解正确用法的百分率 = H/30

表 05 - 3

| 综合评价指标 | 本机构数 | 本地区平均数 |
| --- | --- | --- |
| 每次就诊平均用药品种数 | | |
| 就诊使用抗菌药的百分率 | % | % |
| 就诊使用注射剂的百分率 | % | % |
| 基本药物占处方用药的百分率 | % | % |
| 通用名药品占处方用药的百分率 | % | % |
| 平均处方金额 | % | % |
| 平均就诊时间 | 分钟 | 分钟 |
| 平均发药交代时间 | 秒 | 秒 |
| 按处方实际调配药品的百分率 | % | % |
| 药品标示完整的百分率 | % | % |
| 患者了解正确用法的百分率 | % | % |
| 有无本机构处方集和基本药物目录 | 有/无 | |

意见：

签名：

处方评价及填表说明：

1. 处方评价表是对医疗机构合理用药、处方管理、费用控制等情况实施的综合评价，可以由医疗机构对本机构药事管理整体情况实施评价，也可以对一名或者多名医师处方情况实施评价。卫生行政部门在对医疗机构实施监督管理过程中，也可以使用处方评价表对医疗机构药事管理情况实施评价。

2. 对本地区医疗机构实施群体评价时，可以在各医疗机构某一时段所有处方中随机抽取 30 例（张）处方进行分析评价；对某个医疗机构或者科室、医师的处方实施评价、比较时，应当随机抽取 100 例（张）处方进行分析评价。各医疗机构和各地卫生行政部门可以根据本机构和本地区实际情况，在处方评价表的基础上适当进行调整。

3. 表 05 - 1 中"药品品种"、"抗菌药（0/1）"、"注射剂（0/1）"、"基本药物品种数""药品通用名数"、"处方金额"均为每张处方的数据，其中，"基本药物品种数"为国家或者本省基本药物目录中的药物品种。

4. 填写表 05 - 2 时，可以从门诊取药患者中随机选取 30 位，由调查人员现场填写。

5. 表 05 - 3 中"本地区平均数"是指本地市或者本省医疗机构各项指标的平均值，计算方法为：随机抽取本地区 10~20 家医院，处方总量不少于 600 例（张）的平均值，即抽取 10 家医院时，每家医院随机抽取不少于 60 例（张）处方，抽取 20 家医院时，每家医院随机抽取不少于 30 例（张）处方。"意见"栏由医疗机构药事管理委员会或者卫生行政部门组织的药学专家，根据各项评价指标对医疗机构药事管理或者医师处方情况提出意见、建议，某项指标严重超常时，应当提出预警信息。

## 第三节 处方的开具与调剂

处方是由注册的执业医师和执业助理医师在诊疗活动中为患者开具的、由取得药学专业技术职务任职资格的药学专业技术人员审核、调配、核对，并作为患者用药凭证，是具有法律性、专业性和经济性的医疗文书。医师处方直接关系到患者的医疗效果，它具有法律、技术和经济多方面的重要意义。

### 一、处方的开具

（一）处方权的获得

根据《处方管理办法》的有关规定，获得处方开具权必须要有一定的资格，符合基本的法规和章程的要求。一般必须达到以下条件：

1. 经注册的执业医师在执业地点取得相应的处方权。经注册的执业助理医师在医疗机构开具的处方，应当经所在执业地点执业医师签名或加盖专用签章后方有效。

2. 经注册的执业助理医师在乡、民族乡、镇、村的医疗机构独立从事一般的执业活动，可以在注册的执业地点取得相应的处方权。

3. 医师应当在注册的医疗机构签名留样或者专用签章备案后，方可开具处方。

4. 医疗机构应当按照有关规定，对本机构执业医师和药师进行麻醉药品和精神药品使用知识和规范化管理的培训。执业医师经考核合格后取得麻醉药品和第一类精神药品的处方权，药师经考核合格后取得麻醉药品和第一类精神药品调剂资格。

5. 医师取得麻醉药品和第一类精神药品处方权后，方可在本机构开具麻醉药品和第一类精神药品处方，但不得为自己开具该类药品处方。药师取得麻醉药品和第一类精神药品调剂资格后，方可在本机构调剂麻醉药品和第一类精神药品。

6. 试用期人员开具处方，应当经所在医疗机构有处方权的执业医师审核并签名或加盖专用签章后方有效。

7. 进修医师由接收进修的医疗机构对其胜任本专业工作的实际情况进行认定后授予相应的处方权。

（二）处方的开具

1. 医师应当根据医疗、预防、保健的需要，按照诊疗规范、药品说明书中的药品适应症、药理作用、用法、用量、禁忌、不良反应和注意事项等开具处方。

开具医疗用毒性药品、放射性药品的处方应当严格遵守有关法律、法规和规章的规定。

诊疗规范包括卫生和计划生育委员会、药品监督管理局制定的有关用药指导原则、用药指南和药品使用或监督的有关规定，如《抗菌药物临床应用指导原则》、《中华人民共和国药典临床用药须知》（2005年版），权威的医药学（协）会编写的用药指南。

药品说明书是经批准的有法律意义的书面文字。因此医师一般应按说明书中的规定等开具处方，但疾病的诊断与治疗是一个复杂的系统工作，医师根据患者的病情，认为确有必要超出说明书适应症或用法用量规定使用的，应当注明原因并再次签名。

开具特殊管理的药品要严格遵守有关法律法规和规章制度开具医疗用毒性药品、放射性药品的处方；按照卫生和计划生育委员会制定的《麻醉药品临床应用指导原则》、《精神药品临床应用指导原则》开具麻醉药品、第一类精神药品处方。

2. 医师开具处方应当使用经药品监督管理部门批准并公布的药品通用名称、新活性化合物的专利药品名称和复方制剂药品名称。医师开具院内制剂处方时应当使用经省级卫生行政部门审核、药品监督管理部门批准的名称。医师可以使用由卫生和计划生育委员会公布的药品习惯名称开具处方。

发达国家都规定要用通用名开具处方,但我国多年来一直没有强制性要求。为配合《办法》实施,卫生和计划生育委员会组织编写了《医疗机构处方常用药品通用名目录》。这里的药品通用名,系指药品制剂通用名称,名称中包括剂型、酸根或盐基。

医疗机构应当根据本机构性质、功能、任务,制定药品处方集。《办法》规定医疗机构应当按照经药品监督管理部门批准并公布的药品通用名称购进药品。同一通用名称药品的品种,注射剂型和口服剂型各不得超过2种,处方组成类同的复方制剂1~2种。因特殊诊疗需要使用其他剂型和剂量规格药品的情况除外。

这样做的目的有助于限制医疗机构购进药品的品种数,改变了过去同一通用名称药品,通过多种商品名称或其他名称重复进入医疗机构,以及通过改变规格、剂型、增减复方制剂处方组成的方式冒充新药、新品种的混乱现象。《办法》的这一规定也有助于调剂工作,减少调剂重复药品的差错率,还可以限制、减少药品购销渠道的不正当行为。

3. 开具和调剂处方的原则。医师开具处方和药师调剂处方应当遵循安全、有效、经济的原则,以患者为中心,合理用药是医师和药师的处方行为规范和准则。

### (三) 处方有效期及用量

**1. 时效及用量**

处方开具当日有效。特殊情况下需延长有效期的,由开具处方的医师注明有效期限,但有效期最长不得超过3天。确定处方的时效性,是为了保证患者用药安全。患者病情是在不断变化的,需要根据病情变化及患者生命指针及时调整用药方案,才能保证治疗安全有效。

处方一般不得超过7日用量;急诊处方一般不得超过3日用量;对于某些慢性病、老年病或特殊情况,处方用量可适当延长,但医师应当注明理由。医疗用毒性药品、放射性药品的处方用量应当严格按照国家有关规定执行。医师应当按照卫生和计划生育委员会制定的麻醉药品和精神药品临床应用指导原则,开具麻醉药品、第一类精神药品处方。

**2. 麻醉药品和第一类精神药品的处方开具要求**

门(急)诊癌症疼痛患者和中、重度慢性疼痛患者需长期使用麻醉药品和第一类精神药品的,首诊医师应当亲自诊查患者,建立相应的病历,要求其签署《知情同意书》。

病历中应当留存下列材料复印件:

(1) 二级以上医院开具的诊断证明。
(2) 患者户籍簿、身份证或者其他相关有效身份证明文件。
(3) 为患者代办人员身份证明文件。

除需长期使用麻醉药品和第一类精神药品的门(急)诊癌症疼痛患者和中、重度慢性疼痛患者外,麻醉药品注射剂仅限于医疗机构内使用。为住院患者开具的麻醉药品和第一类精神药品处方应当逐日开具,每张处方为1日常用量。

对于需要特别加强管制的麻醉药品,盐酸二氢埃托啡处方为一次常用量,仅限于二级以上医院内使用;盐酸哌替啶处方为一次常用量,仅限于医疗机构内使用。医疗机构应当要求长期使用麻醉药品和第一类精神药品的门(急)诊癌症患者和中、重度慢性疼痛患者,每3

个月复诊或者随诊一次。

**3. 开具电子处方的要求**

目前，医疗机构普遍将现代科技手段应用到医疗实践当中，其中在处方的开具和调剂方面，也开始应用计算机开具电子处方，但相应地出现了一些需要规范的问题。按照《办法》规定，医师利用计算机开具、传递普通处方时，应当同时打印出纸质处方，其格式与手写处方一致；打印的纸质处方经签名或者加盖签章后有效。药师核发药品时，应当核对打印的纸质处方，无误后发出药品，并将打印的纸质处方与计算机传递处方同时收存备查。

## 二、处方合理用药的原则

不合理用药是一个世界性的问题，世界卫生组织指出，不合理用药使全球1/3病人死亡。多数文献报道，抗生素费用约占总药费的1/3，但其合理使用率不到50%，随着其品种、数量使用的增加，所致药原性疾病发生率也逐年上升，在50、60、70、80年代，各为15.6%、19.31%、22.48%、50%。我国抗生素致聋哑学童，已从50年代的10%上升为目前的50%~70%。用药种类与不合理用药，药物不良反应的发生率呈正相关。虽然，多数疾病的诊疗在文献和临床实践中有公认的学术标准，但是临床用药仍有较大的随意性。

《办法》中将合理用药，概括为"安全、有效、经济"六个字。

### （一）安全用药原则

安全性是用药的基本前提。用药权衡利弊、风险和效益，以最小的风险获得最大效果。同时还要对患者进行用药教育，使患者了解药品具有两重性，认识治疗有一定的风险。

**1. 药物的两重性**

药物在人体内产生的各种不良反应，可因药物本身的性质、病人身体条件以及用药情况不同而有差异。虽然目前国际上对药物不良反应的监测工作有了很大进步，但由于科学技术水平的限制及新药开发、审批过程的资源限制，很多新上市的药物未经大规模人群的监测及使用，同样具有一定的危险性。

临床医师在处方用药时应谨慎小心，把用药安全摆在第一位。不良反应传统理解包括副作用、毒性作用、依赖性、特异质反应等，排除了按正常剂量合理用法之外。因错误用药、超剂量、误服、不按医嘱用药、滥用药品（包括吸毒）等情况而引起的责任性或刑事性事件。

**2. 处方中应遵循的安全用药原则**

（1）充分考虑病人的生理、病理状况，医生在临床用药中应特别注意个体差异。每个病人虽患同样疾病，但每个人的生理功能及病理状态各有不同，每个人对药物的敏感性亦有所不同，所以临床用药切忌千篇一律，而应各有差异，根据病人的具体情况用药。应特别强调的是病人原有疾病和肝、肾功能状态能改变药物的代谢动力学，用药时常因选药不当、剂量和给药间隔时间未作相应调整而导致药理作用过强，甚至引起严重中毒。如医师不注意询问了解病人的用药史、药物反应史和是否特异体质，就容易引起药物变态反应或其他不良反应。

（2）熟悉所用药物的药理学知识。医师应熟悉药物的药理学、药效学、药动学知识，要不断学习、积累，在实践中不断总结经验。尤其在开具处方时，首要考虑的不仅是某一种药物的适应症，而是这种药物使用后带来的综合（包括好的、坏的）后果，这种后果在当前生理病理情况下患者能否承受，这种选择是否最佳。在权衡利弊作出判断后应尽可能详细地把该药物可能引起的不良反应告诉患者,让患者心中明白。每一种化学药物的使用都会影响身体的生理功能,破坏原有的某些平衡而达到新的平衡,在这过程中患者身体总会有些变化与感觉,把这些不良反应的知识传授给患者,也是医师的一种职责。随着医学科学发展迅速,越来越多的新药物不断进入临床,医师对新药物的知识应加强学习,除阅读有关药物说明书外,应多查问有关药学方面的学术期刊,以尽快了解新上市药物不良反应方面的报道及综述,学习别人合理用药方面的经验。对厂家提供的有关临床验证资料,应以较权威部门或单位的意见为准,抱着实事求是的科学态度去认识、学习。对新应用药物,应多与病人沟通,了解其药理作用及不良反应,与以前同类药物进行比较,总结临床经验,加深对新应用药物的科学理解。

## (二) 有效用药的原则

有效性是用药的首要目标,要针对病症选用适宜药品。受科学水平限制,目前有的药品仅减轻和缓解病情,在用药方面要达到医患可接受用药目标。

### 1. 处方用药的目的

临床医师处方用药追求的目的是有效治疗,也就是用药后患者能达到预期的药理学结果,患者能药到病除。所以医师往往会使用多种药物合用以求达到统一目的。采用联合用药,由于药物相互作用的结果,对病人的治疗可以是有益的,但也可能是有害的。为了做到合理地联合用药以提高药物的疗效,减少不良反应,有必要对药物的相互作用有一个较全面的了解。

### 2. 处方中出现不合理用药产生降效的原因

(1) 合并用药品种过多。(2) 药物配伍情况复杂。(3) 多种注射药混合注射,增加药物接触产生相互作用的机会。(4) 某些医师对药物发生相互作用和注射药产生配伍禁忌的规律,对药物的化学成分,对一药多名和复方制剂内含有的化学成分不熟悉等。(5) 广谱抗生素疗程过长,易产生耐药性导致失效、菌群失调、二重感染等。(6) 用药前未充分考虑禁忌症。

### 3. 处方中应遵循的有效用药原则

(1) 制定治疗方案时应预测治疗方案的疗效,选择最佳药物。很多医师处方时往往只根据过往自己的用药经验或习惯去选药,而选药的习惯基本上每位医师都各不相同,这在中医师中尤其突出。对于同一疾病选择不同治疗药物或同一药物治疗不同疾病的,疗效对比研究工作目前较少开展,比较药物学方面的知识缺乏,这与医师工作条件、病例选择及我国较少进行有关研究有关。随着网络化及广泛协作体系的建立,以证据为基础的循证医学逐渐代替了以个人经验为依托的经验医学,随机、双盲、对照、多中心、大样本的药物前瞻性临床研究,通过国际性跨地区多中心的临床试验,其结论较为客观可信,可作为指导新上市药品有效用药的指标。循证医学目前已逐渐被医学界所重视,亦引起众多临床医师的关注,为推动医学界有效用药提供了科学依据。

(2) 严格控制使用药物的品种,注意同种药物中不同品种的选择。随着医药科学的发展,新药数量激增,在住院或门诊治疗中用药范围广、品种多,合并应用多种药物的情况日益普遍。合并用药的目的应该是提高疗效、扩大治疗范围或减轻不良反应,但临床上药物合用不当的情况并不少见,导致产生不良的相互作用,使药效减弱、毒性增高或出现严重反应,甚至引起死亡。在合并用药时首先要清楚所用药物药理、药效、药动学及病人生理、病理情况，本着宁少勿多，宁缺勿滥的原则，能一种药物解决问题的，决不增加第二种；能不用辅助药物或维生素类的，最好不用。一般常见病每张处方口服药尽量控制在 5 种左右，这样长期要求对合理选择药物非常有好处。

(三) 经济用药的原则

经济性是指以尽可能低的成本，换取尽可能大的治疗效益。合理用药要求患者接受的药物，适合其临床的需要，药物剂量应符合患者的个体化要求，疗程适当，药物最低廉。

**1. 最佳治疗效果和最小经济负担**

近年来，随着世界性的医疗费用中药品费用的飞速增长，庞大的医疗保健费用已成为各国政府和社会的沉重负担，我国是一个发展中国家，卫生经费投入不足，卫生总费用只占国内生产总值（GDP）的4%左右，低于 WHO 建议的发展中国家5%的指标，而社会各阶层又明显感受到卫生费用迅速上涨的压力。卫生费用上涨的原因很多，既有人口老龄化、疾病谱改变、服务收费增加、技术进步等客观原因，也有医疗补偿机制、供方诱导服务、需方浪费等因素。如何利用有限的医药资源，合理而又经济地使用药物，考察一个疾病防治方案或一项医疗卫生政策的社会效益和经济效益，已成为各国政府共同关注的问题，也是每个临床医师和药剂师应该关心的问题。

药物经济学是一门将经济学原理和方法应用于评价临床药物利用过程，并从经济学角度指导临床医师和药剂师制定合理用药原则和处方的应用科学，是经济学原理与方法在药品领域中的具体运用，它还研究药品供方与需方的经济行为，供需双方相互作用下的药品市场定价，以及药品领域的各种干预措施等。药物经济学的核心是使有限的卫生资源发挥最大的社会经济效益。它的主要任务是药物评估，是对不同的药物治疗方案，药物与非药物治疗方案以及不同医疗或社会服务项目所产生的相对经济效益进行比较分析，节约医疗资源。主要的研究目的是从全社会角度和整体人群的利益出发，研究如何合理选择和利用药物，使药物高效、安全又经济地提供医疗保健服务，它为药品资源的优化配置，新药的研制开发，临床规范，合理用药等提供了科学的信息基础和决策依据，也为促进药品合理使用以及控制药品费用合理增长提供了科学的理论依据与可以借鉴的国际经验。运用药物经济学，可以合理地分配有限的医疗经费，使患者在治疗的同时，考虑到药物的疗效、副作用、药品价格等因素，又能得到最佳的治疗效果和最小的经济负担。

**2. 开处方应遵循的经济用药原则**

（1）运用药物经济学的原理确定最佳治疗方案。目前医院中盲目使用高价药、进口药的现象较为普遍，某些药物经过外包装，进行了某些工艺改进，身价往往成几十倍甚至几百倍地增加。很多临床医师由于缺乏临床药理学、药剂学的知识，受到了厂家、医药代表宣传资料的误导，以为某些新推出的药品肯定比原来的老药疗效提高，副作用减少，虽然价格昂贵，依然处方用药。从药物经济学的角度来看，虽然新药可能疗效一样，副作用可能会减少，但疗效/价格比明显降低，对社会资源造成浪费，使病人经济加重负担。这确实是一个令人深思的问题。

（2）坚决拒绝药品回扣，不开大处方、人情处方。随着市场经济的逐步确立，我国药品销售渠道从单一的国有医药公司发展到国有医药公司、股份制公司、私人独资公司和个人代销等多种渠道并存的局面。在激烈的市场竞争环境中，医药公司的销售压力很大，医药代表的利益更与销售业绩挂钩，所以个别医药公司会通过各种手段使自己的药品进入医院，通过给某些医师回扣达到增加销售额的目的。国家目前已出台处方药、非处方药目录及相关配套政策,从长远考虑,实行医、药分离制度,打破现时销售商、医院、医护人员组成的关系链,从根本上铲除滋生回扣的土壤。当医、药分离制度正式实行之后,医院及医师只负责检查、诊断,病人手持处方可在指定范围内的任何药房进行配药。为争取病人,药房也会用价格因素去吸引病人,这样用药服务得以提高,价格得以下降,病人得以受益。目前,作为医师应加强医德医风的教育,坚持社会效益、患者利益第一的原则,全心全意为病人服务,在处方用药时不受金钱至上、见利忘义思想的影响,不开回扣方、大处方、人情方。

(四) 合理用药应遵循的原则

1. 严格掌握适应症、禁忌症,正确选择药物。正确选择药物在治疗过程中起着重要作用,这在抗生素的应用上显得更为重要。要求临床医师在诊断明确的基础上对症下药,要求医师对药物要有全面的了解(不仅限于药品说明书),特别对药物的不良反应及药物的相互作用要全面掌握,才能为合理选药提供有力保障。国内有些单位的调查结果表明,抗生素的合理使用率只有40%左右。主要表现是对一些发热患者,不论何种病因,即或明知是病毒性感染,大多都使用抗生素;外科病例几乎常规地把抗生素用于无菌手术前,甚至于手术前后好几天连续应用,显然是不合理的。类似的预防性应用抗生素目前仍较普遍。无指征地滥用抗生素不只是造成很大的浪费和加重病人负担,而且增加不良反应、细菌耐药性、菌群失调及二重感染的机会。

2. 明确联合用药的目的,能一种药物治愈的疾病决不加用另外的药物。联合用药的目的是增强疗效、降低毒性、延缓耐药性的发生。当今药物的种类越来越多,相互之间的作用也会越来越复杂,很多新药在上市前所作的药物相互作用试验也仅限于传统的一些药物,如不考虑药理、药化、药效及机体本身因素盲目地联合用药,则可能适得其反。所以做到科学用药、合理用药、减少和杜绝药品不良反应的发生、降低药品费用、保障人民安全有效地用药,是医务工作者义不容辞的责任。

3. 充分考虑影响药物作用的各种因素,制定合理的用药方案。影响药物作用的主要因素是药物因素及机体的因素。药物的剂量、剂型、给药时间、给药途径和制剂工艺等均可明显影响药物的作用。

### 三、处方的调剂

药品调剂是药学技术服务的重要组成部分,是医疗机构药学部门重要的第一线工作。药品调剂工作是专业性很强的工作,其工作质量的好坏直接关系到患者的用药安全、有效和费用。

(一) 对处方调剂的要求

1. 取得药学专业技术职务任职资格的人员方可从事处方调剂工作。这里的药学专业技术人员,是指按照卫生和计划生育委员会《卫生技术人员职务试行条例》规定,取得药学专业技术职务任职资格人员,包括主任药师、副主任药师、主管药师、药师、药士。

2. 药师在执业的医疗机构取得处方调剂资格。药师签名或者专用签章式样应当在本机构留样备查。

3. 具有药师以上专业技术职务任职资格的人员负责处方审核、评估、核对、发药以及安全用药指导;药士从事处方调配工作。

4. 药师应当凭医师处方调剂处方药品,非经医师处方不得调剂。

## (二) 处方的审核

1. 药师应当按照操作规程调剂处方药品：认真审核处方，准确调配药品，正确书写药袋或粘贴标签，注明患者姓名和药品名称、用法、用量、包装；向患者交付药品时，按照药品说明书或者处方用法，进行用药交代与指导，包括每种药品的用法、用量、注意事项等。

2. 药师应当认真逐项检查处方前记、正文和后记书写是否清晰、完整，并确认处方的合法性。

3. 药师应当对处方用药适宜性进行审核。审核内容包括：
(1) 规定必须做皮试的药品，处方医师是否注明过敏试验及结果的判定。
(2) 处方用药与临床诊断的相符性。
(3) 剂量、用法的正确性。
(4) 选用剂型与给药途径的合理性。
(5) 是否有重复给药现象。
(6) 是否有潜在临床意义的药物相互作用和配伍禁忌。
(7) 其他用药不适宜情况。

4. 药师经处方审核后，认为存在用药不适宜时，应当告知处方医师，请其确认或者重新开具处方。药师发现严重不合理用药或者用药错误，应当拒绝调剂，及时告知处方医师，并应当记录，按照有关规定报告。

5. 药师调剂处方时必须做到"四查十对"：查处方，对科别、姓名、年龄；查药品，对药名、剂型、规格、数量；查配伍禁忌，对药品性状、用法用量；查用药合理性，对临床诊断。药师在完成处方调剂后，应当在处方上签名或者加盖专用签章。药师应当对麻醉药品和第一类精神药品处方，按年月日逐日编制顺序号。药师对于不规范处方或者不能判定其合法性的处方，不得调剂。

6. 医疗机构应当将本机构基本用药供应目录内同类药品相关信息告知患者，扩大患者的用药知情权。除麻醉药品、精神药品、医疗用毒性药品和儿科处方外，医疗机构不得限制门诊就诊人员持处方到药品零售企业购药。这里对儿科处方外买做了限制，是对儿童这一特殊人群用药增加了安全系数。

## 第四节 监督管理与法律责任

医疗机构要切实担负起处方开具、调剂和保管的管理工作，严格执行《办法》，规范医师、药师对处方开具、调剂的工作，制定处方点评制度，做好处方的点评工作，对处方实施动态监测及超常预警。县级以上地方卫生行政部门应当定期对本行政区域内医疗机构处方管理情况进行监督检查。医疗机构有违反《办法》相关规定的需要承担的法律责任由县级以上卫生行政部门按照《医疗机构管理条例》的相关规定进行处罚。医师和药师有违反《办法》相关规定的必须承担相应的法律责任，由县级以上卫生行政部门按照相关规定予以处罚。

### 一、监督管理

医疗机构对处方的开具、调剂和保管进行管理。这里的医疗机构，是指按照《医疗机构管理条例》批准登记的从事疾病诊断、治疗活动的医院、社区卫生服务中心（站）、妇幼保健院、卫生院、疗养院、门诊部、诊所、卫生室（所）、急救中心（站）、专科疾病防治院（所、站）以及护理院（站）等医疗机构。

（一）医疗机构对处方开具和调剂的管理责任

1. 医疗机构应当加强对本机构处方开具、调剂和保管的管理。

2. 医疗机构应当对出现超常处方3次以上且无正当理由的医师提出警告，限制其处方权；限制处方权后，仍连续2次以上出现超常处方且无正当理由的，取消其处方权。

3. 医师出现下列情形之一的，处方权由其所在医疗机构予以取消：被责令暂停执业；考核不合格离岗培训期间；被注销、吊销执业证书；不按照规定开具处方，造成严重后果的；不按照规定使用药品，造成严重后果的；因开具处方牟取私利。

医师处方权管理的这一规定，详细严格具有较强的可操作性，特别是考虑到了以药谋利的经济问题，体现了与时俱进的原则，对打击医疗领域不正之风，有积极意义。

4. 未取得处方权的人员及被取消处方权的医师不得开具处方。未取得麻醉药品和第一类精神药品处方资格的医师不得开具麻醉药品和第一类精神药品处方。除治疗需要外，医师不得开具麻醉药品、精神药品、医疗用毒性药品和放射性药品处方。未取得药学专业技术职务任职资格的人员不得从事处方调剂工作。

（二）处方保管方面的规定

1. 处方由调剂处方药品的医疗机构妥善保存。普通处方、急诊处方、儿科处方保存期限为1年，医疗用毒性药品、第二类精神药品处方保存期限为2年，麻醉药品和第一类精神药品处方保存期限为3年。处方保存期满后，经医疗机构主要负责人批准、登记备案，方可销毁。

2. 医疗机构应当根据麻醉药品和精神药品处方开具情况，按照麻醉药品和精神药品品种、规格对其消耗量进行专册登记，登记内容包括发药日期、患者姓名、用药数量。专册保存期限为3年。

（三）卫生行政部门对医疗机构关于处方事宜的管理

1. 县级以上地方卫生行政部门应当定期对本行政区域内医疗机构处方管理情况进行监督检查。县级以上卫生行政部门在对医疗机构实施监督管理过程中，发现医师出现《办法》第46条规定情形的，应当责令医疗机构取消医师处方权。

2. 卫生行政部门的工作人员依法对医疗机构处方管理情况进行监督检查时，应当出示证件；被检查的医疗机构应当予以配合，如实反映情况，提供必要的资料，不得拒绝、阻碍和隐瞒。

## 二、法律责任

（一）医疗机构在违反《办法》相关规定需要承担的法律责任

1. 医疗机构有下列情形之一的，由县级以上卫生行政部门按照《医疗机构管理条例》第48条的规定，责令限期改正，并可处以5000元以下的罚款；情节严重的，吊销其《医疗机构执业许可证》：

（1）使用未取得处方权的人员、被取消处方权的医师开具处方的。

（2）使用未取得麻醉药品和第一类精神药品处方资格的医师开具麻醉药品和第一类精神药品处方的。

（3）使用未取得药学专业技术职务任职资格的人员从事处方调剂工作的。

2. 医疗机构未按照规定保管麻醉药品和精神药品处方，或者未依照规定进行专册登记的，按照《麻醉药品和精神药品管理条例》第72条的规定，由设区的市级卫生行政部门责令限期改正，给予警告；逾期不改正的，处5000元以上1万元以下的罚款；情节严重的，吊销其印鉴卡；对直接负责的主管人员和其他直接责任人员，依法给予降级、撤职、开除的处分。

（二）医师和药师违反《办法》相关规定需要承担的法律责任

1. 医师和药师出现下列情形之一的，由县级以上卫生行政部门按照《麻醉药品和精神药品管理条例》第73条的规定予以处罚：

（1）未取得麻醉药品和第一类精神药品处方资格的医师擅自开具麻醉药品和第一类精神药品处方的。

（2）具有麻醉药品和第一类精神药品处方医师未按照规定开具麻醉药品和第一类精神药品处方，或者未按照临床应用指导原则使用麻醉药品和第一类精神药品的。

（3）药师未按照规定调剂麻醉药品、精神药品处方的。

2. 医师出现下列情形之一的，按照《执业医师法》第三十七条的规定，由县级以上卫生行政部门给予警告或者责令暂停六个月以上一年以下执业活动；情节严重的，吊销其执业证书：

（1）未取得处方权或者被取消处方权后开具药品处方的。

（2）未按照本办法规定开具药品处方的。

（3）违反本办法其他规定的。

3. 药师未按照规定调剂处方药品，情节严重的，由县级以上卫生行政部门责令改正、通报批评，给予警告；并由所在医疗机构或者其上级单位给予纪律处分。

4. 县级以上地方卫生行政部门未按照本办法规定履行监管职责的，由上级卫生行政部门责令改正。

《办法》是新中国建国以来第一部关于处方管理的部门法规，它的实施将进一步规范医疗机构的处方管理，提高处方质量，促进合理用药，保障医疗安全。《办法》规定了处方的标准、格式要求、处方开具、调剂、管理的程序和质量规范，赋予卫生行政部门、医疗机构及其医师、药师关于处方的责任。

### 思考题

1. 处方包括哪些内容，其书写有哪些要求？
2. 我国《处方管理办法》对开具处方权利的获得有哪些要求？
3. 我国《处方管理办法》对调剂处方权利的获得有哪些要求？
4. 医疗机构违背《处方管理办法》的哪些相关规定需要承担法律责任？
5. 医师在哪些情况下会被剥夺开具处方的权利？
6. 药师在审核处方时主要审核处方的哪些内容？

# 第六章

# 药品管理法律制度

**本章导引**

本章主要学习我国药品管理法律制度，了解药品的特殊性质，学习《药品管理法》关于药品的生产、销售、研制和使用的相关规定。学习与此相关的药品企业管理、药品监督管理和药品不良反应监测等知识。了解违反《药品管理法》和有关法律法规所承担的行政责任、民事责任和刑事责任。

药品是医生和病人用来防病、治病的主要工具，药品管理是医学法律中的重要内容。药品管理法律规范也是医学法学所要研究的对象。

## 第一节 概述

### 一、药品管理法的概念

药品管理法（Drug Administration Law）是调整药品监督管理，确保药品质量，增进药品疗效，保障用药安全，维护人体健康活动中产生的各种社会关系的法律规范的总称。

药品（Drugs）是指用于预防、诊断和治疗人的疾病，有目地调节人的生理功能并规定有适应症、用法和用量的物质，包括中药材、中药饮片、中成药、化学原料药及其制剂，抗生素、生化药品、放射药品、血清疫苗、血液制品和诊断药品等。它是一种用于防病治病的特殊商品。国家对药品都采取了比其他商品更为严格的监督管理措施。

（一）药品质量的重要性

达到药品质量标准的药品，才能保证疗效。药品可以治疗疾病、预防疾病和康复保健。进入流通渠道的药品，绝不允许有次品或等外品。但由于多数药品又有不同程度的毒副作用，只有管理有序，用之得当，才能治病救人，保护健康。反之，则可能危害人体健康和生命安全。

（二）药品鉴定的科学性

药品质量必须由专门技术人员和专门机构，依据法定的标准，运用合乎要求的仪器设备和科学方法，才能作出鉴定和评价。

## （三）药品使用的专属性

患者只能在医生的指导下甚至还要在医药专业人员的监护下才能合理用药，达到防病治病和保护健康的目的。若滥用药物，就容易造成中毒或产生药源性疾病。

药品受到世界各国政府的高度重视。美国国会于1906年通过并颁布了《食品、药品法》。1938年通过《食品药品和化妆品法》，对药品质量和药品研究、生产、供应的质量保证体系进行强制性认证和强制性监督。日本于1943年颁布了《药事法》等。各国都采取了多种措施，包括通过法律手段对药品质量进行监督管理。

世界卫生组织（WHO）对药品管理也给予极大关注：第一，制定药物政策和药物管理规划；第二，编辑和出版国际药典，主持药品的统一国际命名以避免药品商品名称的混乱；第三，制定生物制品国际标准和控制质量；第四，制定药品生产和质量管理规范和国际贸易药品质量认证体制。

## 二、我国药品管理法律的发展

我国早在封建社会时期，就有对药品质量的规定。唐朝中央政府设有药局，并制定了《唐新修本草》作为国家药典，这也是世界上最早的药典。如《唐律疏议》中记载有："合和御药，误不如本方，及题封误，造畜蛊毒以毒药药人，医违方诈疗病，医和药不如方"等方面的刑律。近代以来，由于西方法律制度的影响以及医学与法学的发展与结合，我国陆续制定了药品管理方面的法规。民国时期，国民政府卫生署内设有药政科。1929年国民政府颁布了《药师暂行条例》、《管理药商规则》，1944年公布了《药师法》等。1947年在上海建立了药品食品检验局，负责药品检验监督工作。中华人民共和国成立以后，为配合禁止鸦片烟毒工作和解决旧中国遗留的伪劣药品充斥市场的情况，1950年11月，经当时政务院批准，卫生部（现卫生和计划生育委员会）颁布了《麻醉药品管理暂行条例》，这是我国药品管理的第一个行政法规。1963年经国务院批准，卫生部（现卫生和计划生育委员会）、化工部、商业部联合颁布了我国药品管理的第一个综合性法规《关于加强药政管理的若干规定（草案）》，对药品的生产、经营、使用和进出口管理起到重要作用。

1984年9月20日，六届全国人大常委会第七次会议通过了《中华人民共和国药品管理法》，这是新中国成立以来我国第一部药品管理法律。它把党和国家有关药品监督的方针政策和原则用国家法律的形式确定下来，将药品质量与安全置于国家和广大群众的严格监督之下，为人民群众用药的合理有效提供了法律保障。随着我国经济的持续发展，社会全面进步，科学技术成果显著，人民生活水平提高，对外开放逐步扩大，从而要求药品管理法律制度能适应这种变化的需要。

2001年2月28日，九届全国人大常委会20次会议审议通过了经过修改的《药品管理法》，并自2001年12月1日起施行。

为了保证《药品管理法》的贯彻实施，国务院发布和批准发布了《药品管理法实施条例》（2002年8月4日）、《麻醉药品管理办法》、《医疗用毒性药品管理办法》、《精神药品管理办法》和《放射性药品管理办法》等行政法规。卫生部（现卫生和计划生育委员会）制定了多个配套规章。国家药品监督管理局成立后相继发布了《新药审批办法》、《新生物制品审批办法》、《新药保护和技术转让的规定》、《仿制药品审批办法》、《药品生产质量管理规范（1998年修订）》、《戒毒药品管理办法》、《药品经营许可证管理办法》、《处方药与非处方药分类管理办法》、《药品流通监督管理办法（暂行）》、《药品注册管理办法》、《药品进口管理办法》、《药品非临床研究质量管理规范》、《药品临床试验质量管理规范》和《药品监督行政处罚程序》等规章。一些省、自治区、直辖市人民政府也相应制定了地方法规，形成了具有中国特色的药品监督管理法律体系。

1998年4月，根据国务院机构改革方案，成立了国家药品监督管理局。2003年组建成立了国家食品药品监督管理局。统一行使对全国的中西药品、医疗器械的执法监督和药品检验职能，负责药品生产、流通、使用的监督和检验，实行执法监督统一、技术监督集中和社会监督属地的全过程监督管理。

### 三、药品管理法的调整对象及指导原则

（一）药品管理法的调整对象

《药品管理法》规定，在中华人民共和国境内从事药品的研制、生产、经营、使用和监督管理的单位或者个人，必须遵守《药品管理法》。

《药品管理法》的调整对象是：（1）一切从事药品的研制、生产、经营、使用和监督管理的单位或者个人，包括有关的科研机构、各类企业、医疗机构及个人。需要指出的是，所谓药品的使用，主要是指医疗机构为临床治疗使用药品的活动，而不包括患者本身的直接用药行为。患者本身直接用药行为不属于《药品管理法》调整范围。（2）对药品的研制、生产、经营、使用活动实施监督管理的政府药品监督管理部门和其他有关部门。

（二）药品管理法的指导原则

《药品管理法》指导药品管理的基本原则是：（1）加强药品监督管理，保证药品质量，保障人体用药安全，维护人民身体健康和用药的合法权益。（2）国家发展现代药和传统药，充分发挥其在预防、医疗和保健中的作用。（3）国家保护野生药材资源，鼓励培育中药材。（4）国家鼓励研究和创制新药，保护公民、法人和其他组织研究、开发新药的合法权益。

## 第二节 药品生产与经营管理法律规定

### 一、药品生产企业管理的法律规定

药品的生产过程会对药品质量产生决定性影响，因此，加强对药品生产企业的管理是保证药品质量的中心环节。为此，《药品管理法》对药品的生产管理作了严格规定。

（一）药品生产许可制度

药品生产许可制度是指国家通过对药品生产企业条件的审核，确定企业是否具有药品生产或继续生产的资格，对符合条件的企业发给《药品生产许可证》，企业凭此证才能在工商行政管理部门办理登记注册，领取营业执照。药品生产许可制度涉及以下内容。

1. 开办药品企业的条件

根据《药品管理法》第8条的规定，开办药品生产企业必须具备以下条件：

（1）具有依法经过资格认定的药品技术人员、工程技术人员及相应的技术工人。

（2）具有与药品生产相适应的厂房、设施和卫生环境。

（3）具有能对所生产药品进行质量管理和质量检验的机构、人员以及必要的仪器设备。

（4）具有保证药品质量的规章制度。

## 2. 开办药品生产企业的审批程序及药品生产资格的认定

国家对药品生产企业的生产条件等进行审核时，必须审查开办药品生产企业是否同时具备以上条件，从而确定企业是否具备药品生产或继续生产的资格。根据《药品管理法》第7条的规定，开办药品生产企业，必须由开办企业或者企业的上级部门向企业所在省、自治区、直辖市人民政府药品监督管理部门申报，经审核批准并发给《药品生产许可证》，凭《药品生产许可证》到工商行政管理部门办理登记注册。无《药品生产许可证》的，不得进行药品生产。除《药品生产许可证》外，企业还须取得某种药品生产批准文号才能进行生产，但中药饮片除外。药品生产许可证有效期为5年，到期重新审查发证。企业破产或关闭，许可证由原发证部门撤销。

### (二) 药品生产质量管理规范认证制度

药品质量包括药品的有效性、安全性、稳定性和性能均一性等方面的要求，是通过一系列相关的技术指标来体现的。药品生产必须按照国务院药品监督管理部门制定的《药品生产管理规范》（GMP）的要求，并经GMP认证，取得认证证书方可进行药品生产或继续生产。

GMP是世界制药企业一致公认的药品生产必须遵循的准则，是制药企业进行质量管理的必备制度。

1. 药品必须按照国家药品标准和国家药品监督管理局制定的生产工艺进行生产，生产记录必须完整准确。药品生产企业改变影响药品质量的生产工艺的，必须报批原批准部门审核批准。

2. 中药饮片的炮制。中药饮片是指在中医理论指导下，根据辨证施治和调剂、制剂的需要，对中药材进行特殊加工炮制后的制成品。中药饮片又是中成药的原料。由于中药饮片的炮制问题情况比较特殊，目前都由国家制定统一的炮制标准。所以，《药品管理法》规定，中药饮片必须按照国家药品标准炮制；国家药品标准没有规定的，必须按照省级人民政府药品监督管理部门制定的炮制管理规范炮制。

3. 生产药品所需的原料及生产药品和调配处方时所用的添加剂和附加剂等辅料必须符合药用要求。

4. 药品生产企业必须对其生产的药品进行质量检验。不符合国家药品标准或者不按照省级药品监督管理部门制定的中药饮片炮制规范炮制的，不得出厂。

### (三) 药品包装、商标和广告管理的法律规定

1. 药品包装的规定。药品包装主要是为了保证药品质量的稳定。《药品管理法》规定，直接接触药品的包装材料和容器，必须符合药用的要求，符合保障人体健康、安全的标准，并由药品监督管理部门在审批药品时一并审批。药品生产企业不得使用未经批准的直接接触药品的包装材料和容器。

药品包装必须适合药品质量的要求，方便储存、运输和医疗使用。发运中药材必须有包装，在每件包装上，必须注明药品的品名、产地、日期、调出单位，并附有质量合格标志。药品包装必须按照规定印有或者贴有标签并附有说明书，标签或者说明书上必须注明药品的通用名称、成分、规格、生产企业、批准文号、产品批号、生产日期、有效期、适应症或者功能主治、用法、用量、禁忌、不良反应和注意事项。麻醉药品、精神药品、医疗用毒性药品、放射药品、外用药品和非处方药的标签，必须印有规定的标志。

2. 药品商标的规定。除中药材、中药饮片外，药品必须使用注册商标，并在药品包装和标签上注明注册商标，否则不得出售。企业新增加药品品种，如超出原核定使用范围，必须重新申请注册商标。办理商标注册的程序及使用注册商标的管理，还必须符合《商标法》的规定。

3. 药品广告的规定。《药品管理法》规定，药品广告和广告内容必须经省级以上药品监督管理部门批准，未经批准不得发布。外国（境外）企业在我国申办药品广告或进口药品广告，必须提供该国家（地区）批准生产该药品的证明文件和有关材料。药品广告的内容必须真实、合法，应以批准的药品说明书为准。药品广告不得含有不科学的表示功效的断言或保证，不得利用国家机关、医药科研单位、学术机构或者专家、学者、医师、患者的名义或者形象作证明。未经省级以上药品监督管理部门批准生产的药品、试生产药品、特殊药品和计划生育药品等，不得发布广告。非药品宣称对疾病有治疗作用的，广告监督管理机关按照《广告法》查处，药品监督管理部门按假药依法查处。

## 二、药品经营企业管理的法律规定

药品经营企业是指经营药品的专营企业或者兼营企业。2004年2月，国家食品药品监督管理局发布《药品经营许可证管理办法》，对开办药品批发和药品零售企业的条件作了具体规定。

### （一）药品经营许可制度

药品经营许可制度是指国家对药品经营企业的药品经营条件进行审核，确定企业是否具有经营药品的资格。对符合条件的企业发给《药品经营企业许可证》，无许可证的企业工商行政管理部门不得发给营业执照。

1. 开办药品批发企业的条件。开办药品批发企业，应符合省、自治区和直辖市药品批发企业合理布局的要求，并符合以下设置标准：（1）具有保证所经营药品质量的规章制度。（2）企业、企业法定代表人或企业负责人、质量管理负责人无《药品管理法》第76条、第83条规定的情形。（3）具有与经营规模相适应的一定数量的执业药师。质量管理负责人具有大学以上学历，且必须是执业药师。（4）具有能够保证药品储存质量要求的、与其经营品种和规模相适应的常温库、阴凉库、冷库。仓库中具有适合药品储存的专用货架和实现药品入库、传送、分拣、上架、出库等现代物流系统的装置和设备。（5）具有独立的计算机管理信息系统，能覆盖企业内药品的购进、储存、销售以及经营和质量控制的全过程，能全面记录企业经营管理及实施《药品经营质量管理规范》方面的信息。符合《药品经营质量管理规范》对药品经营各环节的要求，并具有可以实现接受当地（食品）药品监督部门（机构）监管的条件。（6）具有符合《药品经营质量管理规范》对药品营业场所及辅助、办公以及仓库管理、仓库内药品质量安全保障和进出库、在库储存与养护方面的条件。

2. 开办药品零售企业的条件。开办药品零售企业，应符合当地常住人口数量、地域、交通状况和实际需要的要求，符合群众购药的原则，并符合以下设置规定：（1）具有保证经营药品的规章制度。（2）具有依法经过资格认定的药学技术人员。经营处方药、甲类非处方药的药品零售企业，必须配备执业药师或者其他经过资格认定的药学技术人员，质量负责人应有1年以上（含1年）药品经营质量管理工作经验。经营乙类非处方药的药品零售企业，在农村乡镇以下地区设立药品零售企业的，应当按照《药品管理法实施条例》第15条的规定配备业务人员，有条件的应当配备执业药师。在药品零售企业的营业时间内，以上人员应当在岗。(3) 企业、企业法定代表人、企业负责人、质量负责人，无《药品管理法》第76条、第83条规定的情形。(4) 具有与经营药品相适应的营业场所、设备、仓储设施以及环境卫生。在超市等其他商业企业内设立零售药店的，必须具有独立的区域。(5) 具有能够配备满足当地消费者所需药品的能力，并能保证24小时供应。药品零售企业应备有国家基本药物品种数量由各省、自治区和直辖市（食品）药品监督管理部门结合当地具体情况确定。

《药品管理法》规定，开办药品批发业务的企业，须经企业所在地省级药品监督管理部门审核批准，并发给《药品经营许可证》。开办药品零售业务的企业，须经企业所在地县级以上地方药品监督管理部门批准并发给《药品经营许可证》。凭许可证到工商行政管理部门办理登记注册。无《药品经营许可证》，不得经营药品。药品经营许可证有效期为5年，到期重新审查发证。企业破产或关闭，许可证由原发证部门撤销。

（二）药品经营质量管理规范认证制度

由于药品的特殊性，其经营的质量管理较之一般商品应更为严格。药品经营企业必须按照国务院药品监督管理部门制定的《药品经营质量管理规范》（GSP）经营药品。药品经营企业购进药品，必须建立并执行进货检查验收制度，验明药品合格证明和其他标志，不符合规定要求的，不得购进。购销药品，必须有完整真实的购销记录。

销售药品必须准确无误，并正确说明用法、用量及注意事项，调配处方必须经过核对，对处方所列药品不得更改或者代用。对有配伍禁忌或者超剂量的处方，应拒绝调配。必要时，经处方医生更正或者重新签字，方可调配。销售道地中药材必须表明产地。

药品经营企业必须制定和执行药品保管制度，保证药品质量。药品进库和出库必须执行检查制度。

（三）药品流通管理制度

《药品流通监督管理办法》规定，药品销售人员必须具备高中以上文化水平，接受相应专业知识和医学法规培训，不得兼职进行药品销售活动。销售药品时，必须出示有关证件。城镇个体行医人员和个体诊所不许设置药房，不得从事药品购销活动。乡镇卫生院代乡村个体行医人员和诊所采购药品，不得进行经营性销售，并严禁乡镇卫生院将药品采购委托或承包给个人。

药品生产企业设立的办事机构不得进行药品现货销售活动。未经批准，药品批发企业不得从事药品零售业务，药品零售单位不得从事药品批发业务。除国家批准设立的中药材专业市场外，严禁开办各种形式的药品集贸市场。进口药品国内销售代理商必须在国家药品监督管理局备案并遵守相关法律规定。

### 三、医疗单位制剂管理的法律规定

（一）制剂许可制度

制剂许可制度是指国家通过对医疗单位配制制剂条件的审核，确定其是否具备配制制剂的资格。对符合条件的单位发给《制剂许可证》。制剂许可制度涉及的内容主要有：

1. 配制制剂的条件。医疗单位配制制剂必须具有能够保证制剂质量的设施、检验仪器、药学技术人员和卫生条件。不符合条件者，不得配制。

2. 配制制剂的审批程序和配制制剂资格的规定。医疗单位配制的制剂必须经所在省、自治区、直辖市人民政府药品监督管理部门审核批准，发给《医疗机构制剂许可证》。无许可证的，不得配制制剂。制剂许可证有效期为5年，到期重新审查发证。

（二）配制制剂质量管理规范认证制度

国家药品监督管理局制定并发布了《医疗机构药剂质量管理规范》（GPP），并逐步推行GPP认证制度。《药品管理法》和GPP对医疗机构配制药剂质量管理的主要规定包括：医院制剂必须上报药品监督管理部门备案，并进行注册后方可组织生产。配制制剂必须制定生产操作规程、质量检验和卫生制度，并严格执行。医院除药学部（科）外，不允许其他科室或第三产业配制制剂（放射形制剂由已取得《放射性药品使用许可证》的核医学同位素室配制）。医疗机构配制的制剂，应当是本单位临床需要而市场上没有供应的品种，配制的制剂必须按照规定进行质量检验。配制制剂合格的，凭医师处方在本医疗机构使用。配制制剂只限于本单位临床和科研使用，不得上市销售或变相销售。

### 四、禁止假药、劣药的法律规定

生产和销售假药、劣药会造成危害人们生命和健康的后果，并破坏国家的药品管理秩序。因此，《药品管理法》规定，禁止生产（配制）、销售假药、劣药。

（一）禁止生产（配制）、销售假药

假药是指药品所含成分名称与国家药品标准规定的成分不符合的，以非药品冒充药品或者以其他药品冒充此种药品的。有下列情形之一者按假药论处：（1）国务院药品监督管理部门规定禁止使用的。（2）依法必须批准而未经批准生产、进口，或者依法必须检验而未经检验即销售的。（3）变质的。（4）被污染的。（5）使用依法必须取得批准文号而未取得批准文号的原料药生产的。（6）所标明的适应症或者功能主治超出规定范围的。

（二）禁止生产、制售劣药

劣药是指药品成分的含量不符合国家药品标准的。有下列情形之一的药品，按劣药论处：（1）未标明有效期或者更改有效期的。（2）不注明或者更改生产批号的。（3）超过有效期的。（4）直接接触药品的包装材料和容器未经批准的。（5）私自添加着色剂、防腐剂、香料、调味剂及辅料的。（6）其他不符合药品标准规定的。

## 第三节　药品管理法律制度

### 一、药品标准的法律规定

（一）药品标准

药品标准（Drug Standard）是指国家对药品质量及检验方法所作的技术性规范，由一系列反映药品特征的技术参数和技术指标组成，是药品生产、经营、供应、使用、检验和管理部门必须共同遵循的法定依据。其内容包括：药品名称、成分或处方组成、规格、含量、适应症、用法、用量、储藏、包装、有效期、注意事项、技术要求和检查、检验方法等。

2001年修订后的《药品管理法》已取消省级药品标准的规定，使用统一的国家药品标准。

《国家标准化法》规定，保障人体健康，人身财产安全的标准和法律、行政法规规定强制执行的标准是强制性标准。《药品管理法》明确规定，药品必须符合国家的药品标准。只有符合国家药品标准的药品才是合格的药品,方可销售使用。国务院药品监督管理部门颁布的《中国药典》和药品标准为国家药品标准。国家药品标准还包括其不可分割组成部分的国家药品标准品、对照品,它是作为药品检验对照用的标准物质,是国家药品标准的物质基础,是控制药品质量必不可少的工具。鉴于国家药品标准品、对照品的重要性,《药品管理法》规定,国务院药品监督管理部门的药检机构,即中国药品生物制品鉴定所,负责标定国家药品标准品和对照品。

《药品管理法》规定,列入国家药品标准的药品名称为药品通用名称。已经作为药品通用名称的,该名称不得作为药品商标使用。

(二) 药品注册

药品注册(Drug Registration)是指依照法定程序,对拟上市销售的药品的安全性、有效性、质量可靠性等进行系统评价,并作出是否同意进行药物临床研究、生产药品或者进口药品的审批过程。包括对申请变更药品批准证明文件及其附件中载明内容的审批。药品注册申请包括新药申请、已有国家标准药品的申请和进口药品申请及其补充申请。境内申请人按照新药申请、已有国家标准药品的申请办理,境外申请人按照进口药品申请办理。申请药品注册必须进行临床前研究和临床研究。药品的临床前研究应当执行有关规定,其中安全性评价研究必须执行《药物非临床研究质量管理规范》,药物的临床研究包括临床试验和生物有效性试验。

《药品注册管理办法》规定,国务院药品监督管理部门对下列新药的注册申请可以实行快速审批:(1)新的中药材及其制剂,中药或者天然药物中提取的有效成分及其制剂。(2)未在国内外获准上市的化学原料药及其制剂、生物制品。(3)抗艾滋病病毒及用于诊断、预防艾滋病的新药,治疗恶性肿瘤、罕见病的新药。(4)治疗尚无有效治疗手段的疾病的新药。

## 二、新药、仿制药品、新生物制品管理

(一) 新药

新药(New Drugs)是指我国尚未生产过的药品。已生产的药品改变剂型、改变给药途径、增加适应症或制成新的复方剂,也属于新药的范围。新药按审批管理的要求分为中药、化学药品和生物制品。国家鼓励研究创制新药,保护公民、法人和其他组织研究、开发新药的合法权益。

**1. 新药研制**

研制新药必须按照国家规定如实报送研制方法、质量指标、药理及毒理试验结果等有关资料和样品,经批准后,方可进行临床试验。所谓药物临床试验是指任何在人体(病人或者健康志愿者)进行的药物系统性研究,以证实或揭示试验用药的作用、不良反应及试验用药的吸收、分布、代谢和排泄,目的是确定试验用药的疗效和安全性。为保证药物临床试验过程规范、科学,结果真实可靠,保障受试者的安全和利益,国家药品监督管理局制定了《药物临床试验质量管理规范》(GCP),同时药物临床试验机构的资格必须通过资格认定。完成临床试验并通过审批的新药,经国家药品监督管理局批准,发给新药证书。拥有新药证书的单位在2年内无特殊理由既不生产亦不转让者,国家将终止对该新药的保护。

**2. 新药保护和技术转让**

为了鼓励研究和创制新药,保护科研与生产单位研究、开发、生产新药的积极性,避免

重复研究和生产，维护药品技术市场的秩序和新药技术转让双方的合法权益，促进我国制药工业的发展。国家在《新药保护和技术转让的规定》中，对新药实行分类保护制度，对已获批准新药的技术转让实行审批制度。

新药经国家药品监督管理局批准颁发新药证书后即获得保护。各类新药的保护期分别为：第一类新药 12 年；第二、三类新药 8 年；第四、五类新药 6 年。凡有试产期的新药，其保护期包括试产期。在保护期内的新药，未得到新药证书（正本）拥有者的技术转让，任何单位和个人不得仿制生产，药品监督管理部门也不得受理审批。新药保护期满，新药保护自行终止。新药技术转让是指新药证书（正本）的拥有者，将新药生产技术转于生产企业，接受新药技术转让的企业不得对该新药进行再次技术转让。

**3. 新药生产**

生产新药或者已有国家标准的药品，必须经国家药品监督管理局批准，并发给药品批准文号。生产没有实施批准文号管理的中药材和中药饮片除外。新药试产期满，生产单位应提前 3 个月提出转为正式生产申请。逾期未提出申请，或经审查不符合规定者，国家药品监督管理局取消其试生产批准文号。

（二）仿制药品

仿制药品是指国家已批准正式生产，并收载于国家药品标准，包括《中国生物制品规程》的品种。《仿制药品审批办法》规定，国家鼓励创新和技术进步，控制仿制药品的审批。仿制药品的质量不低于被仿制药品，使用说明书等应与被仿制药品保持一致。试行标准的药品及受国家行政保护的品种不得仿制。对已有国家标准且不在新药保护期内的化学药品，凡工艺进行重大改变的，应按仿制品申报。凡申请仿制药品的经审核后，由国家药品监督管理局对同意仿制的药品编排统一的批准文号。

（三）新生物制品

生物制品是指应用普通的或以基因工程、细胞工程、蛋白质工程、发酵工程等生物技术获得的微生物、细菌及各种动物和人源的组织和液体等生物材料制品，用于人类疾病预防、治疗和诊断的药品。包括疫苗、毒素、类毒素、免疫血清、免疫球蛋白、抗原、变态反应原、细胞因子、激素、酶、发酵产品、单克隆抗体、DNA 重组产品、体外免疫试剂等。

新生物制品是指我国未批准上市的生物制品。已批准上市的生物制品，当改换制备疫苗和生产技术产品的菌毒种、细胞株及其他重大生产工艺对制品的安全性、有效性可能有显著影响时，按新生物制品审批。

《新生物制品审批办法》规定，新生物制品审批实行国家一级审批制度。新生物制品研制过程一般为：实验研究、小量试制、中间试制、试生产等几个阶段。申报新生物制品临床研究，由省级药品监督管理部门对申报材料进行形式审查，并对研制条件和原始资料进行现场核查，提出意见后，报送国家药品监督管理局审批。新生物制品临床试验结束报经国家药品监督管理局审查批准后发给新药证书。申报生产新生物制品的企业，报经国家药品监督管理局审查批准后发给批准文号方能生产。

## 三、进出口药品管理

（一）进口药品管理

进口药品是指由国外进口的原料药、制剂、包括制剂半成品和药用辅料等。《药品管理法》规定:"药品进口,须经国务院药品监督管理部门组织审查,经审查确认符合质量标准、安全有效的,方可批准进口,并发给进口药品注册证书。医疗单位临床急需或者个人自用进口的少量药品,按照国家有关规定办理进口手续。"

国务院药品监督管理部门对下列药品在销售前或者进口时,指定药品检验机构进行检验,检验不合格的,不得销售或者进口:

1. 国务院药品监督管理部门规定的生物制品。
2. 首次在中国销售的药品。
3. 国务院规定的其他药品。国家禁止进口疗效不明确、不良反应大或者其他原因危害人体健康的药品。已被撤销进口药品注册证书的药品,不得进口、销售和使用,已经进口的,由当地药品监督管理部门销毁或者处理。

为了规范药品进口备案、报关和口岸检验工作,保证进口药品的质量,海关总署、国家食品药品监督管理局于2003年8月联合发布了《药品进口管理办法》,对药品进口的备案、口岸检验和监督管理作了规定。

《药品进口管理办法》规定,药品必须经国务院批准的允许进口的口岸进口。进口药品必须取得国家食品药品监督管理局核发的《进口药品注册证》后,方可办理进口备案和口岸检验手续。进口麻醉品、精神药品,还必须取得国家食品药品监督管理局核发的麻醉药品、精神药品《进口准许证》。进口单位持"进口药品通关单"向海关申报,海关凭口岸药品监督管理局出具的"进口药品通知单",办理进口药品的报关验收手续。进口麻醉品、精神药品,海关凭国家食品药品监督管理局核发的麻醉药品、精神药品《进口准许证》办理报关验收手续。

### (二) 出口药品管理

出口药品必须保证质量,不合格的药品不准出口。凡是我国制造销售的药品,在保证质量的前提下,经省级药品监督管理部门审核批准,方可根据国外药商需要出具出口证明。对国内供应不足的中药材、中成药按国家药品监督管理部门批准的品种出口。限制或禁止的品种不得办理出口业务。出口麻醉药品、精神药品等必须持有国家药品监督管理部门发给的《出口许可证》。

## 四、特殊药品管理

《药品管理法》第35条规定:"国家对麻醉药品、精神药品、毒性药品、放射药品,实行特殊管理办法。管理办法由国务院制定。"国务院先后批准发布和颁布了《麻醉药品管理办法》、《精神药品管理办法》、《医疗用毒性药品管理办法》、《放射药品管理办法》和《反兴奋剂条例》等行政法规。分别对上述特殊药品的生产、运输、采购、销售、进口、出口、使用等以及违反规定行为的处罚作了具体的规定。为更好地进行国际合作和加强国内管制,我国还加入了联合国《1961年麻醉药品单一公约》,《1971年精神药物公约》和1988年《联合国禁止非法贩运麻醉药品和精神药品公约》。此外,国家药品监督管理局发布了《戒毒药品管理办法》。

### (一) 麻醉药品的管理

麻醉药品指连续使用后易产生身体依赖性,形成瘾癖的药品,包括:阿片类、可卡因类、大麻类、合成麻醉药类及国家药品监督管理部门指定的其他易成瘾的药品、药用原植物及其制剂。《麻醉药品管理办法》规定:"麻醉药用原植物由国家药品监督管理局会同有关部门指定种植单位种植，指定药品生产企业生产。其他任何单位和个人不得从事麻醉药品的生产活动。麻醉药品供应计划由国家药品监督管理局指定的部门提出，报卫生和计划生育委员会、国家药品监督管理局批准后下达执行。麻醉药品经营单位的设置由省、自治区、直辖市卫生行政部门会同药品监督管理部门提出，报卫生和计划生育委员会、国家药品监督管理局审核批准。麻醉药品的进出口实行许可制度，使用实行"麻醉药品购用印鉴卡"制度。使用麻醉药品的医务人员，即具有麻醉药品处方权的医务人员，必须是具有医师以上职称并经考核能正确使用麻醉药品的人员。"

（二）精神药品的管理

精神药品是指直接作用于中枢神经系统，使之兴奋或抑制，连续使用能产生依赖性的药品。根据其使人体产生的依赖性和危害健康的程度，分为第一类和第二类精神药品。《精神药品管理办法》规定：精神药品的生产经营，由药品监督管理部门指定的单位进行。国家药品监督管理局指定第一类精神药品的生产经营单位，省级药品监督管理部门指定第二类精神药品的生产经营单位，其他任何单位和个人不得从事精神药品的生产经营活动。第一类精神药品只限于供应县级以上卫生行政部门指定的医疗单位使用，医疗单位购买第一类精神药品须持县级以上卫生行政部门核发的"精神药品购用卡"到指定单位购买。第二类精神药品可供各种医疗单位使用，定点医药门市部应当凭盖有医疗单位公章的医生处方零售。进出口精神药品实行许可制度。

（三）毒性药品的管理

毒性药品是指毒性剧烈、治疗剂量与中毒剂量相近，使用不当会致人中毒，甚至死亡的药品。卫生和计划生育委员会对毒性药品确定了39个品种。《医疗用毒性药品管理办法》规定毒性药品由省级药品监督管理部门制定下达生产、收购、供应和配制计划，抄报国家药品监督管理局，且由其指定的单位生产经营。其他任何单位或个人不得从事毒性药品的生产、收购、经营和配方活动。生产毒性药品及其制剂，必须严格生产工艺、操作规程和监督检查机制。医疗单位供应和调配使用，须凭医生正式处方；定点药店供应和调配毒性药品，凭盖有医疗单位公章的医生处方；科研和教学单位所需毒性药品，须持本单位证明，经所在县级以上卫生行政部门批准后购用。

（四）放射性药品管理

放射性药品是指用于临床诊断或者治疗的放射性核素制剂或者其标记药物。它包括裂变制品、堆照制品、加速器制品、放射性同位素发生器及其配套药盒、放射免疫测定盒等。《放射性药品管理办法》规定，国务院药品监督管理部门主管放射性药品的监督管理工作，能源部主管放射性药品生产、经营管理工作。放射性药品生产、经营、使用单位必须持有相应的许可证方能生产、经营或使用。放射性药品的进出口应由国家药品监督管理部门审批，由外经贸部指定单位办理。

## 五、处方药与非处方药管理

《药品管理法》规定："国家对药品实行处方药与非处方药分类管理制度。"处方药（Prescription Drugs）是指必须凭具有处方资格的医师开具的处方才可调配、购买和使用，并须在医务人员指导和监控下使用的药品。非处方药（OTC, Over The Counter）是指由国务院药品监督管理部门公布的，不需要凭执业医师和执业助理医师处方，消费者可以自行判断、购买和使用的药品。

长期以来，我国药品市场一直处于自由买卖状态，除特殊药品外，其他药品几乎均可在药店买到，这对公民的健康埋下了极大隐患。为了对药品实行严格管理，防止消费者因自我使用不当导致药物滥用甚至危害健康，同时引导消费者科学、合理地使用处方药和非处方药达到自我保健的目的，国家药品监督管理局于1999年7月22日发布了《处方药与非处方药分类管理办法》，并按照"应用安全、疗效确切、质量稳定、使用方便"的原则，陆续公布国家非处方药目录。

非处方药不需要凭处方即可自行购买和使用。非处方药的说明书用语应当科学、易懂，便于消费者自行判断、选择和使用该药品，并必须经国务院药品监督管理部门核准。非处方药的包装必须印有国家规定的非处方药专有标志（OTC）。经批准的非处方药，在使用中发现不合适继续作为非处方药的，国务院药品监督管理部门可以将其转换为处方药。

医疗机构根据需要可以决定和推荐使用非处方药。处方药只准在专业性医药报刊上进行广告宣传，非处方药经审批可以在大众传播媒介进行广告宣传。非处方药分为甲、乙两类。经营处方药、非处方药的批发企业和经营处方药、甲类非处方药的零售企业，必须具有《药品经营企业许可证》。经省级药品监督管理部门或其授权的药品监督管理部门批准的其他商业企业，可以零售乙类非处方药。对处方药和非处方药进行分类管理是我国药品监督管理的重大改革之一，有助于保护药品消费者的权利和义务，有助于我国药品管理模式尽快与国际接轨。

## 第四节　药品监督管理法律制度

自中华人民共和国成立以来，我国曾先后由卫生和计划生育委员会药政司、轻工业部医药司和国家医药管理局、国家中药管理局等负责药品监督管理工作。1998年，根据国务院机构改革方案，正式成立了国家药品监督管理局，直属国务院领导，随后建立起国家药品监督管理局领导下的各级药品监督管理机构。从此，我国药品监督管理体系形成，药品监督管理工作进入一个新时期。

### 一、药品不良反应报告的法律规定

药品不良反应是指合格药品在正常用法用量下出现的与用药目的无关的或意外的有害反应。新的药品不良反应是指药品说明书中未载明的不良反应。因服用药品引起以下损害情形之一反应的，属于药品严重不良反应：（1）引起死亡。（2）致残、致畸、致出生缺陷。（3）对生命有危险并能够导致人体永久的或显著的伤残。（4）对器官功能生产永久损伤。（5）导致住院或住院时间延长。

为加强上市药品的安全监管，规范药品不良反应报告和监测的管理，保障公众用药安全，卫生部和国家食品药品监督管理局于2004年3月4日发布《药品不良反应报告和监督管理办法》。

（一）国家实行药品不良反应报告制度

药品生产企业、药品经营企业、医疗卫生机构按规定报告所发现的药品不良反应。国家鼓励有关单位和个人报告药品不良反应。

## （二）药品不良反应报告

药品不良反应实行逐级、定期报告制度，必要时可以越级报告。药品生产、经营企业和医疗卫生机构必须指定专（兼）职人员，负责本单位生产经营、使用药品的不良反应报告和监测工作，发现可能与用药有关的不良反应的，应向所在地的省、自治区、直辖市药品不良反应监测中心报告，其中新的或严重的药品不良反应应于发现之日起15日内报告，死亡病例须及时报告。

## （三）药品不良反应评价与控制

药品生产、经营企业和医疗卫生机构应经常对本单位生产、经营、使用的药品所发生的不良反应进行分析、评价，并应采取有效措施减少和防止药品不良反应的重复发生。国家药品监督管理局定期通报国家药品不良反应报告和监测情况。

## 二、药品监督管理部门及其职责

### （一）药品监督管理制度概念

药品监督管理制度是指国家通过立法授权政府药品监督管理部门，依法对药品的研究、生产、流通和使用活动实行质量监督管理的法律制度。我国对药品实行严格的监督管理制度。只有依法对药品质量进行强制性监督管理，才能从根本上保证人民群众用药的安全、有效，维护人民健康和社会稳定。

### （二）国家药品监督管理局的主要职责

药品监督管理部门作为药品监督管理的主体，依法具有药品审批权、药品监督检查权和行政处罚权。它通过运用法律手段，宣传教育方法等，对药品的研制、生产、流通、使用等全过程进行统一的集中的监督管理。《药品管理法》第5条规定："国务院药品监督管理部门主管全国药品监督管理工作。省、自治区和直辖市人民政府药品监督管理部门负责本行政区域内的药品监督管理工作。"

概括起来，国家药品监督管理局的主要职责是：

1. 拟定、修订药品管理法律、法规，并监督实施。
2. 拟定、修订和颁布药品法定标准，制定国家基本药物目录。
3. 注册新药、仿制药品、进口药品、中药保护品种。组织制定非处方药制度，审定并公布非处方药目录。负责药品的再评价、不良反应监测、临床试验、临床药理基地、淘汰药品的审核工作。
4. 医疗器械的监督管理。包括拟定、修订和经授权颁布医疗器械产品法定标准，制定产品分类管理目录。注册进口医疗器械、临床试验基地。核发医疗器械产品注册证和生产许可证。负责医疗器械质量体系认证和产品安全认证工作。
5. 拟定、修订药品生产质量、经营质量、医疗单位制剂规范并实施监督。依法核发药品生产企业、经营企业、医疗单位制剂许可证。
6. 拟定、修订药物非临床研究质量、临床试验质量管理规范并监督实施。
7. 监督、鉴定、抽验药品的生产、经营和医疗单位的药品质量，发布国家药品质量公报、依法查处制、售假劣药品的行为和责任人，监督中药材集市贸易市场。
8. 审核药品广告、负责药品的行政保护、指导全国药品检验机构的业务工作。
9. 依法监督麻醉药品、精神药品、毒性药品、放射药品及特种药械。

10. 研究药品流通的法律、法规，实行药品批发、零售企业资格认证制度，制定非处方药、中药材、中药饮片的购销规划。

11. 制定职业药师（含职业中药师）资格认证制度，指导职业药师（含职业中药师）资格考试和注册工作。

12. 利用监督管理手段，配合宏观调控部门贯彻实施国家医药产业政策。

13. 组织、指导与政府、国际组织间药品监督管理方面的合作系统。

14. 承办国务院交办的其他事项。

### （三）药品监督员及其职责

《药品管理法》规定，县级以上药品监督管理部门设药品监督员，是国家对药品质量进行监督检查的专业技术人员，应由药学技术人员担任。国家药品监督员由国务院药品监督管理部门审核发给证书。省自治区、直辖市、市（州）、县的药品监督员由药品监督管理部门提名，同级人民政府审核发给证书。各级药品监督员在辖区内履行职责。药品监督员的职责是：

1. 按照国家对辖区内的药品生产、经营企业（包括中外合资企业）和医疗单位（包括中外合办医院）的药品质量进行监督、抽查、抽验，必要时可按照国家规定抽检样品和索取有关资料，有关单位不得拒绝和隐瞒。

2. 对违反药品管理法规的任何单位，有权做出暂停生产、销售、使用的决定，并及时报告药品监督管理部门处理。药品监督员在履行职责时，应出示证件，抽样和索取材料应开具清单，对药品生产企业和科研单位提供的保密技术资料应承担保密责任。药品监督员对暂行封存待处理的药品，应注明封存期限，该期限一般不得超过 15 天。

## 三、药检机构及其职责

### （一）药检机构

药检机构是由政府药品监督管理部门依法设立的执行国家对药品质量实施监督检验的法定专业机构。按《药品管理办法》及其实施办法和《药品检验所工作管理办法》的规定，全国各级药品检验所，按行政区域设置，以地域管辖为主，分为中国药品生物制品鉴定所，省、自治区、直辖市药品检验所，地（市、州、盟）药品检验所，县（市、旗）药品检验所。另外，国家在北京、天津、上海、广州、大连等沿海大城市设有口岸药品检验所，以监督检验进出口药品的质量。中国药品生物制品鉴定所是生物制品质量控制和标准化中心，是全国药品生物制品的业务技术指导中心。各级药检所受同级药品监督管理部门的行政领导，在业务和技术上受上一级药检所的指导。

### （二）中国药品生物制品鉴定所的职责

1. 负责全国性药品生物制品（包括进出口药品）质量监督、检验和技术仲裁。
2. 参加《中华人民共和国药典》和部颁药品标准的拟定和修订。
3. 对审批的新药进行技术符合检验。
4. 负责药品鉴定用的国家标准品（对照品）的研究、鉴定、保管、发布以及国家标准品的保管。
5. 有计划地开展有关药品质量、鉴定方法、标准规格等科研工作。
6. 组织拟定药检科学技术开展规划，举办药检进修班与药检情报系统等。

### (三) 省、地、县各级药检所的职责

省、地、县三级药品检验所分别负责对辖区内的药品质量进行监督检验，县级药检所的工作重点是基层药品质量监督检验。药品监督管理部门及其设置的药品检验机构和确定的专业从事药品检验的机构不得参与药品生产经营活动，不得以其名义推荐或者监制、监销药品。

国务院和省、自治区、直辖市人民政府的药品监督管理部门应当定期公告药品质量抽查检验的结果。当事人对药品检验机构的检验结果有异议的，可以自收到药品检验结果之日起7日内向原药检机构或者上一级药品监督管理部门设置或者确定的药品检验机构申请复验，也可直接向国务院药品监督管理部门设置或者确定的药品检验机构申请复验。受理复验的药品检验机构必须在国务院药品监督管理部门规定的时间内做出复验结论。

## 第五节 法律责任

《药品管理法》及其《实施办法》规定了违反药品管理法律应承担的法律责任。按违法行为的性质及轻重程度，分为行政责任、民事责任、刑事责任，并相应的规定了行政处分、行政处罚、民事损害赔偿和刑事制裁。

### 一、行政责任

行政责任在药品管理的法律责任部分规定得最为广泛，内容包括行政处分和行政处罚。在药品监督管理中，行政处分是指在药品管理中国家药品监督管理部门及各药品生产、经营企事业组织对所属工作人员或职工因违反《药品管理法》所进行的处分。行政处罚是县级以上药品监督管理部门（也有工商行政管理部门）对单位和个人违反《药品管理法》所进行的处罚。药品管理对行政处罚规定种类有：警告、罚款、没收药品（医疗器械）和违法所得，责令停产、停业整顿、吊销"三证"（即《药品生产企业许可证》、《药品经营企业许可证》、《制剂许可证》）。

#### (一) 对违反规定生产、经营、使用假劣药品的处罚

1. 生产、销售、使用假药劣药的，没收假药劣药及专用生产假药劣药的原辅材料、生产设备和违法所得，根据情节轻重，分别处以假药劣药货值金额倍数不等的罚款。并可责令停产、停业整顿，直至撤销药品批准证明文件，或吊销"三证"。同时，对直接负责的主管人员和直接责任人员处以不同数额的罚款，该类责任人员10年内不得从事药品生产、经营活动。

生产、销售、使用假药劣药，属下列情形之一者，情节严重应从重给予行政处罚：

(1) 生产、销售、使用假药劣药是以儿童为主要对象的。
(2) 生产、销售、使用假药劣药已造成人身伤害后果的。
(3) 生产、销售、使用假药劣药经处理后又重犯的。
(4) 以麻醉药品、精神药品、毒性药品、放射性药品冒充其他药品，或以其他药品冒充上述药品的。

2. 知道或应当知道属于假药劣药而为其提供运输、保管、存储便利条件的，没收全部非法收入，并可处非法收入倍数不等的罚款。

3. 未取得"三证"擅自生产、经营药品和配制制剂的，除依法予以取缔外，没收全部药品和违法所得，并处以违法生产、销售药品（已售出和未出售）的不同货值金额倍数不等的罚款。对直接负责的主管人员和直接责任人员也分别处以罚款。

4. 药品生产企业、经营企业和药品评价研究机构、临床检验机构未按规定，实施相关药品生产质量管理规范、药品经营质量管理规范、药品非临床规范质量管理规范、药品临床试验质量管理规范等，给予警告、限期改正，逾期不改正的，责令停产、停业整顿，并可处以罚款。情节严重的，直至吊销许可证和资格。

5. 药品生产、经营企业和医疗机构，违反《药品管理法》第34条规定，从无生产、无经营许可证的企业购进药品的，责令改正、没收违法购进的药品，并处以罚款。有违法所得的，没收违法所得，直至吊销"三证"。

6. 医疗机构将其配制制剂在市场销售的，责令改正、没收违法销售的制剂及违法所得，并处罚款。

7. 药品经营企业，违反《药品管理法》第18条、第19条的规定的，责令改正、给予警告、直至吊销许可证。

8. 药品标志不符合《药品管理法》第54条规定的，除按假药、劣药论处外，责令改正、给予警告，直至撤销药品批准证明文件。

（二）对违反药品证照有关规定的处罚

1. 伪造、变造、买卖、出租、出借许可证或者药品批准证明文件的，没收违法所得，并处违法所得倍数不等的罚款。没有违法所得的，处2万元以上10万元以下罚款。直至吊销卖方、出租、出借方的许可证或药品批准证明文件。

2. 提供虚假证明、文件资料、样品或以其他骗取手段取得"三证"或药品批准证明文件的吊销"三证"或证明文件。5年内不再受理其申请，并处以罚款。

3. 药品检验机构出具虚假报告，尚不构成犯罪的，责令改正，给予警告，对单位处以罚款。对直接负责的主管人员和直接责任人员给予适宜的行政处分。没收违法所得，直至撤销检验资格，其出具的虚假不实报告，造成损害的，承担赔偿责任。

（三）对违法进口药品的处罚

进口已获得药品进口证书的药品未按照规定登记备案的，对首次进口的药品未经药品检验所检验的，给予警告，限期改正，处以罚款。逾期不改的，撤销进口药品注册证书。

（四）对药品广告违法的处罚

违反药品广告管理规定，依《广告法》规定处罚，并由发给广告批准文号的药品监督管理部门撤销广告批准文号，1年内不受理该品种广告申请。

（五）对违法收受回扣或其他利益的处罚

1. 药品生产企业、经营企业、医疗机构在药品购销中，暗中给予、收受回扣或者其他利益的，药品生产企业、经营企业、采购人员、医师等有关人员的财物或其他利益的，由工商行政管理部门处以罚款，没收违法所得，直至吊销营业执照，并通过药品监督管理部门吊销"三证"。

2. 药品生产企业、经营企业负责人、采购人员等有关人员在药品购销中，收受其他企业或其他代理人的财物或者其他利益的，依法给予处分，没收违法所得。

3. 医疗机构负责人、药品采购人员、医师等有关人员收受药品生产企业、经营企业或其他利益的，由卫生行政部门或本单位给予处分，没收违法所得，情节严重的执业医师，吊销其执业证书。

## （六）对药品监督管理部门、药品检验机构违法的处罚

1. 药品监督管理部门违反药品管理规定，有下列情形之一者，由上级主管机关或监察机关责令收回发给的证书，撤销药品批准证明文件，对直接负责的主管人员和其他直接责任人员依法给予行政处分：

（1）对不符合药品生产、经营、制剂质量管理规范的企业发给认证证书的，或对取得认证证书企业未履行跟踪检查职责，对不符合认证条件的企业未依法责令其改正的，或撤销证书的。

（2）对不符合法定条件的单位发给"三证"的。

（3）对不符合进口条件的药品发给进口注册证书的。

（4）对不具有临床试验条件或生产条件而批准进行临床试验，发给新药证书或药品批准文号的。

2. 药品监督管理部门，或其设置的药品检验机构，或其确认的专业药品检验机构，参与药品生产经营活动的，由其上级机关或监察机关责令改正，没收违法所得。情节严重的，对直接负责的主管人员和其他直接责任人员依法给予行政处分。

以上机构的工作人员参与药品生产、经营活动的，给予行政处分。

3. 药品监督管理部门或其设置、确定的药品检验机构，在药品监督检验中，违法收取费用，由政府有关部门责令退出，对直接负责的主管人员和其他直接责任人员依法给予行政处分，没收违法所收取的费用，情节严重的，撤销检验资格。

4. 已取得药品"三证"的药品生产、经营企业生产、销售假药劣药的，除依法追究该企业的法律责任外，对失职、渎职行为的药品监督管理部门的直接负责人和其他直接负责人员，给予行政处分。

5. 药品监督管理人员滥用职权、徇私舞弊、玩忽职守，尚不构成犯罪的，给予行政处分。

## （七）处罚程序权限及法律适用

1. 《药品管理法》第73条至第87条规定的行政处罚，由县级以上药品监督管理部门按国务院药品监督管理部门规定的职责分工决定。1999年8月实施的《药品监督行政处罚程序》规定，对违反《药品管理法》有关规定的单位和个人，由县级以上药品监督管理部门行使处罚权，县级以上地方药品监督管理部门负责查处辖区内违反药品管理法的违法行为。

国家食品药品监督管理局负责查处全国范围内重大、复杂的违法行为。吊销"三证"及医疗机构执业许可证书或撤销药品批准证明文件的，由原发证部门和批准部门决定。

2. 违反《药品管理法》第55条至第57条，关于药品价格管理规定的，由工商行政管理部门处罚。

3. 违反城乡集市贸易不能出售有关药品的规定以及违反药品的商标、广告管理规定的，由工商行政管理部门处罚。

4. 处罚应出具书面处罚通知书。对假药、劣药的处罚通知，必须载明药品检验机构的质量检验结果。没收的假药劣药就地监督销毁。

5. 上级药品监督管理部门对下级药品监督管理部门实施的行政处罚负有监督职责。如认为下级药品监督机关作出的行政处罚不当的应责令其限期改正。逾期不改正的，有权予以改变或撤销。

6. 当事人对行政处罚不服的，可以在接到处罚通知书之日起15日内申请行政复议或向

人民法院起诉。但是，对药品监督管理部门作出的药品控制的决定，当事人必须立即执行。对处罚决定不履行，逾期不申请复议，又不起诉的，作出行政处罚的机关可申请人民法院强制执行。

## 二、民事责任

《药品管理法》第93条规定："药品的生产企业、经营企业、医疗机构违反本法规定、给药品使用者造成损害的，依法承担赔偿责任。"第87条规定："药品检验机构出具的检验结果不实，造成损害的，应当承担相应的赔偿责任。损害赔偿请求应当从受害人或其代理人知道或者应当知道之日起1年内提出。超过期限的，不予受理。"

## 三、刑事责任

违反《药品管理法》的有关规定，构成犯罪的，依法追究刑事责任。

《刑法》第141条规定："生产、销售假药，足以严重危害人体健康的，处3年以下有期徒刑或者拘役，并处或者单处销售金额50%以上2倍以下罚金。对人体健康造成严重危害的，处3年以上10年以下有期徒刑，并处销售金额50%以上2倍以下罚金。致人死亡或者对人体健康造成特别严重危害的，处10年以上有期徒刑、无期徒刑或者死刑，并处销售金额50%以上2倍以下罚金或者没收财产。"

《刑法》第142条规定："生产、销售劣药，对人体健康造成严重危害的，处3年以上10年以下有期徒刑，并处销售金额50%以上2倍以下罚金。后果特别严重的，处10年以上有期徒刑或者无期徒刑，并处销售金额50%以上2倍以下罚金或者没收财产。"

《刑法》第355条规定："依法从事生产、运输、管理、使用国家管制的麻醉药品、精神药品的人员，违反国家规定，向吸食、注射毒品的人提供国家规定管制的能够使人形成瘾癖的麻醉药品、精神药品的，处3年以下有期徒刑或者拘役，并处罚金。情节严重的，处3年以上7年以下有期徒刑，并处罚金。向走私、贩卖毒品的犯罪分子或者以牟利为目的，向吸食、注射毒品的人提供国家规定管制的能够使人形成瘾癖的麻醉药品、精神药品的，依照《刑法》第347条关于走私、贩卖、运输、制造毒品的规定予以刑事处罚。单位犯上述罪的，对单位判处罚金，并对其直接负责的主管人员和其他直接责任人员，依照上述的规定处罚。"

### 思考题

1. 什么是药品？它有哪些特殊性？
2. 医疗机构配制制剂有哪些规定？
3. 特殊药品管理有哪些规定？
4. 药品不良反应报告的规定是什么？
5. 禁止生产和销售假药、劣药的规定是什么？
6. 案例：某工商部门在日常执法时发现，辖区内袁××涉嫌无营业执照经营药品，该工商部门对袁某的药品进行了扣押。由于工商部门对扣押的药品质量不能鉴定，便请药品监督管理部门协助。药监部门在鉴定药品质量的时候，发现袁××经营药品未取得《药品经营许可证》。经进一步调查，袁××无证批发经营药品已长达5年之久。鉴于此种情况，药监部门向工商部门提出，此案应属于药监部门的查处范围。
   (1) 袁××的行为有无违法？
   (2) 袁××的行为若是违法，违法行为应定性为什么？
   (分析思路：国家禁止无证批发经营药品。)

# 第七章

# 麻醉药品和精神药品管理法律制度

**本章导引**

本章主要阐述麻醉药品及精神药品的定义及分类。针对麻醉药品及精神药品的特殊性，国家制定法律加强管理，从麻醉药品及精神药品的实验研究、生产、经营、使用等方面实行严格的审批制度，并设定严格的审批条件。依法管理其销售、运输和监管，尤其是规范了麻醉药品及精神药品的临床使用，以及违反法律应该承担的行政责任和刑事责任。

麻醉药品和精神药品，是指列入麻醉药品目录、精神药品目录的药品和其他物质。由于麻醉药品和精神药品的特殊性，我国制定了《麻醉药品和精神药品管理条例》等法律，加强了我国麻醉药品和精神药品的管理，保证了麻醉药品和精神药品的合法、安全、合理使用，防止流入非法渠道，使麻醉药品药用原植物的种植，麻醉药品和精神药品的实验研究、生产、经营、使用、储存、运输等活动得到了有效的监督管理，并使之规范化和法制化。

## 第一节 概 述

### 一、麻醉药品和精神药品的概念

（一）药品的特殊性

（1）药品质量的特殊性：药品质量从表面很难判别，必须要有一定的强制标准和指定的机构来检测和认定；药品与一般商品不同，具有毒性，不能像一般商品按质量的优劣来分等级，要求百分百可靠。

（2）药品消费的低选择性和管理方式的特殊性：由于药品的使用需要专业的医学和药学知识，确定消费者不能像一般商品一样自由消费，必须在专业人员的指导下用药，人们对药品的信任完全寄托于政府，因此政变必须对药品生产、经营和使用实行特殊的管理。

（3）药品使用的特殊性：药品的使用不能有随意性，必须要"对症下药"，甚至要有专业人员的监护下才能使用，才能达到治病救人的目的。

（4）药品的两重性：药物既有有效性的一面，又有毒性的一面，"是药三分毒"。有病治病，无病健身这种讲法是错误的。

(5) 药品的时限性：药品的社会需求决定了药品不能让病人等药品，而只能让药品等病人，因此生产、经营要有超前性、预测性及适当的储备。另外药品有规定的有效期，过期药品要报废。

(6) 药品生产及经营的特殊性：药品具有专属性，且必须对症下药，加上药品的时效性，它受市场价格的影响不大，药品生产及经营者需要专属审批。

（二）麻醉药品及精神药品的概念及特殊性

国务院于 2005 年 8 月 3 日公布了《麻醉药品和精神药品管理条例》，成为我国加强麻醉药品和精神药品的法律规范，保证麻醉药品和精神药品的合法、安全、合理使用，防止流入非法渠道，使麻醉药品药用原植物的种植，麻醉药品和精神药品的实验研究、生产、经营、使用、储存、运输等活动以及监督管理规范化和法制化。

1. 麻醉药品（Narcotic Drugs）是指连续使用后易产生身体依赖性、能成瘾癖的药品。麻醉药品包括：阿片类、大麻类、可卡因类、合成麻醉药类及卫生和计划生育委员会指定的其他易成瘾癖的药品、药用原植物及其制剂。1996 年 1 月公布《麻醉药品品种目录》，共列入 118 种药品。通常在医学领域常用的麻醉药品在这个目录中都有，如吗啡、海洛因、鸦片、可卡因、大麻、美沙酮、杜冷丁和二氢埃托啡等。

2. 精神药品（Psychotropic Drugs）是指直接作用于中枢神经系统，使之抑制或兴奋，连续使用能产生依赖性药品。依据精神药品使人体产生的依赖性和危害人体健康的程度，分为第一类和第二类。1996 年 1 月卫生部（现卫生和计划生育委员会）公布的《精神药品品种目录》共列入 119 种精神药品。其中第一类 47 种，第二类 72 种。如安钠咖、咖啡因、去氧麻黄碱（即冰毒）就属于第一类精神药品；安定、巴比妥、三唑仑等属于第二类精神药品。

3. 麻醉药品及精神药品的特殊性

麻醉药品及精神药品是药品中的特殊的药品，更具有其特殊性。各级卫生行政部门和各级各类医疗机构要强化"特殊药品管理无小事"的意识，高度重视，加强管理，认真执行《麻醉药品和精神药品管理条例》、《药品管理办法》、《处方管理办法》、《麻醉药品、第一类精神药品购用印签卡管理规定》等条例、办法和规定，进一步提高对医疗机构麻醉药品和精神药品管理特殊性和重要性的认识，强化安全意识，完善管理措施。

## 二、药品依赖性及相关概念

麻醉药品和精神药品的毒副作用主要是药品的依赖性问题，这也是区别麻醉药品、精神药品与一般药品的关键。《1961 年麻醉品单一公约》和《1971 年精神药物公约》制定、公布以前，各国有关法规和医药书籍一般使用成瘾性与习惯性的概念来区分麻醉药品、精神药品与一般药品。1964 年之后，世界卫生组织专家委员会建议使用"药物依赖性"这一概念，以便准确描述其特征。

1. 耐受性

耐受性（tolerance）是指原来能够产生一定药理现象的药物和剂量，经过多次使用后，不能再产生这种药理现象，或是加大了量的使用。这就如同嗜好饮酒的人，能够逐渐地耐受大量的酒而不致醉倒。产生耐受现象的原因不同；大致是因为吸收减少，或是解毒或排泄速度增高。

### 2. 成瘾性

成瘾性（addiction）是指患者对药物产生了生理上依赖。对于有成瘾性的药物，只有在有充分的理由、充分的把握确定该病对这一治疗方法反应良好时才使用，而且必须由医生处方到正规医院取药，使用这些药物只能用其所需要的最短时间。如吸食鸦片和注射吗啡成瘾的人不继续服用，则会发生严重的脱瘾现象（withdrawal）。

### 3. 药物依赖性

药物依赖性（drug dependence）是某些药品或化学物质具有的一种特殊毒性，使人处于一种特殊的精神状态。反复地（周期性地或连续地）用药，人体对该药品产生心理上的、生理上的或兼而有之的一种依赖状态，表现出一种强迫性地要连续或定期用药的行为和其他反应，出现"欣快感"；对所用物质产生强烈的"渴求"。用药者在这种渴求感驱使下出现"觅药行为"和频繁的"用药行为"。

药物依赖性产生的现象：（1）精神依赖性（psychological dependence），为最早出现的反应，停药时感到情绪不宁；（2）生理依赖性（physical dependence），停药时引起身体的病态（戒断症状）。

### 4. 习惯性

习惯性（habitation）是指一些人长期用药后对药物产生了精神上的依赖，停药后患者主观感觉不舒服或不习惯，称其为习惯性。如长期服用镇静催眠药、抗焦虑药，都能产生习惯性。

## 三、国内外麻醉药品和精神药品管理机构

国际麻醉品管制中一个重要的问题，就是首先要确定哪些品种滥用后会引起健康状况损害、损害的程度、药理毒理效应，以及如何进行预防、治疗和防止复发。这涉及一系列医学、药学、药理学领域的科学技术问题。第二次世界大战后，世界卫生组织承担了国际管制中一系列科学技术问题的咨询和管制措施的参谋建议工作。对联合国大会、经济与社会理事会、麻醉药品委员会以及国际麻醉品管制局委托提出的科学技术问题，世界卫生组织负责组织专家小组进行研究，起草文件，提出建议。

### （一）国际管理机构

1. 联合国麻醉药品委员会（United Nations Commission of Narcotic Drugs，UNCND）简称"麻委会"，系联合国经济与社会理事会（ECOSOC）下属六个职司委员会之一，于1964年2月16日根据理事会决议设立。其任务是：制订麻醉药品和精神药品的国际管制策略和政策；承担麻醉药品和精神药品国际公约所赋予的职能；协调经济和社会理事会行使监督公约的执行情况；定期审议世界各国各种麻醉药品和精神药品的走私情况，就国际管制工作及对现行国际管制机构的变动向理事会提出咨询意见和建议。

鉴于麻醉药品和精神药品的这种双重性质，联合国先后通过了经修正的《1961年麻醉品单一公约》（以下称麻醉品公约）、《1971年精神药物公约》（以下称精神药物公约）和《1988年联合国禁止非法贩运麻醉药品和精神药物公约》。

1998年，联大禁毒特别会议通过了麻委会拟订的《禁毒政治宣言》，设定了未来10年国际禁毒努力的规划和目标。2009年联大通过麻委会拟订的《关于开展国际合作以综合、平衡战略应对世界毒品问题的政治宣言和行动计划》，规划了新的未来10年禁毒行动目标。要求各缔约国对麻醉药品和精神药品实行严格管制，并保证合理用药需求。麻委会最初是两

年举行一次届会，后来改为每年举行一次。麻委会的秘书机构为联合国毒品和犯罪问题办公室，2011年3月21日至25日期间，在维也纳联合国总部，麻委会召开了第54届会议。

2. 国际麻醉品管制局（International Narotic Control Board，INCB）简称"麻管局"，是根据《1961年麻醉品单一公约》规定设立，是一个独立的半司法机构，由13名成员组成，均由联合国经济和社会理事会选举产生。

麻管局的总任务是促进各国政府为了整个国际社会的利益，按照麻醉品管制条约办事。其职责一般可分为三个方面：（1）负责管理麻醉品和精神药物的合法流通，以达到使麻醉品的生产、制造、销售和使用完全限于满足医疗和科研需要；（2）与各国政府合作，设法保持正当的供求之间的平衡以满足对麻醉品的合法需求；（3）与各国政府合作，努力防止违法或非法种植、生产、制造、贩运和使用麻醉品。

3. 联合国国际药物管制规划署（United Nations Dug Control Programme，UNOCP）1990年12月12日，根据联合国大会第45/179号决议设立了联合国国际药物管制规划署，简称药物管制署。其前身是麻醉品司（DND）和联合国管制药物理监用基金（UNFDAC），行政实体是麻管局秘书处，秘书处主要就实质性问题向麻管局报告。

4. 国际刑警组织（International Criminal Police Organization_ Interpol，ICPO）1923年成立于奥地利维也纳，现总部设在法国巴黎。它是联系100多个国家的刑事警察的国际组织，其目的是在所有成员国的刑事警察当局间，建立和发展各种有利于预防和防止一般犯罪的组织机构，协助成员国打击跨国毒品犯罪，是国际刑警组织的主要任务之一。我国于1984年加入该组织，负责与总部联系的机构是国际刑警中国国家中心局。

（二）我国麻醉药品和精神药品管理的管制

我国政府一直积极参与国际麻醉药品和精神药品管制事务。1973年，中国派观察员出席了该委员会第25届会议，1981年和1983我国先后派出代表出席联合国麻醉药品会议。1985年，北京医科大学药理学教授蔡志基竞选成为国际麻管局的13位成员之一，并任麻管局第二副主席及估量常设委员会主席。1981年起，中国以观察员身份出席该委员会的历届会议和特别会议。

1985年6月，经全国人民代表大会常务委员会批准，中国加入经1972年议定书修正的联合国《1961年麻醉品单一公约》、《1971年精神药物公约》。1986年1月1日起，中国成为该委员会的40个成员国之一。1989年9月经全国人民代表大会常务委员会批准，我国加入《联合国禁止非法贩运麻醉药品和精神药物公约》，成为最早加入该公约的国家之一。

按照公约的要求，国务院分别于1987年和1988年制定了《麻醉药品管理办法》和《精神药品管理办法》，规定对麻醉药品和精神药品采取严格审批、定点控制等多项管制措施；2005年8月3日公布了《麻醉药品和精神药品管理条例》，对保证医疗用药合理需求，防止其流入非法渠道，发挥了积极作用。

在二十多年麻醉药品和精神药品管理以及治理毒品方面，我国政府果断采取了禁种、禁吸、禁止贩运的三管齐下的政策，已取得成效，采取的综合梳理措施有：（1）加强立法工作；（2）加强国家级管制机构；（3）改善技术装备，加强毒品缉私力量；（4）积极开展戒毒工作和对药物依赖性的研究检测；（5）加强国际合作。

### 四、麻醉药品和精神药品管制的必要性

麻醉药品和精神药品具有较强的药物依赖性，不合理使用或者滥用会成瘾，产生身体依

赖或者精神依赖，流入非法渠道更会产生严重的社会问题。近年来，涉毒人员滥用药物的范围已由单一的海洛因滥用转变为多药滥用的模式，在渐趋严重的多药滥用现象中，被管制的精神药品和麻醉药品滥用现象日益增多。据北京市药物滥用监测站调查显示：2005年曲马多滥用率最高，占千余名调查对象中总人数的21.6%；监测站的常规监测显示：新增药物滥用者中，年龄在20岁以下的药物滥用者比例高达9.8%。

药物涉及精神麻醉类药品，多数具有中枢抑制作用，易产生毒性协同，加之现在多用静脉注射的方式，极易导致急性中毒或死亡。毒品导致使用者道德沦丧、人格变态、撒谎、自私、六亲不认，甚至因此诱发精神疾病。麻醉药品在临床医学上主要用于镇痛，对癌症等伴有剧烈疼痛的疾病的临床治疗具有不可替代的作用，常用品种有杜冷丁、吗啡、芬太尼等。精神药品主要用于镇静催眠、兴奋等，是治疗失眠、癫痫、抑郁症等精神疾病的主要药物，在临床医学上应用广泛，常用品种有速可眠、安定、利他林等。

麻醉药品和精神药品的使用，在实践中常常会出现一些问题：（1）麻醉药品和精神药品的生产、经营、储运、使用等环节都不同程度地存在管理不到位等情况，麻醉药品和精神药品流入非法渠道的情况时有发生。（2）合理的用药需求难以得到保证。目前麻醉药品、精神药品流通环节多，且层层加价，致使许多应当用药的患者用不起麻醉药品、精神药品。

因此，在总结《麻醉药品管理办法》和《精神药品管理办法》实施经验的基础上，按照确保麻醉药品和精神药品"管得住，用得上"的总体思路，国家制定《麻醉药品和精神药品管理条例》，以更好地保证麻醉药品和精神药品的合法、安全、合理使用，防止其流入非法渠道。

## 第二节 麻醉药品和精神药品的管理

根据《药品管理法》和有关国际公约的规定，国务院于2005年8月3日公布了《麻醉药品和精神药品管理条例》（第442号国务院令）。条例共九章89条，分别对麻醉药品药用原植物的种植，麻醉药品和精神药品的实验研究、生产、经营、使用、储存、运输等活动以及监督管理等制定了相应的规定。

### 一、麻醉药品和精神药品的管理体制

根据《药品管理法》、《麻醉药品和精神药品管理条例》的规定，国家食品药品监督管理局，负责全国麻醉药品和精神药品的监督管理工作，并会同国务院农业主管部门对麻醉药品药用原植物实施监督管理。国务院公安部门负责对造成麻醉药品药用原植物、麻醉药品和精神药品流入非法渠道的行为进行查处。卫生和计划生育委员会负责医疗机构特殊管理药品的合理使用管理。国务院其他有关主管部门在各自的职责范围内负责与麻醉药品和精神药品有关的管理工作。

省级药品监督管理部门负责本行政区域内麻醉药品和精神药品的监督管理工作。县级以上地方公安机关负责对本行政区域内造成麻醉药品和精神药品流入非法渠道的行为进行查处。县级以上地方人民政府其他有关主管部门在各自的职责范围内负责与麻醉药品和精神药品有关的管理工作。

## 二、麻醉药品和精神药品的分类与品种

### （一）麻醉药品和精神药品的分类

根据《麻醉药品和精神药品管理条例》第三条规定，麻醉药品和精神药品，是指列入麻醉药品目录、精神药品目录的药品和其他物质。精神药品分为第一类精神药品和第二类精神药品。

麻醉药品按其药理作用不同，临床上可以分为镇痛类和非镇痛类两类。镇痛类麻醉药品除了具有镇痛作用、可用于急性剧痛和晚期癌症疼痛治疗之外，在其他方面也有广泛用途。包括治疗心源性哮喘、镇咳、止泻、人工冬眠、麻醉前给药与复合麻醉以及戒毒等。非镇痛类麻醉药品现用于局部麻醉。

精神药品按药理作用不同，可分为镇静催眠类、中枢兴奋类、镇痛及复方制剂类、全身麻醉药等，各类在临床上的作用也不相同。第一类精神药品比第二类作用更强，更易产生依赖性。

### （二）麻醉药品和精神药品的品种

**1. 国家通过颁布药品目录来界定药品的种类**

《麻醉药品和精神药品管理条例》规定："麻醉药品和精神药品，是指列入麻醉药品目录、精神药品目录（以下称目录）的药品和其他物质。精神药品分为第一类精神药品和第二类精神药品。"2007年，国家食品药品监督管理局、公安部、卫生部联合公布了《麻醉药品品种目录（2007年版）》和《精神药品品种目录（2007年版）》，自2008年1月1日起施行。

**2. 麻醉药品目录**

在麻醉药品品种目录中，共列出麻醉药品123种，包括其可能存在的验方和单方制剂。其中，我国生产及使用的品种有可待因、阿片、罂粟壳、吗啡等25个品种。

**3. 精神药品目录**

在精神药品目录中，共列出精神药品132种，包括其可能存在的化学异构体及酯、醚。其中，第一类精神药品有53种，司可巴比妥、三唑仑、氯胺酮等7种系我国生产及使用；第二类精神药品79种，我国生产及使用的有33种。

表07-1　　　　　　附表：我国生产及使用的麻醉药品和精神药品品种

| 药品品种 | 麻醉药品和精神药品名称 |
| --- | --- |
| 麻醉药品（25种） | 阿法罗定、可卡因、罂粟杆浓缩物、二氢埃托啡、地芬诺醋、芬太尼、氢可酮、美沙酮、吗啡、阿片、羟考酮、哌替啶、罂粟壳、瑞芬太尼、舒芬太尼、蒂巴因、布桂嗪、可待因、复方樟脑酊、右丙氧芬、双氢可待因、乙基吗啡、福尔可定、阿桔片、吗啡阿托品注射液。 |
| 第一类精神药品（7种） | γ-羟丁酸、氯胺酮、马吲哚、哌醋甲酯、司可巴比妥、三唑仑、丁丙诺啡。 |
| 第二类精神药品（33种） | 异戊巴比妥、布托啡诺及其注射剂、咖啡因、安纳咖、去甲伪麻黄碱、地佐辛及其注射剂、芬氟拉明、格鲁米特、喷他佐辛、戊巴比妥、阿普唑仑、巴比妥、溴西泮、氯氮䓬、氯噻西泮、地西泮、艾司唑仑、氯氟卓乙酯、氟西泮、劳拉西泮、甲丙氨酯、咪达唑仑、硝西泮、纳布啡及其注射剂、奥沙西泮、氨酚氢可酮片、匹莫林、苯巴比妥、替马西泮、曲马多、唑吡坦、扎来普隆、麦角麟咖啡因片。 |

### 三、种植、实验研究和生产管理

根据《药品管理法》、《麻醉药品和精神药品管理条例》的规定,国家根据麻醉药品和精神药品的医疗、国家储备和企业生产所需原料的需要确定需求总量,对麻醉药品药用原植物的种植、麻醉药品和精神药品的生产实行总量控制。

#### (一) 麻醉药品药用原植物的种植管理

国家食品药品监督管理局根据麻醉药品和精神药品的需求总量制定年度生产计划。同时,与国务院农业主管部门根据麻醉药品年度生产计划,制定麻醉药品药用原植物年度种植计划。麻醉药品药用原植物种植企业必须按计划种植,并定期向国家食品药品监督管理局和国务院农业主管部门报告种植情况。

麻醉药品药用原植物种植企业由国家食品药品监督管理局和国务院农业主管部门共同确定,其他单位和个人不得种植麻醉药品药用原植物。

#### (二) 麻醉药品和精神药品的实验研究管理

开展麻醉药品和精神药品实验研究活动,应经国家食品药品监督管理局批准,必须具备下列条件:(1) 以医疗、科学研究或者教学为目的;(2) 有保证实验所需麻醉药品和精神药品安全的措施和管理制度;(3) 单位及其工作人员 2 年内没有违反有关禁毒的法律、行政法规规定的行为。

开展麻醉药品和精神药品实验研究必须事先提出立项申请,报所在地省级药品监督管理部门。省级药品监督管理部门对申请人实验研究条件进行现场检查,出具审查意见,连同申报资料报送国家食品药品监督管理局。国家食品药品监督管理局收到申报资料后,进行全面审查,符合条件和规定的,发给《麻醉药品和精神药品实验研究立项批件》,并不得转让。

经批准开展麻醉药品和精神药品实验研究的,应当在 3 年内完成药物临床前研究,向国家食品药品监督管理局申报药品注册。麻醉药品和第一类精神药品的临床试验,不得以健康人为受试对象。

#### (三) 麻醉药品和精神药品的生产管理

##### 1. 定点生产制度

国家对麻醉药品和精神药品实行定点生产制度。国家食品药品监督管理局根据麻醉药品和精神药品的需求总量,按照合理布局、总量控制的原则,确定麻醉药品和精神药品定点生产企业的数量和布局,并根据年度需求总量对数量和布局进行调整。

##### 2. 定点企业的审批

麻醉药品和精神药品的定点生产企业应当具备的条件包括:(1) 有药品生产许可证;(2) 有麻醉药品和精神药品实验研究批准文件;(3) 有符合规定的麻醉药品和精神药品生产设施、储存条件和相应的安全管理设施;(4) 有通过网络实施企业安全生产管理和向药品监督管理部门报告生产信息的能力;(5) 有保证麻醉药品和精神药品安全生产的管理制度;(6) 有与麻醉药品和精神药品安全生产要求相适应的管理水平和经营规模;(7) 麻醉药品和精神药品生产管理、质量管理部门的人员应当熟悉麻醉药品和精神药品管理以及有关禁毒的法律、行政法规;(8) 没有生产、销售假药、劣药或者违反有关禁毒的法律、行政法规规定的行为;(9) 符合国务院药品监督管理部门公布的麻醉药品和精神药品定点生产企业数量和布局的要求。

从事麻醉药品、第一类精神药品生产以及第二类精神药品原料药生产的企业，经所在地省级药品监督管理部门初步审查后，由国家食品药品监督管理局批准；从事第二类精神药品制剂生产的企业，由所在地省级药品监督管理部门批准。

3. **生产管理**

定点生产企业生产麻醉药品和精神药品，必须依照药品管理法的规定取得药品批准文号。未取得药品批准文号的，不得生产麻醉药品和精神药品。

国家食品药品监督管理局通过组织医学、药学、社会学、伦理学和禁毒等方面的专家成立专家组，对申请首次上市的麻醉药品和精神药品的社会危害性和被滥用的可能性进行评价，并提出是否批准的建议。

定点生产企业必须严格按照麻醉药品和精神药品年度生产计划安排生产，并依照规定向所在地省级药品监督管理部门报告生产情况。定点生产企业只能将麻醉药品和精神药品销售给具有麻醉药品和精神药品经营资格的企业或者被批准的其他单位。

4. **定点生产企业的销售管理**

麻醉药品药用原植物种植企业，将生产的麻醉药品原料（阿片）按照计划销售给国家设立的麻醉药品储存单位。国家设立的麻醉药品储存单位只能将麻醉商品原料按照计划销售给麻醉药品生产企业或者经批准的其他单位。

定点生产企业生产的麻醉药品和第一类精神药品原料药只能按照计划销售给制剂生产企业和经批准购用的其他单位，小包装原料药可以销售给全国性批发企业和区域性批发企业。

定点生产的麻醉药品和第一类精神药品制剂只能销售给定点全国性批发企业、区域性批发企业以及经批准购用的其他单位。定点区域性批发企业从定点生产企业购进麻醉药品和第一类精神商品制剂，须经所在地省级药品监督管理部门批准。

定点生产的第二类精神药品原料药只能销售给定点全国性批发企业、区域性批发企业、专门从事第二类精神药品批发业务的企业、第二类精神药品制剂生产企业以及经备案的其他需用第二类精神药品原料药的企业，并应当按照备案的需用计划销售。

定点生产的第二类精神药品制剂只能销售给全国性批发企业、区域性批发企业、专门从事第二类精神药品批发业务的企业、第二类精神药品零售连锁企业、医疗机构或经批准购用的其他单位。

麻醉药品和精神药品定点生产企业必须建立购买方的销售档案。

## 四、麻醉药品和精神药品的经营管理

### （一）定点经营制度

国家对麻醉药品和精神药品实行定点经营制度。

国家食品药品监督管理局根据麻醉药品和第一类精神药品全国需求总量，确定跨省从事麻醉药品和第一类精神药品批发业务的企业的布局、数量；根据各省对麻醉药品和第一类精神药品的需求总量，确定在该行政区域内从事麻醉药品和第一类精神药品批发业务的企业的布局、数量。国家食品药品监督管理局根据年度需求总量的变化对全国性批发企业和区域性批发企业的布局、数量进行定期调整。

### （二）定点企业的审批

全国性批发企业须经国家食品药品监督管理局批准；区域性批发企业须经所在地省级药

品监督管理部门批准。专门从事第二类精神药品批发业务的企业，也需要经所在地省级药品监督管理部门批准。

在批准全国性批发企业与区域性批发企业时，必须综合各地区人口数量、交通、经济发展水平、医疗服务情况等因素，确定其所承担供药责任的区域。

全国性批发企业应当具备经营90%以上品种规格的麻醉药品和第一类精神药品的能力，并保证储备4个月销售量的麻醉药品和第一类精神药品；区域性批发企业应当具备经营60%以上品种规格的麻醉药品和第一类精神药品的能力，并保证储备2个月销售量的麻醉药品和第一类精神药品。

麻醉药品和精神药品定点批发企业除应具备一般商品经营企业的开办条件外，还具备下列条件：（1）有符合《麻醉药品和精神药品管理条例》规定的麻醉药品和精神药品储存条件；（2）有通过网络实施企业安全管理和向药品监督管理部门报告信息的能力；（3）单位及其工作人员2年内没有违反有关禁毒的法律、行政法规规定的行为；（4）符合国家食品药品监督管理局公布的定点批发企业布局。

麻醉药品和第一类精神药品的定点批发企业，必须具有保证供应责任区域内医疗机构所需麻醉药品和第一类精神药品的能力，并具有保证麻醉药品和第一类精神药品安全经营的管理制度。

（三）销售管理

**1. 销售范围规定**

（1）全国性批发企业可以向区域性批发企业，或者经批准可以向取得麻醉药品和第一类精神药品使用资格的医疗机构以及其他经过批准的单位销售麻醉药品和第一类精神药品。全国性批发企业向取得麻醉药品和第一类精神药品使用资格的医疗机构销售麻醉药品和第一类精神药品，应当经医疗机构所在地省级药品监督管理部门批准。

（2）区域性批发企业可以向本省行政区域内取得麻醉药品和第一类精神药品使用资格的医疗机构销售麻醉药品和第一类精神药品；由于特殊地理位置的原因，需要就近向其他省行政区域内取得麻醉药品和第一类精神药品使用资格的医疗机构销售的，须经国家食品药品监督管理局批准。省级药品监督管理部门在批准区域性批发企业时，应当明确其所承担供药责任的区域。

（3）全国性批发企业和区域性批发企业可以从事第二类精神药品批发业务。第二类精神药品定点批发企业可以向医疗机构、定点批发企业和符合规定的药品零售企业销售第二类精神药品。

**2. 销售规定**

（1）麻醉药品和第一类精神药品不得零售。禁止使用现金进行麻醉药品和精神药品交易，个人合法购买麻醉药品和精神药品的除外。

（2）经所在地设区的市级药品监督管理部门批准，实行统一进货、统一配送、统一管理的药品零售连锁企业可以从事第二类精神药品零售业务。第二类精神药品零售企业应当凭执业医师出具的处方，按规定剂量销售第二类精神药品，并将处方保存2年备查；禁止超剂量或者无处方销售第二类精神药品；不得向未成年人销售第二类精神药品。

（3）麻醉药品目录中的罂粟壳只能用于中药饮片和中成药的生产以及医疗配方使用。

（4）全国性批发企业和区域性批发企业向医疗机构销售麻醉药品和第一类精神药品，

应当将药品送至医疗机构。医疗机构不得自行提货。

（5）麻醉药品和精神药品实行政府定价，在制定出厂和批发价格的基础上，逐步实行全国统一零售价格。具体办法由国务院价格主管部门制定。

（四）购进管理

1. **以生产为目的的购进**

药品生产企业需要以麻醉药品和第一类精神药品为原料生产普通药品的，向所在地省级药品监督管理部门报送年度需求计划，由省级药品监督管理部门汇总报国家食品药品监督管理局批准后，向定点生产企业购买。药品生产企业需要以第二类精神药品为原料生产普通药品的，应当将年度需求计划报所在地省级药品监督管理部门，并向定点批发企业或者定点生产企业购买。

食品、食品添加剂、化妆品、油漆等非药品生产企业需要使用咖啡因作为原料的，以及科学研究、教学单位需要使用麻醉药品和精神药品开展实验、教学活动的，可经所在地省级药品监督管理部门批准，向定点批发企业或者定点生产企业购买。需要使用麻醉药品和精神药品的标准品、对照品的，也须经所在地省级药品监督管理部门批准，向国家食品药品监督管理局批准的单位购买。

2. **以经营为目的的购进**

全国性批发企业应当从定点生产企业购进麻醉药品和第一类精神药品。区域性批发企业可以从全国性批发企业购进麻醉药品和第一类精神药品；为减少迂回运输，经所在地省级药品监督管理部门批准，也可以从定点生产企业购进麻醉药品和第一类精神药品。

## 五、麻醉药品和精神药品的储存和运输管理

（一）储存管理

1. **药品专库**

麻醉药品药用原植物种植企业、定点生产企业、全国性批发企业和区域性批发企业以及国家设立的麻醉药品储存单位，应当设置储存麻醉药品和第一类精神药品的专库。该专库应符合下列要求：（1）安装专用防盗门，实行双人双锁管理；（2）具有相应的防火设施；（3）具有监控设施和报警装置，报警装置应当与公安机关报警系统联网。

2. **药品存放**

麻醉药品定点生产企业应当将麻醉药品原料药和制剂分别存放。

3. **专人管理**

麻醉药品药用原植物种植企业、定点生产企业、全国性批发企业和区域性批发企业、第二类精神药品经营企业、国家设立的麻醉药品储存单位以及麻醉药品和第一类精神药品的使用单位，应当配备专人负责管理工作，并建立储存麻醉药品和第一类精神药品的专用账册。药品入库双人验收，出库双人复核，做到账物相符。专用账册的保存期限应当自药品有效期期满之日起不少于5年。

（二）运输管理

托运、承运和自行运输麻醉药品和精神药品必须采取安全保障措施，防止麻醉药品和精神药品在运输过程中被盗、被抢和丢失。

1. **托运或者自行运输**

托运或者自行运输麻醉药品和第一类精神药品的单位，应向所在地省级药品监督管理部

门申请领取运输证明,有效期为 1 年,应当由专人保管,不得涂改、转让、转借。托运人办理麻醉药品和第一类精神药品运输手续后,将运输证明副本交付承运人,承运人以此查验、收存运输证明副本,并检查货物包装。

2. 邮寄

需要邮寄麻醉药品和精神药品时,寄件人需要提交所在地省级药品监督管理部门出具的准予邮寄证明。邮政营业机构在查验、收存准予邮寄证明后,给予收寄。省级邮政主管部门指定符合安全保障条件的邮政营业机构负责收寄麻醉药品和精神药品。邮政营业机构收寄麻醉药品和精神药品时,可以依法对收寄的麻醉药品和精神药品予以查验。

## 六、麻醉药品和精神药品的监督管理

### (一) 药品监督管理部门的责任

《麻醉药品和精神药品管理条例》规定,药品监督管理部门应当根据规定的职责权限,对麻醉药品药用原植物的种植以及麻醉药品和精神药品的实验研究、生产、经营、使用、储存、运输活动进行监督检查。

药品监督管理部门在确定定点生产企业和定点批发企业时,审批部门应当在经审查符合条件的企业中,根据布局的要求,通过公平竞争的方式初步确定定点生产企业和定点批发企业,并予公布。

省级以上药品监督管理部门根据实际情况建立监控信息网络,对定点生产企业、定点批发企业和使用单位的麻醉药品和精神药品生产、进货、销售、库存、使用的数量以及流向实行实时监控,并与同级公安机关做到信息共享,医疗机构还应当报所在地设区的市级人民政府卫生主管部门。

设区的市级药品监督管理部门每 3 个月向上一级药品监督管理部门报告本地区麻醉药品和精神药品的相关情况。

对已经发生滥用、造成严重社会危害的麻醉药品和精神药品品种,国家食品药品监督管理局应当采取在一定期限内中止生产、经营、使用或者限定其使用范围和用途等措施。对不再作为药品使用的麻醉药品和精神药品,国家食品药品监督管理局应当撤销其药品批准文号和药品标准,并予以公布。

各级药品监督管理部门必须将在麻醉药品药用原植物的种植以及麻醉药品和精神药品的实验研究、生产、经营、使用、储存、运输等各环节管理中的审批、撤销等事项通报同级公安机关。

### (二) 相关部门的责任

药品监督管理部门、卫生主管部门发现生产、经营企业和使用单位的麻醉药品和精神药品管理存在安全隐患时,应当责令其立即排除或者限期排除。对有证据证明可能流入非法渠道的,应及时采取查封、扣押的行政强制措施,在 7 日内作出行政处理决定,并通报同级公安机关。

药品监督管理部门发现取得《麻醉药品、第一类精神药品购用印鉴卡》的医疗机构未依照规定购买麻醉药品和第一类精神药品时,应当及时通报同级卫生主管部门。接到通报的卫生主管部门应当立即调查处理。必要时,药品监督管理部门可以责令定点批发企业中止向该医疗机构销售麻醉药品和第一类精神药品。

县级以上人民政府卫生主管部门应当对执业医师开具麻醉药品和精神药品处方的情况进行监督检查。

药品监督管理部门、卫生主管部门和公安机关必须监督通报麻醉药品和精神药品生产、经营企业和使用单位的名单以及其他管理信息。

公安机关接到报告、举报，或者有证据证明麻醉药品和精神药品可能流入非法渠道时，应当及时开展调查，并可以对相关单位采取必要性的控制措施。药品监督管理部门、卫生主管部门以及其他有关部门应当配合公安机关开展工作。

## 第三节  麻醉药品和精神药品的使用

《麻醉药品和精神药品管理条例》对麻醉药品和精神药品在生产、研究、医疗等领域的使用，有详细的规定。

### 一、药品购用印鉴卡的管理规定

医疗机构需要使用麻醉药品和第一类精神药品，须经所在地设区的市级卫生主管部门批准后，取得《麻醉药品、第一类精神药品购用印鉴卡》（以下简称《印鉴卡》）。医疗机构凭《印鉴卡》向本省行政区域内的定点批发企业购买麻醉药品和第一类精神药品。

设区的市级卫生主管部门发给医疗机构《印鉴卡》的同时，将取得《印鉴卡》的医疗机构情况抄送所在地市级药品监督管理部门，报省卫生主管部门备案，并将取得《印鉴卡》的医疗机构名单向本行政区域内的定点批发企业通报。

医疗机构取得《印鉴卡》需要具备的条件包括：（1）有与使用麻醉药品和第一类精神药品相关的诊疗科目；（2）具有经过麻醉药品和第一类精神药品培训的、专职从事麻醉药品和第一类精神药品管理的药学专业技术人员；（3）有获得麻醉药品和第一类精神药品处方资格的执业医师；（4）有保证麻醉药品和第一类精神药品安全储存的设施和管理制度。

对于首次申请《印鉴卡》的医疗机构，市级卫生行政部门在作出是否批准的决定前，还应当组织现场检查，并留存现场检查记录。

《印鉴卡》有效期为3年，有效期满前3个月，医疗机构应当向市级卫生行政部门重新提出申请。

### 二、医疗机构使用麻醉药品和精神药品的规定

（一）麻醉药品和精神药品的使用规定

医务人员应当根据国务院卫生主管部门制定的临床应用指导原则，使用麻醉药品和精神药品。

医疗机构按照规定，对本单位执业医师进行有关麻醉药品和精神药品使用知识的培训、考核，经考核合格的，授予麻醉药品和第一类精神药品处方资格。执业医师取得麻醉药品和第一类精神药品的处方资格后，方可在本医疗机构开具麻醉药品和第一类精神药品处方，但不得为自己开具该种处方。

在医疗机构就诊的癌症疼痛患者和其他危重患者，对确需使用麻醉药品或者第一类精神药品的患者，可以向执业医师提出申请，如果要求合理的，应当及时为患者提供满足其合理用药需求。

麻醉药品注射剂仅限于医疗机构内使用，或者由医疗机构医务人员出诊至患者家中使用。医疗机构必须要求使用麻醉药品非注射剂型和第一类精神药品的患者每4个月复诊或者随诊一次。

麻醉药品非注射剂型和第一类精神药品需要带出医疗机构外使用时，具有处方权的医师在患者或者其代办人出示下列材料后方可开具麻醉药品、第一类精神药品处方：（1）二级以上医院开具的诊断证明；（2）患者户籍簿、身份证或者其他相关身份证明；（3）代办人员身份证明。医疗机构可以在患者门诊病历中留存代办人员身份证明复印件。

医疗机构抢救病人急需麻醉药品和第一类精神药品，而本医疗机构无法提供时，可以从其他医疗机构或者定点批发企业紧急借用；抢救工作结束后，应当及时将借用情况报所在地设区的市级药品监督管理部门和卫生主管部门备案。

（二）麻醉药品和精神药品的处方规定

麻醉药品和精神药品专用处方的格式由国务院卫生主管部门规定，使用专用处方。具有处方权的医师在为患者首次开具麻醉药品、第一类精神药品处方时，应当亲自诊查患者，为其建立相应的病历，留存患者身份证明复印件，要求患者或其亲属签署知情同意书。病历由医疗机构保管。

执业医师应当使用专用处方开具麻醉药品和精神药品，单张处方的最大用量应当符合国务院卫生主管部门的规定。对麻醉药品和第一类精神药品处方，处方的调配人、核对人应当仔细核对，签署姓名，并予以登记；对不符合《麻醉药品和精神药品管理条例》规定的，处方的调配人、核对人应当拒绝发药。

医疗机构应当对麻醉药品和精神药品处方进行专册登记，加强管理。麻醉药品处方至少保存3年，精神药品处方至少保存2年。

（三）临床使用中其它特殊性规定

对临床需要而市场无供应的麻醉药品和精神药品，持有《医疗机构制剂许可证》和《印鉴卡》的医疗机构需要配制制剂的，应当经所在地省、自治区、直辖市人民政府药品监督管理部门批准。医疗机构配制的麻醉药品和精神药品制剂只能在本医疗机构使用，不得对外销售。

因治疗疾病需要，个人凭医疗机构出具的医疗诊断书、本人身份证明，可以携带单张处方最大用量以内的麻醉药品和第一类精神药品；携带麻醉药品和第一类精神药品出入境的，由海关根据自用、合理的原则放行。

医务人员为了医疗需要携带少量麻醉药品和精神药品出入境的，应当持有省级以上人民政府药品监督管理部门发放的携带麻醉药品和精神药品证明。海关凭携带麻醉药品和精神药品证明放行。

医疗机构、戒毒机构以开展戒毒治疗为目的，可以使用美沙酮或者国家确定的其他用于戒毒治疗的麻醉药品和精神药品。具体管理办法由国务院药品监督管理部门、国务院公安部门和国务院卫生主管部门制定。

（四）配制麻醉药品、精神药品制剂的管理

持有《医疗机构制剂许可证》和《印鉴卡》的医疗机构，必须经过所在地省级药品监督管理部门批准，配制临床需要而市场无供应的麻醉药品和精神药品制剂，医疗机构配制的麻醉药品和精神药品制剂只能在本医疗机构内使用，不得对外销售。

### 三、非医疗机构使用麻醉药品和精神药品的规定

（一）药品生产企业需要以麻醉药品和第一类精神药品为原料生产普通药品的，应当向所在地省、自治区、直辖市人民政府药品监督管理部门报送年度需求计划，由省、自治区、直辖市人民政府药品监督管理部门汇总报国务院药品监督管理部门批准后，向定点生产企业购买。

药品生产企业需要以第二类精神药品为原料生产普通药品的，应当将年度需求计划报所在地省、自治区、直辖市人民政府药品监督管理部门，并向定点批发企业或者定点生产企业购买。

（二）食品、食品添加剂、化妆品、油漆等非药品生产企业需要使用咖啡因作为原料的，应当经所在地省、自治区、直辖市人民政府药品监督管理部门批准，向定点批发企业或者定点生产企业购买。

（三）科学研究、教学单位需要使用麻醉药品和精神药品开展实验、教学活动的，应当经所在地省、自治区、直辖市人民政府药品监督管理部门批准，向定点批发企业或者定点生产企业购买。

需要使用麻醉药品和精神药品的标准品、对照品的，应当经所在地省、自治区、直辖市人民政府药品监督管理部门批准，向国务院药品监督管理部门批准的单位购买。

## 第四节 法律责任

根据《麻醉药品和精神药品管理条例》，相关的责任人若有违法行为则应当承担法律责任。

### 一、行政责任

#### （一）麻醉药品和精神药品管理部门承担的行政责任

麻醉药品和精神药品的审批与管理是由国家的相关行政部门执行，应当严格执行《麻醉药品和精神药品管理条例》的相关规定，如果药品监督管理部门、卫生主管部门违反条例的相关规定，有下列情形之一的，由其上级行政机关或者监察机关责令改正；情节严重的，对直接负责的主管人员和其他直接责任人员依法给予行政处分：

1. 对不符合条件的申请人准予行政许可或者超越法定职权作出准予行政许可决定的；
2. 未到场监督销毁过期、损坏的麻醉药品和精神药品的；
3. 未依法履行监督检查职责，应当发现而未发现违法行为、发现违法行为不及时查处，或者未依照本条例规定的程序实施监督检查的；
4. 违反本条例规定的其他失职、渎职行为。

#### （二）麻醉药品和精神药品生产企业承担行政责任

**1. 麻醉药品和精神药品种植企业的行政责任**

麻醉药品药用原植物种植企业违反规定，有下列情形之一的，由药品监督管理部门责令限期改正，给予警告；逾期不改正的，处5万元以上10万元以下的罚款；情节严重的，取消其种植资格。

(1) 未依照麻醉药品药用原植物年度种植计划进行种植的;
(2) 未依照规定报告种植情况的;
(3) 未依照规定储存麻醉药品的。

**2. 定点生产麻醉药品和精神药品企业的行政责任**

定点生产企业违反规定,有下列情形之一的,由药品监督管理部门责令限期改正,给予警告,并没收违法所得和违法销售的药品;逾期不改正的,责令停产,并处5万元以上10万元以下的罚款;情节严重的,取消其定点生产资格:
(1) 未按照麻醉药品和精神药品年度生产计划安排生产的;
(2) 未依照规定向药品监督管理部门报告生产情况的;
(3) 未依照规定储存麻醉药品和精神药品,或者未依照规定建立、保存专用账册的;
(4) 未依照规定销售麻醉药品和精神药品的;
(5) 未依照规定销毁麻醉药品和精神药品的。

**3. 假劣麻醉药品和精神药品的处理规定**

定点生产企业、定点批发企业和第二类精神药品零售企业生产、销售假劣麻醉药品和精神药品的,由药品监督管理部门取消其定点生产资格、定点批发资格或者第二类精神药品零售资格,并依照药品管理法的有关规定予以处罚。

定点生产企业、定点批发企业和其他单位使用现金进行麻醉药品和精神药品交易的,由药品监督管理部门责令改正,给予警告,没收违法交易的药品,并处5万元以上10万元以下的罚款。

(三) 麻醉药品和精神药品流通领域的行政责任

**1. 麻醉药品和精神药品定点批发企业的行政责任**

麻醉药品和精神药品定点批发企业违反《麻醉药品和精神药品管理条例》的规定销售麻醉药品和精神药品,或者违反《麻醉药品和精神药品管理条例》的规定经营麻醉药品原料药和第一类精神药品原料药的,由药品监督管理部门责令限期改正,给予警告,并没收违法所得和违法销售的药品;逾期不改正的,责令停业,并处违法销售药品货值金额2倍以上5倍以下的罚款;情节严重的,取消其定点批发资格。

定点批发企业违反《麻醉药品和精神药品管理条例》的规定,有下列情形之一的,由药品监督管理部门责令限期改正,给予警告;逾期不改正的,责令停业,并处2万元以上5万元以下的罚款;情节严重的,取消其定点批发资格:
(1) 未依照规定购进麻醉药品和第一类精神药品的;
(2) 未保证供药责任区域内的麻醉药品和第一类精神药品的供应的;
(3) 未对医疗机构履行送货义务的;
(4) 未依照规定报告麻醉药品和精神药品的进货、销售、库存数量以及流向的;
(5) 未依照规定储存麻醉药品和精神药品,或者未依照规定建立、保存专用账册的;
(6) 未依照规定销毁麻醉药品和精神药品的;
(7) 区域性批发企业之间违反《麻醉药品和精神药品管理条例》的规定调剂麻醉药品和第一类精神药品,或者因特殊情况调剂麻醉药品和第一类精神药品后未依照规定备案的。

**2. 麻醉药品和精神药品零售企业的行政责任**

第二类精神药品零售企业违反《麻醉药品和精神药品管理条例》的规定储存、销售或者销毁第二类精神药品的,由药品监督管理部门责令限期改正,给予警告,并没收违法所得和违法销售的药品;逾期不改正的,责令停业,并处5000元以上2万元以下的罚款;情节严重的,取消其第二类精神药品零售资格。

违反关于麻醉药品和精神药品购买的规定的,由药品监督管理部门没收违法购买的麻醉药品和精神药品,责令限期改正,给予警告;逾期不改正的,责令停产或者停止相关活动,并处2万元以上5万元以下的罚款。

### 3. 麻醉药品和精神药品医疗机构的行政责任

取得《印鉴卡》的医疗机构违反《麻醉药品和精神药品管理条例》的规定,有下列情形之一的,由设区的市级人民政府卫生主管部门责令限期改正,给予警告;逾期不改正的,处5000元以上1万元以下的罚款;情节严重的,吊销其《印鉴卡》;对直接负责的主管人员和其他直接责任人员,依法给予降级、撤职、开除的处分:

（1）未依照规定购买、储存麻醉药品和第一类精神药品的;
（2）未依照规定保存麻醉药品和精神药品专用处方,或者未依照规定进行处方专册登记的;
（3）未依照规定报告麻醉药品和精神药品的进货、库存、使用数量的;
（4）对紧急借用麻醉药品和第一类精神药品后未备案的;
（5）未依照规定销毁麻醉药品和精神药品的。

### 4. 麻醉药品和精神药品运输过程中的行政责任

违反《麻醉药品和精神药品管理条例》的规定运输麻醉药品和精神药品的,由药品监督管理部门和运输管理部门依照各自职责,责令改正,给予警告,处2万元以上5万元以下的罚款。

收寄麻醉药品、精神药品的邮政营业机构未依照《麻醉药品和精神药品管理条例》的规定办理邮寄手续的,由邮政主管部门责令改正,给予警告;造成麻醉药品、精神药品邮件丢失的,依照邮政法律、行政法规的规定处理。

提供虚假材料、隐瞒有关情况,或者采取其他欺骗手段取得麻醉药品和精神药品的实验研究、生产、经营、使用资格的,由原审批部门撤销其已取得的资格,5年内不得提出有关麻醉药品和精神药品的申请;情节严重的,处1万元以上3万元以下的罚款,有药品生产许可证、药品经营许可证、医疗机构执业许可证的,依法吊销其许可证明文件。

### 5. 麻醉药品和精神药品管理方面的行政责任

发生麻醉药品和精神药品被盗、被抢和丢失案件的单位,违反《麻醉药品和精神药品管理条例》的规定未采取必要的控制措施或者未依照《麻醉药品和精神药品管理条例》的规定报告的,由药品监督管理部门和卫生主管部门依照各自职责,责令改正,给予警告;情节严重的,处5000元以上1万元以下的罚款;有上级主管部门的,由其上级主管部门对直接负责的主管人员和其他直接责任人员,依法给予降级、撤职的处分。

依法取得麻醉药品药用原植物种植或者麻醉药品和精神药品实验研究、生产、经营、使用、运输等资格的单位,倒卖、转让、出租、出借、涂改其麻醉药品和精神药品许可证明文件的,由原审批部门吊销相应许可证明文件,没收违法所得;情节严重的,处违法所得2倍以上5倍以下的罚款;没有违法所得的,处2万元以上5万元以下的罚款。

违反《麻醉药品和精神药品管理条例》的规定,致使麻醉药品和精神药品流入非法渠道造成危害,尚不构成犯罪的,由县级以上公安机关处5万元以上10万元以下的罚款;有违法所得的,没收违法所得;情节严重的,处违法所得2倍以上5倍以下的罚款;由原发证部门吊销其药品生产、经营和使用许可证明文件。药品监督管理部门、卫生主管部门在监督管理工作中发现前款规定情形的,应当立即通报所在地同级公安机关,并依照国家有关规定,将案件以及相关材料移送公安机关。药品监督管理部门作出的行政处罚,由县级以上药品监督管理部门按照国务院药品监督管理部门规定的职责分工决定。

（四）麻醉药品和精神药品临床使用方面的行政责任

具有麻醉药品和第一类精神药品处方资格的执业医师,违反《麻醉药品和精神药品管理条例》的规定开具麻醉药品和第一类精神药品处方,或者未按照临床应用指导原则的要求使用麻醉药品和第一类精神药品的,由其所在医疗机构取消其麻醉药品和第一类精神药品处方资格;造成严重后果的,由原发证部门吊销其执业证书。执业医师未按照临床应用指导原则的要求使用第二类精神药品或者未使用专用处方开具第二类精神药品,造成严重后果的,由原发证部门吊销其执业证书。

对于未取得麻醉药品和第一类精神药品处方资格的执业医师擅自开具麻醉药品和第一类精神药品处方,由县级以上人民政府卫生主管部门给予警告,暂停其执业活动;造成严重后果的,吊销其执业证书。处方的调配人、核对人违反《麻醉药品和精神药品管理条例》的规定未对麻醉药品和第一类精神药品处方进行核对,造成严重后果的,由原发证部门吊销其执业证书。

（五）麻醉药品和精神药品实验研究方面的行政责任

药品研究单位在普通药品的实验研究和研制过程中,产生《麻醉药品和精神药品管理条例》规定管制的麻醉药品和精神药品,未依照《麻醉药品和精神药品管理条例》的规定报告的,由药品监督管理部门责令改正,给予警告,没收违法药品;拒不改正的,责令停止实验研究和研制活动。

药物临床试验机构以健康人为麻醉药品和第一类精神药品临床试验的受试对象的,由药品监督管理部门责令停止违法行为,给予警告;情节严重的,取消其药物临床试验机构的资格。对受试对象造成损害的,药物临床试验机构依法承担治疗和赔偿责任。

## 二、刑事责任

（一）麻醉药品和精神药品管理人员违反条例构成犯罪的刑事责任

1. 依法从事生产、运输、管理、使用国家管制的麻醉药品、精神药品的人员,违反国家规定,向吸食、注射毒品的人提供国家规定管制的能够使人形成瘾癖的麻醉药品、精神药品的,处三年以下有期徒刑或者拘役,并处罚金;情节严重的,处三年以上七年以下有期徒刑,并处罚金。

2. 向走私、贩卖毒品的犯罪分子或者以牟利为目的,向吸食、注射毒品的人提供国家规定管制的能够使人形成瘾癖的麻醉药品、精神药品的,依照《刑法》第三百四十七条的规定定罪处罚。

3. 单位犯前款罪的,对单位判处罚金,并对其直接负责的主管人员和其他直接责任人员,依照前款的规定处罚。

（二）麻醉药品和精神药品管理部门违反条例构成犯罪的刑事责任

药品监督管理部门、卫生主管部门违反《麻醉药品和精神药品管理条例》的规定,有下列情形之一的,构成犯罪的,依法追究刑事责任:一是对不符合条件的申请人准予行政许可或者超越法定职权做出准予行政许可决定的;二是未到场监督销毁过期、损坏的麻醉药品和精神药品的;三是未依法履行监督检查职责,应当发现而未发现违法行为、发现违法行为不及时查处,或者未依照《麻醉药品和精神药品管理条例》规定的程序实施监督检查的;四是违反《麻醉药品和精神药品管理条例》规定的其他失职、渎职行为。

(三) 麻醉药品和精神药品在使用中违反条例构成犯罪的刑事责任

1. 未取得麻醉药品和第一类精神药品处方资格的执业医师擅自开具麻醉药品和第一类精神药品处方,构成犯罪的,依法追究刑事责任。

2. 药物临床试验机构以健康人为麻醉药品和第一类精神药品临床试验的受试对象的,构成犯罪的,依法追究刑事责任。

3. 依法取得麻醉药品药用原植物种植或者麻醉药品和精神药品实验研究、生产、经营、使用、运输等资格的单位,倒卖、转让、出租、出借、涂改其麻醉药品和精神药品许可证明文件的,构成犯罪的,依法追究刑事责任。

4. 违反《麻醉药品和精神药品管理条例》的规定,致使麻醉药品和精神药品流入非法渠道造成危害,构成犯罪的,依法追究刑事责任。

## 思考题

1. 为什么要对麻醉药品和精神药品进行特殊管理?
2. 麻醉药品、精神药品有什么区别?
3. 简述药物依赖性、耐受性的概念。
4. 分别列出我国生产和使用的5个麻醉药品、第一类精神药品的品种。
5. 麻醉药品、精神药品的生产、经营和使用各有哪些特殊规定?
6. 案例:李××自2002年夏至2002年底,利用担任安徽省灵璧县高楼镇卫生院院长的职务便利,明知睢宁县的韩××为吸毒人员,仍然先后四次非法向其提供"杜冷丁"15支(50毫克/支)。

    (1) 李××是否存在违法犯罪行为?

    (2) 李××应该承担什么法律责任?法律依据是什么?

    (分析思路:《麻醉药品和精神药品管理条例》,非法提供麻醉药品罪。)

7. 案例:2007年1月15日,朝阳区卫生局通知卫生监督员,在辖区内某医疗美容诊所发生一起因医疗美容手术引起患者死亡的事件,当日卫生监督员对此事展开调查。经调查,2007年1月1日,诊所为患者王××行全面部除皱术、隆下颌术。参加手术的人员有术者张××、助手吉××、麻醉师张××、护士李××。所采用的麻醉方法为局部麻醉加静脉麻醉,实施局部麻醉的为术者,实施静脉麻醉的为麻醉师。手术从当日下午12时30分到16时,持续了3.5小时。术后3小时患者出现呼吸障碍、意识不清。经120急救中心急救后,转往煤炭总医院住院诊治,住院治疗期间,患者一直处于昏迷状态,12天后死亡。

    (1) 麻醉师张××是否存在违法行为?法律依据是什么?

    (2) 麻醉师张××应该承担什么责任?

    (分析思路:《中华人民共和国执业医师法》,《麻醉药品和精神药品管理条例》,医师未按照规定使用麻醉药品行政处罚。)

# 第八章 传染病防治法律制度

**本章导引**

《传染病防治法》是保障人民群众身体健康、确保社会稳定和经济发展的一部重要法律。本章讲述传染病防治法律制度的防治原则,传染病的分类、疫情报告、通报、公布和控制,以及传染病预防、接种与医疗救治,疾病预防控制机构的职责。通过法律制度保护传染病患者的合法权益并且应用法律手段,规定疾病预防控制机构与医疗机构的法律责任。在艾滋病防治法律制度里,重点讲述艾滋病防治原则、预防、控制、监测、治疗与救助。

传染病防治法是国家制定的调整预防、控制和消除传染病的发生与流行,保障人体健康活动中产生的各种社会关系的法律规范的总和。在中华人民共和国领域内的一切单位和个人,必须接受疾病预防控制机构、医疗机构有关传染病的调查、检验、采集样本、隔离治疗等预防、控制措施,如实提供相关信息。传染病防治是公共卫生事业的重要组成部分,传染病防治法是公共卫生法的主要组成部分,它是以保障公民的生命健康为根本目标,直接涉及每一个公民的切身利益,关系到每一个公民的人身安全。

## 第一节 概述

### 一、传染病概述

#### (一) 传染病的概念与分类

**1. 传染病的概念**

传染病 (Infectious Diseases) 是由各种病原体引起的能在人与人、动物与动物或人与动物之间相互传播的一类疾病。病原体中大部分是微生物,小部分为寄生虫,寄生虫引起者又称寄生虫病。有些传染病,防疫部门必须及时掌握其发病情况,及时采取对策,因此发现后应按规定时间及时向当地防疫部门报告,称为法定传染病。

**2. 传染病的分类**

传染病防治法规定,根据传染病的危害程度和应采取的监督、监测、管理措施,将全国发病率较高、流行面较大、危害严重的急性和慢性传染病列为法定管理的传染病,并根据其传播方式、速度及其对人类危害程度的不同,分为甲、乙、丙三类,共39种,实行分类管理。国务院可以根据情况,增加或者减少甲类传染病病种,并予以公布;国务院卫生行政部门可以根据情况,增加或者减少乙类、丙类传染病病种,并予公布。

需要说明的问题是现行传染病防治法，没有将艾滋病列入甲类传染病进行管理，而是列为乙类。艾滋病在世界范围内的迅速传播蔓延，已成为世界各国普遍关注的全球性公共卫生问题。艾滋病病毒1983年通过血液制品首次传入我国，目前在我国各省区均发现艾滋病病人和病源携带者。但是鉴于艾滋病潜伏期长（一般7年），传播条件较为特殊，因此传播速度相对缓慢。考虑到目前国际上对艾滋病管理的做法和有关条例，本法未将艾滋病列入甲类传染病，而列为乙类传染病，并不表示我国降低了对艾滋病的警惕性。同时，考虑到艾滋病对人的危害严重，对其管理作了一些特殊规定，例如，发现艾滋病病人，要按照甲类传染病病人予以强制隔离治疗。

(1) 甲类传染病

甲类传染病也称为强制管理传染病，包括：鼠疫、霍乱。

对此类传染病发生后报告疫情的时限，对病人、病源携带者的隔离、治疗方式以及对疫点、疫区的处理等，均强制执行。

(2) 乙类传染病

乙类传染病也称为严格管理传染病，包括：传染性非典型肺炎、艾滋病、病毒性肝炎、脊髓灰质炎、人感染高致病性禽流感、麻疹、流行性出血热、狂犬病、流行性乙型脑炎、登革热、炭疽、细菌性痢疾、阿米巴性痢疾、肺结核、伤寒和副伤寒、流行性脑脊髓膜炎、百日咳、白喉、新生儿破伤风、猩红热、布鲁氏菌病、淋病、梅毒、钩端螺旋体病、血吸虫病、疟疾、甲型H1N1流感（原称人感染猪流感）。

对此类传染病要严格按照有关规定和防治方案进行预防和控制。其中，传染性非典型肺炎、炭疽中的肺炭疽、人感染高致病性禽流感和甲型H1N1流感这四种传染病虽被纳入乙类，但可直接采取甲类传染病的预防、控制措施等。

(3) 丙类传染病

丙类传染病也称为监测管理传染病，包括：流行性感冒、流行性腮腺炎、风疹、急性出血性结膜炎、麻风病、流行性斑疹伤寒、地方性斑疹伤寒、黑热病、包虫病、丝虫病，除霍乱、细菌性和阿米巴性痢疾、伤寒和副伤寒以外的感染性腹泻病等。

对此类传染病要按国务院卫生行政部门规定的监测管理方法进行管理。2008年5月2日，卫生部（现卫生和计划生育委员会）已将手足口病列入传染病防治法规定的丙类传染病进行管理。

根据《传染病防治法》，国家对甲类、乙类和丙类传染病的防治措施、防治力度是不同的，国家对甲类传染病采取了更为严厉和有效的防治措施。上述规定以外的其他传染病，根据其暴发、流行情况和危害程度，需要列入乙类、丙类传染病的，由国务院卫生行政部门决定并予以公布。

对乙类传染病中传染性非典型肺炎、炭疽中的肺炭疽和人感染高致病性禽流感，采取本法所称甲类传染病的预防、控制措施。其他乙类传染病和突发原因不明的传染病需要采取本法所称甲类传染病的预防、控制措施的，由国务院卫生行政部门及时报经国务院批准后予以公布、实施。

省、自治区、直辖市人民政府对本行政区域内常见、多发的其他地方性传染病，可以根据情况决定按照乙类或者丙类传染病管理并予以公布，报国务院卫生行政部门备案。

(二) 传染病的传播

1. **传染病的特征表现**

(1) 有病原体。每种传染病都有其特异的病原体，包括病毒、立克茨体、细菌、真菌、螺旋体、原虫等。

(2) 有传染性。病原体从宿主排出体外，通过一定方式，到达新的易感染者体内，呈现出一定传染性，其传染强度与病原体种类、数量、毒力、易感者的免疫状态等有关。

(3) 有流行性、地方性、季节性。

(4) 有免疫性。传染病痊愈后，人体对同一种传染病病原体产生不感受性，称为免疫。不同的传染病，病后免役状态有所不同，有的传染病患病一次后可终身免疫，有的还可感染。

### 2. 传染病的传播环节

传染病的传播和流行必须具备3个环节，即传染源（能排出病原体的人或动物）、传播途径（病原体传染他人的途径）及易感者（对该种传染病无免疫力者）。若能完全切断其中的一个环节，即可防止该种传染病的发生和流行。各种传染病的薄弱环节各不相同。在预防中应充分利用。除主导环节外对其他环节也应采取措施。

### 3. 传染病的传播途径

由于生物性的致病源在人体外可存活的时间不一，存在人体内的位置、活动方式都有不同，都影响了一个感染症如何传染的过程。为了生存和繁衍，这类病原性的微生物必须具备可传染的性质，每一种传染性的病原通常都有特定的传播方式，例如透过呼吸的路径，某些细菌或病毒可以引起宿主呼吸道表面黏膜层的形态变化，刺激神经反射而引起咳嗽或喷嚏等症状，借此重回空气等待下一个宿主将其吸入。但也有部分微生物则是引起消化系统异常，像是腹泻或呕吐，并随着排出物散布在各处。通过这些方式，复制的病原随患者的活动范围可大量散播。

(1) 空气传染

有些传染病的病原体在空气中可以自由散布，直径通常为5微米，能够长时间浮游于空气中，做长距离的移动，主要藉由呼吸系统感染，有时亦与飞沫传染混称。

(2) 飞沫传染

飞沫传染是许多感染原的主要传播途径，借由患者咳嗽、打喷嚏、说话时喷出温暖而潮湿的液滴，病原附着其上，随空气扰动短时间、短距离地在空气中漂浮，由下一位宿主因呼吸、张口或偶然碰触到眼睛表面时黏附，造成新的宿主受到感染。例如：细菌性脑膜炎、水痘、普通感冒、流行性感冒、腮腺炎、结核、麻疹、德国麻疹、百日咳等。由于飞沫质、量均小，难以承载较重之病原，因此寄生虫感染几乎不由此途径传染其他个体。

(3) 粪口传染

由于发展中国家存在卫生系统尚未健全、卫生习惯尚不良好和教育倡导不周等情况，未处理的废水或受病原沾染物，直接排放于环境中，可能污损饮水、食物或碰触口、鼻黏膜的器具，以及如厕后清洁不完全，借由饮食过程可导致食入者感染。主要病源可为病毒、细菌、寄生虫，如霍乱、A型肝炎、小儿麻痹、轮状病毒、弓形虫感染症，在较发达国家也可能发生。有时，某些生物因体表组织构造不足以保护个体，可能因接触患者的排泄物而受到感染，正常情况下在人类族群中不会发生这种特例。

(4) 接触传染

经由直接碰触而传染的方式称为接触传染，这类疾病除了直接触摸、亲吻患者，也可以透过共享牙刷、毛巾、刮胡刀、餐具、衣物等贴身器材，或是因患者接触后，在环境留下病原达到传播的目的。因此，此类传染病，在物品可能不慎共享时易传染，较常发生在学校、军队等人群集聚的场所。例如：真菌感染的香港脚、细菌感染的脓包症、病毒在表皮引起增生的疣，而梅毒的情况特殊，通常是健康个体接触感染者的硬性下疳所致。

性传染疾病包含任何可以借由性行为传染的疾病，因此属于接触传染的一种，但因艾滋病在世界流行状况甚为严重，医学中有时会独立探讨。通常主要感染源为细菌或病毒，借由直接接触生殖器的黏膜组织、精液、阴道分泌物或直肠所携带之病源，传递至性伴侣导致感染。若这些部位存有伤口，则病源可能使血液感染带至全身各处。

(5) 垂直传染

垂直传染专指胎儿由母体得到的疾病。拉丁文以"inutero"表示"在子宫"的一种传染形式，通常透过此种传染方式感染胎儿的疾病病原体，多以病毒和活动力高的小型寄生虫为主，可以经由血液输送，或是具备穿过组织或细胞的能力，因此可以透过胎盘在母子体内传染，例如 AIDS 和 B 型肝炎。细菌虽较罕见于垂直感染，但是梅毒可在分娩过程，由于胎儿的黏膜部位或眼睛接触到母体阴道受感染之黏膜组织而染病；且有少数情况则是在哺乳时透过乳汁分泌感染新生儿。后两种路径也都属于垂直感染的范畴。

(6) 血液传染

主要透过血液、伤口的感染方式，将疾病传递至另一个个体身上的过程即血液传染。常见于医疗使用注射器材和输血技术的疏失，因此许多医疗院所要求相关医疗程序的施行，必须经过多重、多人的确认以免伤害患者，在捐血、输血时，也针对捐赠者和接受者进一步检验相关生理状况，减低此类感染的风险，但由于毒品的使用，共享针头的情况可造成难以预防的感染，尤其对于艾滋病的防范更加困难。

**4. 传染病爆发记录**

历史上首次鼠疫大流行发生于公元 6 世纪，起源于中东，流行中心在近东地中海沿岸。公元 542 年经埃及南部塞得港沿陆海商路传至北非、欧洲，几乎殃及当时所有著名国家。这次流行疫情持续了五六十年，极流行期每天死亡万人，死亡总数近 1 亿人，这次大流行导致了东罗马帝国的衰落。

1665～1666 年在英格兰发生了大规模瘟疫。伦敦大瘟疫有 7.5 万到 10 万人丧生，超过当时伦敦总人口的五分之一。历史上被确定为淋巴腺鼠疫（bubonic plague）引起的大面积黑死病，由人通过跳蚤感染了鼠疫耶尔森菌。

1918 年西班牙流行性感冒是人类历史上最致命的传染病，流行性感冒病毒因遗传物质不稳定的特性不断变异、重组基因。在 1918～1919 年曾经造成全世界约 10 亿人感染，2500 万到 4000 万人死亡（当时世界人口约 17 亿人）；其全球平均致死率约为 2.5%－5%，和一般流感的 0.1% 比较起来较为致命。西班牙有约 800 万人感染了此病，甚至连西班牙国王也感染了此病，所以被称为西班牙型流行性感冒。

1999 年，西尼罗河病毒由非洲传入美国纽约市，在 3 年内散布到全美国。1999 年，马来半岛爆发立百病毒，乃是起于猪圈受到野生蝙蝠携带的病毒影响，并在猪只体内继续变化，由于猪只在遗传学中的地位与人类更接近，终于感染了当地农民，并造成 105 人死亡。

2002 年 11 月在广东佛山首发严重急性呼吸综合征（Severe Acute Respiratory Syndromes，简称 SARS）病例，又称传染性非典型肺炎，也是全球首例，并迅速形成流行态势。这是一种因感染 SARS 冠状病毒引起的新的呼吸系统传染性疾病。2002 年 11 月－2003 年 8 月 5 日，29 个国家报告临床诊断病例 8422 例，死亡 916 例，报告病例的平均死亡率为 9.3%。

21 世纪初许多科学家更担心禽流感会通过变异影响人类，却因人类族群多无相对应的抵御能力，而可能成为人类的浩劫。由于禽流感可以感染猪畜和鸟类，若已存在之人猪共通流感病毒和禽流感病毒同时感染一只猪，并且交换病毒组成，将有机会使原本不具感染人类能力的病毒，成为人类的威胁。

## 二、传染病的预防

### （一）传染病预防、控制预案的主要内容

1. 传染病预防控制指挥部的组成和相关部门的职责。
2. 传染病的监测、信息收集、分析、报告、通报制度。
3. 疾病预防控制机构、医疗机构在发生传染病疫情时的任务与职责。
4. 传染病暴发、流行情况的分级以及相应的应急工作方案。
5. 传染病预防、疫点疫区现场控制，应急设施、设备、救治药品和医疗器械以及其他物资和技术的储备与调用。地方人民政府和疾病预防控制机构接到国务院卫生行政部门或者省、自治区、直辖市人民政府发出的传染病预警后，应当按照传染病预防、控制预案，采取相应的预防、控制措施。

### （二）国家对传染病实行的管理办法

1. 预防接种。国务院卫生行政部门和省、自治区、直辖市人民政府卫生行政部门，根据传染病预防、控制的需要，制定传染病预防接种规划并组织实施。用于预防接种的疫苗必须符合国家质量标准。

国家对儿童实行预防接种证制度。国家免疫规划项目的预防接种实行免费。医疗机构、疾病预防控制机构与儿童的监护人应当相互配合，保证儿童及时接受预防接种。具体办法由国务院制定。

2. 传染病监测。国家、省级疾病预防控制机构负责对传染病发生、流行以及分布进行监测，对重大传染病流行趋势进行预测，提出预防控制对策，参与并指导对暴发的疫情进行调查处理，开展传染病病源学鉴定，建立检测质量控制体系，开展应用性研究和卫生评价。

设区的市和县级疾病预防控制机构负责传染病预防控制规划、方案的落实，组织实施免疫、消毒、控制病媒生物的危害，普及传染病防治知识，负责本地区疫情和突发公共卫生事件监测、报告，开展流行病学调查和常见病源微生物检测。

3. 传染病预警制度。国务院卫生行政部门和省、自治区、直辖市人民政府根据传染病发生、流行趋势的预测，及时发出传染病预警，根据情况予以公布。

4. 传染病菌种、毒种管理。国家建立传染病菌种、毒种库。对传染病菌种、毒种和传染病检测样本的采集、保藏、携带、运输和使用实行分类管理，建立健全严格的管理制度。对可能导致甲类传染病传播的以及国务院卫生行政部门规定的菌种、毒种和传染病检测样本，确需采集、保藏、携带、运输和使用的，须经省级以上人民政府卫生行政部门批准。

5. 传染病患者、病源携带者和疑似传染病患者合法权益保护。国家和社会应当关心、帮助传染病病人、病源携带者和疑似传染病病人，使其得到及时救治。任何单位和个人不得歧视传染病病人、病源携带者和疑似传染病病人。

传染病病人、病源携带者和疑似传染病病人，在治愈前或者在排除传染病嫌疑前，不得从事法律、行政法规和国务院卫生行政部门规定禁止从事的易使该传染病扩散的工作。

## 三、传染病防治法概述

为了预防、控制和消除传染病的发生与流行，保障人体健康，1989年2月21日第七届

全国人大常委会第六次会议审议通过了《中华人民共和国传染病防治法》（以下简称《传染病防治法》），并于同年9月1日起施行。2004年8月28日重新修订了《传染病防治法》，并于同年12月1日起施行。

（一）传染病防治法的概念

传染病防治法的概念有广义和狭义之分。一是指广义的传染病防治法，包括全国人大常委会、国务院、卫生和计划生育委员会、各省、自治区、直辖市、省会市及国务院批准较大的市制定的一切有关传染病防治的法律、行政法规、地方性法规及行政规章的总称。另一种是指狭义的传染病防治方面的法律，即《传染病防治法》本身。

实践中经常使用的传染病防治法是指广义的传染病防治法。广义的传染病防治法是指由国家制定或由主管部门颁布的，由国家强制力保证实施的，调整预防、控制和消除传染病的发生与流行，保障人体健康活动中所产生的各种社会关系的法律规范的总称。

广义的传染病防治法包括《中华人民共和国传染病防治法》、《中华人民共和国国境卫生检疫法》、《中华人民共和国传染病防治法实施办法》、《国境口岸卫生监督办法》、《中华人民共和国国境卫生检疫法实施细则》、《艾滋病监测管理的若干规定》、《预防接种工作实施办法》、《性病防治管理法》、《结核病防治办法》、《病源微生物实验室安全管理条例》等专门的传染病防治法律、法规和规章。同时《中华人民共和国水污染防治法》、《食品卫生法》、《献血法》、《母婴保健法》、《血液制品管理条例》等法律法规中，也有有关传染病防治的法律条文。

预防，指在传染病发生前采取有效的措施以减少传染病的发生与流行。

控制，指在传染病发生后及时采取综合性防疫措施，消除各种传播因素，对病人进行隔离、治疗，以保护易感人群，使疫情不再继续蔓延。

消除，指某种传染病在一定范围内经过一定时间的监测，不再出现，虽然发生这种传染病的可能性仍然存在，但可以认为在这一范围内该传染病已被消除。

（二）传染病防治法的适用范围

《传染病防治法》规定了传染病防治法的适用范围。在中华人民共和国领域内的一切单位，包括我国的一切机关、团体、企事业单位，也包括我国领域内的外资企业、中外合资、合作企业等，必须遵守本法规定。在中华人民共和国领域内的一切个人，指我国领域内的一切自然人，包括中国人，具有外国国籍的人和无国籍人，根据我国有关法律规定和国际惯例，外交人员无传染病防治方面的豁免权。所以，驻中国的外国使馆和领馆人员也应遵守本法规定。

领域指领陆、领水和领空。适用范围包括传染病防治法的地域效力和对人的效力，体现了属地原则，即以领域为标准，从维护国家领土主权的原则出发，不论行为人是本国人还是外国人，也不论所伤害的是本国人还是外国人的利益，都适用本法规定。在领域外违反本规定的，不适用本法。

传染病防治法规定了在中华人民共和国领域内的一切单位和个人，有接受医疗保健机构、卫生防疫机构有关传染病的查询、检验、调查取证以及预防、控制措施的任务；赋予单位和个人对违反本法行为进行检举、控告监督的权力，体现了我国法律保障人民群众的民主权利和实行权利义务统一的原则。

查询，指通过口头、书面或者其他形式进行调查或者询问。检验，指用生物、物理、化学或者其他方法分别对某些疑似传染病病人、病源携带者和需要采集的物品进行检查、化验。

调查取证，指传染病管理监督员对有关当事人和现场进行调查并取得和案件有关的资料和证据。

（三）传染病防治立法的原则

传染病防治法的立法宗旨是：除"为了预防、控制和消除传染病的发生与流行，保障人体健康"之外，还增加了"保障公共卫生"，这说明传染病防治是公共卫生工作的重要组成部分。

根据传染病防治法的规定，国家对传染病防治实行预防为主的方针，防治结合、分类管理、依靠科学、依靠群众的原则。

1. 预防为主。是指传染病防治要把预防工作放在首位，从预防传染病发生入手，通过采取各种防治措施，使传染病不发生，不流行。预防为主是我国卫生工作的基本方针。预防为主并不是不重视医疗，而是要求无病防病，有病治病，立足于防。

2. 防治结合。是指在贯彻预防为主方针的前提下，实行传染病的预防措施和治疗措施相结合。这既符合管理传染病、切断传播途径、保护易感人群等传染病防治要求，又适应由过去单纯的生物医学模式向生物——心理——社会医学模式的转变。

3. 分类管理。是指根据传染病不同病种的传播方式、传播速度、流行强度以及对人体健康和社会危害程度的不同所确定的一种科学管理原则，以便有计划地采取不同的措施，更好地降低防控成本，提高防控水平和效果。

4. 依靠科学。是指在传染病防治工作中，要发扬科学精神，坚持科学决策；普及科学知识，加强科学引导；做好科学预防，实行科学治疗；依靠科学技术，组织科学攻关。

5. 依靠群众。是指传染病防治工作的依靠力量是群众，工作对象也是群众，所以传染病防治工作离不开群众的支持和配合，必须以群众自觉参与和积极配合为条件。在指导思想上除保留"国家对传染病防治实行预防为主的方针，防治结合、分类管理"外，还增加了"依靠科学、依靠群众"的防治原则。

# 第二节　疫情控制

## 一、传染病疫情的报告、通报和公布

（一）传染病疫情的报告

1. 《传染病防治法》规定，任何单位和个人发现传染病病人或者疑似传染病病人时，应当及时向附近的疾病预防控制机构或者医疗机构报告。

2. 有关卫生专业机构及其执行职务的人员发现疫情，应当遵循疫情报告属地管理原则，按照国务院规定的或者国务院卫生行政部门规定的内容、程序、方式和时限报告，不得隐瞒、谎报或缓报。

3. 疾病预防控制机构应当及时收集、分析、调查、核实传染病疫情。按照甲类、乙类传染病疫情报告或者发现传染病爆发流行时，应当立即报告当地卫生行政部门和国务院卫生行政主管部门。

4. 港口、机场、铁路疾病预防控制机构以及国境卫生检疫机关发现甲类传染病病人、病源携带者、疑似传染病病人时，应当按照国家有关规定立即向国境口岸所在地的疾病预防控制机构或者所在地县级以上地方人民政府卫生行政部门报告并互相通报。

（二）传染病疫情的通报

1. 卫生行政部门应当及时向辖区内的疾病预防控制机构和医疗机构通报传染病疫情以及监测、预警的相关信息。接到通报的疾病预防控制机构和医疗机构应当及时告知本单位的有关人员。

2. 国务院卫生行政部门应当及时向其他有关部门和各省、自治区、直辖市人民政府卫生行政部门通报全国传染病疫情以及监测、预警的相关信息。

3. 毗邻的以及相关的地方人民政府卫生行政部门，应当及时互相通报本行政区域的传染病疫情以及监测、预警的相关信息。

4. 中国人民解放军卫生主管部门发现传染病疫情时，应当向国务院卫生行政部门通报。

5. 动物防疫机构和疾病预防控制机构，应当及时互相通报动物之间和人之间发生的人畜共患传染病疫情以及相关信息。

（三）传染病疫情信息的公布

1. 国务院卫生行政部门定期公布全国传染病疫情信息。省、自治区、直辖市人民政府卫生行政部门定期公布本行政区域的传染病疫情信息。

2. 传染病爆发流行时，国务院卫生行政部门负责向社会公布传染病疫情信息，并可以授权省、自治区、直辖市人民政府卫生行政部门向社会公布本行政区域的传染病疫情信息。

## 二、卫生专业机构控制传染病的职责

对发生传染病或有传染病爆发流行时，只有及时采取消灭或控制传染源、切断传播途径、保护易感人群等多方面措施，才能取得防控效果。为此新《传染病防治法》对政府、政府卫生部门和其他部门、医疗机构和疾控机构等的职责都作出了明确规定。以下重点介绍卫生专业机构的职责。

（一）医疗机构的职责

1. 医疗机构发现甲类传染病时，应当及时采取下列措施：

（1）对病人、病源携带者予以隔离治疗，隔离期限根据医学检查结果确定。

（2）对疑似病人，确诊前在指定场所单独隔离治疗。

（3）对医疗机构内的病人、病源携带者、疑似病人的密切接触者，在指定场所进行医学观察和采取其他必要的预防措施。对拒绝隔离治疗或者隔离期未满擅自脱离隔离治疗的，可以由公安机关协助医疗机构采取强制隔离治疗措施。

2. 医疗机构发现乙类或者丙类传染病病人，也应当根据病情采取必要的治疗和控制传播措施。

3. 医疗机构对本单位内被传染病病原体污染的场所、物品以及医疗废物，必须依法实施消毒和无害化处置。

（二）疾控机构的职责

疾病预防控制机构发现或者接到疫情报告时，应当及时采取下列措施：

1. 对传染病疫情进行流行病学调查。根据调查结果提出划定疫点、疫区的建议；对被污染的场所进行卫生处理；对密切接触者，要求在指定场所进行医学观察和采取其他必要的预防措施，并向卫生行政部门提出疫情控制方案。

2. 传染病爆发流行时，对疫点、疫区进行卫生处理，向卫生行政部门提出疫情控制方案，并按照卫生行政部门的要求采取防控措施。

3. 指导下级疾病预防控制机构实施传染病预防及传染病疫情的处理。

（三）医疗机构、疾控机构可采取的特别措施

1. 患甲类传染病、炭疽死亡的，应当将尸体立即进行卫生处理，就近火化。染病死亡的，必要时，应当将尸体进行卫生处理后火化或者按照规定深埋。为了查找传染病病因，医疗机构在必要时可以按照国务院卫生行政部门的规定，对传染病病人尸体或者疑似传染病病人尸体进行解剖查验，并应当告知家属。

2. 疫区中被传染病病原体污染或可能被污染的物品中，经消毒可以使用的，应当在当地疾病预防控制机构的指导下，进行消毒处理后，方可使用、出售和运输。

3. 发生传染病疫情时，疾病预防控制机构和省级以上人民政府卫生行政部门指派的其他与传染病有关的专业技术机构，可以进入传染病疫点、疫区进行调查、采集样本、技术分析和检验。

### 三、传染病爆发时的疫区封锁

（一）疫区封锁宣布与解除

甲类、乙类传染病暴发、流行时，县级以上地方人民政府报经上一级人民政府决定，可以宣布本行政区域部分或者全部为疫区；国务院可以决定并宣布跨省、自治区、直辖市的疫区。县级以上地方人民政府可以在疫区内采取本法第四十二条规定的紧急措施，并可以对出入疫区的人员、物资和交通工具实施卫生检疫。

省、自治区、直辖市人民政府可以决定对本行政区域内的甲类传染病疫区实施封锁。但是，封锁大、中城市的疫区或者封锁跨省、自治区、直辖市的疫区，以及封锁疫区导致中断干线交通或者封锁国境的，由国务院决定。

疫区封锁的解除，由原决定机关决定并宣布。

（二）紧急隔离与解除

对已经发生甲类传染病病例的场所或者该场所内的特定区域的人员，所在地的县级以上地方人民政府可以实施隔离措施，并同时向上一级人民政府报告，接到报告的上级人民政府应当即时作出是否批准的决定。上级人民政府作出不予批准决定的，实施隔离措施的人民政府应当立即解除隔离措施。

在隔离期间，实施隔离措施的人民政府应当对被隔离人员提供生活保障；被隔离人员有工作单位的，所在单位不得停止支付其隔离期间的工作报酬。

隔离措施的解除，由原决定机关决定并宣布。

### 四、疫区的医疗救治

（一）医疗救治服务网络建设

县级以上人民政府应当加强和完善传染病医疗救治服务网络的建设，指定具备传染病救治条件和能力的医疗机构承担传染病救治任务，或者根据传染病救治需要设置传染病医院。

医疗机构不得拒绝传染病病人或者疑似传染病病人的接诊治疗，应当设立专门的传染病救治门诊，收治传染病病人或者疑似传染病病人。

## (二) 提高传染病医疗救治能力

1. 医疗机构的基本标准、建筑设计和服务流程，应当符合预防传染病医院感染的要求。医疗机构应当按照规定对使用的医疗器械进行消毒；对按照规定一次使用的医疗器具，应当在使用后予以销毁。

2. 医疗机构应当按照国务院卫生行政部门规定的传染病诊断标准和治疗要求，采取相应措施，提高传染病医疗救治能力。

## (三) 医疗机构开展医疗救治的管理性规定

1. 医疗机构应当对传染病病人或者疑似传染病病人提供医疗救护、现场救援和接诊治疗，书写病历记录以及其他有关资料，并妥善保管。

2. 医疗机构应当实行传染病预检、分诊制度；对传染病病人、疑似传染病病人，应当引导至相对隔离的分诊点进行初诊。医疗机构不具备相应救治能力的，应当将患者及其病历记录复印件一并转至具备相应救治能力的医疗机构。具体办法由国务院卫生行政部门规定。

# 第三节 传染性非典型肺炎防治管理法律制度

根据《传染病防治法》的规定，卫生部（现卫生和计划生育委员会）2003年4月8日下发了《关于将传染性非典型肺炎（以下简称"非典"）列入法定管理传染病的通知》。该《通知》指出，根据国务院会议精神，为加强传染性非典型肺炎（严重急性呼吸道综合征）防治工作，经研究，决定将其列入《传染病防治法》法定传染病进行管理。该《通知》同时指出对传染性非典型肺炎诊断病例和疑似病例要隔离治疗，对其接触者要开展流行病学调查和密切观察。隔离期限根据医学检查结果确定。拒绝隔离治疗或者隔离期未满擅自脱离隔离治疗的，可以由公安部门协助治疗单位，采取强制隔离治疗措施。

把传染性"非典"列为法定传染病，纳入国家《传染病防治法》管理，从法律上明确了政府及其他主体的义务和责任，大大加强了该病的防治力度，为防治工作提供了坚强的法律保障，对有效控制疫情意义重大。为抗击"非典"和今后可能出现的类似传染病，世界许多国家都紧急修订了各自的相关法规。如韩国国立保健院就于2003年4月26日决定修改《检疫法》的有关条款，将"非典"列入霍乱、鼠疫等严重传染病范畴。

在我国防治"非典"的实践中，各地各部门出于对"非典"防控的需要，大多采取了本应针对甲类传染病病种的防治措施及疫情报告公布措施防治"非典"，这对有效控制"非典"疫情大有帮助。

### 一、"非典"疫情的报告、通报和公布

（一）"非典"疫情的报告

传染性非典型肺炎的疫情报告、通报和公布，应当按照《中华人民共和国传染病防治法》的有关规定来执行。考虑到该病的危害，《传染性非典型肺炎管理办法》作出了更严格的要求。

1. 任何单位和个人发现传染性非典型肺炎病人或者疑似传染性非典型肺炎病人（以下简称病人或者疑似病人）时，都应当及时向当地疾病预防控制机构报告。任何单位和个人对传染性非典型肺炎疫情，不得隐瞒、缓报、谎报或者授意他人隐瞒、缓报、谎报。

2. 医疗机构及其医务人员、疾病预防控制机构的工作人员发现病人或者疑似病人，必须立即向当地疾病预防控制机构报告。疾病预防控制机构发现疫情或者接到疫情报告，应当立即报告上级疾病预防控制机构和当地卫生行政部门。

3. 卫生行政部门接到报告后应当立即报告本级人民政府，同时报告上级卫生行政部门和国务院卫生行政部门。

4. 县级以上卫生行政部门应当加强农村疫情监测和疫情报告体系建设，建立健全县、乡、村三级疫情信息网络。

（二）"非典"疫情的通报

1. 卫生和计划卫生育委员会根据传染性非典型肺炎疫情情况，及时向国务院有关部门和各省、自治区、直辖市卫生行政部门以及军队卫生主管部门通报。

2. 传染性非典型肺炎疫情发生地的省、自治区、直辖市卫生行政部门，应当及时向毗邻省、自治区、直辖市卫生行政部门通报。

（三）"非典"疫情的公布

卫生和计划生育委员会及时、如实向社会公布疫情；省、自治区、直辖市卫生行政部门及时、如实公布本行政区域的"非典"疫情。

## 二、"非典"疫情的预防与控制

（一）各级疾病预防控制机构的职责

1. 对传染性非典型肺炎疫情进行监测与预警。
2. 对疫情报告进行汇总、分析、评估。
3. 对病人或者疑似病人及其密切接触者进行流行病学调查。
4. 对病人或者疑似病人的密切接触者采取必要的医学观察措施。
5. 对医疗机构的消毒、隔离工作进行技术指导。
6. 对疫点进行隔离控制和消毒。
7. 对医疗机构外死亡的病人或者疑似病人的尸体进行消毒处理。
8. 对疾病预防控制人员进行专门的业务培训。
9. 对公众开展健康教育和医学咨询服务。
10. 依据有关规定，实施其他疾病预防控制措施。

（二）医疗机构的职责

1. 及时、如实报告疫情。
2. 承担责任范围内的传染性非典型肺炎的预防、诊断、治疗任务。
3. 对医疗机构内病人或者疑似病人污染的场所、物品、排泄物进行严格的卫生处理。
4. 负责对医疗机构内死亡的病人或者疑似病人的尸体进行消毒处理。
5. 对医护人员进行专门的业务培训。
6. 宣传疾病防治科学知识。
7. 依据有关规定开展其他防治工作。

（三）采取的控制措施

1. 疾病预防控制机构发现传染性非典型肺炎疫情或者接到疫情报告时，应当立即采取以下控制措施：（1）及时到达现场，调查登记病人或者疑似病人的密切接触者。（2）对密切接触者按照有关规定进行流行病学调查，并根据情况采取集中隔离或者分散隔离的方法进行医学观察。（3）对医疗机构外被病人或者疑似病人污染的场所、物品进行卫生处理。

2. 病人、疑似病人的预防控制措施：病人或者疑似病人以及密切接触者及其他有关单位和人员，应当配合疾病预防控制机构和医疗机构采取预防控制措施。

3. 尸体及被污染的场所、物品的卫生处理采取以下措施：（1）传染性非典型肺炎病人死亡后，尸体依法立即消毒、就地火化。（2）医疗机构、疾病预防控制机构必要时可以对尸体进行解剖查验。（3）有关单位和个人必须按照疾病预防控制机构的要求，对被传染性非典型肺炎病原体污染的污水、污物、粪便进行严格消毒后处理。

### 三、医疗救治与监督管理

（一）医疗救治

1. 县级以上地方卫生行政部门应当指定专门的医疗机构负责收治病人或者疑似病人；指定专门机构和车辆负责转运工作，并建立安全的转诊制度。卫生行政部门对定点医疗机构的建设应当给予必要的支持。

2. 县级以上地方卫生行政部门应当指定医疗机构设立发热门诊和隔离观察室，负责收治可疑发热病人，实行首诊负责制。发现病人或者疑似病人时，应当采取应急控制措施，并及时报告当地疾病预防控制机构。

3. 乡（镇）卫生院应当根据县级以上卫生行政部门的要求设立发热病人隔离观察室，发现可疑发热病人时，及时通知县级医疗机构派专门技术人员诊断或者转诊。县级以上地方卫生行政部门应当加强县级医院、乡（镇）卫生院传染病医疗救治设施的改造和建设。

4. 对流动人口中的病人、疑似病人应当按照就地隔离、就地观察、就地治疗的原则，及时送当地指定的专门收治病人和疑似病人的医疗机构治疗。

5. 医疗机构收治病人或者疑似病人，实行先收治、后结算的办法，任何医疗机构不得以费用为由拒收病人。对农民（含进城务工农民）和城镇困难群众中的传染性非典型肺炎病人实行免费医疗，所发生救治费用由政府负担。

（二）监督管理

各级卫生监督机构在卫生行政部门的领导下，对下列事项进行监督检查：

1. 医疗机构和疾病预防控制机构的疫情报告。
2. 医疗机构、留验站（所）的隔离、消毒、防护和医疗废弃物处理。
3. 公共场所的消毒。
4. 密切接触者的医学观察、疫点的环境消毒。
5. 生产、经营和使用单位的消毒产品、防护用品的质量。
6. 依法开展其他监督检查工作。

我国并不缺乏传染病防治的法律制度，《传染病防治法》对传染病的防治从组织到控制和预防都有明确的规定，"非典"防治工作本身有法可依。关键在于怎样充分有效地运用传染病防治的法律制度，严格地依法办事。因此，国务院审时度势，及时将"非典"列为甲类传染病病种，使我国的非典防治工作更加得力有效，从源头上杜绝因现实需要而在实践中产生的践踏法律的现象，充分发挥法律制度的行为调节作用，提升公民生活的安全感。

## 第四节 性病、艾滋病防治法律制度

### 一、性病防治法律规定

（一）法定管理的性病病种

法定管理的性病病种有 8 种：艾滋病、淋病、梅毒、软下疳、性病性淋巴肉芽肿、非淋菌性尿道炎、尖锐湿疣和生殖器疱疹。

（二）性病防治机构

1. 各级人民政府领导性病防治工作。
2. 各级卫生行政部门组织开展性病防治工作。
3. 性病防治机构（县以上皮肤病性病防治院、所、站或卫生行政部门指定承担皮肤病性病防治职责的医疗预防保健机构）具体实施性病防治和疫情报告监测工作。
4. 医疗预防保健机构（经所在地卫生行政部门许可、具有性病防治专业技术人员、具有性病辅助诊断技术设备和人员）。
5. 经执业所在地卫生行政部门许可，从事专科性性病诊断治疗业务的个体医生。

（三）性病的预防

1. 性病防治机构要利用多种形式宣传性病的危害、传播方式和防治知识。
2. 性病防治机构应严格执行各项管理制度和技术操作规程，防止性病的医源性感染，推广使用一次性医疗用品。
3. 加强对特定职业的从业人员和有关出、入境人员的健康体检和健康管理。
4. 性病防治机构要积极协助配合公安、司法部门对查禁的卖淫、嫖娼人员，进行性病检查。
5. 各级医疗、预防和保健机构要建立新生儿"硝酸银"点眼制度。

（四）性病的治疗

1. 凡性病病人或疑似患有性病的，应当及时到性病防治机构进行诊断治疗。
2. 性病防治机构和从事性病诊断治疗业务的个体医师，对前来诊治的性病病人应当进行规范化治疗。
3. 性病病人在就诊时，应当如实提供染病及有关情况，并遵照医嘱进行定期检查，彻底治疗。
4. 性病防治机构和从事性病诊断治疗业务的个体医师在诊治性病病人时，必须采取保护性医疗措施，严格为病人保守秘密。
5. 各级医疗预防保健机构在发现孕妇患有性病时，应当给予积极治疗。

（五）性病的疫情报告

1. 性病防治机构和从事性病防治、诊断和治疗业务的个体医师发现艾滋病、淋病和梅毒及疑似病人时，必须按规定向所在地卫生防疫机构报告。
2. 各级医疗、预防和保健机构及个体医师发现软下疳、性病性淋巴肉芽肿、非淋菌性尿道炎、尖锐湿疣、生殖器疱疹病病人及疑似病人时，应当按规定向所在地县级性病防治机构报告。

3. 性病防治机构对所在地区的艾滋病、淋病和梅毒疫情，必须及时向上级性病防治机构报告。

4. 性病防治机构对所在地区其他性病疫情，必须按月向上级性病防治机构报告。

## 二、艾滋病防治法律规定

（一）艾滋病的监测管理

**1. 监测管理机构及内容**

（1）地方各级人民政府负责对艾滋病病人和艾滋病病毒感染者的管理实行统一领导。协调有关部门，落实各项管理措施，及时解决工作中存在的问题。

（2）各级卫生行政部门负责辖区内艾滋病病人和艾滋病病毒感染者的治疗和疫情监测工作，公安、司法、民政、劳动和社会保障、人事等有关部门应按职责分工，密切配合，共同做好管理工作。

（3）加强法制教育和道德教育，采取加强医疗照顾与提供社区服务，社会鼓励与家庭关怀相结合的方式，对艾滋病病人和艾滋病病毒感染者进行管理。

（4）对艾滋病病人和艾滋病病毒感染者主要在社区进行管理。社区要为他们营造一个友善、理解、健康的生活环境，鼓励他们采取积极的生活态度，改变高危行为，积极配合治疗，以延长生命并提高生活质量。

（5）监测工作的主要内容是：疫情收集、整理、分析，重点人群的血清学检查，流行病学因素调查、分析。

**2. 监测管理的对象**

我国法律规定的艾滋病监测管理的对象是：

（1）艾滋病病人。

（2）艾滋病病毒感染者。

（3）疑似艾滋病病人及与艾滋病病人、艾滋病病毒感染者有密切接触者。

（4）被艾滋病病毒污染或可能造成艾滋病传播的血液和血液制品、毒株、生物组织、动物及其他物品。

**3. 对艾滋病病人和病毒感染者的处理办法**

（1）艾滋病为国家法定报告传染病。民政、公安、司法行政等部门在执行公务时，发现有可能传播艾滋病者，应立即送卫生部门进行艾滋病检查。

（2）医疗单位要密切注意就诊病人，发现疑似艾滋病病人，应当立即诊断、报告和处理。

（3）从事预防、医疗和保健工作的人员确诊或疑似艾滋病病人和感染者后，应立即向当地疾病控制机构报告；疾病控制机构在接到报告后，立即向上级卫生行政部门报告疫情。

（4）任何公民发现疑似艾滋病病人，应就近向预防、医疗和保健机构报告。任何单位和个人不得隐瞒、延迟疫情上报。

（5）预防、医疗和保健机构发现艾滋病人时，应立即采取隔离措施，并送其到卫生行政部门指定的医疗单位治疗。

（6）预防、医疗和保健机构发现艾滋病病毒感染者、疑似艾滋病病人及与其有密切接触者时,应当根据预防的需要,对其实施以下部分或全部措施:留验,限制活动范围;医学观察,定期或不定期访视。

(7) 艾滋病病人或艾滋病病毒感染者的尸体必须就地火化。

### (二) 艾滋病病人和病毒感染者的权利与义务

**1. 艾滋病病人和病毒感染者的权利**

艾滋病病毒感染者和艾滋病病人及其家属不受歧视,他们享有公民依法享有的权利和社会福利。不能剥夺艾滋病病毒感染者工作、学习、享受医疗保健和参加社会活动的权利。也不能剥夺其子女入托、入学、就业等权利。

**2. 艾滋病病人和病毒感染者的义务**

(1) 艾滋病病人应暂缓结婚,艾滋病病毒感染者如申请结婚,双方应接受医学咨询。

(2) 艾滋病病毒感染者和艾滋病病人应对社会承担义务和责任。认真听取医务人员的医学指导,服从疾病控制机构管理。到医疗机构就诊时,应当主动向医务人员说明自身的感染情况,防止将病毒传播给他人。对艾滋病病毒感染者和艾滋病病人所从事的工作有传播艾滋病病毒危险的,其所在单位应负责安排其从事其他工作。

(3) 艾滋病病毒感染者和艾滋病病人不得捐献血液、精液、器官、组织和细胞。

### (三) 卫生行政部门、预防及医疗机构的义务

**1. 保密义务**

经实验室确认的患者艾滋病检测阳性报告,应按传染病报告制度报告,确认报告属于个人隐私,不得泄漏。任何单位和个人不得将病人和感染者的姓名、住址等有关情况公布或传播。医护人员必须严格遵守职业道德,要为病人保密,不得歧视病人。

**2. 救治义务**

各级政府卫生行政部门应指定医疗机构为艾滋病病毒感染者和艾滋病病人提供医疗服务。被指定的医疗机构必须及时收治就诊的艾滋病病毒感染者和艾滋病病人,并应及时安排医务人员为其进行疾病的诊治,不得拒绝。依据《传染病防治法》,应对艾滋病病人实行住院隔离治疗。在病程缓解期或因其他原因确实无法住院隔离治疗的,可命医务人员在保密的情况下,定期以设立"家庭病床",并由收治单位指定进行访视并给予家庭护理指导。对于农村地区以及城市中经济较为困难的艾滋病感染者提供免费治疗。

## 第五节 结核病防治法律规定

### 一、结核病预防与接种

1. 各级卫生行政部门负责制定本地区卡介苗接种工作规划、目标,并组织实施。

2. 各级各类医疗、预防和保健机构都有义务按规定承担所在地区、单位或指定区域的卡介苗接种任务。

3. 卡介苗接种人员必须经过专门技术培训,经县级以上结核病防治机构考核合格后方可从事接种工作。

4. 接种必须按计划免疫程序进行。

5. 卡介苗接种情况应当及时填入统一发放的计划免疫接种证和预防接种卡片。

6. 卡介苗接种发生差错事故和发生严重异常反应时，必须立即采取措施进行抢救和治疗，并如实报告当地县级卫生防疫机构，不得延误或隐瞒不报。

7. 卡介苗的订购计划供应由结核病防治机构和卫生防疫机构共同制定，由省级防疫机构统一订货。

8. 负责实施卡介苗接种的机构，应将卡介苗接种率及接种质量考核情况，定期书面报告卫生行政部门，并抄送同级卫生防疫机构以及结核病防治机构或卫生行政部门指定的医疗预防保健机构。

## 二、结核病调查与报告

1. 结核病防治机构和指定的医疗、预防和保健机构，应当按规定进行结核病疫情和传染源的调查。

2. 结核病暴发流行的地区或单位，应当积极配合当地结核病防治机构或指定的医疗预防保健机构的流行病学调查工作，组织集体结核病检查，查明传染源，采取有效措施控制疫情蔓延。

3. 医疗、预防和保健机构及个体开业医生对确诊的肺结核病人，必须按下列规定时间，向当地结核病防治机构或指定的医疗预防保健机构报告。

4. 县（区）级结核病防治机构或承担结核病防治职责的医疗预防保健机构在接到《结核病报告卡》后应对病人进行登记和管理。

5. 国家统计局审批备案的结核病统计报表是国家取得结核病患、发病登记资料的重要来源，各级结核病防治机构应按规定逐级上报。

## 三、结核病治疗

1. 医疗预防保健机构对收治的肺结核病人，应当按《全国结核病防治工作手册》和《肺结核病诊疗规程》实施诊断、治疗和管理。不能按工作手册和诊疗规程实施诊断、治疗和管理的，必须将肺结核病人及时转至当地结核病防治机构或指定的医疗预防保健机构。《全国结核病防治手册》和《肺结核病诊疗规程》由国务院卫生行政部门制定。

2. 乡村医生和个体开业医生遇有疑似结核病的就诊病人；应及时转至当地结核病防治机构或中心卫生院。

3. 已确诊的排菌期肺结核病人，应当按结核病防治要求，主动配合治疗单位的治疗与管理。

## 四、结核病控制传染

1. 结核病防治机构或指定的医疗预防保健机构，对下列从业人员中患有传染性肺结核病的，应当按规定通知其单位和当地卫生监督管理机构：（1）食品、药品、化妆品从业人员。（2）《公共场所卫生管理条例》规定范围内的从业人员。（3）教育、托幼单位的从业人员。（4）国务院卫生行政部门规定的其他从业人员。

2. 下列人员应当按规定进行预防性结核病体检：（1）新参加工作、参军、入学的人员。（2）食品、药品、化妆品从业人员。（3）接触粉尘和有害气体的厂矿企业职工。（4）排菌期肺结核病人的家属及其密切接触者。（5）国务院卫生行政部门规定的其他人员。

3. 排菌期肺结核病人应当避免可能传播结核病的行为。结核病防治机构、医疗、预防和保健机构，必须按照卫生防疫机构规定的卫生要求对结核菌污染的污水、带有结核病病菌的排泄物和痰液进行消毒或卫生处理。

4. 对从事结核病预防、医疗、科研、教学的人员，以及在生产工作中经常接触结核菌的其他人员，有关单位应根据国家规定，采取有效的防护措施和医疗预防保健措施。

## 第六节　法律责任

地方各级人民政府未依照本法的规定履行报告职责，或者隐瞒、谎报、缓报传染病疫情，或者在传染病暴发、流行时，未及时组织救治、采取控制措施的，由上级人民政府责令改正，通报批评；造成传染病传播、流行或者其他严重后果的，对负有责任的主管人员，依法给予行政处分；构成犯罪的，依法追究刑事责任。

### 一、法律责任追究的责任部门

#### （一）卫生行政部门的责任

**1. 卫生行政部门的职责**

卫生行政部门主管传染病防治及其监督管理工作。

（1）各级人民政府和卫生行政部门的职责：县级以上人民政府应制定传染病防治规划并组织实施，建立健全传染病防治的疾病预防、控制、医疗救治和监督管理体系。

（2）卫生专业机构的职责。《传染病防治法》在总则部分首先原则规定了卫生专业机构的职责，并在传染病预防和控制两章中对有关职责作出了进一步详细的规定，其疾控机构与医疗机构职责规定为：①各级疾病预防控制机构承担传染病监测、预测、流行病学调查、疫情报告以及其他预防、控制工作。②医疗机构承担传染病患者的医疗救治及责任区域内的传染病预防工作。③城市社区和农村基层医疗机构在疾病预防控制机构的指导下，承担责任区域内的传染病防治工作。

（3）社会动员、广泛参与。传染病的防治需要社会各方面及广大群众的参与，国家和社会应当关心、帮助传染病病人、病源携带者和疑似传染病病人，任何单位和个人不得歧视。为此该法规定：①国家支持和鼓励单位和个人参与传染病防治工作。鼓励参与有关志愿服务和捐赠活动。②居民委员会、村民委员会应当组织居民、村民参与社区、农村的传染病预防与控制活动。③开展预防传染病的健康教育。新闻媒体应当无偿开展传染病防治和公共卫生教育的公益宣传。④各级各类学校应当对学生进行健康知识和传染病预防知识的教育。⑤医学院校对在校学生以及其他与传染病防治相关人员进行预防医学教育和培训，为传染病防治工作提供技术支持。⑥疾病预防控制机构、医疗机构应当定期对其工作人员进行传染病防治知识、技能的培训。

（4）公民与法人的义务。在中华人民共和国领域内的一切单位和个人，必须接受疾病预防控制机构、医疗机构有关传染病的检查、检验、采集样本、隔离治疗等预防、控制措施，并如实提供相关情况。

**2. 卫生行政部门的法律责任**

县级以上地方卫生行政部门有下列行为之一的，由上级卫生行政部门责令改正，通报批评，给予警告，对其主要负责人由有关部门依法给予降级或者撤职的行政处分；造成传染性非典型肺炎传播、流行或者对社会公众健康造成其他严重危害后果的，依法给予开除的行政处分；构成犯罪的，依法追究刑事责任：

（1）未按照规定履行报告职责，隐瞒、缓报、谎报或授意他人隐瞒、缓报、谎报疫情的。
（2）在防治工作中玩忽职守，失职、渎职的。
（3）对上级卫生行政部门的督察、指导不予配合，或者采取其他方式阻碍、干涉的。

### （二）疾病预防控制机构和医疗机构的责任

**1. 疾病预防控制机构的职责**

（1）实施传染病预防控制规划、计划和方案。
（2）收集、分析和报告传染病监测信息，预测传染病的发生、流行趋势。
（3）开展对传染病疫情和突发公共卫生事件的流行病学调查、现场处理及其效果评价。
（4）开展传染病实验室检测、诊断、病原学鉴定。
（5）实施免疫规划，负责预防性生物制品的使用管理。
（6）开展健康教育、咨询，普及传染病防治知识。
（7）指导、培训下级疾病预防控制机构及其工作人员开展传染病监测工作。
（8）开展传染病防治应用性研究和卫生评价，提供技术咨询。

**2. 疾病预防控制机构的法律责任**

疾病预防控制机构未依法履行传染病监测职责及疫情报告职责的，或未主动收集、调查、分析疫情信息的，或发现传染病疫情时未及时采取措施的，或故意泄露传染病病人、病源携带者、疑似传染病病人、密切接触者个人隐私，造成传染性疾病传播、流行或者对社会公众健康造成其他严重危害后果，由县级以上人民政府卫生行政部门责令限期改正，通报批评，给予警告；对负有责任的主管人员和其他直接责任人员，依法给予降级、撤职、开除的处分；对有关医疗卫生人员，由其所在单位或者上级机关给予纪律处分，并由县级以上卫生行政部门依法吊销执业证书；构成犯罪的，依法追究刑事责任：

（1）未依法履行疫情报告职责，隐瞒、缓报或者谎报的。
（2）拒绝服从卫生行政部门调遣的。
（3）未按照规定及时采取预防控制措施的。
（4）拒绝接诊病人或者疑似病人的。
（5）未按照规定履行监测职责的。

### （三）医疗机构的法律责任

**1. 医疗机构的职责**

医疗机构必须严格执行国务院卫生行政部门规定的管理制度、操作规范，防止传染病医院性感染。医疗机构应当确定专门的部门或者人员，承担传染病疫情报告、本单位的传染病预防、控制以及责任区域内的传染病预防工作；承担医疗活动中与医院感染有关的危险因素监测、安全防护、消毒、隔离和医疗废物处置工作。疾病预防控制机构应当指定专门人员负责对医疗机构内传染病预防工作进行指导、考核，开展流行病学调查。

**2. 医疗机构的法律责任**

医疗机构违反《中华人民共和国传染病防治法》规定，有下列情形之一的，由县级以上人民政府卫生行政部门责令改正，通报批评，给予警告；情节严重的，依法吊销医疗机构执业许可证；造成传染病传播、流行或者其他严重后果的，对负有责任的主管人员和其他直接责任人员，依法给予降级、撤职、开除的处分，并可以依法吊销有关责任人员的执业证书；构成犯罪的，依法追究刑事责任：

（1）未按照规定承担本单位的传染病预防、控制工作、医院感染控制任务和责任区域内的传染病预防工作的。

（2）未按照规定报告传染病疫情，或者隐瞒、谎报、缓报传染病疫情的。

（3）发现传染病疫情时，未按照规定对传染病病人、疑似传染病病人提供医疗救护、现场救援、接诊、转诊的，或者拒绝接受转诊的。

（4）未按照规定对本单位内被传染病病原体污染的场所、物品以及医疗废物实施消毒或者无害化处置的。

（5）未按照规定对医疗器械进行消毒，或者对按照规定一次使用的医疗器具未予销毁，再次使用的。

（6）在医疗救治过程中未按照规定保管医学记录资料的。

（7）故意泄露传染病病人、病源携带者、疑似传染病病人、密切接触者涉及个人隐私的有关信息、资料的。

## 二、法律责任追究的其他有关单位和人员

有关单位和人员有下列行为之一的，由县级以上卫生行政部门责令改正，可以处5000元以下的罚款；情节较严重的，可以处5000以上20000元以下罚款；对主管人员和直接责任人员，由所在单位或有关部门给予行政处分；构成犯罪的，依法追究刑事责任：

1. 对传染性非典型肺炎病原体污染的污水、污物、粪便不按规定进行消毒处理的。

2. 造成传染性非典型肺炎的医源性感染、医院内感染、实验室感染或者致病性微生物扩散的。

3. 生产、经营、使用消毒产品、隔离防护用品等不符合规定与标准，可能造成传染病的传播、扩散或者造成传染病的传播、扩散的。

4. 拒绝、阻碍或者不配合现场调查、资料收集、采样检验以及监督检查的。

5. 拒绝执行疾病预防控制机构提出的预防、控制措施的。

6. 病人或者疑似病人故意传播传染性非典型肺炎，造成他人感染的。

## 三、法律责任的追究

违法必须承担法律责任，是法律建设的基本要求之一。我国宪法规定，公民享有政治、经济、文化各项权力，公民的人身安全、人格尊严和合法财产不受侵犯。国家机关和工作人员应努力为人民服务，不得侵犯公民的合法权益，国家机关和工作人员如果侵犯公民权利而使之受到损失，依法应当承担法律责任。

一般意义上讲的法律责任，包括行政、民事、刑事三大责任制度。不同的法律法规，规定的各种违法行为应当承担的法律责任。就《传染病防治法》而言，它规定了两种责任，即行政责任和刑事责任。

（一）行政责任

《传染病防治法》规定的行政责任主要有两种：行政处罚和行政处分。

**1. 行政处罚**

《传染病防治法》第35条规定：违反本法规定，有下列行为之一的，由县级以上卫生行政部门责令限期改正，可以处以罚款，有造成传染病流行危险的，由卫生行政部门报请同

级政府采取强制措施：

（1）供水单位供应的饮用水不符合国家规定的卫生标准的。

（2）拒绝按照卫生防疫机构提出的卫生要求，对传染病病原体污染的污水、污物、粪便进行消毒处理的。

（3）准许或者纵容传染病病人、病源携带者和疑似传染病病人从事国务院卫生行政部门规定禁止从事的易使该传染病扩散的工作的。

（4）拒绝执行卫生防疫机构依照本法提出的其他预防、控制措施的。对违反传染病防治法规定的行为，应追究行政责任的规定。它的行政责任形式为罚款。

（5）责令限期改正是一种临时性行政措施，其目的在于要求有违法行为的单位或个人必须在要求的限期内改正违法行为，否则行政执法机关将采取进一步的处罚措施。一般法律、法规中在规定责令限期改正的同时，均规定可并处其他较严厉的制裁方式。本条亦在规定责令限期改正的同时，规定对在限期内不改的可处以罚款。

罚款是目前较常用的行政处罚形式，是行政执法机关对违反行政法义务的人，依法强制其在一定期限内向国家缴纳一定数额的货币的处罚形式。行政执法机关通过罚款缴纳的一定数额的人民币，属于国家的罚没收入，依法应全部上缴国库。

## 2. 行政处分

行政处分指根据国家法规或者国家机关、企事业单位的规章制度，由国家机关、企业事业单位按行政隶属关系，对犯有轻微违法失职行为尚不够刑事处罚，或者违反内部纪律的所属人员给予的一种制裁方式。行政处分有警告、记过、降职、撤职、开除留用察看和开除等。

（1）从事实验、贮藏、携带、运输传染病菌种、毒种的人员，违反国务院卫生行政部门的有关规定，造成传染病菌种、毒种扩散，情节轻微的，给予行政处分。

（2）从事传染病的医疗保健、卫生防疫、监督管理的人员和政府有关主管人员玩忽职守，造成传染病传播或者流行的，给予行政处分。

（3）玩忽职守罪指国家工作人员对工作严重不负责任，致使公共财产、国家和人民利益遭受重大损失的行为。对因玩忽职守而造成的传染病传播或者流行，尚不构成犯罪的医疗保健、卫生防疫、监督管理的人员和政府有关主管人员，由有关单位给予行政处分。

## 3. 有权行使行政处罚权的机关和权限

县级以上政府卫生行政部门有权责令限期改正，处以罚款的制裁。县级政府卫生行政部门可以作出一万元以下罚款的决定，一万元以上罚款须报上一级政府卫生行政部门批准。如果不报批，便属于行政越权。

受国务院卫生行政部门委托的有关部门卫生主管机构可以做出2000元以下罚款的决定；处以2000元以上罚款决定，须经当地县级经上政府卫生行政部门批准。作为具体行政行为相对人的公民、法人和其他组织，对卫生行政部门做出的行政处罚不服时，有权向做出处罚决定的上一级卫生行政机关申请行政复议，或者直接向人民法院提起行政诉讼。

因此《传染病防治法》第36条规定："当事人对罚款决定不服的，可以自收到处罚决定通知书之日起15日内向上一级卫生行政部门申请复议；对复议决定仍然不服的，可以自收到复议决定通知书之日起15日内向法院提起诉讼。当事人也可以自收到处罚决定通知书之日起15日内，直接向法院提起诉讼。逾期不申请复议或者不提起诉讼又不履行的，作出处罚决定的卫生行政部门可以申请法院强制执行。"这是对行政复议、行政诉讼和申请法院强制执行的规定。

### （二）刑事责任

危害公共卫生罪是指违反国家有关卫生管理的法律规定，从事危害国家进行卫生管理的行为，已经或者可能损害公众的健康，依照我国刑法应该追究刑事责任的一类罪。这是1997年3月24日修订后的"新刑法"中增设的一类罪。《中华人民共和国刑法》规定："从事实验、保藏、携带、运输传染病菌种、毒种的人员，违反国务院卫生行政部门的有关规定，造成传染病菌种、毒种扩散，如果情节严重的，应以危害公共卫生罪追究刑事责任。"

**1. 传染病菌种、毒种扩散罪**

传染病菌种、毒种扩散罪是指从事实验、保藏、携带、运输传染病菌种和毒种的人员，违反国务院卫生行政部门的有关规定，造成传染病菌种、毒种扩散，后果严重的行为。

传染病菌种、毒种扩散罪犯的特征是：

（1）侵犯的直接客体是国家关于传染病菌种、毒种实验、保藏、携带、运输的管理制度，行为对象只能是传染病菌种或者毒种。

（2）在客观上表现为违反国务院卫生行政部门的有关规定，在实验、保藏、携带、运输过程中，造成传染病菌种或者毒种扩散，后果严重的行为。

（3）主体只能是从事实验、保藏、携带、运输传染病菌种、毒种的人员，但必须是已满16周岁具有刑事责任能力的人员。

（4）在主观上为过失，即应当预见自己违反国务院卫生行政部门有关规定的行为会造成传染病菌种、毒种的扩散后果，因为疏忽大意而没有预见，或者已经预见而轻信能够避免的心理态度。但是，行为人实施违反国务院卫生行政部门有关规定的行为可能是故意的。

**2. 玩忽职守罪**

玩忽职守罪是指国家机关工作人员严重不负责任，不履行或不正确地履行自己的工作职责，致使公共财产、国家和人民利益遭受重大损失的行为。对因玩忽职守而造成的传染病传播或者流行，情节严重，构成犯罪的医疗保健、卫生防疫、监督管理的人员和政府有关主管人员，应追究刑事责任。《中华人民共和国刑法》第409条规定："从事传染病防治的政府卫生行政部门的工作人员严重不负责任，导致传染病传播或者流行，情节严重的，处3年以下有期徒刑或者拘役。"

玩忽职守罪犯罪的特征是：

（1）主观方面必须由职务过失所致。如出于故意，则构成其他犯罪，而非玩忽职守罪。即使具有过失，如行为与职务活动无关，也不能构成本罪。

（2）客观方面必须有玩忽职守的行为，并造成传染传播或者流行，使国家和人民利益遭受重大损失的后果。

是否造成重大损失，是区分罪与非罪、玩忽职守与一般工作错误的具体标准。对于不是由于玩忽职守而造成的工作上的事故，或只是造成国家和人民利益一般损失而没有造成重大损失，都属于应予批评教育或政纪处分的范围。在认定本罪时，还必须认真分析玩忽职守行为和危害结果之间的因果关系，将牵连人员和直接责任人员区别开来，以分清责任，根据不同情况严肃处理。

**3. 妨害国境卫生检疫罪**

妨害国境卫生检疫罪是指违反国境卫生检疫规定，引起检疫传染病传播或者有传播严重危险的行为。妨害国境卫生检疫罪犯罪的特征是：

（1）犯罪侵犯的客体是国境卫生检疫管理法律、法规，破坏、干扰国境卫生检疫部门的正常工作秩序。

（2）犯罪客观方面的表现是违反国境卫生检疫规定，采用隐瞒或者公开拒绝等手段，致流行病、传染病流出、流入国境。

（3）犯罪的主体为一般主体，即年满十六周岁以上、具有刑事责任能力的自然人，均可构成本罪主体，单位也可构成本罪主体。

（4）犯罪主观方面表现为故意，即行为人是在知道或者应当知道自己的行为是妨害国境卫生检疫的，并希望这种结果产生的故意行为。

4. 逃避动植物检疫罪

逃避动植物检疫罪是指违反动植物进出境检疫法规，逃避动植物检疫，引起动植物重大疫情发生的行为。逃避动植物检疫罪犯罪的特征是：

（1）侵犯的客体是国家的进出境动植物检疫的法律、行政法规的规定和国家行政部门的正常工作秩序及人民的身体健康。

（2）犯罪客观方面表现为违反进出境动植物检疫的以下具体行为：①行为人输入动植物逃避口岸的检疫；②行为人输出动植物逃避口岸的检疫；③行为人的过境动植物逃避口岸的检疫；④引起动植物疫情发生。

（3）犯罪的主体是一般主体，即年满十六周岁以上、具有刑事责任能力的中外自然人或者单位，实施了上述行为，均可构成本罪主体。

（4）犯罪客观方面表现为故意，即行为人在明知或者在应当知道的情形下实施逃避动植物检疫，并希望这种结果发生的故意行为。

## 思考题

1. 我国传染病防治的原则有哪些？
2. 《传染病防治法》规定国家对传染病实行的方针和管理办法是什么？
3. 医疗机构有哪些疫情控制措施？
4. 在传染病防治中医疗机构应该承担什么法律责任？
5. 艾滋病病人有哪些权利和义务？
6. 案例：富顺县赵化中心卫生院原院长易××，作为卫生院分管传染病预防管理工作的领导，从2002年12月至2003年5月，在明知该县光第中学先后有15名学生被卫生院确定为甲肝患者，学校出现学生群体性腹泻现象后，没有对辖区范围内学校卫生、生活饮用水卫生、传染病防治进行监管，同时还对任用的防保人员和光第中学使用自备水源情况失察，致使光第中学2003年5月爆发甲肝疫情，患病学生多达147人。

    阆中市人民法院和富顺县人民法院以传染病防治失职罪分别判处被告人王××拘役6个月；易××有期徒刑1年缓刑1年6个月。

    （1）易××和王××是否存在违反法定义务的行为？法律依据是什么？

    （2）易××和王××应该承担什么责任？

（分析思路：预防传染病失职。）

# 第九章

# 精神卫生法律制度

**本章导引**

主要介绍《精神卫生法》对精神卫生工作的指导原则、工作方针和管理机制;精神障碍预防、诊断、治疗和康复的法律制度;精神疾病患者合法权益保护;精神疾病司法鉴定,精神卫生工作的保障措施和心理健康促进等法律制度。

《2001年世界卫生报告》指出,全世界约有4.5亿精神和脑部疾病患者,每4人中就会有1人在一生的某个阶段产生精神和行为问题。精神障碍造成的社会负担,占全部疾病负担的四分之一,精神障碍在疾病总负担中排名居首,超过了心脑血管、呼吸系统及恶性肿瘤等疾病。由于精神疾病具有社会性,所以在给患者及家庭带来影响的同时,还会给公共安全和社会安定造成一定危害与威胁。

## 第一节 概述

近半个世纪以来,司法精神医学(又被称为法医精神病学)在全世界范围内得到了迅速的发展,对于推进人类卫生保健和国家法制建设以及具体法规的贯彻,都发挥了积极巨大的良好社会作用,受到了全世界的认同和高度的关注。

### 一、精神卫生法律制度概述

#### (一)精神卫生工作的重要性

当前我国正处于社会转型期,各种社会矛盾增多,人口和家庭结构变化明显,各种压力导致心理压力加大,严重精神疾病患病率和自杀行为呈上升趋势。与此同时,儿童和青少年心理行为问题,恋爱、婚姻和家庭问题,老年性痴呆和抑郁,突发性亲人丧失,重大灾害后受灾人群心理危机等方面的问题也日益突出。资料表明,我国每年至少有27万人(即平均每两分钟就有一人)死于自杀,有200万人自杀未遂,中国已逐步成为高自杀率国家,在自杀人群中,有近八成的人患有程度不同的抑郁症,抑郁症已成为人类自杀的头号隐患。

精神卫生已成为重大的公共卫生问题和突发的社会问题。据国家卫生部门统计,随着现代社会生活节奏逐步加快,工作、生活压力的增加,患有失眠、抑郁、焦虑、神经衰弱、更年期综合症等神经系统类疾病的人群越来越多,神经系统类疾病已成为潜在疾病发病率的首位。

所以,加强精神卫生工作,做好精神疾病的防治,预防和减少各类不良心理行为问题的发生，关系到人民群众的身心健康和社会的繁荣稳定，对保障我国经济社会全面、协调和持续发展具有重要意义。

（二）我国精神卫生法的立法进程

随着现代社会的发展，世界各国普遍重视精神卫生立法。自1838年世界上第一部《精神卫生法》诞生以来，至今已有120多个国家颁布了《精神卫生法》。从20世纪80年代以来，我国涉及精神卫生管理的法律、法规有20多部，1985年，《精神卫生法（草案）》开始起草。但是，我国精神卫生立法进展十分缓慢，没有专门的法律、法规可依，给解决精神病患者所带来的社会问题和精神病防治工作造成诸多不便。因此，加强精神卫生工作法制建设，为精神卫生事业发展提供法律保障，是衡量社会全面健康状况的重要标准，是关系到精神卫生事业发展的重大问题，也是社会文明的标志和法治社会的要求。

2002年，卫生部（现卫生和计划生育委员会）等四部门联合制定了《中国精神卫生工作规划（2002－2010年）》；2004年国务院办公厅转发了卫生部（现卫生和计划生育委员会）、教育部、公安部、民政部等部门制定的《关于进一步加强精神卫生工作的指导意见》，指出"地方各级人民政府要切实负起责任，建立部门协调工作制度"。2008年1月15日卫生部、中共中央宣传部（现卫生和计划生育委员会）、国家发展和改革委员会、教育部、公安部、民政部、司法部、财政部、人事部、劳动和社会保障部、文化部、国家食品药品监督管理局、全国总工会、共青团中央、全国妇联、中国残疾人联合会、全国老龄工作委员会办公室等十七部委，联合下发关于《全国精神卫生体系发展指导纲要（2008—2015）》的通知，纲要制定2008—2015年精神卫生工作体系的指导思想和"预防为主、防治结合、重点干预、广泛覆盖、依法管理"的基本原则，进一步明确了2008—2015年不同阶段的工作目标。

2011年9月19日，国务院常务会议讨论并且原则通过精神卫生法（草案）；2012年10月26日全国人大常委会表决通过《中华人民共和国精神卫生法》（以下简称《精神卫生法》），由中华人民共和国主席令第62号发布，自2013年5月1日起施行。

## 二、精神卫生法

（一）精神卫生法的概念

精神卫生法是调整在保护精神病人的医疗、康复、就业等合法权益，维护精神卫生机构的正常工作秩序，保护精神卫生工作人员的人身安全等活动中产生的各种社会关系的法律规范的总和。

（二）精神卫生工作的指导原则

精神卫生工作要按照"预防为主、防治结合、重点干预、广泛覆盖、依法管理"的原则，建立"政府领导、部门合作、社会参与"的工作机制，探索符合我国实际的精神卫生工作发展思路，建立健全精神卫生服务网络，把防治工作重点逐步转移到社区和基层。建立以政府投入为主、多渠道筹资的模式，保障精神疾病预防与控制工作的开展；加强重点精神疾病的治疗与康复，突出重点人群的心理行为问题干预，努力开展精神疾病患者救治救助，切实提高人民群众的自我防护意识，预防和减少精神障碍的发生，最大限度满足人民群众的精神卫生服务的需求；建立健全精神卫生的法律法规；加强精神卫生工作队伍建设和科研工作。

### (三) 精神卫生工作的方针

精神卫生工作实行"预防为主"的方针，坚持预防、治疗和康复相结合的原则。

《精神卫生法》规定，各级人民政府应当将精神卫生工作经费列入本级财政预算；国家加强基层精神卫生服务体系建设，保障城市社区、农村基层精神卫生工作所需经费；综合性医疗机构应当按照国务院卫生行政部门的规定开设精神科门诊或者心理治疗门诊，提高精神障碍预防、诊断、治疗能力。

### (四) 精神卫生法的立法意义

精神卫生法的立法宗旨是为了发展精神卫生事业，规范精神卫生服务，维护精神障碍患者的合法权益。精神卫生问题不仅是医疗卫生、公共卫生问题，更是社会问题。人的健康涉及身体、生理、精神、心理等社会适应性问题，精神卫生还涉及公民的基本权利乃至尊严。

因此，《精神卫生法》是国家、社会、个人社会适应性的重大问题，体现一个国家的政治、经济、文化等多方面状况。对于规范精神卫生服务，预防精神障碍发生，维护精神障碍患者的合法权益，具有重要意义。

## 三、精神障碍患者合法权益保障

**1. 受监护权**

对于精神病人权益的保护首先要依照《民法通则》的有关规定确定监护人。精神疾病患者权利能力虽然并不因其患有精神疾病而受到影响，但是精神疾病患者由于不能行使应当享有的权利和履行应当承担的义务，不但不能自理生活和承担各项事务，而且无法进行各项民事活动。因此，应当根据《民法通则》有关监护条款的规定，设立监护人。

(1) 对于精神病患者的监护可由下列有监护能力的人担任监护人：①配偶；②父母；③成年子女；④其他近亲属；⑤关系密切的其他近亲属；⑥如果没有上述规定的监护人的，由精神病患者所在单位或居住地的居民委员会、村民居委会或民政部门担任监护人。

(2) 监护人除应承担民法规定的监护责任外，在保护精神病人就医方面应做到：①使病人接受治疗，避免其伤害他人或自己；必要时，依精神科医师诊断或精神疾病的司法鉴定结果，帮助病人办理住院；②病人住院期间，协助医务人员进行治疗，待病情稳定或康复时，依医师意见办理出院；③病人出院后，协助其继续接受门诊、社区康复治疗及教育训练或就业辅导。

**2. 人生自由和人格尊严权**

全社会应当尊重、理解、关爱精神障碍患者，任何组织或者个人不得歧视、侮辱、虐待精神障碍患者，不得非法限制精神障碍患者的人身自由。精神障碍患者的人格尊严、人身和财产安全不受侵犯。

(1) 人身自由权。精神障碍患者的人身权同样应受尊重和保护，不得予以歧视、虐待或非法利用。①新闻报道和文学艺术作品等不得含有歧视、侮辱精神障碍患者的内容；②对精神病人，除非对本人有危险或者对他人的安全构成威胁，不得加以非法捆绑、拘禁，更不得殴打、禁食等虐待行为；③医疗机构不得强迫精神障碍患者从事生产劳动。

(2) 人格尊严权。①医疗机构及其医务人员应当尊重住院精神障碍患者的自由通讯和会见探访者等权利，除在急性发病期或者为了避免妨碍治疗可以暂时性限制外，住院病人应享有个人隐私权，医疗机构依住院病人病情或医疗需要，不得予以限制；②有关单位和个人应当对精神障碍患者的姓名、肖像、住址、工作单位、病历资料以及其他可能推断出其身份的信息予以保密;③未经精神病人及其监护人同意,不得对病人录音、录像或摄影,但是,依法履行职责需要公开的除外。

### 3. 相关责任免责权

精神病人在不能辨认或者不能控制自己行为时违反治安管理相关规定的,不予处罚。精神病人在不能辨认或不能控制自己行为的时候造成危害结果,经法定程序鉴定确认的,不负刑事责任。

### 4. 知情权和自主决定权

知情同意是医学领域中通行的道德规则。知情同意是指患者有权利知道自己的病情,并可以对医务人员所采取的防治措施决定取舍。精神病患者及其家属有权了解病情、诊断结论、治疗方案及其可能产生的后果。在治疗措施方面,精神病患者有权利作出治疗或者不治疗的决定,除非其本人丧失自控力。即使在丧失自知力对其作出强迫治疗时,也应在他们恢复自控力时立即获得治疗同意。

### 5. 平等的学习和劳动就业权

精神障碍患者的教育、劳动、医疗以及从国家和社会获得物质帮助等方面的合法权益受法律保护。

对于已康复的精神病病人,除能证明其无胜任能力,不得以曾患精神病为由,拒绝入学、应考、雇佣或其他不公平待遇。

### 6. 女精神病人的特殊保护权

对明知女方是精神病人,无论采取任何手段与之发生两性关系的,均以强奸罪论处。

### 7. 救助权

残疾的精神病人属于社会弱势群体,有的地方制定了特困病人的经济扶助政策,把有些精神病科疾病纳入大病医保范围,解决经济确实困难的精神病人的长期服药问题。

## 第二节 精神疾病的诊断和治疗

### 一、精神障碍与疾病

#### (一) 精神疾病的概念

精神疾病是在各种生物学、心理学以及社会环境因素影响下,人的大脑功能失调,导致认知、情感、意志和行为等精神活动出现不同程度障碍等临床表现的疾病。精神活动包括认识活动,由感觉、知觉、注意、记忆和思维等组成,情感活动及意志活动过程相互联系紧密协调,维持着精神活动的统一完整。

大多数精神疾病患者病程迁延、病情波动易复发,需要持续规范的药物治疗以控制症状和预防复发。提高精神患者治疗的依从性,是控制精神症状改善精神病预后的关键。虽然新一代抗精神病药物和新型抗抑郁剂疗效肯定、副反应较少,已受到普遍欢迎,但是,精神疾病患者对药物治疗的认知和依从程度,仍然是目前精神科临床治疗和护理面临的主要问题。

#### (二) 精神障碍与疾病的病因

精神障碍与疾病主要是由于患者自身的生理遗传因素、神经生化因素等内在原因,以及家庭、社会环境等外在原因,相互作用所导致的心理活动、行为、及其神经系统功能紊乱为主要特征的病症。精神障碍与疾病的病因一般分为生物学因素、心理因素和社会因素。

1. **生物学因素**

(1) 遗传因素

遗传因素是最重要的致病因素之一,但并不是唯一的因素,也不是肯定的单基因遗传。一般认为是多基因相互作用提高了精神障碍的"危险性"或者可能性。如遗传基因的作用,相同的基因使得许多外貌特征被遗传下来,同时人的性格或人格特征也有遗传倾向,许多子女有着与父母相似的人格特质,一些思维和行为方式也被遗传下来,所以有许多家族性的人格障碍患者。研究表明,精神疾病与遗传因素有一定的关系,如精神分裂症、情感性精神障碍、人格障碍、精神发育迟滞等类型,具有明显遗传倾向。但是也并非所有的精神疾病都遗传,它们是遗传与环境因素综合作用的结果,并且遗传是复杂的多个基因的作用的结果。

(2) 理化生物因素

身体其他部位的病变也可累及到中枢神经系统而引发精神障碍。如脑部的外伤、中毒、感染、肿瘤、变性、营养缺乏、代谢障碍、血管性疾病、放射性损伤、内分泌异常和精神活性物质等器质性病变,均可直接或间接地损害人脑的结构和正常功能,引起精神异常。如脑部的创伤可以导致病者精神发育缓慢和人格的改变,孕妇分娩时的产伤与日后的精神分裂症的发病有重要的关联性。

(3) 性别因素

有些精神疾病男女性别比例有明显差异。女性会因为性腺的内分泌和某些生理过程等特点会引起冲动、情绪不稳定、焦虑等临床表现。这与中枢神经抑制催乳素的分泌有关,因为女性如果出现月经过少或泌乳等现象时,就会反馈到中枢神经而促使体内催乳素升高,这样就会常常伴有抑郁、焦虑、对应激的耐受力下降和精力减退等症状发生,抑郁症、癔症等女性发病率高。男性多受酒精和烟草的影响,体内血睾丸酮水平的降低会诱发男性的抑郁症的发生,如酒瘾、反社会人格等男性发病率高。

(4) 年龄因素

精神障碍与疾病与年龄因素有较大的相关性。如儿童会产生行为和情绪障碍,青春期容易产生精神分裂症等,壮年期容易罹患各种偏执性精神病和身心疾病,老年人容易罹患脑血管疾病所致的精神障碍、老年性痴呆、帕金森症等。

2. **心理因素**

人的心理因素包括所有心理活动的运动、变化过程。心理因素主要有两种:积极心理因素与消极心理因素,它们是相互排斥的。因此,要切实达到发展积极心理因素的目的,就离不开自我调控。例如:老年抑郁症的发病原因虽然错综复杂,而其中75%的病例都是由生理、社会、心理因素引起的。再如:冠心病也是一类心身疾病,即症状表现为躯体性的,而其成因却与心理因素有关。

国内外相关调查发现,冠心病的发生与患者受教育程度、紧张焦虑、与职业应激因素、心理素质有关。心理素质就是指人的神经系统的稳定性和兴奋性。临床上表现为不同人对不同事物的反应强度、觉醒度、速度和情绪指数。例如:一个人性格较内向,又多有敏感和脆弱的性格特征,那他就会在外界的不良刺激下,发生应激性精神障碍。

3. **社会因素**

社会因素包括人类的一切活动,如人们的卫生习惯、卫生条件、医疗卫生状况、生活条件、居住环境、人口流动、风俗习惯、宗教信仰、社会动荡等。近年来新发、再发传染病的流行，很大程度上受到了社会因素的影响。

在人类面临自然灾害（如洪水、地震、毒蛇、猛兽等）危及生命安全时，或面临人为灾难（如空难、战争、绑架等）严重威胁生命时，都会引起强烈的心理生理应激反应，少数人可直接引起精神障碍。

更为常见的是与家庭成员、同事的纠纷，理想破灭、事业受挫、生离死别、重病伤残，受到歧视、侮辱、冤屈，长期精神紧张等，均能影响机体正常生理功能，出现心理生理反应，促发心身疾病、神经症或应激性精神障碍。

## 二、精神障碍与疾病的种类

精神疾病主要分为轻型精神疾病与重型精神疾病。

常见的轻型精神疾病有以下几种：焦虑症、强迫症、抑郁症、恐怖症等。轻型精神疾病主要是表现在感情障碍如焦虑、忧郁等思维障碍如强迫观念等，但患者思维的认知、逻辑推理能力及其自知力都基本完好。

常见的重型精神疾病有精神分裂症等。精神分裂症的初期患者也可出现焦虑、强迫观念等表现，但此类患者的认知、逻辑推理能力将会变的很差，自知力也几乎全部丧失。对由于大脑病变所导致的器质性精神疾病或中毒性精神疾病需与一般的功能性精神疾病加以区分。当机体受到内、外有害因素的作用使脑功能活动失调时就会发生各类精神疾病。当整个精神活动明显异常或紊乱，精神活动完整性和统一性受到破坏，就表现为精神疾病；如果主要是精神活动能力受到削弱，而无严重持久的精神活动紊乱，就表现为神经官能症；如果精神活动的发育受阻，就表现为精神发育不全。

## 三、精神障碍与疾病的诊断和治疗

做好精神疾病的医疗和康复服务工作，是实现人人享有精神卫生保健的重要环节，切实扩大精神疾病患者获得医疗和康复服务的覆盖面，促进精神疾病患者重返社会。

（一）开展精神障碍的诊断和治疗活动应当具备的条件

开展精神障碍诊断、治疗活动，应当具备下列条件，并依照医疗机构的管理规定办理有关手续：

1. 有与从事精神障碍诊断、治疗相适应的精神科执业医师、护士。
2. 有满足开展精神障碍诊断、治疗需要的设施和设备。
3. 有完善的精神障碍诊断、治疗管理制度和质量监控制度。从事精神障碍诊断、治疗的专科医疗机构还应当配备从事心理治疗的人员。

（二）精神障碍诊断与治疗

1. **精神障碍诊断与治疗的原则**

精神障碍的诊断、治疗，应当遵循维护患者合法权益、尊重患者人格尊严的原则，保障患者在现有条件下获得良好的精神卫生服务。

（1）精神障碍的诊断应当以精神健康状况为依据。不得违背本人意志进行确定其是否患有精神障碍的医学检查。

（2）医疗机构应该对精神障碍患者进行康复技术指导治疗。指导精神障碍患者的监护人应当妥善看护未住院治疗的患者，按照医嘱督促其按时服药、接受随访或者治疗。

（3）村民委员会、居民委员会、患者所在单位等应当依患者或者其监护人的请求，对监护人看护患者提供必要的帮助。

**2. 精神障碍的诊断**

（1）医疗机构接到送诊的疑似精神障碍患者，不得拒绝为其作出诊断。若有前来就诊的疑似精神障碍患者，立即指派精神科执业医师进行诊断，并及时作出诊断结论。

（2）疑似精神障碍患者发生伤害自身、危害他人安全的行为，或者有伤害自身、危害他人安全的危险的，其近亲属、所在单位、当地公安机关应当立即采取措施予以制止，并将其送往医疗机构进行精神障碍诊断。除个人自行到医疗机构进行精神障碍诊断外，疑似精神障碍患者的近亲属可以将其送往医疗机构进行精神障碍诊断。对查找不到近亲属的流浪乞讨疑似精神障碍患者，由当地民政等有关部门按照职责分工，帮助送往医疗机构进行精神障碍诊断。

**3. 精神障碍的住院治疗**

精神医疗机构应积极为病人提供适当的治疗。当住院病人病情稳定或康复，无继续住院治疗的必要时，应通知其本人及家属办理出院。（1）精神障碍的住院治疗实行自愿原则。医疗机构应当根据精神障碍患者病情，及时组织精神科执业医师对住院治疗的患者进行检查评估。医疗机构评估结果表明患者不需要继续住院治疗的，医疗机构应当立即通知患者及其监护人。自愿住院治疗的精神障碍患者可以随时要求出院，医疗机构应当同意。

（2）诊断结论表明需要住院治疗的精神障碍患者，监护人不办理住院手续的，由患者所在单位、村民委员会或者居民委员会办理住院手续，并由医疗机构在患者病历中予以记录；患者属于查找不到监护人的流浪乞讨人员的，由送诊的有关部门办理住院手续。

（3）医疗机构认为精神障碍患者不宜出院的，应当告知不宜出院的理由；监护人不同意的，医疗机构不得对患者实施住院治疗。患者或者其监护人要求出院的，执业医师应当在病历资料中详细记录告知的过程，同时提出出院后的医学建议，患者或者其监护人应当签字确认，监护人应当对在家居住的患者做好看护管理。

（4）如有发现病人擅自离院时，应立即通知其监护人或家属；病人行踪不明时，应立即报告当地公安机关，公安机关发现擅自离院的精神病患者时，应通知原住院的精神医疗机构，并协助送回。

**（三）医疗机构及其医务人员应当履行的告知义务**

精神医疗机构诊治病人或病人出院时，应向其本人及其监护人、家属等说明病情、治疗方案、预后情形及应享有的权力等有关事项。

1. 权利告知义务。医疗机构及其医务人员应当将精神障碍患者在诊断、治疗过程中享有的权利，告知患者或者其监护人。

2. 治疗告知义务。医疗机构及其医务人员应当遵循精神障碍诊断标准和治疗规范，制定治疗方案，并向精神障碍患者或者其监护人告知治疗方案和治疗方法、目的以及可能产生的后果。

3. 风险告知义务。医疗机构对精神障碍患者实施下列治疗措施，应当向患者或者其监护人告知医疗风险、替代医疗方案等情况，并取得患者的书面同意，无法取得患者意见的，应当取得其监护人的书面同意，并经本医疗机构伦理委员会批准：（1）导致人体器官丧失功能的外科手术。因情况紧急查找不到监护人的，应当取得本医疗机构负责人和伦理委员会批准;(2)与精神障碍治疗有关的实验性临床医疗。禁止对精神障碍患者实施与治疗其精神障碍无关的实验性临床医疗。

(四)保护性医疗措施的实施

1. 医疗机构应当配备适宜的设施、设备,保护就诊和住院治疗的精神障碍患者的人身安全,防止其受到伤害,并为住院患者创造尽可能接近正常生活的环境和条件。

要采取措施为精神分裂症、抑郁症及双相情感障碍(又称躁郁症、钟摆病)、老年性痴呆和抑郁症等重点精神疾病患者提供适当的治疗与康复服务。其中参加城镇职工医疗保险的,应考虑其医疗费用个人负担的承受能力问题,使更多的患者得到基本医疗保障;对其中"三无"人员、无业贫困人员、农村贫困人员应该通过政府、社会、家庭等多种渠道,为其提供医疗救助。

2. 精神障碍患者在医疗机构内发生或者将要发生伤害自身、危害他人安全、扰乱医疗秩序的行为,医疗机构及其医务人员在没有其他可替代措施的情况下,可以实施约束、隔离等保护性医疗措施。

对精神疾病患者被关锁(以无理的办法限制其人身自由)情况进行普查摸底,从治疗、看护、资助等方面制定可行的解锁方案,积极进行监护治疗和定期随访。逐步提高精神疾病患者的社会适应能力,使其回归社会。把精神疾病患者中的贫困人群纳入救助范围予以救助。

3. 实施保护性医疗措施应当遵循诊断标准和治疗规范,并在实施后告知患者的监护人。

精神医疗机构非为医疗、康复之目的或防范紧急危险意外事件,不得拘禁病人、拘束其身体或剥夺其行动自由。禁止利用约束、隔离等保护性医疗措施惩罚精神障碍患者。凡对精神病人实行电痉挛治疗或其他特殊治疗技术,必须取得病人书面同意后施行;若该病人为无行为能力或限制行为能力者,必须取得其法定代理人、配偶或近亲属的书面同意及精神科医师的书面认可后才能实施。

4. 对精神障碍患者使用药物的要求

加强精神疾病药品的管理和供给工作,积极开展以药物治疗为主的综合治疗,不断提高治疗与康复水平。对精神障碍患者使用药物,应当以诊断和治疗为目的,使用安全、有效的药物,不得为诊断或者治疗以外的目的使用药物。

5. 精神障碍患者的病历资料及保管

医疗机构及其医务人员应当在病历资料中如实记录精神障碍患者的病情、治疗措施、用药情况,以及实施约束、隔离措施等内容,并如实告知患者或者其监护人。

患者及其监护人可以查阅、复制病历资料。但是,患者查阅、复制病历资料可能对其治疗产生不利影响的除外。

严重精神障碍患者的健康档案、病历资料,保存期限不得少于30年。

### 四、精神障碍的再次诊断和医学鉴定

患者或者其监护人对需要住院治疗的诊断结论有异议,不同意对患者实施住院治疗的,鉴定人应当自收到诊断结论之日起3日内,向原医疗机构或者其他具有合法资质的医疗机构提出,要求再次诊断和鉴定。

承担再次诊断的医疗机构应当在接到再次诊断要求后指派二名初次诊断医师以外的精神科执业医师进行再次诊断,并及时出具再次诊断结论。承担再次诊断的执业医师应当到收治

患者的医疗机构面见、询问患者，该医疗机构应当予以配合。

在相关机构出具再次诊断结论、鉴定报告前，收治精神障碍患者的医疗机构应当按照诊疗规范的要求对患者实施住院治疗。再次诊断结论或者鉴定报告表明，不能确定就诊者为严重精神障碍患者，或者患者不需要住院治疗的，医疗机构不得对其实施住院治疗。

再次诊断结论或者鉴定报告表明，精神障碍患者有发生危害他人安全的行为，或者有危害他人安全的危险的情形的，其监护人应当同意对患者实施住院治疗。监护人阻碍实施住院治疗或者患者擅自脱离住院治疗的，可以由公安机关协助医疗机构采取措施对患者实施住院治疗。

## 第三节　精神卫生工作的管理保障机制

国务院卫生行政部门建立精神卫生监测网络，应当会同有关部门、组织，建立精神卫生工作信息共享机制，实现信息互联互通、交流共享。实行严重精神障碍发病报告制度，组织开展精神障碍发生状况、发展趋势等的监测和专题调查工作。精神卫生监测和严重精神障碍发病报告管理办法，由国务院卫生行政部门制定。

### 一、精神卫生工作的管理保障

（一）政府预防精神疾病的措施

**1. 落实地方各级政府责任**

地方各级人民政府要切实负起责任，建立部门协调工作制度，把精神卫生工作列入国民经济和社会发展计划，纳入政府议事日程，根据本地区经济社会发展水平和精神卫生工作的税收优惠政策、物价政策，研究制定鼓励单位、团体和个人资助精神疾病防治工作的办法，鼓励社会资源投向精神疾病的防治工作。

营造社会氛围，大力开展经常性精神卫生知识宣传工作，广泛动员社会力量，围绕每年10月10日"世界精神卫生日"积极开展精神卫生知识宣传和心理健康教育与咨询服务，普及心理健康和精神疾病防治知识；利用大众传播媒介及各宣传单位积极开展经常性精神卫生宣传和普及卫生知识；在大中小学的健康教育课程中，充实精神卫生内容，从而提高人民群众的心理健康水平，消除社会对精神疾病患者的偏见。

**2. 加强精神卫生人力资源培养和开放**

要有计划地采取多种方式，对现有精神卫生专业人员进行在职培训，提高对精神疾病和心理行为问题的预防、诊断、治疗、护理、康复、监测、健康教育及防治管理的业务水平和工作能力。开展非精神卫生专业医务人员的精神卫生及常见精神疾病的基本理论、基本知识、基本技能的培训，提高常见精神疾病的早期识别、有效处理和及时转诊率。实施对其他从事精神卫生工作人员的业务培训，增强开展精神卫生工作的组织管理能力和提供精神疾病康复服务的能力。

抓好医学院校学生的精神病学及相关课程教育，在教学时数、教学内容、课程设置等方面加以落实，充实和加强医学院校毕业生的精神卫生知识和技能，适应国家精神卫生工作需要。

积极采取措施改进精神卫生工作人员的工作条件和生活待遇，稳定专业人员队伍，改变精神卫生人力资源极度短缺的局面，逐步建立与精神卫生工作任务相适应的队伍。

医学院校应当加强精神医学的教学和研究，按照精神卫生工作的实际需要培养精神医学专门人才，为精神卫生工作的发展提供人才保障。

### 3. 加强社区和农村精神卫生工作

要充分发挥社区卫生服务体系在精神疾病患者治疗与康复中的作用，将精神疾病患者康复工作纳入社区卫生服务体系。依靠基层医疗卫生机构，在精神卫生专业机构技术指导下，建立社区重点精神疾病患者档案，开展定期随访、家庭病床治疗和护理、常规康复等工作，使患者在康复期能够维持合理的治疗和康复指导，提高其参与社会生活的能力。

根据实际情况在社区建立精神康复机构，并纳入社会福利发展计划。应该有计划地通过各级财政支持建立或改建精神疾病社区康复机构或设施，并对其改造和管理的费用给予一定补贴；鼓励单位、社会团体和个人出资或捐资设立各类精神疾病康复机构或设施。

动员社区力量对精神疾病患者开展各种形式的职业技能训练，安排适当工作，提供一定的福利待遇，使其能够获得基本生活保障。要充分发挥各级残联的优势，与卫生部门共同推广社会化、综合性、开放式精神疾病治疗与康复模式，完善医疗转诊制度，帮助精神疾病患者早日康复。要加强基层卫生人员的培训，普及心理健康和精神疾病预防知识，提高农村卫生机构精神疾病急救水平。

### 4. 加强政府部门分工协作

政府各部门要针对日益突出的精神卫生问题，采取有效的预防和控制措施，加大工作力度，形成合力协调配合，有效预防和控制精神疾病。

（1）民政部门所属精神卫生机构要承担在服役期间患精神疾病复员、退伍军人的救治任务，并及时收容和治疗无劳动能力、无生活来源、无赡养和抚养人的精神疾病患者。

（2）公安机关对可能肇事和肇祸的精神疾病患者，督促家属落实日常监管和治疗措施，对严重肇事肇祸精神疾病患者实施强制治疗。

（3）司法部门要结合监管场所的医疗卫生工作，做好被监管人员精神疾病的治疗与康复工作。

监狱、看守所、拘留所、强制隔离戒毒所等场所，应当对服刑人员，被依法拘留、逮捕、强制隔离戒毒的人员等，开展精神卫生知识宣传，关注其心理健康状况，必要时提供心理咨询和心理辅导。应当采取措施，保证患有精神障碍的服刑人员、强制隔离戒毒人员等获得治疗。

（4）卫生部门所属精神卫生机构要承担精神疾病患者的救治任务，调整现有精神卫生机构的服务方向和重点，提高治疗与康复水平。

## 二、精神卫生服务体系

1. 地方各级人民政府要根据区域卫生发展规划，统筹本地区现有各级各类精神卫生机构，明确功能定位，实现资源整合。要按照以精神卫生机构为主体、综合医院精神科为辅助、基层医疗卫生机构和精神疾病社区康复机构为依托的原则，建立健全的精神卫生服务体系和网络。尚未建立精神卫生机构的省、自治区、直辖市要尽快建立，各市（地）应根据实际情况建立专门机构或指定综合医院承担本地区精神疾病和心理行为问题的预防、治疗与康复以及技术指导与培训工作。

2. 卫生行政部门要对精神卫生工作实行全行业管理。严格执行《中华人民共和国执业医师法》、《医疗机构管理条例》和有关标准，根据区域卫生发展规划合理调整辖区内现有各级各类精神卫生专业机构布局，明确功能定位，实行分类指导。地市级以上卫生行政部门要建立或指定精神卫生专业机构、有条件的县要指定精神卫生专业机构或综合性医院，承担本辖区精神疾病和心理行为问题预防、医疗、康复、健康教育、信息监测等的技术陪训和技术指导工作。

3. 县级以上地方人民政府卫生行政部门应当定期就下列事项对本行政区域内从事精神障碍诊断、治疗的医疗机构进行检查：（1）相关人员、设施、设备是否符合《精神卫生法》要求；（2）诊疗行为是否符合《精神卫生法》以及诊断标准、治疗规范的规定；（3）对精神障碍患者实施住院治疗的程序是否符合《精神卫生法》规定；（4）是否依法维护精神障碍患者的合法权益。

4. 按照国家医疗卫生体制改革精神，扩大和调整现有精神卫生专业机构的服务方向和重点，提高医疗、康复服务质量。在精神卫生专业机构严重短缺的地方，要有计划合理增加精神卫生专业机构数量或综合性医院的精神科床位数量，使精神卫生服务的布局更趋合理。根据当地区域卫生发展规划需要，综合性医院可设立心理科（门诊）或精神科（门诊）。基层医疗卫生机构要承担精神疾病的预防、随访治疗和康复工作。建立完善精神疾病社区康复机构，纳入民政社会福利发展计划。

精神障碍患者的医疗费用按照国家有关社会保险的规定，由基本医疗保险基金支付。医疗保险经办机构应当按照国家有关规定将精神障碍患者纳入城镇职工基本医疗保险、城镇居民基本医疗保险或者新型农村合作医疗的保障范围。县级人民政府应当按照国家有关规定对家庭经济困难的严重精神障碍患者参加基本医疗保险给予资助。人力资源社会保障、卫生、民政、财政等部门应当加强协调，简化程序，实现属于基本医疗保险基金支付的医疗费用由医疗机构与医疗保险经办机构直接结算。

精神障碍患者通过基本医疗保险支付医疗费用后仍有困难，或者不能通过基本医疗保险支付医疗费用的，民政部门应当优先给予医疗救助。

对符合城乡最低生活保障条件的严重精神障碍患者，民政部门应当会同有关部门及时将其纳入最低生活保障。对属于农村五保供养对象的严重精神障碍患者，以及城市中无劳动能力、无生活来源且无法定赡养、抚养、扶养义务人，或者其法定赡养、抚养、扶养义务人无赡养、抚养、扶养能力的严重精神障碍患者，民政部门应当按照国家有关规定予以供养、救助。严重精神障碍患者确有困难的，民政部门可以采取临时救助等措施，帮助其解决生活困难。

### 三、心理健康促进和精神障碍预防

各级人民政府和县级以上人民政府有关部门应当采取措施，加强心理健康教育，促进精神障碍预防和干预，提高公众心理健康水平。

（一）重视儿童和青少年心理行为问题的预防和干预

各级各类学校应当对学生进行精神卫生知识教育；加强对学校教师、班主任、校医等的心理健康教育和精神卫生知识培训，配备或者聘请心理健康教育教师、辅导人员，并可以设立心理健康辅导室，对学生进行心理健康教育。学前教育机构应当对幼儿开展符合其特点的心理健康教育，提高早期发现儿童和青少年心理行为问题的能力。依靠学校现有工作队伍和网络，在心理健康教育和精神卫生专业技术人员的指导下，针对不同年龄儿童和青少年的特点，开展心理健康教育（包括技能训练）与咨询服务，为儿童和青少年提供心理指导和帮助。

教师应当学习和了解相关的精神卫生知识，关注学生心理健康状况，正确引导、激励学生。地方各级人民政府教育行政部门和学校应当重视教师心理健康。

学校和教师应当与学生父母或者其他监护人、近亲属沟通学生心理健康情况。

### （二）加强妇女心理行为问题和精神疾病的研究和干预

维护有精神疾病和不良心理行为问题的妇女的权益，加强妇女孕产期心理健康保健和常见心理行为问题的识别及处理工作，降低其产前、产后不良心理反应发生率；做好妇女更年期心理健康咨询和指导工作。加强农村妇女心理行为问题的多学科研究，开展针对农村妇女的心理健康咨询和危机干预服务，采取有效措施降低农村妇女精神疾病患病率。

家庭成员之间应当相互关爱，创造良好、和睦的家庭环境，提高精神障碍预防意识；发现家庭成员可能患有精神障碍的，应当帮助其及时就诊，照顾其生活，做好看护管理

### （三）开展老年心理健康宣传和精神疾病干预

国家鼓励和支持新闻媒体、社会组织开展精神卫生的公益性宣传，普及精神卫生知识，引导公众关注心理健康，预防精神障碍的发生。

利用现有精神卫生资源，建立老年性痴呆干预网络，普及老年性痴呆和抑郁等精神疾病的预防知识，开展心理健康咨询活动并提供有效的支持和帮助，提高老年人生活质量。

乡镇卫生院、社区卫生服务机构、村民委员会、居民委员会应当协助所在地人民政府及其有关部门开展社区心理健康指导、精神卫生知识宣传教育活动和提供技术指导，创建有益于居民身心健康的社区环境。

### （四）加强救灾工作中精神卫生救援

发生突发事件，履行统一领导职责或者组织处置突发事件的人民政府应当根据突发事件的具体情况，按照应急预案的规定，组织开展心理援助工作。

发生自然灾害、意外伤害、公共安全事件等，政府有关部门制定的突发事件应急预案，应当包括心理援助的内容。从组织、人员和措施上提供保证，降低灾后精神疾病患病率。积极开展重大灾后受灾人群心理干预和心理应激救援工作，评估受灾人群的精神卫生需求，确定灾后心理卫生干预的重点人群，特别是可能影响学生心理健康的事件，学校应当及时组织专业人员对学生进行心理援助，提供电话咨询、门诊治疗等危机干预服务。

### （五）心理治疗活动的开展

**1. 心理障碍、心理疾病的类型**

（1）神经症也叫神经官能症，是一种干扰人的正常生活，削弱人的适应能力的中等严重程度的心理障碍。常见的神经症有七种：①神经衰弱；②焦虑症；③恐怖症；④抑郁症；⑤强迫症；⑥癔病；⑦疑病症。

（2）神经病是指在内外各种致病因素的影响下，大脑功能活动发生紊乱，导致认识、情感、行为和意志等精神活动不同程度异常的一组疾病。神经病有以下两种：①反应性精神病；②精神分裂症。

（3）自杀是指个体蓄意或自愿采取各种手段结束自己生命的行为。自杀是当一个人的烦恼和苦闷发展到极端，对"破局"的事态产生恐惧、对生活丧失信心、对现实绝望而采取的极端"保护"手段。自杀行为的形成相当复杂，涉及生物、心理、文化及环境因素，

根据精神医学研究报告,自杀的人70%有忧郁症,精神疾病者自杀几率更高达20%。

2. **心理咨询人员执业规范**

心理咨询(Counseling)是指运用心理学的方法,对心理适应方面出现问题并企求解决问题的求询者提供心理援助的过程。心理咨询人员根据来访者就自身存在的心理不适或心理障碍,通过语言文字等交流媒介,向心理咨询人员进行述说、询问与商讨,在其支持和帮助下,通过共同的讨论找出引起心理问题的原因,分析问题的症结,进而寻求摆脱困境解决问题的条件和对策,以便恢复心理平衡、提高对环境的适应能力、增进身心健康。

(1)医务人员对就诊者的心理健康指导。医务人员发现就诊者可能患有精神障碍的,应当在开展疾病诊疗服务过程中,按照诊断标准和治疗规范的要求,对就诊者进行心理健康指导。

(2)心理治疗活动应当在医疗机构内开展。专门从事心理治疗的人员不得从事精神障碍的诊断,不得为精神障碍患者开具处方或者提供外科治疗。

(3)心理咨询人员不得从事心理治疗或者精神障碍的诊断、治疗。心理咨询人员发现接受咨询的人员可能患有精神障碍的,应当建议其到符合《精神卫生法》规定的医疗机构就诊。心理咨询人员应当尊重接受咨询人员的隐私,并为其保守秘密。

心理咨询人员应当提高业务素质,遵守执业规范,为社会公众提供专业化的心理咨询服务。用人单位应当创造有益于职工身心健康的工作环境,关注职工的心理健康;对处于职业发展特定时期或者在特殊岗位工作的职工,应当有针对性地开展心理健康教育。

## 第四节 精神疾病司法鉴定的法律规定

司法精神病学是现代精神病学的一个分支学科,又是一门结合精神病学与法学的边缘学科。在审判和诉讼过程中,为精神病人提供证据或辩护的记载,早在公元前11世纪的中国西周时期即已出现,而且《周礼·秋官·司刺》中就有三赦之法,从立法上对精神病人作了特殊的规定;在西方,最早的犹太法和古罗马法中,也都规定了对精神病人赦免的条文。

随着社会文明的进步和社会法制的发展,对精神病人的司法鉴定工作日益成为社会的需要,进入20世纪后,由于现代精神病学的建立,司法精神病鉴定工作才开始真正成为一门科学技术,而且有了很大发展。1989年开始实施的《精神疾病司法鉴定暂行规定》是最高人民法院、最高人民检察院、公安部、司法部、卫生部(现卫生和计划生育委员会)根据《中华人民共和国刑法》、中华人民共和国刑事诉讼法》、《中华人民共和国民法通则》、《中华人民共和国民事诉讼法(施行)》、《中华人民共和国治安管理处罚条例》及其他有关法规,为司法机关依法正确处理案件,保护精神疾病患者的合法权益而制定的一部法规。

**一、司法鉴定机构**

执行司法精神病鉴定任务的组织或单位,叫做鉴定机构。目前在中国各省、自治区、直辖市、地区、地级市,一般都设有精神病院,均承担司法精神病学鉴定任务。

根据《精神疾病司法鉴定暂行规定》,各省、自治区、直辖市、地区、地级市成立精神疾病司法鉴定委员会,该委员会是由当地人民法院、人民检察院和公安、司法、卫生机关的有关负责干部和专家若干人组成,负责审查、批准鉴定人,组织技术鉴定组,并协调和开展鉴定工作。鉴定机构、鉴定人应当遵守有关法律、法规、规章的规定,尊重科学,恪守职业道德，按照精神障碍鉴定的实施程序、技术方法和操作规范，依法独立进行鉴定，出具客观、公正的鉴定报告。

鉴定委员会根据需要，可以设置若干个技术鉴定组，每个具体鉴定案例均由一个临时组成的鉴定小组负责，承担具体鉴定工作。技术鉴定小组成员由鉴定委员会聘请或指派，参加鉴定的成员由若干鉴定人参加，但不得少于两名。对疑难案件，在本省、自治区、直辖市鉴定委员会进行鉴定。

## 二、鉴定内容

司法精神病的鉴定内容，大致可以概括为法定能力鉴定和法律关系鉴定两大类。

（一）法定能力的鉴定

1. 刑事责任能力的鉴定。《中华人民共和国刑法》第15条规定："精神病人在不能辨认或者不能控制自己行为的时候，造成危害结果的不负刑事责任。"从心理学角度："辨认"指的是意识、智能和认知方面的功能，辨认障碍表现为行为人不了解自己的所作所为，或者不懂得自己行为是非对错的社会意义。从精神病学角度："控制"指的是情感与意志，控制障碍指的是"不能以其辨认而为行为"，明知违法，却不能控制。刑事责任能力在这里指的是行为人于其行为时的辨认或控制能力。

刑事案件中，精神疾病司法鉴定包括：确定被鉴定人是否患有精神疾病，患有何种精神疾病，实施危害行为时的精神状态，精神疾病和所施危害行为之间的关系，以及有无刑事责任能力；确定被鉴定人在诉讼过程中的精神状态以及有无诉讼能力；确定被鉴定人在服刑期间的精神状态以及对应当采取的法律措施的建议。

2. 民事行为能力的鉴定。《中华人民共和国民法通则》第13条规定："不能辨认自己行为的精神病人，是无民事行为能力人，由他的法定代理人代理民事活动。不能完全辨认自己行为的精神病人，是限制民事行为能力人。可以进行与他的精神健康状况相适应的民事活动；其他民事活动，由他的代理人代理，或者征得他的法定代理人同意。"所谓行为能力就其广义而言，乃依自己的意思活动，引起法律上的效果的能力。意思能力是内在的心理能力和自然的精神能力，包括合理的认识能力和预期能力两个方面，指的是行为人对自己的行为及其法律上的效果或事实的效果能否正确认识和预期。另外，行为能力指的是行为人一个时期或一个阶段的法定能力。

民事案件中，精神疾病司法鉴定包括：确定被鉴定人是否患有精神疾病，患何种精神疾病，在进行民事活动时的精神状态，精神疾病对其意思表达能力的影响，以及有无民事行为能力；确定被鉴定人在调解或审理阶段期间的精神状态，以及有无诉讼能力。

3. 其他法定能力的鉴定。确定被害人的人身、财产等合法权益遭受侵害时的精神状态，以及对侵犯行为有无辨认能力或者自我防卫、保护能力；确定案件中有关证人的精神状态，以及有无作证能力。例如，诉讼能力、作证能力、受审能力、服刑能力、妇女性自卫能力等。

（二）法律关系的鉴定

法律关系的鉴定指的是案件当事人或被害人，因案件发生而导致精神失常，或在案件发生同时出现精神失常的情况下，鉴定案件与精神病之间的因果关系，用以作为定罪量刑或赔偿的依据。例如，在民事诉讼中，当事人一方因受精神刺激而出现失常，鉴定的目的在于确定被鉴定人的精神失常与其所受精神刺激的关系，以作为法庭审判的依据。又如妇女被强奸后出现精神失常，鉴定的目的在于确定疾病的性质与其严重性，以作为定罪量刑的证据等。

## 三、鉴定对象与鉴定人

### （一）鉴定对象

在鉴定对象方面，依据《精神疾病司法鉴定暂行规定》，通常包括可能患有精神疾病的下列人员进行鉴定：

1. 刑事案件的被告人、被害人。刑侦案件的原告人（自然人）；违反治安管理应当受拘留处罚的人员；劳动改造的罪犯；劳动教养人员；收容审查人员与案件有关需要鉴定的其他人员。
2. 民事案件的当事人。
3. 行政案件的原告人（自然人）。

### （二）鉴定人

从事并负责鉴定工作的人，叫做鉴定人。鉴定人是案件审理的辅助人员，起着补充司法和公安人员在办案过程中，某些专门知识不足的作用。当然，鉴定人的意见只是提供认定事实的一种证据，对于案件的审理并无约束力。

**1. 司法精神病学鉴定人的条件**

我国根据具体情况，在《精神疾病司法鉴定暂行规定》第13条中作了明确规定，（1）鉴定人必须具有5年以上精神科临床经验，并具备司法精神病学知识的主治医师以上的资历。（2）鉴定人必须是具有司法精神病学知识、经验和工作能力的主检法医师以上的人员。

**2. 司法精神病学鉴定人的相关规定**

（1）鉴定人应当到收治精神障碍患者的医疗机构面见、询问患者，该医疗机构应当予以配合。

（2）鉴定人本人或者其近亲属与鉴定事项有利害关系，可能影响其独立、客观、公正进行鉴定的，应当遵守有关回避的法律规定。

（3）鉴定人在鉴定过程中徇私舞弊、故意作虚假鉴定的，追究法律责任。

（4）进行鉴定时，应当履行职责，正确、及时地作出结论；解答委托鉴定机关提出的与鉴定结论有关的问题；保守案件秘密。

（5）鉴定人应当对鉴定过程进行实时记录并签名。记录的内容应当真实、客观、准确、完整，记录的文本或者声像载体应当妥善保存。

## 四、司法精神疾病鉴定书

**1. 鉴定书的完成**

鉴定书一般应于鉴定后两周内完成，通常由经办医师起草，负责主治医师修改补充，主管科主任审核定稿；内容及格式都要求正规，规范打印，装订成册，符合法律文书要求；一式三份，正副两份交付委托单位，正本入卷，副本供被鉴定人参阅，另一副本装入鉴定档案，长期保存。

**2. 原始资料的保存**

（1）病史资料，各项检查记录及报告，各种视听记录资料，各次鉴定会讨论记录及鉴定书等，均须保管良好，长期存档备查。

(2) 条件许可时，鉴定书及案例摘要应由电子计算机贮存，以备检索。日后公安和司法部门需要时，可以索取副本。

#### 3.《鉴定书》的格式

鉴定单位虽然不尽相同，但其基本内容却大致一样，应有一定的规范。精神疾病的鉴定书，一般采用以下顺序和内容：（1）委托鉴定机关的名称；（2）案由、案号、鉴定书号；（3）鉴定的目的和要求；（4）鉴定的日期、场所、在场人；（5）案情摘要；（6）被鉴定人的一般情况；（7）被鉴定人发案时和发案前后各阶段的精神状态；（8）被鉴定人精神状态检查和其他检查所见；（9）分析说明；（10）鉴定结论；（11）鉴定人员签名，并加盖鉴定专用章；（12）有关医疗、监管或监护的建议。

#### 4. 鉴定结论必须经过公开讨论

鉴定单位应定期召开鉴定讨论会，由有关医务人员参加，并形成制度。鉴定讨论会要准备充足，时间充裕，讨论充分，以理服人。鉴定人的不同意见必须受到尊重和保护。鉴定书中允许鉴定人保留不同意见，并给以足够篇幅写明其理由。

## 第五节 法律责任

精神卫生工作人员的人格尊严、人身安全不受侵犯，精神卫生工作人员依法履行职责受法律保护。全社会应当尊重精神卫生工作人员。县级以上人民政府及其有关部门、医疗机构、康复机构应当采取措施，加强对精神卫生工作人员的职业保护，提高精神卫生工作人员的待遇水平。

### 一、行政责任

1. 卫生行政部门和其他有关部门未依照《精神卫生法》规定履行精神卫生工作职责，或者滥用职权、玩忽职守、徇私舞弊的，由本级人民政府或者上一级人民政府有关部门责令改正、通报批评，对直接负责的主管人员和其他直接责任人员依法给予警告、记过或者记大过的处分；造成严重后果的，给予降级、撤职或者开除的处分。

2. 医疗机构擅自从事精神障碍诊断、治疗的法律责任

不符合《精神卫生法》规定条件的医疗机构擅自从事精神障碍诊断、治疗的，由县级以上人民政府卫生行政部门责令停止相关诊疗活动，给予警告，并处五千元以上一万元以下罚款，有违法所得的，没收违法所得；对直接负责的主管人员和其他直接责任人员依法给予或者责令给予降低岗位等级或者撤职、开除的处分；对有关医务人员，吊销其执业证书。

3. 医疗机构及其医务人员的法律责任

医疗机构及其工作人员有下列行为：（1）拒绝对送诊的疑似精神障碍患者作出诊断的；（2）对住院治疗的患者未及时进行检查评估或者未根据评估结果作出处理的；（3）实施约束、隔离等保护性医疗措施的；（4）强迫精神障碍患者劳动的；（5）对精神障碍患者实施外科手术或者实验性临床医疗的；（6）侵害精神障碍患者的通讯和会见探访者等权利的；（7）违反精神障碍诊断标准，将非精神障碍患者诊断为精神障碍患者的。根据情节的严重程度，对直接负责的主管人员和其他直接责任人员依法给予警告、降级、撤职、开除的处分；并可以责令有关医务人员暂停执业活动，吊销有关医务人员的执业证书。

4. 从事心理治疗人员的法律责任

从事心理治疗人员有下列行为：(1) 心理咨询人员从事心理治疗或者精神障碍的诊断、治疗的；(2) 从事心理治疗的人员在医疗机构以外开展心理治疗活动的；(3) 专门从事心理治疗的人员从事精神障碍的诊断的；(4) 专门从事心理治疗的人员为精神障碍患者开具处方或者提供外科治疗的。卫生行政部门、工商行政管理部门依据各自职责责令改正，给予警告，并处 5000 元以上 10000 元以下罚款，有违法所得的，没收违法所得；造成严重后果的，责令暂停六个月以上一年以下执业活动，直至吊销执业证书或者营业执照；

心理咨询人员、专门从事心理治疗的人员在心理咨询、心理治疗活动中造成他人人身、财产或者其他损害的，依法承担民事责任。

## 二、民事责任

精神障碍患者或者其监护人、近亲属认为行政机关、医疗机构或者其他有关单位和个人违反《精神卫生法》规定侵害患者合法权益的，可以依法提起诉讼。

1. 有关单位和个人给精神障碍患者造成损害的，依法承担赔偿责任；对单位直接负责的主管人员和其他直接责任人员，还应当依法给予处分。

2. 违反《精神卫生法》规定，有下列情形之一，给精神障碍患者或者其他公民造成人身、财产或者其他损害的，依法承担赔偿责任：

(1) 将非精神障碍患者故意作为精神障碍患者送入医疗机构治疗的；
(2) 精神障碍患者的监护人遗弃患者，或者有不履行监护职责的其他情形的；
(3) 歧视、侮辱、虐待精神障碍患者，侵害患者的人格尊严、人身安全的；
(4) 非法限制精神障碍患者人身自由的；
(5) 其他侵害精神障碍患者合法权益的情形。

3. 医疗机构出具的诊断结论表明精神障碍患者应当住院治疗而其监护人拒绝，致使患者造成他人人身、财产损害的，或者患者有其他造成他人人身、财产损害情形的，其监护人依法承担民事责任。

## 三、刑事责任

1. 在精神障碍的诊断、治疗、鉴定过程中，寻衅滋事，阻挠有关工作人员依照《精神卫生法》的规定履行职责，扰乱医疗机构、鉴定机构工作秩序的，有其他构成违反治安管理行为的，依法给予治安管理处罚。

2. 违反《精神卫生法》规定，构成犯罪的，依法追究刑事责任。

### 思考题

1. 如何加强精神疾病的预防？
2. 精神疾病患者享有哪些权利？
3. 简述精神障碍与疾病的病因。
4. 医疗机构及其医务人员应当履行哪些方面的告知义务？
5. 简述精神疾病司法鉴定的机构和内容。

# 第十章

# 献血法律制度

> **本章导引**
>
> 本章主要介绍我国献血立法的历史与现状，献血法制定的目的和意义，无偿献血制度的含义及其积极作用。掌握公民献血和临床用血的相关法律规定。熟悉血站以及临床输血管理的相关法律规定，血站的设置和审批；了解临床采血用血、输血的程序及法律规定；熟悉对血液制品的监督管理规定，违反献血法的法律责任。

血液（Blood）是生命之源，也是医疗抢救过程中不可缺少的特殊物质，其功能和作用是药物所不能替代的，而且只能来自健康者的机体。公民献血，是救死扶伤，发扬人道主义精神，是履行社会义务、遵守社会公德的一种表现。公民献血法律制度的完善程度，充分体现了一个国家公民的道德水准、公民意识水平、文明程度和社会公德水平的高低。为保证医疗临床用血需要和安全，保障献血者和用血者身体健康，发扬人道主义精神，促进社会主义物质文明和精神文明建设，特制定《中华人民共和国献血法》（以下简称《献血法》）。

## 第一节 概述

### 一、国内外献血法律制度建设

（一）国际无偿献血的历史

献血活动在世界经历了一个有偿到无偿的过程。1946年，红十字会与红新月会首先倡导无偿献血（Voluntary Blood Donation）。1965年，红十字会国际会议卫生社会青少年委员会提出，血液不可作为商品买卖，提倡无偿献血，特别要对青少年进行深入宣传，应设立国家的献血日。1973年召开的第22届国际红十字会大会通过了《献血与输血的道德规范》，明确指出血液的捐献在任何情况下都必须是自愿的，不允许给献血人员任何压力，不得给献血人员以任何经济好处，要始终鼓励自愿无偿献血，要时刻关心献血人员的健康和安全，只有这样，才能保证受血人员得到有效的治疗。1991年，在布达佩斯召开的红十字联合会（Red Cross Federation）第8届大会作出第34号决议，将自愿无偿献血定义为："出于自愿提供自身的血液、血浆和其他血液成分而不取任何报酬的人被称为自愿无偿献血者。无论是金钱或礼品都可视为金钱的替代，包括休假和旅游等，而小型纪念品和茶点，以及支付交通费则是合理的。"

经过几十年的努力，世界上很多国家和地区都从过去的有偿供血，逐渐向义务性无偿献血过渡，最终实现了公民无偿献血。无偿献血是指公民向血站自愿、无报酬地提供自身血液的行为。无偿献血是国际红十字会和世界卫生组织20世纪30年代建议和提倡的。

由于无偿献血最初是由国际红十字组织倡导的，因此，国外无偿献血工作主要由各国红十字会来组织。红十字会是民间团体，在开展献血活动中遇到困难，需要政府的支持，所以国际红十字会组织要求各国红十字会与政府密切合作，共同推进无偿献血工作。

（二）我国献血法律制度的建设

我国的无偿献血制度始于20世纪70年代后期，但由于历史原因发展缓慢。为了规范公民献血工作，1978年，国务院批准了卫生部（现卫生和计划生育委员会）《关于加强输血工作的请示报告》。1984年，卫生部（现卫生和计划生育委员会）和中国红十字会总会在全国倡导无偿献血，经过大力宣传，1996年深圳市无偿献血已达到医疗临床用血的42%，深圳市、海南省率先通过地方立法确立了无偿献血制度。为了推动我国的无偿献血事业，我国相继出台了一系列法律法规对献血活动加以规范。

1996年，国务院发布了《血液制品管理条例》之后，卫生部（现卫生和计划生育委员会）又相继颁发了《全国血站工作条例》、《血站管理办法（暂行）》、《无偿志愿献血奖励办法》、《关于加强输血工作管理的若干规定》、《血站基本标准》、《单采血浆站基本标准》等。《关于加强输血工作管理的若干规定》、《采供血机构和血液管理办法》以及《血站基本标准》等法律制度。全国一些省、自治区、直辖市也制定了地方性法规或规章。但是，由于法规调控功能不足和监督机制不够完善，医疗临床用血大部分来自有偿的供血或卖血，血源不足，医疗临床用血不能充分保证治疗的需要。而且，由于个体供血者的血液质量不高，容易引起经血液途径传播疾病的现象，严重威胁着献血者和受血者的安全与健康。

为了保证临床用血的需要和安全，保障献血者和用血者的身体健康，1997年12月29日，第八届全国人大常委会第29次会议通过，国家主席令第93号公布了《中华人民共和国献血法》(Blood Donation Law of The People's Republic of China 以下简称《献血法》），自1998年10月1日起实施。1998年9月，卫生部（现卫生和计划生育委员会）根据献血法制定发布了《血站管理办法（暂行）》、《医疗机构临时用血管理办法（试行）》、《临床输血技术规范》等规章。2005年11月17日，卫生部（现卫生和计划生育委员会）根据《献血法》制定发布了《血站管理办法》，自2006年3月1日起施行。这部法律及相应配套法规的颁布实施，是我国医疗用血的重大发展，标志着我国血液管理工作进入了法制管理的新阶段，也是我国社会的文明程度前进的标志。

《献血法》在我国从义务献血过渡到无偿献血（Voluntary blood donation）的进程中起到了规范化、制度化的作用。目前基本上达到了"保证医疗临床用血需要和安全、保障献血者和用血者的身体健康"的立法目的。2009年5月18日中国红十字会决定"在深圳市红十字会无偿献血志愿工作者服务队的基础上，成立中国红十字无偿献血志愿服务总队，志愿服务总队在总会的指导下，面向全国开展无偿献血志愿服务工作"。这些法律及其配套法规的颁布实施，标志着我国血液工作管理进入了法制管理的新阶段。

## 二、献血法律制度

（一）献血法律制度的概念

献血法律制度（Blood Donation Law）是调整保证临床用血需要和安全、保障献血者和用血者身体健康活动中产生的各种社会关系的法律规范的总称。献血法的概念是根据我国目前血液管理工作的法律法规规定，将血液分为医疗临床用血和血液制品生产用血两部分分别进行管理。

广义的献血法，是指一切调整血液采集、供应、临床使用和血液制品生产与流通领域各种社会关系的法律规范的总称。包括医疗临床用血和血液制品生产用血两大部分。其宗旨在于保证临床用血需要与质量、安全，保障献血者身体健康，规范血液制品原料采集和产、供、销活动。

（二）无偿献血存在的问题

献血法虽然明确"无偿献血者需要临床用血时，免交血液费用。"但由于各省市实际收费或免交标准不一，致使无偿献血者免费用血服务，存在着异地报销困难的问题。在本地无偿献血的公民或其配偶和直系亲属，如果在外地需要用血时，不但得不到相应的免费用血，往往还要支付相当于用血量3倍的用血互助金，这些都严重挫伤了无偿献血者的积极性。

目前，我国无偿献血工作仍存在一些困难和不足，我国无偿献血事业进展缓慢。如经常出现"血荒"，特别是艾滋病（AIDS）等一些主要经血液途径传播的疾病蔓延势头没有得到遏制，严重威胁着血液质量。主要问题有：

1. 血液的需要量缺口仍然很大。按世界卫生组织（World Health Organization）标准，年人均血液需要量在8毫升，中国香港人均用血量达14.8毫升，而大陆人均血液需要量在1.6毫升。

2. 血液不安全的隐患依然存在，艾滋病感染途径已从高危人群向普通人群扩散，临床输血感染艾滋病、丙肝的案例时有发生。

3. 过度依赖政府下达献血计划模式已严重阻碍无偿献血的健康发展。

所以，国家应当依法建立验证系统，国家要及时规范无偿献血者统一返还用血办法和标准，实行全国联网验证查询认证体系，建立起真正意义上的全国统一的"血液银行"，使献血者在异地免费用血有保障。依法建立完善适用于稀有血型者的应急求助机制，保证稀有血型者的生命安全，并且要建立完善的血型普查机制，促使血站与医院的稀有血型血源得到更有力的保障。

### 三、无偿献血

（一）无偿献血的对象

关于献血年龄的确定，很多国家都做过科学的论证。国内医学界学者认为：青年男女在青春期以后身体发育比较迅速，身体对铁的需求量也大，由于献血而使青年人身体缺乏足够量的铁是不应该的。随着年龄的增长，心血管疾病的发病率逐年增长，尤其中老年最为明显，并且血红蛋白水平从65岁以后逐渐下降，一般把献血年龄的上限定为70岁。世界卫生组织对献血年龄的规定是18岁至65岁。

我国《献血法》规定，国家实行无偿献血制度。提倡18岁至55周岁的健康公民自愿献血，其上限明显偏低。提倡个人、家庭、亲友、单位及社会互助献血。鼓励国家工作人员、现役军人和高等学校在校学生率先献血，为树立社会新风作表率。

(二) 无偿献血的组织与管理

**1. 建立全国性无偿献血志愿服务网络**

推广由无偿献血志愿者参与的无偿献血宣传和无偿献血者的招募和保留模式，保障自愿无偿献血活动健康持续发展。国家卫生和计划生育委员会和中国红十字会等部门和机构，多次拨款主办无偿献血志愿服务研讨会、经验交流会、工作会和管理培训班，并达成由中国红十字会总会负责牵头，在全国建立和管理无偿献血志愿服务组织，联合中国志愿者协会等相关组织共同推动自愿无偿献血活动的发展。

逐步在全国健全总队体系的分支组织，使无偿献血志愿服务网络覆盖到自然村和居民区，在多次无偿献血者中招募和培训无偿献血志愿者，引导志愿者在应急和定期无偿献血的基础上，在社会上发挥身份优势，现身说法开展无偿献血的宣传和无偿献血者招募、保留及召回等志愿服务，并对志愿者的工作情况加以记录、统计、考评和表彰激励。如深圳经过十年的努力，建立起了一支能献血、会招募、保留效果好的无偿献血志愿者和志愿应急并定期无偿献血者队伍，实现了自愿无偿献血。

无偿献血者作为安全输血的源头，采供血机构除了要严格按照国家和卫生和计划生育委员会颁布标准做好献血者的筛查外，更重要的是如何做好无偿献血者的服务工作，如何提高全员服务意识，促进无偿献血事业的健康发展。

**2. 提高全员服务意识**

血站工作人员作为专业技术服务的提供者，是人们心目中的"白衣天使"。血站要求职工必须掌握深厚的医学知识，掌握献血后机体代偿机制方面的知识，才能有利于无偿献血的宣传工作。

《献血法》规定，地方各级人民政府负责本行政区域内的献血工作，统一规划并负责实施、协调有关部门共同做好献血工作。县级以上卫生行政部门监督管理献血工作，各级红十字会依法参与推动献血工作。各级人民政府要采取措施广泛宣传献血的意义、普及献血的科学知识、开展预防和控制经血液途径传播疾病的教育。新闻媒体应当开展献血的社会公益性宣传。国家机关、军队、社会团体、企业事业组织、居民委员会，应当动员和组织本单位或者本地区的适龄公民参加献血。各级人民政府和红十字会对积极参加献血和在献血工作中做出显著成绩的单位和个人给予奖励，对无偿献血者及其直系亲属给予一定的用血保障。

(三) 无偿献血的性质

无偿献血工作是卫生事业的有机组成部分，安全、足量地保证临床用血并确保献血者的健康是政府赋予采供血机构的责任。所以无偿献血工作除具有公益性、经济性和生产劳动性之外，还具有明显的医学支持性和社会依存性。社会公益性、医学支持性和社会依存性是无偿献血工作性质的核心。国家明确规定"血站是采集、提供临床用血的机构，是不以盈利为目的的公益性组织。"明确界定了血液工作的非盈利性。血液是唯一不能工业化生产的特殊药品，具有不可替代性，只能来源于人的自愿无偿的捐献。血液事业离不开采供血机构广大员工的忠诚，离不开广大献血者的厚爱，更离不开社会各界的支持。所以无偿献血工作具有鲜明的社会依存性。

## 第二节 采血与供血

### 一、采供血机构

(一) 血站的设置及职责

血站（Blood Bank）是采集、提供临床用血的机构，是不以营利为目的的公益性组织。血站包括血液中心、中心血站和中心血库。

1. **血液中心（Blood Center）的设置及职责**

血液中心应当设置在直辖市、省会市、自治区首府市。其主要职责是：（1）按照省级人民政府卫生行政部门的要求，在规定范围内开展无偿献血者的招募、血液的采集与制备、临床用血供应以及医疗用血的业务指导等工作。（2）承担所在省、自治区、直辖市血站的质量控制与评价。（3）承担所在省、自治区、直辖市血站的业务培训与技术指导。（4）承担所在省、自治区、直辖市血液的集中化验检测任务。（5）开展血液相关的科研工作。（6）承担卫生行政部门交办的任务。血液中心应当具有较高综合质量评价的技术能力。

2. **中心血站的设置及职责**

中心血站应当设置在设区的市。其主要职责是：（1）按照省级人民政府卫生行政部门的要求，在规定范围内开展无偿献血者的招募、血液的采集与制备、临床用血供应以及医疗用血的业务指导等工作。（2）承担供血区域范围内血液储存的质量控制。（3）对所在行政区域内的中心血库进行质量控制。（4）承担卫生行政部门交办的任务。直辖市、省会市、自治区首府市已经设置血液中心的，不再设置中心血站；尚未设置血液中心的，可以在已经设置的中心血站基础上加强能力建设，履行血液中心的职责。

设立血站向公民采集血液，必须经国务院卫生行政部门或者省、自治区、直辖市人民政府卫生行政部门批准。血站的设立条件和管理办法由国务院卫生行政部门制定。卫生和计划生育委员会根据全国医疗资源配置、临床用血需求，制定全国采供血机构设置规划指导原则，并负责全国血站建设规划的指导。省、自治区、直辖市人民政府卫生行政部门应当根据规定，结合本行政区域人口、医疗资源、临床用血需求等实际情况和当地区域卫生发展规划，制定本行政区域血站设置规划，报同级人民政府批准，并报卫生和计划生育委员会备案。

3. **中心血库的设置及职责**

中心血库应当设置在中心血站服务覆盖不到的县级综合医院内。其主要职责是：按照省级人民政府卫生行政部门的要求，在规定范围内开展无偿献血者的招募、血液的采集与制备、临床用血供应以及医疗用血业务指导等工作。

直辖市、省会市、自治区首府市已经设置血液中心的，不再设置中心血站；尚未设置血液中心的，可以在已经设置的中心血站基础上加强能力建设，履行血液中心的职责。

(二) 执业许可

血站开展采、供血业务必须经执业验收，领取血站执业许可证后方可进行。未经验收合格的血站不得执业。

血站必须按照注册登记的项目、内容、范围开展采血、供血业务，必须严格遵守各项技术操作规程和制度,并为献血者提供各种安全、卫生、便利的条件。

《血站执业许可证》、《单采血浆许可证》有效期为3年,在有效期满前3个月,血站、单采血浆站应当办理再次执业登记,并提交《血站再次执业登记申请书》、《血站执业许可证》及《单采血浆许可证》。

(三) 注册登记

1. 程序

(1) 初次登记血站申请办理执业登记必须填写血站执业登记申请书。省级人民政府卫生行政部门在受理血站执业登记申请后,应当组织有关专家或者委托技术部门,根据《血站质量管理规范》和《血站实验室质量管理规范》,对申请单位进行技术审查,并提交技术审查报告;省级人民政府卫生行政部门应当在接到专家或者技术部门的技术审查报告后20日内对申请事项进行审核;审核合格的,予以执业登记,发给卫生和计划生育委员会统一样式的血站执业许可证及其副本。

(2) 再次登记血站执业许可证有效期满前3个月,血站应当办理再次执业登记,并提交血站再次执业登记申请书及血站执业许可证。省级人民政府卫生行政部门应当根据血站业务开展和监督检查情况进行审核,审核合格的,予以继续执业。未通过审核的,责令其限期整改;经整改仍审核不合格的,注销其血站执业许可证。

未办理再次执业登记手续或者被注销血站执业许可证的血站,不得继续执业。

2. 不予执业登记的情形

不予登记有下列情形之一的,不予执业登记:(1)《血站质量管理规范》技术审查不合格的。(2)《血站实验室质量管理规范》技术审查不合格的。(3) 血液质量检测结果不合格的。

3. 单采血浆站不予执业登记的情形

单采血浆站有下列情形之一的,不予执业登记:(1) 不符合《单采血浆站基本标准》或《设置单采血浆批准书》核准的事项。(2)《血液制品管理条例》第35条规定属于限期改正期间。(3) 原料血浆质量检测结果不合格。(4) 有其他违反血液管理有关法规的行为。

执业登记机关对审核不合格、不予执业登记的,应将结果和理由以书面形式通知申请单位。

4. 血站注销执业许可证的情形

血站有下列情形之一的,由省级人民政府卫生行政部门注销其血站执业许可证:(1) 血站执业许可证有效期届满未办理再次执业登记的。(2) 取得血站执业许可证后1年内未开展采供血工作的。

(四) 监督管理

卫生和计划生育委员会主管全国血站的监督管理工作;定期对血液中心执行有关规定情况和无偿献血比例、采供血服务质量、业务指导、人员培训、综合质量评价技术能力等情况以及脐带血造血干细胞库等特殊血站的质量管理状况进行评价及监督检查,并将结果向社会公布。县级以上地方人民政府卫生行政部门负责本行政区域内血站的监督管理工作。省级人民政府卫生行政部门应当对本辖区内的血站执行有关规定情况和无偿献血比例、采供血服务质量、业务指导、人员培训、综合质量评价、技术能力等情况进行评价及监督检查,按照有关规定将结果上报,同时向社会公布。

卫生行政部门在进行监督检查时，有权索取有关资料，血站不得隐瞒、阻碍或者拒绝。卫生行政部门对血站提供的资料负有保密的义务，法律、行政法规或者部门规章另有规定的除外。卫生行政部门对举报人和投诉人负有保密的义务。各级人民政府卫生行政部门应当建立血站监督管理的举报、投诉机制。

国家实行血液质量监测、检定制度，对血站质量管理、血站实验室质量管理实行技术评审制度，具体办法由卫生和计划生育委员会规定：

1. 县级以上人民政府卫生行政部门对采供血活动履行下列职责：
（1）制定临床用血储存、配送管理办法，并监督实施。
（2）对下级卫生行政部门履行本办法规定的血站管理职责进行监督检查。
（3）对辖区内血站执业活动进行日常监督检查，组织开展对采供血质量的不定期抽检。
（4）对辖区内临床供血活动进行监督检查。
（5）对违反本办法的行为依法进行查处。
2. 各级人民政府卫生行政部门应当对无偿献血者的招募、采血、供血活动予以支持、指导。
3. 省级人民政府卫生行政部门应当对本辖区内的血站执行有关规定情况和无偿献血比例、采供血服务质量、业务指导、人员培训、综合质量评价技术能力等情况进行评价及监督检查，按照有关规定将结果上报，同时向社会公布。
4. 卫生和计划生育委员会定期对血液中心执行有关规定情况和无偿献血比例、采供血服务质量、业务指导、人员培训、综合质量评价技术能力等情况以及脐带血造血干细胞库等特殊血站的质量管理状况进行评价及监督检查，并将结果向社会公布。
5. 卫生行政部门在进行监督检查时，有权索取有关资料，血站不得隐瞒、阻碍或者拒绝；卫生行政部门对血站提供的资料负有保密的义务，法律、行政法规或者部门规章另有规定的除外。
6. 卫生行政部门和工作人员在履行职责时，不得有以下行为：
（1）对不符合法定条件的，批准其设置、执业登记或者变更登记，或者超越职权批准血站设置、执业登记或者变更登记。
（2）对符合法定条件和血站设置规划的，不予批准其设置、执业登记或者变更登记；或者不在法定期限内批准其设置、执业登记或者变更登记。
（3）对血站不履行监督管理职责。
（4）其他违反本办法的行为。
7. 各级人民政府卫生行政部门应当建立血站监督管理的举报、投诉机制；卫生行政部门对举报人和投诉人负有保密的义务。
8. 国家实行血液质量监测、检定制度，对血站质量管理、血站实验室质量管理实行技术评审制度，具体办法由卫生和计划生育委员会另行制定。
9. 血站有下列情形之一的，由省级人民政府卫生行政部门注销其《血站执业许可证》：
（1）《血站执业许可证》有效期届满未办理再次执业登记的。
（2）取得《血站执业许可证》后一年内未开展采供血工作的。

## 二、采血管理

（一）血站采集

血站采集血液必须严格遵守有关操作规程和制度，采血必须由具有采血资格的医务人员进行，一次性采血器材用后必须销毁，确保献血者的身体健康。《献血法》颁布实施，临床用血全部来自无偿献血，血站的服务模式也发生了相应的转变。采血工作由站内等候式固定采血模式变为流动采血车上门采血的服务方式。这种工作方式，在方便了献血者的同时，也扩大了无偿献血的社会影响力，赢得了人民群众对献血事业的了解、支持和信任，促进了无偿献血工作的顺利开展。流动采血车采血的工作模式方便简捷，同时采血工作也受如操作场地小、条件简陋、时间紧、设备不足、人员少、季节气温等因素影响，为保证血液质量，在流动采血车上采集血液对操作要求就更为严格。有关人士经过工作实践，认为流动采血车完成采血的整个工作流程，要有一套完整的管理体系和监督措施，以确保采血的顺利进行，保证血液质量与采血安全。

血站开展采供血业务应当实行全面质量管理，严格遵守有关法律、法规、规章和《输血技术操作规程》、《血站质量管理规范》和《血站实验室质量规范》等技术规范和标准。血站工作人员应当符合岗位执业资格的规定，并接受血液安全和业务岗位培训与考核，领取岗位培训合格证书后方可上岗。

血站的各业务岗位工作记录应当内容真实、项目完整、格式规范、字迹清楚、记录及时，有操作者的签名。记录内容需要更改时，应当保持原记录内容清晰可辨，注明更改内容、原因和日期，并在更改处签名。献血、检测和供血的原始记录应当至少保存10年，法律、行政法规和卫生和计划生育委员会另有规定的，依照有关规定执行。

血站在采血前，必须按照国务院卫生行政部门制定的《献血者健康检查标准》，免费对献血者进行必要的健康检查，身体状况不符合献血条件的，血站应当向其说明情况，不得采集血液。血站对献血者每次采集血液量一般为200毫升，最高不得超过400毫升。两次采集间隔不少于6个月。严禁对献血者超量、频繁采集血液。血站采集血液后，对献血者发给无偿献血证，并建立献血档案。

血站采血前应当对献血者身份进行核对并进行登记；严禁采集冒名顶替者的血液；血站不得采集血液制品生产用原料血浆；血站采集血液应当遵循自愿和知情同意的原则，并对献血者履行规定的告知义务；血站应当建立献血者信息保密制度，为献血者保密；献血者应当按照要求出示真实的身份证明。任何单位和个人不得组织冒名顶替者献血。

（二）采血车管理

采血车上的各类物品、各种设备，根据上车工作人员各自岗位的不同进行分组管理，并建立每日登记使用、查对、交接制度。贵重仪器的使用有专人管理，按期保养，保持良好的运转性能。对采血使用的器材、物品依据不同的性质，分类放置，规范存放，特别是消毒物品及抢救用药等，按要求固定存放，定期检查。为采血的顺利和安全，提供可靠的物质保证。

车内空间的合理布局是保证血液质量与采血安全的关键。工作流程以采血、监护为主体，设采血、监护区，两侧配有咨询、血型化验和证件发放辅助区。各操作区使用、消毒、卫生等管理按血站达标要求标准实施。进行严格的管理、考核。采血流程的每一环节、每一过程，有严格的查对、交接、登记制度。献血者从上车后健康咨询、血型化验到完成采血和证件发放，井然有序。既能保证血液质量，又能确保采血安全，为献血者营造舒适、安全、整洁、有序的采血环境。采血区物品摆放整齐、有序，空气消毒每日采血结束后进行，紫外线照射或臭氧消毒。采血台面、地面、仪器用92消毒液擦拭消毒，保持整洁，封闭采血区备用。在进行采血操作前再用92消毒液喷雾消毒，以确保车内采血区的消毒质量。每月由质量控制部门进行定期或不定期空气细菌培养检测，无霉菌生长，杂菌数≤30。采血服务模式的转变，给采血工作提出了更高的要求，因此，做好采血车的工作管理是保证血液质量与采血安全的关键。

血站应当根据国务院卫生行政部门制定的标准，保证血液质量。血站对采集的血液必须进行检测；未经检测或者检测不合格的血液，不得向医疗机构提供。

### 三、供血管理

供血制度有以下几点：

1. 储血点工作人员必须严格按照有关规定和制度，完成血液及其制品的供应任务。
2. 凡未取得临床用血备案资格的医疗机构不得发给血液及其制品。若危及病人生命需紧急输血者，必须请示单位领导和卫生行政主管部门同意后，方可给予供血。
3. 凡涉及跨区的供血，应具备省卫生厅同意供血的批准文件后，方可给予供血，否则不予发血。
4. 医疗用血单位取血时，取血人必须携带本人取血证、取血申请单和专用保温器材，否则拒绝发血，严禁病人家属或非医务人员取血。
5. 取血时，按医疗用血单位取血申请单所需品种、规格、血型和数量发放。
6. 预约用血由医院提前一天预定，工作人员根据所需品种、血型、数量、预约单位、预约人等进行当场登记，并向医院复报一遍核实。
7. 发血前，与领血者一起先用肉眼观察血液的质量是否合格，标签是否清晰，血型、品种、数量是否相符，核对无误后，双方签字认可。
8. 始终遵循先出库后发血原则。

血站应当保证发出的血液质量、品种、规格、数量无差错。未经检验或者不合格的血液，不得向医疗机构提供。血站发出血液的包装、储存、运输必须符合国家规定的标准和要求。血液包装袋上应当标明：（1）血站的名称及其许可证号。（2）献血编号或者条形码。（3）血型。（4）血液品种。（5）采血日期及时间或者制备日期及时间。（6）有效日期及时间。（7）储存条件。

血站应当制定紧急灾害应急预案，并从血源、管理制度、技术能力和设备条件等方面保证预案的实施；在紧急灾害发生时服从县级以上人民政府卫生行政部门的调遣。

特殊血型的血液需要从外省、自治区、直辖市调配的，由省级人民政府卫生行政部门批准；因科研或者特殊需要而进行血液调配的，由省级人民政府卫生行政部门批准。

## 第三节　临床用血管理

### 一、临床用血的原则

临床用血是指用于临床的全血、成分血。《献血法》规定，无偿献血者的血液必须用于临床，不得买卖。血站、医疗机构不得将无偿献血的血液出售给单采血浆站或者血液制品生产单位。

医疗机构临床用血，由县级以上人民政府卫生行政部门指定的血站供给。医疗机构开展的患者自身储血和临床用血的包装、储存、运输，必须符合国家规定的卫生标准和要求。医疗机构对临床用血必须进行检查，不得将不符合国家规定标准的血液用于临床。

公民临床用血时只交付用于血液的采集、储存、分离、检验等费用，具体收费标准由国务院卫生行政部门会同国务院价格主管部门制定。无偿献血者临床需要用血时，免交上述规定的费用；无偿献血者的配偶和直系亲属临床需要用血时，可以按照省、自治区、直辖市人民政府的规定免交或者减交上述规定的费用。

为保障公民临床急救用血的需要，国家提倡并指导择期手术的患者自身储血，动员家庭、亲友、所在单位以及社会互助献血。

医疗机构临床用血应当制定用血计划，遵循合理、科学的原则，不得浪费和滥用血液。

## 二、临床用血的管理

血液资源必须加以保护、合理利用、避免浪费、杜绝不必要的输血。为了规范、指导医疗机构科学、合理用血，卫生和计划生育委员会制定了《临床输血技术规范》。规范要求临床医师和输血医技人员应严格掌握临床输血适应证，正确应用成熟的临床输血技术和血液保护技术，包括成分输血和自体输血。二级以上医院应设置独立的输血科（血库），负责临床用血的技术指导和技术实施，确保贮血、配血和其他科学、合理用血措施的执行。

（一）输血申请

申请输血应由经主治医师逐项填写临床输血申请单，由主治医师核准签字，连同受血者血样于预定输血日期前送交输血科（血库）备血。

决定输血治疗前，经主治医师应向患者或其家属说明输同种异体血的不良反应和经血传播疾病的可能性，征得患者或家属的同意，并在输血治疗同意书上签字。无家属签字的无自主意识患者的紧急输血，应报医院职能部门或主管领导同意、备案，并记入病历。

（二）受血者血样采集与送检

确定输血后，医护人员持输血申请单和贴好标签的试管，当面核对患者姓名、年龄、病案号、病室、门诊、床位、血型和诊断，采集血样；并由医护人员或专门人员将受血者血样与输血申请单送交输血科（血库），双方进行逐项核对。

（三）交叉配血

受血者配血试验的血标本必须是输血前3天之内的。

输血科（血库）要逐项核对输血申请单、受血者和供血者血样，复查受血者和供血者 ABO 血型（正、反定型），并常规检查患者 Rh（D）血型（急诊抢救患者紧急输血时 Rh（D）检查可除外），正确无误时可进行交叉配血。凡输注全血、浓缩红细胞、红细胞悬液、洗涤红细胞、冰冻红细胞、浓缩白细胞、手工分离浓缩血小板应 ABO 血型同型输注。

凡遇有下列情况必须按《全国临床检验操作规程》有关规定作抗体筛选试验：交叉配血不合时；对有输血史、妊娠史或短期内需要接受多次输血者。

两人值班时，交叉配血试验由两人互相核对；一人值班时，操作完毕后自己复核，并填写配血试验结果。

（四）发血

配血合格后，由医护人员到输血科（血库）取血。取血与发血的双方必须共同查对患者姓名、性别、病案号、门（急）诊、病室、床号、血型有效期及配血试验结果，以及保存血的外观等，准确无误时，双方共同签字后方可发出；血液发出后不得退回。血液发出后，受血者和供血者的血样保存于2℃~6℃冰箱,至少7天,以便对输血不良反应追查原因。

凡血袋有下列情形之一的,一律不得发出:(1)标签破损、字迹不清。(2)血袋有破损、漏血。(3)血液中有明显凝块。(4)血浆呈乳糜状或暗灰色。(5)血浆中有明显气泡、絮状物或粗大颗粒。(6)未摇动时血浆层与红细胞的界面不清或交界面上出现溶血。(7)红细胞层呈紫红色。(8)过期或其他须查证的情况。

### (五)输血

输血前应由两名医护人员核对交叉配血报告单及血袋标签各项内容,检查血液有无破损渗漏,血液颜色是否正常,准确无误方可输血。输血时,有两名医护人员带病历,共同到患者病床核对患者姓名、性别、年龄、病案号、门急诊病室、床号、血型等,确认与配血报告相符,再次核对血液后,用符合标准的血对其进行输血。

取回的血应尽快输用,不得自行贮血。输用前将血袋内的成分轻轻混匀,避免剧烈震荡。血液内不得加入其他药物,如需稀释只能用静脉注射生理盐水;输血前后用静脉注射生理盐水冲洗输血管道;连续输用不同供血者的血液时,前一袋血输尽后,用静脉注射生理盐水冲洗输血器,再接下一袋血继续输注。

输血过程中应先慢后快,再根据病情和年龄调整输注速度,并严格观察受血者有无输血不良反应,如出现异常情况应及时处理:(1)减慢或停止输血,用静脉注射生理盐水维持静脉通路。(2)立即通知值班医师和输血科(血库)值班人员,及时检查、治疗和抢救,并查找原因,做好记录。

疑为溶血性或细菌污染性输血反应,应立即停止输血,用静脉注射生理盐水维护静脉通路,及时报告上级医师,在积极治疗抢救的同时,做好核对检查。

## 三、临床用血制度

临床用血时应遵循以下管理制度:

**1. 临床用血来源**

医院必须按照当地卫生行政部门指定的采供血机构购进血液,不使用无血站名称和无许可证的血液。

**2. 禁止滥用血源**

各科室用血,必须根据输血原则,严防滥用血源。

**3. 严格输血制度**

(1)确定输血时,应由临床主管医生逐项认真填写输血申请单。值班护士按医嘱"三对"后给病人采血标本送血库进行配血,试管上应贴标签,并标明科别、床号、姓名、性别、于输血前一天送血库进行审批。急诊例外。(2)血库工作人员根据临床各科的预约的血量,应及时与血站联系。备好各型血液,保证临床用血量,不得有误。(3)输血科工作人员接收标本时,应逐项进行认真核对,无误后将标本收下备血。(4)取血护士在取血时,应认真核对本科受血者姓名、性别、床号、血型、配血结果、储血号、采血时间、有效期时间,确认无误后方可将血液输入病人体内。(5)血液一出库就不能退回,除特殊情况,出库时间不超过15分钟,没有做过其他处理(复温、摇动等)可以与血站工作人员联系查看后在决定是否退血。(6)如在输血过程中出现反应,应及时报告临床主管医师进行处理,并通知血库一并查明原因。

## 第四节 血液制品管理

血液制品是指各种人血浆蛋白制品。为了加强对原料血浆的采集、供应以及血液制品的生产、经营活动的管理，预防和控制经血液途径传播的疾病，保证血液制品的质量，国务院于1996年12月30日发布了《血液制品管理条例》。本条例适用于在中华人民共和国境内从事原料血浆的采集、供应以及血液制品的生产、经营活动，国务院卫生行政部门对全国的原料血浆的采集、供应和血液制品的生产、经营活动实施监督管理。

### 一、血液制品生产经营管理

（一）血液制品生产经营机构设置管理

新建、改建或者扩建血液制品生产单位，经国务院卫生行政部门根据总体规划进行立项审查同意后，由省、自治区、直辖市人民政府卫生行政部门依照《药品管理法》的规定审核批准。

血液制品生产单位必须达到国务院卫生行政部门制定的《药品生产质量管理规范》规定的标准，经国务院卫生行政部门审查合格，并依法向工商行政管理部门申领营业执照后，方可从事血液制品的生产活动。

血液制品生产单位生产国内已经生产的品种，必须依法向国务院卫生行政部门申请产品批准文号；国内尚未生产的品种，必须按照国家有关新药审批的程序和要求申报。

开办血液制品经营单位，由省、自治区、直辖市人民政府卫生行政部门审核批准。

严禁血液制品生产单位出让、出租、出借以及与他人共用药品生产企业许可证和产品批准文号。

（二）血液制品生产经营管理

1. 全面复查

（1）血液制品生产单位不得向无单采血浆许可证的单采血浆站或者未与其签订质量责任书的单采血浆站及其他任何单位收集原料血浆。

（2）血液制品生产单位不得向其他任何单位供应原料血浆。

（3）血液制品生产单位在原料血浆投料生产前，必须使用有产品批准文号并经国家药品生物制品检定机构逐批检定合格的体外诊断试剂，对每一人份血浆进行全面复检，并作检测记录。

2. 准确记录、上报

（1）原料血浆经复检不合格的，不得投料生产，并必须在省级药品监督员监督下按照规定程序和方法予以销毁，并作记录。

（2）原料血浆经复检发现有经血液途径传播的疾病的，必须通知供应血浆的单采血浆站，并及时上报所在地省、自治区、直辖市人民政府卫生行政部门。

3. 严格质检

（1）血液制品出厂前，必须经过质量检验；经检验不符合国家标准的，严禁出厂。

（2）血液制品经营单位应当具备与所经营的产品相适应的冷藏条件和熟悉所经营品种的业务人员。

(3) 血液制品生产经营单位生产、包装、储存、运输、经营血液制品，应当符合国家规定的卫生标准和要求。

用于生产血浆蛋白制品的原料血浆唯一的来源是健康人体，因此原料血浆是宝贵而不可多得的资源。自从血浆蛋白制品工业诞生起，即面临着原料血浆供应不足的困境，这导致了血浆蛋白制品不能完全满足社会的需求，这同全血采集遇到的是同样的问题。为此，1975年世界卫生组织（World Health Organization）通过了一项决议，敦请各成员国在无偿献血的基础上建立自己的血液服务机构，提倡在血源供应上自给自足。各国政府积极响应，加大了血源开发力度并立法加以保证，一些国家不但建立或完善了自己的采供血机构，甚至还建立或扩建了血浆蛋白分离制备工厂，同时也高度重视血液及其制品的安全使用。从此，世界血液服务事业和血液制品工业步入了一个新的时代。

**二、单采血浆站的设置**

原料血浆采集是血浆蛋白制品工业的源头，保证充足而高品质的原料血浆供应是血浆蛋白工业发展的先决条件。原料血浆的来源有两条途径：一是献血者捐献的全血，在提取出全血内细胞成分后剩下的血浆，即回收血浆，可进一步用作血浆蛋白制品生产的原料；二是通过单采血浆技术，从人体采集血浆，即单采血浆。

（一）单采血浆站的设置

单采血浆站由血液制品生产单位设置或者由县级人民政府卫生行政部门设置，专门从事单采血浆活动，具有独立法人资格。其他任何单位和个人不得从事单采血浆活动。

国家实行单采血浆站统一规划、设置的制度。国务院卫生行政部门根据核准的全国生产用原料血浆的需求，对单采血浆站的布局、数量和规模制定总体规划。省、自治区、直辖市人民政府卫生行政部门根据总体规划制定本行政区域内单采血浆站设置规划和采集血浆的区域规划，并报国务院卫生行政部门备案。

申请设置单采血浆站的，由县级人民政府卫生行政部门初审，经设区的市、自治州人民政府卫生行政部门或者省、自治区人民政府设立的派出机关的卫生行政机构审查同意，报省、自治区、直辖市人民政府卫生行政部门审批；经审查符合条件的，由省、自治区、直辖市人民政府卫生行政部门核发单采血浆许可证，并报国务院卫生行政部门备案。

在一个采血浆区域内，只能设置一个单采血浆站。严禁单采血浆站采集非划定区域内的供血浆者和其他人员的血浆。

（二）单采血浆站的设置条件

申请设置单采血浆站的，由县级人民政府卫生行政部门初审，经设区的市、自治州人民政府卫生行政部门或者省、自治区人民政府设立的派出机关的卫生行政机构审查同意，报省、自治区、直辖市人民政府卫生行政部门审批；经审查符合条件的，由省、自治区、直辖市人民政府卫生行政部门核发《单采血浆许可证》，并报国务院卫生行政部门备案。

单采血浆站只能对省、自治区、直辖市人民政府卫生行政部门划定区域内的供血浆者进行筛查和采集血浆。

设置单采血浆站，必须具备下列条件：
1. 符合单采血浆站布局、数量、规模的规划。
2. 具有与所采集原料血浆相适应的卫生专业技术人员。

3. 具有与所采集原料血浆相适应的场所及卫生环境。
4. 具有识别供血浆者的身份识别系统。
5. 具有与所采集原料血浆相适应的单采血浆机械及其他设施。
6. 具有对所采集原料血浆进行质量检验的技术人员以及必要的仪器设备。

### 三、原料血浆的采集管理

原料血浆是指专用于血液制品生产原料的血浆。原料血浆由国家统一规划、设置的单采血浆站采集。血站不得进行单采血浆活动,血站与单采血浆站分开。

血浆是血液去除红细胞、白细胞和血小板等有形成分后余下的清亮淡黄色液体,约占全血体积的55%。血浆成分的90%为水,其中的溶质成分蛋白质占7%,剩下的3%包括糖、脂、氨基酸、电解质和代谢产物等。血浆内蛋白质种类繁多,现已鉴别出的具有特定生理功能的蛋白质有100多种,它们对维持人体生理功能的正常运行起着十分重要的作用。目前,已有20多种蛋白质从人体血浆中分离出来并加工制成适合临床应用的血浆蛋白制品,如白蛋白、凝血因子和免疫球蛋白,以及纤维蛋白原和蛋白酶抑制剂等,包括用于各种严重生命危急状态(如重度创伤、烧伤、休克、肿瘤和感染等)、免疫功能缺陷、凝血功能障碍以及严重肝病等的抢救和治疗,其疗效确切、明显。多年来血浆蛋白制品为保障人类健康贡献卓著,其临床应用价值也越来越为医务工作者和社会群体所认识和重视。

目前生产血浆蛋白制品的原料血浆大部分来自单采血浆。据统计,全球每年用于生产血浆蛋白制品的原料血浆已>2000万L,2002年全球原料血浆投入量为2720万L,其中单采血浆1860万升L,回收血浆860万L;虽然2005年总体血浆投入量(2450万L,包括单采血浆1630万L和回收血浆820万L)较2002年下降9.9%,但此后世界血浆投入量逐步回升,估计2008年已接近3000万L。年血浆投入量应大致相当于该年度的原料血浆采集量,这也是各国原料血浆采集活动、水平和能力的综合体现。

单采血浆站必须对供血浆者进行健康检查;检查合格的,由县级人民政府卫生行政部门核发供血浆证。供血浆证不得涂改、伪造、转让。

单采血浆站在采集血浆前,必须对供血浆者进行身份识别并核实其供血浆证,确认无误的,方可按照规定程序进行健康检查和血液化验;对检查、化验合格的,按照有关技术操作标准及程序采集血浆,并建立供血浆者健康检查及供血浆记录档案;对检查、化验不合格的,由单采血浆站收缴供血浆证,并由所在地县级人民政府卫生行政部门监督销毁。严禁采集无供血浆证者的血浆。

单采血浆站必须使用有产品批准文号并经国家药品生物制品检定机构,逐批检定合格的体外诊断试剂,以及合格的一次性采血浆器材。采血浆器材等一次性消耗品使用后,必须按照国家有关规定予以销毁,并作记录。单采血浆站采集的原料血浆的包装、储存、运输,必须符合国家规定的卫生标准和要求。单采血浆站只能向一个与其签订质量责任书的血液制品生产单位供应原料血浆,严禁向其他任何单位供应原料血浆。单采血浆站必须使用单采血浆机械采集血浆,严禁手工操作采集血浆。采集的血浆必须按单人份冰冻保存,不得混浆。严禁单采血浆站采集血液或者将所采集的原料血浆用于临床。

## 第五节 法律责任

输血是治病救命中不可替代的一种有效办法，同时也是感染疾病的一条渠道。为趋利避害，保障献血、用血者的安全，《献血法》规定了采、供血单位，在采、供血过程中应当遵守的规则和违反规则应当承担的法律责任。

### 一、行政责任

（一）没收、警告和罚款

《献血法》规定，有下列行为之一的，由县级以上地方人民政府予以取缔，没收违法所得，可以处10万元以下的罚款：（1）非法采集血液的。（2）血站、医疗机构出售无偿献血的血液的。（3）非法组织他人出卖血液的。

临床用血的包装、储存、运输，不符合国家规定的卫生标准和要求的，责令改正，给予警告，并处1万元以下的罚款。

（二）行政处分

血站违反有关操作规程和制度采集血液，医疗机构的医务人员违反规定，将不符合国家规定标准的血液用于患者，由县级以上地方人民政府卫生行政部门责令改正；对直接负责的主管人员和其他直接人员，依法给予行政处分。

血站违反《献血法》规定，向医疗机构提供不符合国家规定标准的血液的，责令改正；情节严重，造成经血液途径传播的疾病传播或者有传播严重危险的，限期整顿，对直接负责的主管人员和其他直接责任人员，依法给予行政处分。

卫生行政部门及其工作人员在献血、用血的监督管理工作中，玩忽职守，造成严重后果，尚不构成犯罪的，依法给予行政处分。

### 二、民事责任

（一）血站

血站违反有关操作规程和制度采集血液，给献血者健康造成损害的，应当依法赔偿。

（二）医疗机构的医务人员

医疗机构的医务人员违反规定，将不符合国家规定标准的血液用于患者，给患者健康造成损害的，应当依法赔偿。

### 三、刑事责任

（一）《献血法》规定

《献血法》规定，非法采集血液，血站、医疗机构出售无偿献血的血液，非法组织他人出卖血液；血站违反有关部门操作规程和制度采集血液，给献血者健康造成损害的；血站违反法律规定，向医疗机构提供不符合国家规定的血液，情节严重，造成经血液途径传播或者有传播严重危险的；医疗机构的医务人员违反法律规定，将不符合国家规定标准的血液用于患者，给患者健康造成损害，构成犯罪的，对直接负责的主管人员和其他直接责任人员依法追究刑事责任。卫生行政部门及其工作人员在献血、用血的监督管理工作中，玩忽职守，造成严重后果，构成犯罪的，依法追究刑事责任。

## （二）《刑法》规定

非法组织卖血罪量刑标准：《刑法》第333条第1款规定，指违反国家有关规定，非法组织他人出卖血液的行为。非法组织他人出卖血液的，处5年以下有期徒刑，并处罚金；以暴力、威胁方法强迫他人出卖血液的，处5年以上10年以下有期徒刑，并处罚金。有前款行为，对他人造成伤害的，依照本法第234条的规定定罪处罚。

《献血法》第18条有下列行为之一的，由县级以上地方人民政府卫生行政部门予以取缔，没收违法所得，可以并处10万元以下的罚款；构成犯罪的，依法追究刑事责任：(1) 非法采集血液的。(2) 血站、医疗机构出售无偿献血的血液的。(3) 非法组织他人出卖血液的。

非法组织卖血罪犯罪构成：

### 1. 客体要件

本罪侵犯的客体是国家血液管理制度，同时也对公共卫生造成妨害。为加强采供血机构和血源管理，保证血液质量，维护社会公共卫生安全，我国颁布了一系列的法规规章来建立我国的血液管理制度。其中最主要的是《采供血机构和血液管理办法》（1993年3月27日卫生部（现卫生和计划生育委员会）发布，1993年7月1日起施行）。依该管理办法，开展采供血业务，只能由取得采供血许可的单位和个人进行。所谓采血是指采集、储存血液，并向临床或血液制品生产单位供血的行为；所谓血液，是指用于临床的全血、成分血和用于血液制品生产的原料血浆。设区的市级以上政府献血办公室负责辖区内的血源管理。凡参加献血的公民，应当依照规定到当地献血办公室进行登记，其他采供血机构提供血液的公民，必须持本人居民身份证，按规定向当地献血办公室，申请供血证。由此可见，只有献血办公室和采供血机构才有资格在其被许可的项目范围内组织他人出卖血液，开展采供血业务。除献血办公室或设区的市级以上卫生行政部门指定的血站以外的任何单位和个人，都不得组织血源供血。否则，即违反了血源和采供血管理的有关规定，侵犯了国家血液管理制度。同时该非法采集的血液流向社会后，即对公共卫生造成严重的妨害。

### 2. 客观要件

本罪在客观方面表现为非法组织他人出卖血液的行为。本罪客观特征集中表现为行为人将血液视为"商品"而组织他人加以出卖。"非法"是指违反我国献血法规定的无偿献血制度。无偿献血是一种纯属无私奉献的献血。第八届全国人民代表大会常务委员会第29次会议通过了《献血法》，在第2条明确规定："国家实行无偿献血制度。"这是第一次以法律的形式规定无偿献血制度，意味着对卖血行为及组织卖血行为的坚决取缔。因此，组织他人卖血的行为是非法的。

非法组织他人出卖血液的行为，具体说来，是行为人在组织他人卖血过程中实施了策划、指挥、领导的行为。在实践中，这种行为一般表现为动员、拉拢、联络、串联、制定计划、下达命令、分配任务、出谋划策等形式。

### 3. 主体要件

本罪的主体要件是一般主体，任何达到刑事责任年龄且具备刑事责任能力的自然人均可能构成本罪。单位亦能成为本罪主体。单位犯本罪的，实行两罚制，即对单位判处罚金，对其直接负责的主管人员和其他直接责任人员依本条规定判处相应刑罚。

### 4. 主观要件

本罪在主观方面只能由故意构成，过失不构成本罪。至于本罪是否以牟利为目的，本条未作规定,一般而言,非法组织他人出卖血液的行为多以牟利为目的,但并不以此目的为构成要件。

《刑法》第334条规定:"非法采集、供应血液或者制作、供应血液制品,不符合国家规定的标准,足以危害人体健康的,处5年以下有期徒刑,并处罚金;造成特别严重后果的,处10年以上的有期徒刑或者无期徒刑,并处罚金或者没收财产。"

经国家主管部门批准采集、供应血液或者制作、供应血液制品的部门,不依照规定进行检测或者违背其他操作规定,造成危害他人身体健康后果的,对单位判处罚金,并对其直接负责的主管人员和其他直接责任人员,处5年以下有期徒刑或者拘役。

## 思考题

1. 采供血机构有哪些?
2. 血站不予注册的法定情形有哪些?
3. 临床用血有哪些法律规定?
4. 简述血液制品生产经营管理的法律规定。
5. 案例:1999年8月26日,呼和浩特市某县28岁的陈××因宫外孕住入清水河县医院进行手术。在输血时,她不幸感染了HIV病毒。2004年8月25日,陈××去世。

   为了替死去的妻子讨回说法,陈××的丈夫王××向呼和浩特市中级人民法院提起民事诉讼,要求责任方某县医院给予赔偿。

   (1) 该案是否属于医疗事故?法律依据是什么?
   (2) 王××对该医院的诉求是否合理?该医院应该承担什么责任?

   (分析思路:使用不符合国家规定标准的血液。)

6. 案例:周××,男,1983年9月23日出生,汉族,四川省资中县农民。2007年5月17日,原告周××到被告云南昆明血液中心血液中心的流动献血车进行义务献血,原告表示自愿献血200ml,由被告工作人员梁××为原告进行健康检查,检查后由周××将《云南昆明血液中心献血登记表》(背面为《献血者健康情况征询表》)带到流动献血车上由检验师进行了快速检验,其后由被告工作人员为周××进行了采血,采血结束后周××自己走下流动献血车,由被告的其他工作人员将载有周××献血情况的《云南昆明血液中心献血登记表》交回到被告工作人员梁××手上,加盖献血数量条章后向周××发放了一本《无偿献血证》,上面载明:原告周××于2007年5月17日在血液中心1号献血车献血300ml。为此,原告周××于2007年6月22日向一审法院提起诉讼,请求法院判令:被告公开赔礼道歉,赔偿精神损害抚慰金10000元,并承担本案诉讼费。

   (1) 该案是否属于对周××造成人身损害?法律依据是什么?
   (2) 周××对血液中心的诉求是否有合理?该血液中心应该承担什么责任?

   (分析思路:一般人身损害赔偿纠纷案。)

# 第十一章

# 母婴保健与计划生育法律制度

**本章导引**

本章主要介绍母婴保健法、妇幼保健法、人口与计划生育法的相关内容。通过学习，可了解母婴保健管理体制；婚前保健；孕产期保健；母婴保健医学技术鉴定；母婴保健工作管理机构及其职责；妇女卫生保健规定；儿童保健的规定；人口与计划生育法制建设；生育调节与生殖健康；流动人口的计划生育工作，并明确相应的法律责任。

母亲和婴儿的健康与国家的人口素质紧密相关。人口素质直接关系到民族的兴衰和国力的强弱，任何一个国家都非常重视人口素质的提高，从卫生、教育、科技等各个方面为母亲和儿童提供诸多社会保障。自新中国成立以来，政府一直重视妇幼保健事业的发展，通过建立妇幼卫生保健体系、培养妇幼卫生保健专业人员、制定服务规范和技术标准、提供妇幼卫生保健服务等各种工作，极大地改善了我国妇女儿童的生活状况，使妇女儿童的健康水平普遍提高。同时，实行人口与计划生育制度，为控制人口数量，提高人口素质，建立完善的法律制度来保证少生、优生、优育做了很多努力。

## 第一节 概述

### 一、母婴保健法概述

母婴保健法（Maternal and Child Health Care Law），是指调整保障母亲和婴儿健康，提高出生人口素质活动中产生的各种社会关系的法律规范的总称。

控制人口数量，提高人口素质，是我国的一项基本国策。人口质量，包括出生人口质量，直接关系到民族的盛衰和国家的兴亡。提高人口素质是涉及经济、科技、教育、文化、卫生、体育诸多领域的庞大的社会系统工程。1994年10月27日，第八届全国人大常委会第10次会议通过了《中华人民共和国母婴保健法》，自1995年6月1日起施行。这是新中国成立后我国第一部保护妇女儿童健康的法律，是宪法对人民的健康和对妇女、儿童保护原则规定的具体化。2001年6月，国务院颁布了《母婴保健法实施办法》。卫生部（现卫生和计划生育委员会）于2009年2月16日颁布了《新生儿疾病筛查管理办法》，相继制定了《婚前保健工作规范》、《产前诊断技术管理办法》、《母婴保健医学技术鉴定管理办法》、《关于禁止非医学需要的胎儿性别鉴定和选择性别的人工终止妊娠的规定》等规章，不仅充分显示了党和政府对妇女儿童健康的关怀和权利的重视,有利于提高人口素质,而且有利于改善农村和边远贫困地区妇女儿童的健康状况,有利于实现我国政府对国际社会的承诺,有利于发展我国妇幼卫生事业,促进家庭幸福、民族兴旺和社会进步。

## 二、妇幼保健法概述

妇幼卫生(Maternal and Child Health),是指控制妇女和儿童疾病,保护妇女儿童健康,促进儿童茁壮成长,以提高中华民族人口素质等各项工作的总称。妇幼卫生工作是社会保障体系的重要组成部分,对于促进和保障社会经济发展具有重要作用。

当今世界,保障母亲和儿童的健康权利,是各国共同关心的社会问题,"儿童优先"、"母亲安全"已成为国际社会的共识。《世界人权宣言》提出了"母亲和儿童有权享受特别照顾和协助"的原则。1995年,第四次世界妇女大会通过的《北京宣言》确定了妇女地位的12个重大关切领域。2000年,联合国召开妇女问题特别大会,促请各国政府和社会各界履行对提高妇女地位所作的积极承诺。1989年,联合国通过了《儿童权利公约》,中国是参与起草并较早批准该公约的国家。1990年,世界儿童首脑会议通过了《儿童生存、保护和发展世界宣言》。2002年5月,儿童问题特别联大召开,并通过《适合儿童生长的世界》的决议,明确了在保健、教育、保护和艾滋病防治4个主要领域保护儿童权益、改善儿童生存条件的原则和目标。

## 三、人口与计划生育法概述

人口与计划生育法(Population and Family Planning Law),是指调整人口发展规划制定与实施、公民生育权的行使、计划生育服务和管理活动中产生的各种社会关系的法律规范的总称。

人口是构成社会生活主体并具有一定数量和质量的人所组成的社会群体。人口是一切社会生活的基础与出发点,人口的数量、结构及变动与经济、社会发展密不可分。计划生育是指依据人口与社会经济发展的客观要求,在全社会范围内,实行人口生育按计划进行的政策。

(一)立法宗旨

社会主义市场经济体制的建立和社会主义民主法制建设步伐的加快,对依法治理人口与计划生育工作提出了更高的要求:为了实现人口与经济、社会、资源、环境的协调发展;为了维护公民的合法权益;为了推行计划生育;为了更好地体现我国对人权的尊重和保护。

(二)立法意义

《人口与计划生育法》是人口与计划生育工作领域的一部基本法律。它首次以国家法律的形式确立了计划生育基本国策的地位,把国家推行计划生育的基本方针、政策、制度、措施用法律形式固定下来,为进一步做好人口与计划生育工作,综合治理人口问题,为地方人口与计划生育立法提供了法律依据。它的颁布实施是我国人口与计划生育事业发展史上一个重要里程碑,是做好人口与计划生育工作最根本的保障和最有力的推动。对于加快人口与计划生育法制建设,全面提高人口与计划生育工作的管理服务水平,促进人口与经济社会协调发展和可持续发展必将产生重大而深远的影响。

## 第二节 母婴保健法

### 一、母婴保健管理体制

#### （一）各级政府和有关部门的职责

《母婴保健法》规定，国家发展母婴保健事业，提供必要条件和物质帮助，使母亲和儿童获得医疗保健服务，国家对边远贫困地区的母婴保健事业给予扶持。各级人民政府领导母婴保健工作，要把母婴保健事业纳入国民经济和社会发展计划；应当采取措施，加强母婴保健工作，提高医疗保健服务水平，积极防治由环境因素所致的严重危害母亲和婴儿健康的地方性高发性疾病。政府有关部门在各自的职责范围内要配合卫生行政部门做好母婴保健工作，促进母婴保健事业的发展。

#### （二）医疗保健机构和母婴保健工作人员

**1. 医疗保健机构**

医疗保健机构（Medical and Health Care Institutions），是指各级妇幼保健院以及经卫生行政部门批准并登记注册的医疗机构。医疗保健机构按照国务院卫生行政部门的规定，负责其职责范围内的母婴保健工作。医疗保健机构开展婚前医学检查、遗传病诊断、产前诊断以及施行结扎手术和终止妊娠手术，必须符合国务院卫生行政部门规定的条件和技术标准，并经县级以上人民政府卫生行政部门许可。

**2. 母婴保健工作人员**

为了保证保健对象的健康权益，《母婴保健法》规定，从事遗传病诊断、产前诊断的人员，必须经过省、自治区和直辖市人民政府卫生行政部门的考核，并取得相应的合格证书，从事婚前医学检查、施行结扎手术和终止妊娠手术的人员以及从事家庭接生的人员，必须经过县级以上地方人民政府卫生行政部门的考核，并取得相应的合格证书。母婴保健工作人员应当严格遵守职业道德，为当事人保密。

### 二、婚前保健

医疗保健机构应当为公民提供婚前保健服务。婚前保健服务包括：婚前卫生指导，关于性卫生知识、生育知识和遗传病知识的教育；婚前卫生咨询，对有关婚配、生育保健等问题提供医学意见；婚前医学检查，对准备结婚的男女双方可能影响结婚和生育的疾病进行医学检查。

#### （一）婚前医学检查的内容

婚前医学检查应当遵守《婚前保健工作规范》并按照婚前医学检查项目进行。内容主要包括：（1）严重遗传性疾病。是指由于先天遗传因素形成，患者全部或者部分丧失自主生活能力，而且后代疾病风险高，医学上认为不宜生育的疾病；（2）指定传染病。是指《传染病防治法》中规定的艾滋病、淋病、梅毒、麻风病以及医学上认为影响结婚和生育的其他传染病在传染期内的；（3）有关精神病。指精神分裂症、躁狂抑郁型精神病以及其他重型精神病。

#### （二）婚前医学检查证明和医学意见

经婚前医学检查，医疗保健机构应当出具婚前医学检查证明。对患指定传染病在传染期内或者有关精神病在发病期内的,医师应当提出医学意见,准备结婚的男女双方应当暂缓结婚。对诊断患医学上认为不宜生育的严重遗传性疾病的,医师应当向男女双方说明情况,提出医学意见;经男女双方同意,采取长效避孕措施或者施行结扎手术后不生育的,可以结婚。但《中华人民共和国婚姻法》规定禁止结婚的除外。

### 三、孕产期保健

（一）孕产期保健的概念和内容

孕产期保健一般是指从怀孕开始至产后42天内为孕产妇及胎婴儿提供的医疗保健服务。母婴保健法把孕产期保健的对象扩大到育龄妇女,规定医疗保健机构应当为育龄妇女和孕产妇提供孕产期保健服务,包括:

1. 母婴保健指导。对孕育健康后代以及严重遗传性疾病和地方病的发病原因、治疗和预防方法提供医学意见。

2. 孕妇、产妇保健。为孕妇、产妇提供卫生、营养、心理等方面的咨询和指导以及产前定期检查等医疗保健服务。

3. 胎儿保健。为胎儿生长发育进行监护,提供咨询和医学指导。

4. 新生儿保健。为新生儿生长发育、哺乳和护理提供的医疗保健服务。

（二）对异常情况的干预

《母婴保健法》规定,对患严重疾病或者接触致畸物质,妊娠可能危及孕妇生命安全或者可能严重影响孕妇健康和胎儿正常发育的,医疗保健机构应当予以医学指导。

1. 当发现孕妇患有下列严重疾病或者接触物理、化学、生物等有毒和有害因素,可能危及孕妇生命安全或者可能严重影响孕妇健康和胎儿正常发育的,应当对孕妇进行医学指导和必要的医学检查:(1)严重的妊娠合并症或者并发症。(2)严重的精神性疾病。(3)国务院卫生行政部门规定的严重影响生育的其他疾病。

2. 孕妇有下列情形之一的,医师应当对其进行产前诊断:(1)羊水过多或者过少的。(2)胎儿发育异常或者胎儿有可疑畸形的。(3)孕早期接触过可能导致胎儿先天缺陷的物质的。(4)有遗传病家族史或者曾经分娩过先天性严重缺陷婴儿的。(5)初产妇年龄超过35周岁的。

3. 经产前诊断,有下列情形之一的,医师应当向夫妻双方说明情况,并提出终止妊娠的医学意见:(1)胎儿患严重遗传性疾病的。(2)胎儿有严重缺陷的。(3)因患严重疾病,继续妊娠可能危及孕妇生命安全或者严重危害孕妇健康的。

4. 育过严重遗传性疾病或者严重缺陷患儿的,再次妊娠前,夫妻双方应当按照国家有关规定到医疗、保健机构进行医学检查。

5. 对怀疑胎儿可能为伴性遗传病,需要进行性别鉴定的,由省、自治区、直辖市人民政府卫生行政部门指定的医疗、保健机构按照国务院卫生行政部门的规定进行鉴定。严禁擅自采用技术手段对胎儿进行性别鉴定。

（三）孕产妇保健

医疗、保健机构应当为孕产妇提供下列医疗保健服务:

1. 为孕产妇建立保健手册(卡),定期进行产前检查。

2. 为孕产妇提供卫生、营养、心理等方面的医学指导与咨询。

3. 对高危孕妇进行重点监护、随访和医疗保健服务。
4. 为孕产妇提供安全分娩技术服务。
5. 定期进行产后访视,指导产妇科学喂养婴儿。
6. 提供避孕咨询指导和技术服务。
7. 对产妇及其家属进行生殖健康教育和科学育儿知识教育。
8. 其他孕产期保健服务。

### (四) 终止妊娠或者结扎手术

依照《母婴保健法》规定实施终止妊娠或者结扎手术,须经本人同意,并签署意见;本人无行为能力的,应征得监护人的同意,并签署意见。依法施行终止妊娠或者结扎手术的,接受免费服务。

### (五) 住院分娩与新生儿出生证明

国家提倡住院分娩。医疗保健机构应当按照国务院卫生行政部门制定的技术操作规范,实施消毒接生和新生儿复苏,预防产伤及产后出血等产科并发症,降低孕产妇及围产儿发病率、死亡率。没有条件住院分娩的,应当由经县级地方人民政府卫生行政部门许可并取得家庭接生员技术证书的人员接生。高危孕妇应当在医疗、保健机构住院分娩。

新生儿出生医学证明,是依据《母婴保健法》出具的,证明婴儿出生状态、血亲关系以及申报国籍、户籍取得公民身份的法定医学证明,要求在新生儿出生后 30 天内领取。医疗保健机构和从事家庭接生的人员应当按照国务院卫生行政部门的规定,出具统一制发的《新生儿出生医学证明》。《新生儿出生医学证明》由卫生和计划生育委员会统一印制,以省、自治区、直辖市为单位统一编号,不得跨省使用或借用。必须由批准开展助产技术服务并依法取得《母婴保健技术服务许可证》的医疗保健机构签发。严禁任何单位和个人伪造、倒卖、转让、出借、私自涂改或使用非法印制的出生医学证明。《母婴保健法》规定,医疗保健机构和从事家庭接生的人员,应当按照规定向卫生行政部门报告产妇、婴儿死亡以及新生儿出生缺陷的情况。

## 四、婴幼儿的保健

医疗、保健机构应当按照国家有关规定开展新生儿先天性、遗传性代谢病筛查、诊断、治疗和监测;应当按照规定进行新生儿访视,建立儿童保健手册(卡),定期对其进行健康检查,提供有关预防疾病、合理膳食、促进智力发育等科学知识,做好婴儿多发病、常见病防治等医疗保健服务;应当按照规定的程序和项目对婴儿进行预防接种。婴儿的监护人应当保证婴儿及时接受预防接种。

国家推行母乳喂养,医疗、保健机构应当为实施母乳喂养提供技术指导,为住院分娩的产妇提供必要的母乳喂养条件。医疗、保健机构不得向孕产妇和婴儿家庭宣传、推荐母乳代用品。母乳代用品产品包装标签应当在显著位置标明母乳喂养的优越性。母乳代用品生产者、销售者不得向医疗、保健机构赠送产品样品或者以推销为目的有条件地提供设备、资金和资料。

为婴幼儿提供保健服务。如为新生儿开展疾病筛查,对婴幼儿进行体格检查、预防接种、多发病和常见病防治、心理行为指导、眼保健、牙保健等。

## 五、母婴保健医学技术鉴定

母婴保健医学技术鉴定,是指母婴保健医学技术鉴定组织,依法受理接受母婴保健服务的公民的申请，就申请人对母婴保健服务机构所做的婚前医学检查、遗传病诊断和产前诊断结果或医学技术鉴定结论的异议，所进行的医学技术认定。

（一）医学技术鉴定组织

《母婴保健法》规定，县级以上地方人民政府可以设立母婴保健医学技术鉴定委员会，负责对婚前医学检查、遗传病诊断和产前诊断结果有异议的进行医学技术鉴定。

从事医学技术鉴定的人员，必须具有临床经验和医学遗传学知识，并具有主治医师以上的专业技术职务。根据《母婴保健法实施办法》规定，母婴保健医学技术鉴定组织的名称为"母婴保健医学技术鉴定委员会"，分为省、市、县三级，成员由卫生行政部门提名，同级人民政府聘任。

（二）医学技术鉴定程序

当事人对婚前医学检查、遗传病诊断、产前诊断结果有异议，需要进一步确诊的，可以自接到检查或者诊断结果之日起15日内向所在地县级或者设区的市级母婴保健医学技术鉴定委员会提出书面鉴定申请。

母婴保健医学技术鉴定委员会应当自接到鉴定申请之日起30日内做出医学技术鉴定意见，并及时通知当事人。当事人对鉴定意见有异议的，可以自接到鉴定意见通知书之日起15日内向上一级母婴保健医学技术鉴定委员会申请再鉴定。

母婴保健医学技术鉴定委员会进行医学鉴定时须有5名以上相关专业医学技术鉴定委员会成员参加。鉴定委员会成员应当在鉴定结论上署名；不同意见应当如实记录。鉴定委员会根据鉴定结论向当事人出具鉴定意见书。

医学技术鉴定实行回避制度。凡与当事人有利害关系，可能影响公正鉴定的人员，应当回避。

### 六、严禁采用技术手段对胎儿进行性别鉴定

《母婴保健法》规定，严禁采用技术手段对胎儿进行性别鉴定。2002年11月29日，卫生部（现卫生和计划生育委员会）、国家计生委、国家药监局联合发布了《关于禁止非医学需要的胎儿性别鉴定和选择性别的人工终止妊娠的规定》，指出未经卫生行政部门或计划生育行政部门批准，任何机构和个人不得开展胎儿性别鉴定和人工终止妊娠手术。法律法规另有规定的除外。

（一）实施机构

对怀疑胎儿可能为伴性遗传病，需要进行性别鉴定的，由省级卫生行政部门指定的医疗保健机构按照规定进行鉴定。

（二）实施审批

实施医学需要的胎儿性别鉴定，应当由实施机构3人以上的专家组集体诊断，确需终止妊娠的，由实施机构为其出具医学诊断结果，并通报县级人民政府计划生育行政部门。

（三）终止妊娠药品的使用

终止妊娠的药品（不包括避孕药品），仅限于在获准施行终止妊娠手术的医疗保健机构和计划生育技术服务机构使用。终止妊娠的药品，必须在医师指导和监护下使用。禁止药品零售企业销售终止妊娠药品。药品生产、批发企业不得将终止妊娠药品销售给未获得施行终

止妊娠手术资格的机构和个人。

### 七、母婴保健工作管理机构及其职责

《母婴保健法》规定，国务院卫生行政部门主管全国母婴保健工作，并对母婴保健工作实施监督管理。县级以上卫生行政部门负责管理本行政区域内的母婴保健工作，并实施监督。其主要职责是：（1）按照国务院卫生行政部门规定的条件和技术标准，对婚前医学检查、遗传病诊断、产前诊断以及结扎手术和终止妊娠手术单位进行审批和注册。（2）对从事婚前医学检查、遗传病诊断、产前诊断、结扎手术和终止妊娠手术的人员以及从事家庭接生的人员进行考核，并颁发相应的证书。（3）对《母婴保健法》及其实施办法的执行情况进行监督检查。（4）依照《母婴保健法》及其实施办法进行行政处罚。

《母婴保健法》规定，县级以上地方人民政府卫生行政部门根据需要可以设立母婴保健监督员。母婴保健监督员从卫生行政部门和妇幼保健院中聘任，由省级卫生行政部门审核，同级卫生行政部门发证。其主要职责是：（1）监督检查《母婴保健法》及其实施办法的执行情况。（2）对违反《母婴保健法》及其实施办法的单位和个人提出处罚意见。（3）提出改进母婴保健工作的建议。（4）完成卫生行政部门交给的其他监督检查任务。

### 八、法律责任

#### （一）行政责任

1. 医疗、保健机构或者人员未取得母婴保健技术许可，擅自从事婚前医学检查、遗传病诊断、产前诊断、终止妊娠手术和医学技术鉴定或者出具有关医学证明的，由卫生行政部门给予警告，责令停止违法行为，没收违法所得；违法所得 5000 元以上的，并处违法所得 3 倍以上 5 倍以下的罚款；没有违法所得或者违法所得不足 5000 元的，并处 5000 元以上 2 万元以下的罚款。

2. 从事母婴保健技术服务的人员出具虚假医学证明文件的，依法给予行政处分；有下列情形之一的，由原发证部门撤销相应的母婴保健技术执业资格或者医师执业证书：（1）因延误诊治，造成严重后果的。（2）给当事人身心健康造成严重后果的。（3）造成其他严重后果的。

3. 违反《母婴保健法实施办法》规定进行胎儿性别鉴定的，由卫生行政部门给予警告，责令停止违法行为；对医疗、保健机构直接负责的主管人员和其他直接责任人员，依法给予行政处分。进行胎儿性别鉴定 2 次以上的或者以营利为目的进行胎儿性别鉴定的，并由原发证机关撤销相应的母婴保健技术执业资格或者医师执业证书。

#### （二）民事责任

母婴保健机构及其工作人员在母婴保健工作中，违反医疗卫生管理法律、行政法规、部门规章和诊疗护理规范、常规，过失造成患者人身损害的，应根据《医疗事故处理条例》的有关规定，承担相应的民事责任。

#### （三）刑事责任

《母婴保健法》规定，未取得国家颁发的有关合格证书，施行终止妊娠手术或者采取其他方法中止妊娠，致人死亡、残疾、丧失或者基本丧失劳动能力的，依照《刑法》有关规定追究刑事责任。《刑法》第 335 条规定："医务人员由于严重不负责任，造成就诊人死亡或者严重损害就诊人身体健康的，处 3 年以下有期徒刑或者拘役。"

## 第三节 妇幼保健的法律规定

### 一、妇幼卫生保健法制建设

女职工的特殊劳动保护和卫生保健是否受到重视，是衡量社会文明程度的一个标志。新中国成立以来，国家从实际出发，对女职工的劳动保护制定了各项规定。1988年7月21日，国务院颁布了《女职工劳动保护规定》，这是我国第一部保护女职工劳动权益的行政法规。1992年颁布的《妇女权益保障法》及1994年颁布的《劳动法》，对女职工特殊劳动保护均做出了《女职工保健工作规定》。

女职工卫生保健的重点是根据妇女的特殊生理特点，做好经期、孕期、产期和哺乳期的"四期"保护工作。特别是将从事有毒有害作业和繁重体力劳动的女职工作为保护的重点，用人单位要严格执行国家有关妇女禁忌从事的劳动规定。根据《女职工劳动保护规定》，用人单位不得在女职工孕期、产期、哺乳期降低其基本工资，或者解除劳动合同。

在我国，党和政府十分重视妇女和儿童的健康。我国《宪法》规定，婚姻、家庭、母亲和儿童受国家保护。《婚姻法》、《妇女权益保障法》、《未成年人保护法》、《母婴保健法》等法律，《母婴保健法实施办法》、《女职工劳动保护规定》等行政法规，《妇幼卫生工作条例》、《幼儿园管理条例》、《全国城市围产保健管理办法》等规章，对保护妇女和儿童的健康都作了规定，推动和保证了妇幼卫生保健事业的发展。2001年5月，国务院制定和发布了《中国儿童发展纲要（2001—2010年）》和《中国妇女发展纲要（2001—2010年）》卫生部（现卫生和计划生育委员会）制定了贯彻《中国儿童发展纲要（2001—2010年）》和《中国妇女发展纲要（2001—2010年）》的实施方案。

### 二、妇女卫生保健规定

妇女卫生保健服务包括：婚前医学检查、孕产妇系统管理、高危孕产妇管理、住院分娩、消毒接生、出生缺陷监测、妇女病管理、妇女劳动保护等。

#### （一）女职工劳动保护的内容

**1. 劳动禁忌**

禁止安排女职工从事矿山井下、国家规定的第四级体力劳动强度的劳动和其他女职工禁忌从事的劳动。

**2. 经期保健**

女职工在月经期间，所在单位不得安排其从事高空、低温、冷水和国家规定的第三级体力劳动强度的劳动。

**3. 孕期保健**

女职工在怀孕期间，所在单位不得安排其从事国家规定的第三级体力劳动强度的劳动和孕期禁忌从事的劳动，不得在正常劳动日以外延长劳动时间。对不能胜任原劳动的，应当根据医务部门的证明，予以减轻劳动量或者安排其他劳动。怀孕7个月以上（含7个月）的女职工，一般不得安排其从事夜班劳动，在劳动时间内应安排一定的休息时间。怀孕的女职工，在劳动时间内进行产前检查，应当算作劳动时间。女职工怀孕流产的，其所在单位应当根据医务部门的证明，给予一定时间的产假。

### 4. 产期保健

女职工产假为 90 天，其中产前休假 15 天。难产的，增加产假 15 天。多胞胎生育的，每多生 1 个婴儿，增加产假 15 天。女职工在产假中，尽可能做到产前休假 15 天。产假期满恢复工作时，要先安排一定时间的过渡性工作，使女职工逐渐适应边工作边哺育婴儿。

### 5. 哺乳期保健

有不满 1 周岁婴儿的女职工，其所在单位应当在每班劳动时间内给予其两次哺乳（含人工喂养）时间，每次 30 分钟。多胞胎生育的，每多哺乳 1 个婴儿，每次哺乳时间增加 30 分钟。女职工每班劳动时间内的两次哺乳时间，可以合并使用，哺乳时间和在本单位内哺乳往返途中的时间，算作劳动时间。女职工在哺乳期内，所在单位不得安排其从事国家规定的第三级体力劳动强度的劳动和哺乳期禁忌从事的劳动，不得延长其劳动时间，一般不得安排其从事夜班劳动。

### 6. 更年期保健

妇女由于特殊的生理原因，大约 50 岁左右进入更年期，此时由于卵巢功能的衰退，影响植物神经系统，部分妇女出现失眠、出汗、情绪紧张等各种躯体不适症状。对进入更年期的妇女，保健措施主要有以下几方面：一是宣传更年期生理卫生知识；二是女职工要定期进行以防癌为主的妇女病查治；三是经医疗、保健机构诊断为更年期综合症，经治疗效果仍不显著者，已不适应现工作时，应暂时安排适宜的工作。

### （二）违反女职工劳动保护法规的法律责任

根据《女职工劳动保护规定》，女职工劳动保护的权益受到侵害时，有权向所在单位的主管部门或者当地劳动部门提出申诉。受理申诉的部门应当自收到申诉书之日起 30 日内做出处理决定，女职工对处理决定不服的，可以在收到处理决定书之日起 15 日内向人民法院起诉。

对违反《女职工劳动保护规定》，侵害女职工劳动保护权益的单位负责人及其直接责任人员，其所在单位的主管部门，应当根据情节轻重，给予行政处分，并责令该单位给予被侵害女职工合理的经济补偿；构成犯罪的，由司法机关依法追究刑事责任。

## 三、儿童保健规定

儿童保健工作是卫生工作的重要组成部分。为规范儿童保健服务，提高儿童健康水平，2009 年 12 月 17 日卫生部（现卫生和计划生育委员会）印发了《全国儿童保健工作规范（试行）》。

儿童保健对象为 0~6 岁儿童。根据不同年龄儿童生理和心理发育特点，提供基本保健服务，包括出生缺陷筛查与管理（包括新生儿疾病筛查），生长发育监测，喂养与营养指导。早期综合发展、心理行为发育评估与指导，免疫规划，常见疾病防治，健康安全保护，健康教育与健康促进等。儿童保健管理包括散居儿童保健管理和学龄前集体儿童卫生保健管理。

### （一）卫生行政部门和保健机构的职责

1. 各级卫生行政部门是儿童保健工作的主管部门。其职责是：（1）负责制定儿童保健工作方针政策、发展规划、技术规范与标准，并组织实施。（2）根据当地区域卫生规划，建立健全儿童保健服务机构和服务网络，提供专业人员、经费、房屋和设备等必要的服务条件。(3) 建立完善的质量控制和绩效评估制度,对辖区内儿童保健工作进行监督管理。

2. 妇幼保健机构是辖区内专业公共卫生机构和妇幼保健的技术指导中心。其职责是:(1) 在卫生行政部门领导下,制定并实施辖区儿童保健工作计划。(2) 制定健康教育工作计划,开展有针对性的健康教育和健康促进活动。定期对健康教育效果进行评估,不断探索适宜不同人群的健康教育方式,提高健康教育质量。(3) 承担对下级妇幼保健机构的技术指导、业务培训和工作评估,协助开展儿童保健服务。(4) 负责对社区卫生服务机构、乡(镇) 卫生院和其他医疗机构的儿童保健工作进行技术指导和业务培训,推广儿童保健适宜技术。(5) 按照《托儿所幼儿园卫生保健管理办法》的要求,对辖区托幼机构卫生保健工作进行业务管理、技术指导、人员培训和考核评估。(6) 做好儿童保健信息的收集、汇总、上报、分析、反馈和交流等管理工作,做好信息统计工作的质量控制,确保资料的准确性。(7) 建立健全婴儿及5岁以下儿童死亡和出生缺陷监测系统,建立残疾儿童筛查和报告制度,开展儿童死亡评审工作。(8) 对危害儿童健康的主要问题开展调查与科学研究,为卫生行政部门提供决策依据。(9) 根据当地儿童保健工作规划,有计划、有重点地开展儿童保健服务。(10) 完成卫生行政部门交办的其他任务。

3. 乡(镇) 卫生院、社区卫生服务中心的职责是:(1) 开展与机构职责、功能相适应的儿童保健健康教育和技术服务。(2) 掌握辖区内儿童健康基本情况,完成辖区内各项儿童保健服务与健康状况数据的收集、上报和反馈,对村卫生室、社区卫生服务站的儿童保健服务、信息收集、相关监测等工作进行指导和质量控制。(3) 接受妇幼保健机构的技术指导、培训和工作评估。

4. 村卫生室和社区卫生服务站的职责

在乡(镇)卫生院或社区卫生服务中心指导下,开展或协助开展儿童保健健康教育和服务,收集和上报儿童保健服务与健康状况数据。

5. 其他医疗卫生机构的职责

其他医疗卫生机构的职责主要是:(1) 医疗卫生机构开展儿童保健服务,应遵循本规范。(2) 开展儿童保健服务的医疗卫生机构应接受妇幼保健机构的技术指导、服务管理与工作评估。(3) 参与辖区儿童工作技术指导、业务培训、考核评估。

(二) 儿童保健的内容

1. 胎儿保健

动态监测胎儿发育状况,为孕妇提供合理膳食、良好生活环境和心理状态的指导,避免或减少孕期有害因素对胎儿的影响,开展产前筛查和诊断。

2. 新生儿保健

新生儿保健主要有:(1) 新生儿出院前,由助产单位医务人员进行预防接种和健康评估,根据结果提出相应的指导意见。(2) 开展新生儿访视,访视次数不少于2次,首次访视应在出院7天之内进行,对高危新生儿酌情增加访视次数。访视内容包括全面健康检查、母乳喂养和科学育儿指导,发现异常,应指导及时就诊。(3) 按照《新生儿疾病筛查管理办法》和技术规范,开展新生儿疾病筛查工作。

3. 婴幼儿及学龄前期儿童保健

婴幼儿及学龄前期儿童保健主要是:(1) 建立儿童保健册(表、卡),提供定期健康体检或生长监测服务,做到正确评估和指导。(2) 为儿童提供健康检查,1岁以内婴儿每年4

次，1~2岁儿童每年2次，3岁以上儿童每年1次。开展体格发育及健康状况评价，提供婴幼儿喂养咨询和口腔卫生行为指导。按照国家免疫规划进行预防接种。（3）对早产儿、低出生体重儿、中重度营养不良、单纯性肥胖、中重度贫血、活动期佝偻病、先天性心脏病等高危儿童进行专案管理。（4）根据不同年龄儿童的心理发育特点．提供心理行为发育咨询指导。（5）开展高危儿童筛查、监测、干预及转诊工作，对残障儿童进行康复训练与指导。（6）开展儿童五官保健服务，重点对龋齿、听力障碍、弱视、屈光不正等疾病进行筛查和防治。（7）采取综合措施预防儿童意外伤害的发生。

（三）新生儿疾病筛查

新生儿疾病筛查，是指在新生儿期对严重危害新生儿健康的先天性、遗传性疾病施行专项检查，提供早期诊断和治疗的母婴保健技术。为规范新生儿疾病筛查的管理，保证新生儿疾病筛查工作质量，2009年2月16日卫生部（现卫生和计划生育委员会）发布了《新生儿疾病筛查管理办法》。新生儿疾病筛查是提高出生人口素质，减少出生缺陷的预防措施之一。各级各类医疗机构和医务人员应当在工作中开展新生儿疾病筛查的宣传教育工作。

1. 新生儿疾病筛查病种

新生儿疾病筛查病种包括先天性甲状腺功能减低症、苯丙酮尿症等新生儿遗传代谢病和听力障碍。卫生和计划生育委员会根据需要对全国新生儿疾病筛查病种进行调整。省、自治区、直辖市人民政府卫生行政部门可以根据本行政区域的医疗资源、群众需求、疾病发生率等实际情况，增加本行政区域内新生儿疾病筛查病种，并报卫生和计划生育委员会备案。

2. 新生儿疾病筛查原则

新生儿疾病筛查遵循自愿和知情选择的原则。医疗机构在实施新生儿疾病筛查前，应当将新生儿疾病筛查的项目、条件、方式、灵敏度和费用等情况如实告知新生儿的监护人，并取得签字同意。从事新生儿疾病筛查的医疗机构和人员，应当严格执行新生儿疾病筛查技术规范，保证筛查质量。医疗机构发现新生儿患有遗传代谢病和听力障碍的，应当及时告知其监护人，并提出治疗和随诊建议。

3. 新生儿疾病筛查程序

新生儿遗传代谢病筛查程序包括血片采集、送检、实验室检测、阳性病例确诊和治疗。新生儿听力筛查程序包括初筛、复筛、阳性病例确诊和治疗。

# 第四节　人口与计划生育法律制度

## 一、人口与计划生育法制建设

中华人民共和国成立后，由于社会安定，生产发展和医疗卫生条件的改善，人民安居乐业，死亡率大幅度下降，人口迅速增长。20世纪50年代起，党和国家就开始提倡节制生育。70年代初开始在全国城乡普遍推行计划生育。1980年9月，中共中央发出了《关于控制我国人口增长问题致全体共产党员、共青团员的公开信》，系统地阐述了我国计划生育政策的主要内容，号召全体共产党员、共青团员和广大群众，为民族的未来发展着想，自觉实行计划生育，提倡一对夫妻只生育一个孩子。1982年《宪法》规定："国家推行计划生育，夫妻双方有实行计划生育的义务。"1991年5月，中共中央、国务院《关于加强计划生育工作严格控制人口增长的决定》中规定，提倡晚婚晚育、少生优生；提倡一对夫妇只生育一个孩子。

为了实现人口与经济、社会、资源、环境的协调发展，保障公民计划生育的合法权益，促进家庭幸福、民族繁荣与社会进步，2001年12月29日，第九届全国人大常委会第25次会议通过了《中华人民共和国人口与计划生育法》，自2002年9月1日起施行。1991年12月，经国务院批准，国家计生委发布了《流动人口计划生育工作管理办法》，并于1998年9月进行了修订。2009年5月11日，国务院发布了《流动人口计划生育工作条例》。2001年6月13日，国务院发布了《计划生育技术服务管理条例》，并于2004年12月进行了修订。近年来，国家人口和计生委根据实际工作的需要，制定了《计划生育技术服务管理条例实施细则》、《计划生育技术服务机构执业管理办法》、《流动人口计划生育管理和服务工作若干规定》、《计划生育药具工作管理办法（试行）》、《节育并发症管理办法》等规章。卫生和计划生育委员会制定了《女性节育手术并发症诊断标准》、《男性节育手术并发症诊断标准》等规范性文件。上述法律、法规和规章的制定实施，为人口与计划生育管理工作提供了基本的法律依据。

我国政府在制定和实施人口与计划生育法律的实践中，还坚持从本国的实际情况出发，充分考虑和遵守国际机构和组织制定的有关人口、计划生育的原则和各项规定。目前，我国已加入的涉及人口与计划生育的国际人权公约主要有《消除对妇女一切形式歧视公约》、《儿童权利公约》、《经济、社会和文化权利国际公约》等。

## 二、实行计划生育是我国的基本国策

《人口与计划生育法》规定，我国是人口众多的国家，实行计划生育是国家的基本国策。国家采取综合措施，控制人口数量，提高人口素质；依靠宣传教育、科学技术进步和综合服务，建立健全奖励和社会保障制度，开展人口与计划生育工作。

国务院领导全国的人口与计划生育工作，地方各级人民政府领导本行政区域内的人口与计划生育工作。国务院人口与计划生育部门负责全国计划生育工作和与计划生育工作有关的人口工作。县级以上地方人民政府人口与计划生育部门在本级人民政府领导下，负责本行政区域内的人口与计划生育工作。县级以上各级人民政府其他有关部门在各自的职责范围内，负责有关的人口与计划生育工作。

## 三、人口与发展规划的制定与实施

### （一）人口发展规划的制定

人口发展规划是我国国民经济和社会经济发展计划的重要组成部分，也是贯彻计划生育基本国策和控制人口增长、提高人口素质的重要手段。

国务院编制人口发展规划，并将其纳入国民经济和社会发展计划中。县以上人民政府负有制定人口发展规划的责任，根据全国人口发展规划以及上一级人民政府人口发展规划，结合当地实际情况编制本行政区域的人口发展规划，并将其纳入国民经济和社会发展计划中。

### （二）人口发展规划的实施

人口与计划生育实施方案是指为保证人口与计划生育法律、法规和人口发展规划在本行政区域内得到实施而制定的工作计划、目标、任务、措施、要求和方法的总称。人口与计划生育实施方案应当包括控制人口数量，加强母婴保健，提高人口素质等方面的措施。县级以上各级人民政府根据人口发展规划，制定人口与计划生育实施方案并组织实施。县级以上各级人民政府计划生育行政部门负责实施人口与计划生育实施方案的日常工作。乡、民族乡、镇的人民政府和城市街道办事处负责本管辖区内的人口与计划生育工作，贯彻落实人口与计划生育实施方案。村民委员会、居民委员会应当依法做好计划生育工作。机关、部队、社会团体、企事业组织应当做好本单位的计划生育工作。计划生育、教育、科技、文化、卫生、民政、新闻出版、广播电视等部门应当组织开展人口与计划生育宣传教育。国家根据国民经济和社会发展状况逐步提高人口与计划生育经费投入的总体水平，各级人民政府应当保障人口与计划生育工作的必要经费，以确保人口与计划生育发展规划方案的实施。

（三）财政投入

国家根据国民经济和社会发展状况逐步提高人口与计划生育经费投入的总体水平。各级人民政府应当保障人口与计划生育工作必要的经费，并对贫困地区、少数民族地区开展人口与计划生育工作给予重点扶持。

（四）提供计划生育技术服务

地方各级人民政府应当采取措施，保障公民享有计划生育技术服务，提高公民的生殖健康水平；应当建立健全计划生育技术服务网络，改善技术服务设施和条件，提高技术服务水平；实行计划生育的育龄夫妻免费享受国家规定的基本项目的计划生育技术服务。

（五）综合措施

1. 增加妇女受教育和就业机会，增进妇女健康，提高妇女地位。

2. 计划生育、教育、科技、文化、卫生、新闻出版、广播电视等有关行政部门应当组织开展人口与计划生育、生殖保健等宣传教育。

3. 村民委员会、居民委员会和国家机关、武装力量、社会团体、企业事业组织等，应当协助人民政府开展计划生育工作。

4. 学校应当在学生中，以符合受教育者年龄的适当方式，有计划地开展生理卫生教育、青春期教育或者性健康教育。

5. 建立奖励与社会保障制度。国家对实行计划生育的夫妻，按照规定给予奖励。国家建立、健全社会保障制度，促进计划生育。

地方各级人民政府应当对实行计划生育的家庭发展经济给予资金、技术、培训等方面的支持、优惠；对实行计划生育的贫困家庭，在扶贫贷款、以工代赈、扶贫项目和社会救济等方面给予优先照顾。

## 四、生育调节与生殖健康

（一）生育权

生育调节，是指以经济、行政、法律、医学手段调整人类的生育行为。生育权，是指公民享有生育子女及获得与此相关的信息和服务的权利。《人口与计划生育法》规定，公民有生育的权利，也有依法实行计划生育的义务，夫妻双方在实行计划生育中负有共同的责任。公民的生育权包括以下几个方面。

1. 自由而负责任地决定生育子女的时间、数量和间隔的权利。《人口与计划生育法》规定，国家稳定现行生育政策，鼓励公民晚婚晚育，提倡一对夫妻生育一个子女。我国法定婚龄为男不得早于22周岁，女不得早于20周岁。一般来说，按法定婚龄推迟3年以上结婚的为晚婚，已婚妇女晚婚后生育为晚育。符合法律、法规规定条件的，可以要求安排生育第二个子女。少数民族也要实行计划生育。公民生育权的行使应当符合我国法律、法规的规定,而且要考虑到夫妻和个人对子女、家庭和社会的责任。

2. 公民有生育的权利,也有不生育的权利。《人口与计划生育法》规定,禁止歧视、虐待生育女婴和不育的妇女。

3. 夫妻双方在生育权问题上享有平等的权利。根据《人口与计划生育法》规定,实行计划生育,以避孕为主;育龄夫妇应当自觉落实计划生育避孕节育措施,接受计划生育技术服务指导;预防和减少非意愿妊娠。

### (二) 优生优育

近年来,国家强调要把我国由"人口大国"变成一个"人才强国",所以,提高国民素质是中国面临的推动现代化和可持续发展事业的重大问题。据有关研究推算,中国每年约有20~30万先天性畸形儿出生,加上出生数月和数年才显现出来的先天残疾儿童,总数高达80~120万。每年新生儿因发生窒息而导致脑瘫、癫痫和智力低下者有20万~30万。

全面落实计划生育的基本国策的具体要求是:使高发致残、致畸的出生缺陷发生率有较大幅度地下降,努力消除因围产因素、孕期及哺乳期妇女缺碘所导致的儿童智力损害,不断提高出生婴儿的身体素质和智能。一般认为"出生素质"是"生命素质"的基础,"生育质量"是"人口质量"的基础。先天遗传的素质是奠定性的,后天养育的素质往往有其生物学的极限。

优生学自19世纪末英国遗传学家弗兰西斯·高尔顿创立以来,走过了一条曲折的道路。在我国,优生学也一直没有得到足够的重视甚至受到贬抑。在中国优生学说史上,社会学家潘光旦在抗战时期编译的名著《优生原理》阐明了优生学的基本观点,介绍了当时国际上的重要研究成果以及如何提高人类素质的一些优生学方法。

对人类的优生起重大作用的一条途径是生育选择。然而,我国人口政策从一开始在很大程度上就表现出了这样的特点:在人口数量的控制上做得很严,而提高人口素质的措施却较少认真得到落实。正因为如此,我国的计划生育工作重点正在逐步由控制人口数量向提高人口素质转变。这一转变,具有极其重大的现实意义。

**1. 人口素质的提高是经济发展的根本保证**

人是生产中首要的能动要素,人口素质的高低,特别是科学文化素质状况,直接决定和影响着生产力的发展水平和发展速度。当今社会竞争日益激烈,谁拥有高素质的劳动者,谁就可以提高劳动生产率和资本生产率,可以在全球范围内吸收和组合各种生产要素以弥补本国资源的不足。特别是信息技术高度发达的今天,人类越来越依靠脑力而非体力来创造新的财富,人口要变为庞大的经济资源,不在于总体数量的大小,而在于其中有多少高素质的头脑,劳动者只有具备较高的科学文化水平,丰富的生产经验,先进的劳动技能,才能在现代化的生产中发挥作用,全面提高我国人口素质已直接地表现为一种强烈的时代要求和现实呼唤。

**2. 全面提高人口素质是实现我国社会现代化和全面小康社会的需要**

全面提高人口素质,是实现全面小康的基本任务之一,也是实现社会和人的全面自由发展的重要一环。没有社会的进步,就没有人的发展;同样没有人的发展,也就没有社会的进步。我国正处于社会主义初级阶段,社会主义的本质决定了社会主义要以人的全面发展为价值目标。实现全面小康社会的奋斗目标,更是明确了提高国民素质和实现人的全面发展的重要性。因此，全面提高我国人口素质，正是实现全面小康社会的基本要求。

**3. 全面提高人口素质是控制人口数量的需要**

人口素质提高了，人们会更加重视对下一代综合素质的培养，淡化对人口数量的追求。事实证明越是高素质人口生育率越低，越是低素质人口生育率越高，因而我国的计划生育政策应从单纯的数量控制转向数量控制与素质提高并举并逐步以提高人口素质为重点。这是我国国情的需要，也是社会发展的需要。

（三）计划生育与生殖健康

生殖健康是20世纪90年代国际上提出的新概念，是指在生命各阶段，生殖系统及其功能和生殖过程中的体质、精神和社会适应的完好状态，而不仅仅是没有疾病或不适。生殖健康是一个含义深刻、涉及面很广的概念，它体现了以人为本、以妇女为中心的全新理念。它突破了传统的生物医学的范畴，其内涵扩展到了更为深层的心理和社会领域。生殖健康概念的出现，是广大群众，特别是育龄人群对生殖保健的需求日益增长的结果，是新形势下计划生育工作的延伸和发展。它对计划生育工作提出了更高的要求，同时为计划生育工作的进一步发展开拓了更为广阔的前景。计划生育与生殖健康，两者既有联系也有区别。

**1. 计划生育是生殖健康的主要组成部分**

生殖健康的四要素是计划生育、母亲健康、婴幼儿健康和性健康。计划生育项目的目的是使夫妇和个人能自由地和负责任地决定他们的生育时间、生育间隔和孩子数目。达到此目的的前提是获得安全、有效、可负担得起、可接受的生育调节方法，包括不得已的情况下所采用的安全的人工流产方法。如果不能获得并使用安全、有效的避孕方法，无法自主地控制生育，很难保证安全地怀孕、分娩及生育健康的婴儿。提高妇女自主控制生育的能力，使之从无计划的生育中解放出来，就能更好地享受教育的权利，更好地享受其他的生殖权利。20世纪80年代以来，出于性病、艾滋病的肆虐和流行，使避孕套的使用重新受到青睐，为满意、安全而且负责的性生活提供了有力的保障。因此，不仅计划生育本身是生殖健康的内容之一，而且计划生育的开展也大力地促进了生殖健康其他方面的发展。包括母亲健康、婴儿健康和性健康。因此，在生殖健康诸要素中，计划生育占有重要地位。在人口增长速度过快，生育率高的地区，计划生育更是生殖健康的中心。包括中国在内的广大发展中国家强调这一点尤为重要。

**2. 生殖健康是计划生育的重要目标之一**

计划生育的目的是为了控制人口数量，提高人口质量，促进人口与经济、社会、资源、环境的协调发展。人口质量主要包括人口的身体素质及文化素质。人口的身体素质即人群的健康状况，生殖健康是人群健康状况的重要方面。由此可见，生殖健康是国家和社区实行计划生育的重要目标之一。计划生育在国外称为家庭计划。因为从家庭角度来看，计划生育的目的是使家庭规模按意愿及计划发展，促进家庭健康，增进家庭幸福。因此生殖健康也是家庭计划的一个重要目标。总之，无论从国家的大社会看或从家庭的小社会看，生殖健康无疑是计划生育的重要目标之一。

**3. 计划生育和生殖健康相互促进、互相制约**

众所周知，婴儿死亡率高的地区不易接受计划生育。生殖道感染会妨碍宫内节育器和杀精剂的使用。生殖道肿瘤会妨碍宫内节育器和避孕药的使用，反之，不安全的计划生育可损害母婴健康及夫妇满意的性生活，人工流产后遗症（感染、穿孔、出血可能导致下一次的不良妊娠结局——流产、死胎、低出生体重等），绝育术后的感染可导致性功能障碍。因此，计划生育和生殖健康密不可分，它们相互促进、相互制约。

## 五、奖励与社会保障

（一）国家建立奖励与社会保障制度

1. 国家对实行计划生育的夫妻，按照规定给予奖励。
2. 国家建立、健全基本养老保险、基本医疗保险、生育保险和社会福利等社会保障制度推进计划生育。
3. 国家鼓励保险公司举办有利于计划生育的保险项目。有条件的地方可以根据政府引导、农民自愿的原则，在农村实行多种形式的养老保障办法。
4. 公民晚婚晚育，可以获得延长婚假、生育假的奖励或者其他福利待遇。

（二）独生子女奖励制度

自愿终身只生育一个子女的夫妻，国家发给《独生子女父母光荣证》。获得《独生子女父母光荣证》的夫妻，按照国家和省、自治区、直辖市有关规定享受独生子女父母奖励。

法律、法规或者规章规定给予终身只生育一个子女的夫妻奖励的措施中由其所在单位落实的，有关单位应当执行。

独生子女发生意外伤残、死亡，其父母不再生育和收养子女的，地方人民政府应当给予必要的帮助。

（三）政府支持

地方各级人民政府对农村实行计划生育的家庭发展经济，给予资金、技术、培训等方面的支持、优惠；对实行计划生育的贫困家庭，在扶贫贷款、以工代赈、扶贫项目和社会救济等方面给予优先照顾。

以上规定的奖励措施，省、自治区、直辖市和较大的市的人民代表大会及其常务委员会或者人民政府可以依据有关法律、行政法规的规定，结合当地实际情况，制定具体实施办法。

## 六、征收社会抚养费

《人口与计划生育法》规定："违反国家生育政策，不符合法律规定生育子女的公民，应当缴纳社会抚养费。"公民违背法律法规规定生育子女，给社会增加了负担，采取征收社会抚养费的办法，即要求违反计划生育政策的人承担一定的经济责任，适当补偿所增加的社会公共投入是必要的。为了规范社会抚养费的征收管理，维护计划生育基本国策，保护公民的合法权益，国务院于2002年8月2日发布了《社会抚养费征收管理办法》。社会抚养费的征收标准，分别以当地城镇居民年人均可支配收入和农村居民年人均纯收入为计征的参考基本标准，结合当事人的实际收入水平和不符合法律、法规规定生育子女的情节，确定征收数额。社会抚养费的具体征收标准由省、自治区、直辖市规定。

## 七、流动人口的计划生育工作

流动人口，是指离开户籍所在地的县、市或者市辖区，以工作、生活为目的异地居住的成年育龄人员。但是，下列人员除外：因出差、就医、上学、旅游、探亲、访友等事由异地居住、预期将返回户籍所在地居住的人员；在直辖市、设区的市行政区域内区与区之间异地居住的人员。

为加强和规范流动人口计划生育工作、控制人口增长，经国务院批准，1998 年 9 月 22 日原国家计划生育委员会发布了《流动人口计划生育工作管理办法》。近年来，随着我国社会经济的快速发展，流动人口计划生育工作发生了一些变化，主要体现在：一是计划生育相关政策不断完善并基本得到人民群众的理解；二是不断发展的信息技术为流动人口计划生育工作提供了有效的技术支持。为此，国务院于 2009 年 5 月 11 日发布了《流动人口计划生育工作条例》，在稳定低生育水平的前提下，完善流动人口计划生育制度。为新形势下的流动人口计划生育工作提供了制度保障。

（一）流动人口计划生育工作领导

《流动人口计划生育工作条例》规定，县级以上地方人民政府领导本行政区域内流动人口计划生育工作，将流动人口计划生育工作纳入本地经济社会发展规划，并提供必要的保障；建立健全流动人口计划生育工作协调机制，组织协调有关部门对流动人口计划生育工作实行综合管理；实行目标管理责任制，对有关部门承担的流动人口计划生育工作进行考核、监督。

流动人口计划生育工作由流动人口户籍所在地和现居住地的人民政府共同负责，以现居住地人民政府为主，户籍所在地人民政府予以配合。

（二）流动人口计划生育工作职责

**1. 县级以上地方人民政府人口和计划生育部门及有关部门的职责**

《流动人口计划生育工作条例》规定，县级以上地方人民政府人口和计划生育部门主管本行政区域内流动人口计划生育工作，落实本级人民政府流动人口计划生育管理和服务措施；组织实施流动人口计划生育工作检查和考核；建立流动人口计划生育信息通报制度，汇总、通报流动人口计划生育信息；受理并及时处理与流动人口计划生育工作有关的举报，保护流动人口相关权益。县级以上人民政府公安、民政、人力资源社会保障、住房城乡建设、卫生、价格等部门和县级以上工商行政管理部门在各自职责范围内，负责有关的流动人口计划生育工作。

**2. 流动人口户籍所在地乡（镇）人民政府、街道办事处的职责**

流动人口户籍所在地乡（镇）人民政府、街道办事处的职责主要包括：为离开户籍地的成年育龄妇女及时出具婚育证明；依法落实法律、法规和规章规定的流动人口计划生育服务和奖励优待。

**3. 流动人口现居住地乡（镇）人民政府、街道办事处的职责**

流动人口现居住地乡（镇）人民政府、街道办事处的职责主要包括：查验婚育证明，督促未办理婚育证明的成年育龄妇女及时补办婚育证明；组织从事计划生育技术服务的机构指导流动人口中的育龄夫妻选择安全、有效、适宜的避孕节育措施，依法向育龄夫妻免费提供国家规定的基本项目的计划生育技术服务；及时向流动人口户籍所在地的乡（镇）人民政府或者街道办事处通报已婚育龄妇女避孕节育情况；依法落实流动人口依照规定在现居住地享有的计划服务和奖励优待。

**4. 流动人口现居住地村民委员会、居民委员会的职责**

流动人口现居住地村民委员会、居民委员会有协助义务，即协助乡（镇）人民政府、街道办事处做好流动人口婚育情况登记，协助了解本村或者本居住地区流动人口计划生育情况，及时向乡（镇）人民政府或者街道办事处通报相关信息。

（三）流动人口计划生育权利和义务

**1. 流动人口计划生育权利**

《流动人口计划生育工作条例》规定，流动人口在现居住地享受下列计划生育服务、奖励和优待：（1）免费参加有关人口与计划生育法律知识和生殖健康知识普及活动。（2）依法免费获得避孕药具，免费享受国家规定的其他基本项目的计划生育技术服务。（3）晚婚晚育或者在现居住地施行计划生育手术的，按照现居住地省、自治区、直辖市或者较大的市的规定，享受休假等。（4）实行计划生育的，按照流动人口现居住地省、自治区、直辖市或者较大的市的规定，在生产经营等方面获得支持、优惠，在社会救济等方面享受优先照顾。用人单位应当依法落实法律、法规和规章规定的流动人口计划生育服务和奖励优待。

《流动人口计划生育工作条例》还规定，流动人口户籍所在地的县级人民政府人口和计划生育部门、乡（镇）人民政府或者街道办事处不得要求已婚育龄妇女返回户籍所在地进行避孕节育情况检查，各级地方人民政府和政府有关部门以及协助查验婚育证明的村民委员会、居民委员会及其工作人员，应当对涉及公民隐私的流动人口信息予以保密。

**2. 流动人口计划生育义务**

《流动人口计划生育工作条例》规定，(1)流动人口中的成年育龄妇女在离开户籍所在地前，应当凭本人居民身份证到户籍所在地的乡（镇）人民政府或者街道办事处办理婚育证明，成年育龄妇女应当自到达现居住地之日起30日内提交婚育证明。(2)育龄夫妻生育第一个子女的，可以在现居住地的乡（镇）人民政府或者街道办事处办理生育服务登记。

（四）流动人口计划生育信息

及时、全面掌握流动人口计划生育信息，是加强流动人口计划生育管理和服务的基础。《流动人口计划生育工作条例》规定，(1)国务院人口和计划生育部门建立流动人口计划生育信息管理系统，实现流动人口户籍所在地和现居住地计划生育信息共享，并与相关部门有关人口的信息管理系统实现信息共享。(2)流动人口户籍所在地和现居住地之间建立流动人口计划生育信息通报制度，及时采集流动人口计划生育信息，并运用流动人口计划生育信息管理系统核实、通报流动人口计划生育信息。(3)流动人口现居住地的村民委员会、居民委员会应当协助所在地的乡（镇）人民政府或者街道办事处了解本村或者本居住地区流动人口计划生育情况，及时向乡（镇）人民政府或者街道办事处通报相关信息；房屋租赁中介机构、房屋的出租（借）人和物业服务企业等有关组织和个人在村民委员会、居民委员会了解流动人口计划生育情况时，应当如实提供相关信息。

## 八、计划生育技术服务

（一）计划生育技术服务原则

计划生育技术服务，是指计划生育技术指导、咨询以及与计划生育有关的临床医疗服务。加强计划生育技术服务工作，对控制人口，实现计划生育目标，提高人口素质，保障公民的生殖健康权利，保护妇女的身体健康，都具有重要的意义。

《计划生育技术服务管理条例》规定，计划生育技术服务实行国家指导与个人自愿相结合的原则。(1)公民享有避孕方法的知情选择权，国家保障公民获得适宜的计划生育技术服务的权利。(2) 国家向农村实行计划生育的育龄夫妻免费提供避孕、节育技术服务，所需经费由地方财政予以保障，中央财政对西部困难地区给予适当补助。(3) 计划生育技术服务网络纳入区域卫生规划。(4) 国家依靠科技进步提高计划生育技术服务质量，鼓励研究、开发、引进和推广计划生育新技术、新药具。为此，地方各级人民政府应当采取措施，合理配置、综合利用卫生资源，建立健全由计划生育技术服务机构和从事计划生育技术服务的医疗、保健机构组成的计划生育技术服务网络，改善技术服务设施和条件，提高服务水平，保障公民享有计划生育技术服务。

（二）计划生育技术服务内容

1. **计划生育技术指导与咨询**

计划生育技术指导与咨询主要包括：(1) 生殖健康科普宣传、教育、咨询。(2) 提供避孕药具及相关的指导、咨询、随访。(3) 对已经施行避孕、节育手术和输卵（精）管复通手术的，提供相关的咨询、随访。

2. **临床医疗服务**

临床医疗服务主要内容：(1) 避孕和节育的医学检查。(2) 计划生育手术并发症和计划生育药具不良反应的诊断、治疗。(3) 施行避孕、节育手术和输卵（精）管复通手术。

3. **计划生育技术服务质量控制**

向公民提供的计划生育技术服务和药具应当安全、有效，符合同家规定的质量技术标准。从事计划生育技术服务的机构施行避孕、节育手术、特殊检查或者特殊治疗时，应当征得受术者本人同意，并保证受术者的安全。严禁利用超声技术和其他技术手段进行非医学需要的胎儿性别鉴定，严禁非医学需要的选择性别的人工终止妊娠。

（三）计划生育技术服务机构和人员

计划生育技术服务机构包括计划生育技术服务机构和从事计划生育技术服务的医疗、保健机构。从事计划生育技术服务的机构，必须符合国务院计划生育行政部门规定的设置标准。计划生育技术服务机构从事产前诊断和使用辅助生育技术治疗不育症的，必须经过审查批准。上述机构在各自的职责范围内，针对育龄人群开展人口与计划生育基础知识宣传教育，对已婚育龄妇女开展孕情检查、随访服务工作，承担计划生育、生殖健康的咨询、指导和技术服务。

计划生育技术服务人员应当依法分别取得执业医师、执业助理医师、乡村医师或者护士的资格，并在依法设立的计划生育技术服务机构中执业。按照《计划生育技术服务管理条例》规定，个体医疗机构不得从事计划生育手术。

## 九、法律责任

（一）行政责任

1. 《人口与计划生育法》规定，有下列行为之一的，由计划生育行政部门或者卫生行政部门依据职权责令改正、给予警告、没收违法所得、罚款；情节严重的，吊销执业资格或者执业许可证书：(1) 非法为他人施行计划生育手术的。(2) 利用超声技术和其他技术手段为他人进行非医学需要的胎儿性别鉴定或者选择性别的人工终止妊娠的。(3) 实施假节育手术，进行假医学鉴定，出具假计划生育证明的。

《计划生育技术服务管理条例》规定，未经批准擅自从事产前诊断和使用辅助生殖技术治疗不育症的；从事计划生育技术服务的机构违反规定，向农村实行计划生育的育龄夫妻提供避孕、节育技术服务，收取费用的；从事计划生育技术服务的机构未经批准擅自扩大计划生育技术服务项目的；从事计划生育技术服务的机构使用没有依法取得相应的医师资格的人员从事与计划生育技术服务有关的临床医疗服务的；买卖、出借、出租或者涂改、伪造计划生育技术服务执业许可证明文件的，由县级以上计划生育或者卫生行政部门依据职权给予行政处罚。

2. 伪造、变造、买卖计划生育证明，由计划生育行政部门没收违法所得，并处以罚款。以不正当手段取得计划生育证明的，由计划生育行政部门吊销其计划生育证明；对有过错的提供证明的直接负责的主管人员和其他直接责任人员，依法给予行政处分。

《流动人口计划生育工作条例》规定，流动人口未依照规定办理婚育证明的，现居住地的乡（镇）人民政府或者街道办事处应当通知其在3个月内补办；逾期仍不补办或者拒不提交婚育证明的，由流动人口现居住地的乡（镇）人民政府或者街道办事处予以批评教育。

3. 国家机关工作人员在计划生育工作中，有下列行为之一，尚不构成犯罪的，依法给予行政处分；有违法所得的，没收违法所得：（1）侵犯公民人身权、财产权和其他合法权益的。（2）滥用职权、玩忽职守、徇私舞弊的。（3）索取、收受贿赂的。（4）截留、克扣、挪用、贪污计划生育经费或者社会抚养费的。（5）虚报、瞒报、伪造、篡改或者拒报人口与计划生育统计数据的。

4. 相关部门和组织违反人口与计划生育法律法规，不履行协助计划生育管理义务的，由有关地方人民政府责令改正，并给予通报批评；对直接负责的主管人员和其他直接责任人员依法给予行政处分。

《流动人口计划生育工作条例》规定，（1）县级以上人民政府人口和计划生育部门未依照规定履行流动人口计划生育工作职责的，由本级人民政府或者上级人民政府人口和计划生育部门责令改正，通报批评；情节严重的，对主要负责人、直接负责的主管人员和其他直接责任人员依法给予处分。（2）流动人口现居住地的县级人民政府公安、民政、人力资源社会保障、卫生等部门和县级工商行政管理部门违反规定，未将流动人口计划生育工作纳入相关管理制度，及时向所在地同级人口和计划生育部门通报在办理有关登记和证照等工作中了解的流动人口婚育证明办理情况等计划生育信息的，由本级人民政府或者上级人民政府主管部门责令改正，通报批评。（3）用人单位违反规定，未做好本单位流动人口计划生育工作和落实流动人口计划生育奖励、优待的，由所在地县级人民政府人口和计划生育部门责令改正，通报批评。

5. 违反生育政策生育子女的公民，应当依法缴纳社会抚养费；未在规定的期限内足额缴纳应当缴纳的社会抚养费的，自欠缴之日起，按照国家有关规定加收滞纳金；仍不缴纳的，由作出征收决定的计划生育行政部门依法向人民法院申请强制执行。按照规定缴纳社会抚养费的人员，是国家工作人员的，还应当依法给予行政处分；其他人员还应当由其所在单位或者组织给予纪律处分。

6. 拒绝、阻碍计划生育行政部门及其工作人员依法执行公务的，由计划生育行政部门给予批评教育并予以制止；构成违反治安管理行为的，依法给予治安管理处罚。

（二）民事责任

计划生育技术服务人员违章操作或者延误抢救、诊治，造成严重后果的，依据《执业医师法》、《母婴保健法》、《母婴保健法实施办法》、《计划生育技术服务管理条例》、《医疗事故处理条例》等有关法律、行政法规的规定承担相应的法律责任。

（三）刑事责任

1. 《人口与计划生育法》规定，有下列行为之一，构成犯罪的，依法追究刑事责任：（1）非法为他人施行计划生育手术的。（2）利用超声技术和其他技术手段为他人进行非医学需要的胎儿性别鉴定或者选择性别的人工终止妊娠的。（3）实施假节育手术、进行假医学鉴定、出具假计划生育证明的。

2. 非法进行节育手术罪

（1）非法进行节育手术罪，是指未取得执业资格证的人，擅自为他人进行节育复通手术、假节育手术、终止妊娠或者摘取宫内节育器，情节严重的行为。有医生执业资格者依法或私下为他人施行节育复通等手术的，不构成犯罪。因严重不负责造成就诊人重伤、死亡的，只能构成医疗事故罪。

本罪与非法行医罪的主要区别是：前者的客体除包括他人的生命、健康外，还包括计划生育的管理秩序。在现实生活中，多表现为在非法行医的过程中，非法兼施节育手术，对此，认定为非法行医罪比较合理。如果行为人非法行医，专门或主要是施行节育手术的，应认定为非法进行节育手术罪。无论何种情形，均不需数罪并罚。非法进行节育手术且严重损害就诊人健康或者造成就诊人死亡的，只需以本罪一罪论处。

（2）非法进行节育手术罪的犯罪特征：

本罪侵犯的客体是复杂客体，即既侵犯了国家的计划生育国策、生育政策，又侵犯了国家医疗卫生法律、行政法规，还侵害了妇女的人身权利。

本罪在犯罪客观方面表现为违反计划生育法律、法规，非从事节育手术，具体行为有：①擅自为他人进行节育复通手术。②为节育人进行假节育手术。③擅自为他人终止妊娠的行为。④擅自为他人摘除宫内节育器。⑤其他情节严重的行为。

本罪的犯罪主体是一般主体，即年满十六周岁以上、具有刑事责任能力的自然人，只要未取得执业医师资格证的人从事上述行为，均可构成本罪犯罪主体。

本罪在犯罪主观方面的表现为故意，即行为人在明知或者应当知道的情形下非法进行节育手术，并希望这种结果发生的故意行为。

3. 《刑法》第336条规定："未取得医师执业资格的人擅自为他人进行节育复通手术、假节育手术、终止妊娠手术或者摘取宫内节育器，情节严重的，处3年以下有期徒刑、拘役或者管制，并处或者单处罚金；严重损害就诊人身体健康的，处3年以上10年以下有期徒刑，并处罚金；造成就诊人死亡的，处10年以上有期徒刑，并处罚金。"

4. 伪造、变造、买卖计划生育证明，情节严重，构成犯罪的，依法追究刑事责任。

5. 国家机关工作人员在计划生育工作中，有下列行为之一，构成犯罪的，依法追究刑事责任：（1）侵犯公民人身权、财产权和其他合法权益的。（2）滥用职权、玩忽职守、徇私舞弊的。（3）索取、收受贿赂的。（4）截留、克扣、挪用、贪污计划生育经费或者社会抚养费的。（5）虚报、瞒报、伪造、篡改或者拒报人口与计划生育统计数据的。

6. 拒绝、阻碍计划生育行政部门及其工作人员依法执行公务，构成犯罪的，依法追究刑事责任。

## 思考题

1. 公民享有哪些母婴保健的权利？
2. 女职工劳动保护的内容是什么？
3. 什么是新生儿疾病访查？筛查的原则和程序是什么？
4. 什么是生育权？它包括哪些内容？
5. 什么是计划生育技术服务？其服务原则是什么？
6. 案例：文女士和丈夫肖先生婚后不久就怀孕，然而就在文女士在福建省漳州市医院剖腹产下一名女婴的时候，全家人一看孩子全傻了——这孩子缺了左上肢！文女士从怀孕后直到生出肢残儿，一直由漳州市医院提供产前保健服务。服务的内容主要是定期进行产前检查，主要手段是B超。然而，在文女士怀孕期间进行的5次B超检查中，医院的检查报告除第一次显示"胎儿结构未见异常"之外，其余4次均明确显示"胎儿肢体显示不满意"或"胎儿结构无法完整显示"。尽管如此，诊治医生竟然每次都是随手就在《妇幼保健服务手册》上注明"B超显示正常"，而没有按照母婴保健法第17条的规定即"经产前检查，医师发现或者怀疑胎儿异常的应当对孕妇进行产前诊断"去办。

    (1) 该医院是否存在违反法定义务的行为？法律依据是什么？
    (2) 文女士和肖先生对该医院的诉求是否合理？该医院应该承担什么责任？

（分析思路：母婴保健法第17条。）

# 第十二章

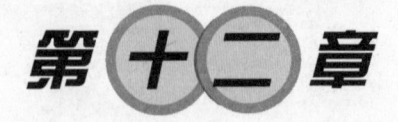

# 放射诊疗管理法律制度

**本章导引**

本章主要就我国放射诊疗管理方面的法律制度进行阐述。其中包括：放射诊疗的概念、分类；放射诊疗的执业基本条件、人员条件、设备条件、防护设施和警示标志；放射诊疗的设置与批准的法律规定；安全防护与质量保证的法律规定（对放射诊疗设备、检测仪表、场所防护、工作人员防护的要求；对患者和受检查者的防护要求；放射诊断检查和放射治疗的原则和实施；放射事件的处理）；监督管理的法律规定以及法律责任等。

放射诊疗是医学诊断中的一项重要技术项目，为医学的研究和公民疾病的诊疗，提供了科学的依据和治疗手段。但是，放射诊疗工作，除了给人类带来巨大利益之外，也有可能对人体造成射线损伤，甚至会产生比较严重的后果。因此，医学面临着既要充分利用放射诊疗，为人民群众疾病的诊断和治疗服务，又要保护患者、工作人员和公众免受伤害的艰巨而复杂的任务。放射诊疗管理法律制度，就是从法律的角度保证这一任务的顺利完成。

## 第一节 概述

为了防止放射诊疗工作过程中放射性同位素、射线装置对患者、工作人员和公众的危害，国家制定了《中华人民共和国职业病防治法》、《放射性同位素与射线装置安全和防护条例》、《医疗机构管理条例》和《放射诊疗管理规定》等法律制度，对此项工作作出了专门的规定。

制定放射诊疗方面的法律规范的目的是：加强放射诊疗工作的管理；保证医疗质量和医疗安全；保障放射诊疗工作人员、患者和公众的健康权益。国家卫生和计划生育委员会负责全国放射诊疗工作的监督管理。县级以上地方人民政府卫生行政部门负责本行政区域内放射诊疗工作的监督管理。

电离辐射在医学领域中的应用，作为现代科学的一项伟大成就之一，已被广泛地应用于工业、农业、医学等各个领域。随着放射诊疗技术在医学领域的广泛应用，放射诊疗对人体产生损伤的案例也在不断增加，保护患者和医务人员的放射诊疗管理法律制度，也随着产生了。

### 一、放射诊疗的概念与分类

#### （一）放射诊疗的概念

放射诊疗（Radiotherapy），是指使用放射性同位素、射线装置进行临床医学诊断、治疗和健康检查的活动。如果两个原子质子数目相同，但中子数目不同，则他们仍有相同的原子序，在周期表是同一位置的元素，所以两者就叫同位素。有放射性的同位素称为"放射性同位素"，没有放射性的则称为"稳定同位素"，并不是所有同位素都具有放射性。射线装置是指能产生预定水平 $\chi$、$\gamma$ 电子束、中子射线等的电器设备或内含放射源的装置。

（二）放射诊疗的分类

放射诊疗工作按照诊疗风险和技术难易程度，分为四类管理：

1. 放射治疗：是指利用电离辐射的生物效应治疗肿瘤等疾病的技术。
2. 核医学：是指利用放射性同位素诊断或治疗疾病或进行医学研究的技术。
3. 介入放射学：是指在医学影像系统监视引导下，经皮针穿刺或引入导管做抽吸注射、引流或对管腔、血管等做成型、灌注、栓塞等，以诊断与治疗疾病的技术。
4. $\chi$ 射线影像诊断：是指利用 $\chi$ 射线的穿透等性质取得人体内器官与组织的影像信息以诊断疾病的技术。

## 二、放射性同位素、射线装置对人体的影响

放射性同位素（Radioisotopes）、射线装置（Ray devices）对人体产生的损伤常见临床病症为血液系统、神经系统、消化系统及皮肤系统等疾患，从长远影响来看，可产生遗传效应和引起恶性肿瘤。上述有害效应的严重程度和发生几率，与射线受照剂量的大小关系不尽相同；发生几率与剂量大小有关，严重程度与剂量无关，不存在剂量阈值的效应称为随机效应，如癌症、遗传性疾患。把严重程度随剂量变化，可能存在剂量阈值的效应称为非随机性效应，如白内障、皮肤良性损伤等。

## 三、放射性同位素、射线装置防护的目的

放射诊疗为人民群众疾病的诊断和治疗带来了好处，但由于它对人体产生的损伤的特性，对于使用和接触它的人员就有可能会带来一定的危险即通常所说的对人体的有害效应。

由于一定量的电离辐射能够损害人体的健康，所以对于有关辐射照射必须采取相应的防护措施，既要保护受照者个人的健康，又要保护对人类有利的辐射照射活动。

《放射防护基本标准》规定辐射保护的目的："防止发生对健康有害的非随机效应（接受放射治疗的患者除外），并将随机性损害效应的发生率降低到被认为可以接受的水平"。现代科学研究认为，辐射可以诱发癌症，而癌症在一般居民中也有一个自然发生率，做好辐射防护，就会使由于人为原因引起的辐射所带来的各种恶性疾患的发生率小到能被自然发生率的统计所掩盖的水平。放射防护目的是防止有害的非随机效应，限制随机效应的发生率，使之达到被认为可以接受的水平。所有的卫生防护工件包括放射卫生立法都是紧紧围绕着这一目的进行的。

## 四、电离辐射防护的基本手段

射线装置和经常使用的千余种放射性核素，放射出 $\chi$ 射线和 $\gamma$ 射线。$\chi$ 射线和 $\gamma$ 射线装置在现代医学中应用得非常广泛，接触的人员逐渐在增多。外照射的主要防护手段是时间防护、距离防护和屏蔽防护。

1. 时间防护。外照射的受照剂量与受照时间成正比，受照时间越长，所受剂量越大。因此在不影响工作的原则下应尽量减少工作人员的受照时间。这就要求工作人员要有熟练的

操作技术，尽量缩短与放射源的接触时间。

2. 距离防护。放射源在周围空间所产生的照射量与距离的平方成反比，所以增加与放射源的距离可大幅度降低受照剂量。如距离增加一倍，照射量率减少到原来的四分之一。因此在不影响工作的前提下，应尽量远离放射源。在实际工作中，切忌直接用手持源，一定要用远距离操作工具，如长柄夹具机械手等，以增加人体与放射源的距离。

3. 屏蔽防护。这是外照射防护最常用的手段。屏蔽防护是根据物质可以吸收相减弱辐射的原理，在放射源与人之间设置屏蔽物以减少射线照射，使放射工作人员和受检者受照剂量在国家规定限值以内。防 $\chi$ 射线和 $\gamma$ 射线可选择铅、铁、水泥等；防中子射线可选用石蜡、硼酸和水等。

### 五、医疗照射防护法规

电离辐射（Ionizing Radiation）和放射性核素（Radioactive Nuclide）在医学中主要应用于诊断和治疗。目前医疗照射在公众中受到的人工辐射源照射中居于首位。在一次诊断过程中，病人受到的局部照射的剂量当量相当于天然辐射年剂量的 1~50 倍。放射治疗时病人受到的局部照射剂量更大，在一个人疗程内所受到剂量可高达诊断时间的几十倍。在从事电离辐射工作的人员中，医用 $\chi$ 线工作者人数也最多。因此，摆在人们面前一个重要课题是在应用电离辐射和放射性核素诊断与治疗疾病时，怎样运用合理化和最优化原则，既保证诊疗效果，又尽可能减少不必要的照射。我国现已颁布了 6 个主要医疗照射防护法规，即《关于肿瘤放射治疗剂量学的若干规定》、《医用高能 $\chi$ 线和电子束卫生防护规定》、《医用治疗 $\chi$ 线卫生防护标准》、《医用远距离治疗 $\gamma$ 线卫生防护规定》和《医用诊断 $\chi$ 线卫生防护规定》。

《关于肿瘤放射治疗剂量学的若干规定》包括 150-400kV $\chi$ 线机产生的 $\chi$ 射线，$\gamma$ 射线治疗机的 $\gamma$ 射线，加速器产生的 1-25MV $\chi$ 线和高能电子束的剂量测定方法，以及关于治疗计划、记录和病例剂量报告的一些规定。

其他几种防护规定内容大致包括以下三个方面：

1. 医用放射线机卫生防护标准。医用 $\chi$ 线机、$\gamma$ 线机、电子加速器中子发生器等用于"封闭源"装置。它们所引起的照射主要是外照射，其性能不仅关系到医疗效果，还直接关系到有关人员的安全。因此，技术要求比较严格，具有一套特殊的检验方法，使用单位对产品验收时应注意执行一定的规则。只有遵守这些卫生防护标准，才能保证医用放射线机的安全使用。

2. 医用放射线卫生防护规则。主要有防护设施和操作规则两个方面。防护设施主要是对建筑物的要求、地点选择、监视设施和通讯等四个方面。由于医用放射线机是可控制的"封闭源"装置，切断电源则射线立即消失，当医用放射线机工作时，人体所受剂量与照射时间、离射线球管的距离和屏蔽程度等有关。为了减少受照时间，要求操作熟练、准确、迅速，尽量减少不必要的照射；操作人员必须经过放射卫生防护训练，严格遵守操作规程；平时要加强设备的管理与维修。

3. 医用放射线卫生防护管理。各地放射卫生防护部门对医用放射线机的生产和使用单位要加强放射卫生防护管理。使用单位要设置专（兼）职人员分管本单位的放射卫生防护工作。对医用放射线机和防护设施应建立技术档案，检修情况及时登记归档。要经常进行有关的辐射监测，对放射线工作人员要实行医学监护制度，凡发现不适应者，应对其采取必要的防治措施。凡新建、扩建、改建的原用放射线工作场所各项指标必须符合规定要求，并应预先由当地放射卫生监测管理部门审核。

此外，在医疗实践中还需要应用放射性药品，《药品管理法》第7章第39条规定："国家对麻醉药品、毒性药品、放射性药品，实行特殊的管理办法"。

## 第二节　执业条件

医疗机构开展放射诊疗工作，应当具备与其开展的放射诊疗工作相适应的条件，经所在地县级以上地方卫生行政部门的放射诊疗技术和医用辐射机构许可（以下简称放射诊疗许可）。使用放射性同位素和射线装置进行放射诊疗的医疗卫生机构，还应当获得放射源诊疗技术和医用辐射机构许可。

### 一、放射诊疗的基本条件

（一）放射诊疗工作应当具备的基本条件

加强放射诊疗工作的管理，保证医疗质量和医疗安全，保障放射诊疗工作人员、患者和公众的健康权益，是开展放射诊疗工作的前提。为了规范医疗机构的放射诊疗工作，卫生和计划生育委员会（原卫生部）于2006年3月1日施行的《放射诊疗管理规定》明确规定，医疗机构开展放射诊疗工作，应当具备以下基本条件：

1. 具有经核准登记的医学影像科诊疗科目。
2. 具有符合国家相关标准和规定的放射诊疗场所和配套设施。
3. 具有质量控制与安全防护专（兼）职管理人员和管理制度，并配备必要的防护用品和监测仪器。
4. 产生放射性废气、废液、固体废物的，具有确保放射性废气、废物、固体废物达标排放的处理能力或者可行的处理方案。
5. 具有放射事件应急处理预案。

（二）放射诊疗工作应当具备的人员条件

开展χ射线影像诊断工作的，应当具有专业的放射影像医师。医疗机构开展不同类别放射诊疗工作，应当分别具有下列人员：

1. **开展放射肿瘤治疗工作**
（1）中级以上专业技术职务任职资格的放射肿瘤医师。
（2）病理学、医学影像学专业技术人员。
（3）大学本科以上学历或中级以上专业技术职务任职资格的医学物理人员。

肿瘤治疗的前提是诊断正确，这些要以病理学、医学影像学检查作为基础。病理学是用自然科学的方法，研究疾病的病因、发病机制、形态结构、功能和代谢等方面的改变，揭示疾病的发生发展规律，从而阐明疾病本质的医学科学。病理学既是医学基础学科，同时又是一门实践性很强的具有临床性质的学科。病理学专业技术人员在肿瘤早期诊断中发挥着重要作用。放射治疗应建立在准确的病理诊断的基础上。开展放射治疗的医疗机构应具有能开展病理诊断的专业技术人员。病理学专业技术人员凭医师执业证书确认。放射治疗同样不能缺少医学影像诊断医师的准确诊断。开展放射治疗的医疗机构必须配备医学影像学专业技术人员，医学影像学专业技术人员凭医师执业证书确认。

### 2. 开展核医学工作

（1）中级以上专业技术职务任职资格的核医学医师。
（2）病理学、医学影像学专业技术人员。
（3）大学本科以上学历或中级以上专业技术职务任职资格的技术人员或核医学技师。
（4）开展放射治疗的医疗机构应具有医学物理师。

在发达国家，医学物理师早已成为医疗机构的重要岗位。医学物理学科毕业的学生同时是精通物理和熟悉医学的复合型人才。医学物理学是把物理学的原理和方法应用于人类疾病预防、诊断、治疗和保健的交叉学科。该学科以放射治疗、医学影像学、核医学以及其他非电离辐射，如超声、微波、射频、激光等在医学中的应用及应用过程中的质量保证、质量控制和辐射防护与安全等作为主要内容的一门学科。医学物理师和临床医生相互配合，才能做好放射诊疗工作，保护患者，工作人员和公众的健康和权益。对医学物理人员认定也有相关的规定。

对医学物理人员的认定规定：（1）大学本科理工科（包括核物理、普通物理）专业毕业或具有中级以上专业技术职务任职资格。（2）经放射肿瘤学或放射治疗或核医学专业培训，考核合格并提供相应书面证明。（3）以辐射剂量计算、治疗计划制定或审核、照射质量控制和放射防护为主要工作任务的专职人员，具有本岗位工作能力和工作经历；不应由放射肿瘤治疗医师兼任。（4）放射治疗技师和维修人员。

### 3. 开展介入放射学工作

（1）大学本科以上学历或中级以上专业技术职务任职资格的放射影像医师。
（2）放射影像技师。
（3）相关内、外科的专业技术人员。

由于放射治疗技术人员工作的特殊性，除了严格遵守医院、科室的各项规章制度外，还要遵守国家和地方对放射工作者的各项规定和放射设备的操作规程。要坚持严肃和严谨的工作作风。放射治疗使用放射线，是看不见但又是杀伤力很强的医疗手段。在为患者治疗的整个过程中都应当严肃对待，要高度负责，集中精力，专心致志，时刻想着自己的工作直接关系到患者的安危。当前所使用的各种放射治疗设备多数是有自动控制系统甚至计算机系统、网络系统，因而可能会发生完全依赖自动化而忽略了自己亲自观察、监控患者在机房内的情况，但是必须牢牢记住计算机系统也会出错。例如放射治疗时间如果没有按设定自动终止，加上操作的技术人员又未专心关注，甚至离开控制台，患者就会接受过多放射线照射，带来一系列问题，甚至发生死亡悲剧。当发生这种不正常现象时，如果操作人员有高度责任心，又熟悉其性能，就会及时发现治疗时间超出设定位的不正常现象，通过手动操作终止治疗，以防患者接受超量照射。

技术员接到放射治疗医嘱后，要了解治疗目的，认真仔细阅读各项要求，包括患者体位、照射野各有关条件、剂量以及特殊要求，如果有疑问，应当及时向主管医师反映，不能擅自改动。每次治疗后，认真填写治疗单并签名，在条件较好的科室，对定期拍验证片和其他质控检查都要很好地配合执行。由于技术人员的工作和医师、放射物理师、检修人员等关系密切，一定要有团队精神，各环节工作配合好，而且要团结协作，虚心学习，不要不懂装懂。如果工作中发现问题，应当及时和有关人员协商解决，不能擅自拆开有关设备部件，要严格遵守各相关操作规程。在放射治疗实施过程中，我们既面对患者，同时应用的又都是十分昂贵的机器，对设备要爱护。放射治疗技术人员要有高度防护意识，包括遵守有关规定，佩戴防护监测胸牌，接受定期体格检查等。如发现异常情况，要从保护患者、保护设备和保护自己的角度出发，掌握必需的紧急处理方法，及时向上级领导汇报，共同解决。通常发现不正常情况的是放射设备运转异常以及患者在机房内发生突发变化。

（三）放射诊疗工作应当具备的设备条件

医疗机构开展不同类别放射诊疗工作，应当分别具有下列设备：

1. 开展放射治疗工作的，至少有 1 台远距离放射治疗装置，并具有模拟定位设备和相应的治疗计划系统等设备。

2. 开展核医学工作的，具有核医学设备及其他相关设备。

3. 开展介入放射学工作的，具有带影像增强器的医用诊断 $\chi$ 射线机、数字减影装置等设备。

4. 开展 $\chi$ 射线影像诊断工作的，有医用诊断 $\chi$ 射线机或 CT 机等设备。

（四）放射诊疗工作应当具备的防护设施条件

医疗机构应当按照下列要求配备并使用安全防护装置、辐射检测仪器和个人防护用品：

1. 放射治疗场所应当按照相应标准设置多重安全联锁系统、剂量监测系统、影像监控、对讲装置和固定式剂量监测报警装置；配备放疗剂量仪、剂量扫描装置和个人剂量报警仪。

2. 开展核医学工作的，设有专门的放射性同位素分装、注射、储存场所，放射性废物屏蔽设备和存放场所；配备活度计、放射性表面污染监测仪；放射性表面污染监测仪是用于监测各类表面放射性物质（发射体）污染水平的仪表。如控制区出入口的门式全身污染监测仪。

3. 介入放射学与其他 $\chi$ 射线影像诊断工作场所应当配备工作人员防护用品和受检者个人防护用品。开展放射诊疗的基本防护用品：工作服，帽子、靴鞋、手套、口罩、防护眼镜。遵守规章制度，严禁在放射性工作场所吸烟，饮水、进食、化妆等。必须在通风柜或操作箱操作；在铺有瓷砖，塑料，不锈钢，橡皮等材料的工作台面或搪瓷盘内进行；使用移液器具，严禁用嘴操作；使用适当屏蔽及远程操作器材；污染区与非污染区的区分；事故后及时除污和报告。

## 二、设备和场所警示标志的设置

医疗机构应当对下列设备和场所设置醒目的警示标志：

1. 装有放射性同位素和放射性废物的设备、容器，设有电离辐射标志。

2. 放射性同位素和放射性废物储存场所，设有电离辐射警告标志及必要的文字说明。

3. 放射诊疗工作场所的入口处，设有电离辐射警告标志。

电离辐射警示标志

4. 放射诊疗工作场所应当按照有关标准的要求分为控制区、监督区，在控制区进出口及其他适当位置，设有电离辐射警告标志和工作指示灯。

## 第三节 放射诊疗的设置与批准

### 一、分级管理、卫生审查和竣工验收

（一）分级管理

医疗机构设置放射诊疗项目，应当按照其开展的放射诊疗工作的类别，分别向相应的卫生行政部门提出建设项目卫生审查、竣工验收和设置放射诊疗项目申请：

1. 开展放射治疗、核医学工作的，向省级卫生行政部门申请办理。
2. 开展介入放射学工作的，向设区的市级卫生行政部门申请办理。
3. 开展 $\chi$ 射线影像诊断工作的，向县级卫生行政部门申请办理。

同时开展不同类别放射诊疗工作的，向具有高类别审批权的卫生行政部门申请办理。

（二）卫生审查

新建、扩建、改建放射诊疗建设项目，医疗机构应当在建设项目施工前向相应的卫生行政部门提交职业病危害放射防护预评价报告，申请进行建设项目卫生审查。立体定向放射治疗、质子治疗、重离子治疗、带回旋加速器的正电子发射断层扫描诊断等放射诊疗建设项目，还应当提交卫生和计划生育委员会指定的放射卫生技术机构出具的预评价报告技术审查意见。

卫生行政部门应当自收到预评价报告之日起 30 日内，做出审核决定。经审核符合国家相关卫生标准和要求的，方可施工。

（三）竣工验收

医疗机构在放射诊疗建设项目竣工验收前，应当进行职业病危害控制效果评价，并向相应的卫生行政部门提交下列资料，申请进行卫生验收：

1. 建设项目竣工卫生验收申请。
2. 建设项目卫生审查资料。
3. 职业病危害控制效果放射防护评价报告。
4. 放射诊疗建设项目验收报告。

立体定向放射治疗、质子治疗、重离子治疗、带回旋加速器的正电子发射断层扫描诊断等放射诊疗建设项目，应当提交卫生和计划生育委员会指定的放射卫生技术机构出具的职业病危害控制效果评价报告技术审查意见和设备性能检测报告。

### 二、准入申请和许可受理、审查与批准

（一）准入申请

医疗机构在开展放射诊疗工作前，应当提交下列资料，向相应的卫生行政部门提出放射诊疗许可申请：

1. 放射诊疗许可申请表。
2. 《医疗机构执业许可证》或《设置医疗机构批准书》（复印件）。
3. 放射诊疗专业技术人员的任职资格证书（复印件）。

4. 放射诊疗设备清单。
5. 放射诊疗建设项目竣工验收合格证明文件。

### （二）许可受理、审查与批准

卫生行政部门对符合受理条件的申请，应当即时受理；不符合要求的，应当在5日内一次性告知申请人需要补正的资料或者不予受理的理由。

卫生行政部门应当自受理之日起20日内做出审查决定，对合格的予以批准，发给《放射诊疗许可证》；不予批准的，应当书面说明理由。

《放射诊疗许可证》的格式由卫生和计划生育委员会统一规定。

## 三、诊疗科目登记和校验与变更

### 1. 诊疗科目登记

医疗机构取得《放射诊疗许可证》后，到核发《医疗机构执业许可证》的卫生行政执业登记部门办理相应的诊疗科目登记手续。执业登记部门应根据许可情况，将医学影像科核准到二级诊疗科目。

未取得《放射诊疗许可证》或未进行诊疗科目登记的，不得开展放射诊疗工作。

### 2. 校验与变更

《放射诊疗许可证》与《医疗机构执业许可证》同时校验，申请校验时应当提交本周期有关放射诊疗设备性能与辐射工作场所的检测报告、放射诊疗工作人员健康监护资料和工作开展情况报告。

医疗机构变更放射诊疗项目的，应当向放射诊疗许可批准机关提出许可变更申请，并提交变更许可项目名称、放射防护评价报告等资料；同时向卫生行政执业登记部门提出诊疗科目变更申请，提交变更登记项目及变更理由等资料。

卫生行政部门应当自收到变更申请之日起20日内做出审查决定。未经批准不得变更。

## 四、许可注销

有下列情况之一的，由原批准部门注销放射诊疗许可，并登记存档，予以公告：
1. 医疗机构申请注销的。
2. 逾期不申请校验或者擅自变更放射诊疗科目的。
3. 校验或者办理变更时不符合相关要求，且逾期不改进或者改进后仍不符合要求的。
4. 歇业或者停止诊疗科目连续1年以上的。
5. 被卫生行政部门吊销《医疗机构执业许可证》的。

# 第四节　安全防护与质量保证

## 一、管理人员职责以及放射诊疗设备和检测仪表

### （一）管理人员职责

医疗机构应当配备专（兼）职的管理人员，负责放射诊疗工作的质量保证和安全防护。其主要职责是：

1. 组织制定并落实放射诊疗和放射防护管理制度。
2. 定期组织对放射诊疗工作场所、设备和人员进行放射防护检测、监测和检查。
3. 组织本机构放射诊疗工作人员接受专业技术、放射防护知识及有关规定的培训和健康检查。
4. 制定放射事件应急预案并组织演练。
5. 记录本机构发生的放射事件并及时报告卫生行政部门。

### （二）放射诊疗设备和检测仪表

不合格或国家有关部门规定淘汰的放射诊疗设备不得购置、使用、转让和出租。医疗机构的放射诊疗设备和检测仪表，应当符合下列要求：

1. 新安装、维修或更换重要部件后的设备，应当经省级以上卫生行政部门资质认证的检测机构对其进行检测，合格后方可启用。
2. 定期进行稳定性检测、校正和维护保养，由省级以上卫生行政部门资质认证的检测机构每年至少进行1次状态检测。
3. 按照国家有关规定检验或者校准用于放射防护和质量控制的检测仪表。
4. 放射诊疗设备及其相关设备的技术指标和安全、防护性能，应当符合有关标准与要求。

## 二、放射诊疗场所防护要求和工作人员防护要求

### （一）放射诊疗工作场所、放射性同位素储存场所和防护设施

医疗机构应当定期对放射诊疗工作场所、放射性同位素储存场所和防护设施进行放射防护检测，保证辐射水平符合有关规定或者标准。

放射性同位素不得与易燃、易爆、腐蚀性物品同库储存；储存场所应当采取有效的防泄漏等措施，并安装必要的报警装置。

放射性同位素储存场所应当有专人负责，有完善的存入、领取、归还登记和检查的制度，做到交接严格，检查及时，账目清楚，账物相符，记录资料完整。

### （二）个人剂量计

放射诊疗工作人员应当按照有关规定配戴个人剂量计。个人剂量监测的目的：适时监测放射工作中实际受照剂量，安全评估，采取对应措施掌握放射工作人员的受照剂量，以控制工作人员的受照剂量达到合理的最低水平。通过个人剂量检测，可发现防护中的薄弱环节，以利于采取措施及时改善。

**1. 放射工作人员个人剂量检测**

个人剂量检测：主要指内照射、外照射个人剂量检测，皮肤和衣服的污染检测。工作场所的检测：主要指工作场所的放射性水平，空气污染和表面污染的检测。异常照射剂量的检测：主要指事故和一般应急受照的剂量检测。

**2. 配戴个人剂量计的要求**

（1）常年佩戴，并注意要妥善保管，不得随意乱扔，更不能随工作服放在有电离辐射的场所或借给他人使用；（2）位置在左侧胸上部（锁骨部位）；（3）保持清洁，防止污染；（4）检测周期为：3个月为1个周期，每年4个周期（每年不少于4次检测数据），每人每

周期填写 1 张检测记录表；(5) 剂量计放在无辐射区域（如办公室）。

(三) 健康检查、培训与建档

医疗机构应当按照有关规定和标准，对放射诊疗工作人员进行上岗前、在岗期间和离岗时的健康检查，定期进行专业及防护知识培训，并分别建立个人剂量、职业健康管理和教育培训档案。

**1. 放射工作人员的健康检查**

(1) 健康检查每 1～2 年必须进行一次，并建立健康档案。

(2) 具有下列情况之一者，不宜从事放射工作。

① 血红蛋白：低于 120g/L 或高于 160g/L（男）
　　　　　　低于 110g/L 或高于 150g/L（女）

② 红细胞数：低于 $4 \times 10^{12}$/L 或高于 $5.5 \times 10^{12}$/L（男）
　　　　　　低于 $3.5 \times 10^{12}$/L 或高于 $5.0 \times 10^{12}$/L（女）

③ 白细胞数：准备参加放射工作人员，低于 $4.5 \times 10^9$/L 或高于 $10 \times 10^9$/L
　　　　　　已参加放射工作人员持续（6 个月）低于 $4 \times 10^9$/L 或高于 $1.1 \times 10^{10}$/L

④ 血小板：准备参加放射工作人员，低于 $110 \times 10^9$/L
　　　　　已参加放射工作人员持续（6 个月）低于 $100 \times 10^9$/L

另：患有心血管、肝、肾、呼吸系统疾病、内分泌疾病、血液病、皮肤疾病和严重的眼晶体混浊或高度近视者。

个人监测档案的建立。个人监测档案的建立，以《放射诊疗管理规定》、《职业照射个人监测规范》的规定为依据。(1) 个人监测档案的内容：① 常规监测结果；② 达到或超过有关记录水平的剂量和量资料；③ 应急和事故中受到照射的剂量和放射性核素摄入量等记录、调查报告。(2) 建档要求：用人单位指定专门人员，负责管理本单位放射工作人员的职业照射个人监测档案，终身保存。用人单位还应将年度个人监测结果及时抄录在各自的《放射工作人员证》中。

**2. 放射诊疗人员放射防护培训**

依据《放射诊疗管理规定》和《放射工作人员健康管理规定》，对所有从事放射治疗、核医学、介入治疗、χ 射线影像诊断的在岗人员进行放射防护培训。培训内容根据《医学放射工作人员的卫生防护培训规范》有关要求，结合实际情况来确定。

培训周期和时间要求：上岗前，培训时间为 7 天；上岗后，每三年一次；培训时间不少于 3 天。并建立放射防护培训档案，根据《放射诊疗管理规定》用人单位应为放射诊疗人员建立培训档案。

### 三、对患者和受检者的防护要求

(一) 质量保证

医疗机构应当制定与本单位从事的放射诊疗项目相适应的质量保证方案，遵守质量保证监测规范。

1. 配备专（兼）职的管理人员，负责放射诊疗工作的质量保证和安全防护。
2. 放射诊疗设备和检测仪表应当符合要求。
3. 定期对放射诊疗工作场所、放射性同位素储存场所和防护设施进行放射防护检测，保证辐射水平符合有关规定或者标准。

4. 制定与本单位从事的放射诊疗项目相适应的质量保证方案，遵守质量保证监测规范。

5. 使用放射影像技术进行健康普查的，应当经过充分论证，制定周密的普查方案，采取严格的质量控制措施。使用便携式 $\chi$ 射线机进行群体透视检查，报市级卫生行政部门批准。在省、自治区、直辖市范围内进行放射影像健康普查，报省级卫生行政部门批准。

## （二）防护原则、告知义务

放射诊疗工作人员对患者和受检者进行医疗照射时，应当遵守医疗照射正当化和放射防护最优化的原则，有明确的医疗目的，严格控制受照剂量；对邻近照射野的敏感器官和组织进行屏蔽防护，并事先告知患者和受检者辐射对健康的影响。受检者防护要求：

1. 告知受检者辐射对健康的影响。
2. 受检者因转诊等原因，使受检者不得接受不必要的重复照射。
3. 不得将核素显像检查和 $\chi$ 射线胸部检查列入对婴幼儿及少年儿童体检的常规检查项目。
4. 对育龄妇女腹部或骨盆进行核素显像检查或 $\chi$ 射线检查前，应问明是否怀孕，非特殊需要，对受孕后 8 至 15 周的育龄妇女，不得进行下部射影像检查。

## （三）放射检查规定减少受检者剂量的一般途径

1. 提高记录和显示系统的灵敏度。
2. 尽量减小照射野。
3. 提高 $\chi$ 射线的透过率。
4. 减少透视时间：脉冲透视、图像存贮、计时警告。
5. 进行必要的屏蔽：性腺/乳腺、红骨髓、眼晶体。
6. 选用最佳体位。
7. 选购低剂量设备。
8. 实施 $\chi$ 射线诊断影像质量保证计划。

## （四）放射治疗要求和健康普查要求

医疗机构在实施放射诊断检查前，应当对不同检查方法进行利弊分析，在保证诊断效果的前提下，优先采用对人体健康影响较小的诊断技术。

### 1. 放射实践正当化

为了防止不必要的照射，在进行任何一种包含辐射照射的实践活动之前，都必须经过充分的论证分析，权衡利弊。只有当个人和社会利益大于所付出的代价时，才能认为是正当的。如果引进的某种实践的净利益不能超过代价（包括基本生产代价、辐射防护代价及辐射所致机体损伤代价等），属于不正当性实践，应当终止这种实践。在医疗照射中，其正当性意味着一次比较准确的诊断，或者从治疗中使患者获得了健康。

从医学角度判断，接受这种照射比辐射可能诱发的随机性效应或确定性效应的危险更为重要。反之，不做这种照射对患者带来的危险大于预期的辐射危险。因此，这种实践的理由是正当的，医疗照射实践的正当性直接关系到公众所受照射剂量和人群的生物效应发生率。

医生要遵守医疗道德，具有放射卫生防护基本知识；清楚了解哪些疾病适于 $\chi$ 线检查，对不合理申请单可提出意见或拒受，绝不重利忘害；避免患者受无用照射。团体检查常造成大剂量照射而阳性检出率不高的现象；对幼儿入托、中小学生体检应取消常规透视。

乳腺癌普查：35 岁以下妇女若无症状，不需 χ 线检查；35~40 岁妇女，用于检查易感人群；50 岁以上妇女是适用的。

孕妇检查：应避免对孕妇做下腹检查；骨盆测量也不宜进行，如确有必要也要限制在妊娠最后 3 个月进行，并写明理由不该做的检查。转诊前已查明，用其他手段（如 B 超）可做的诊断；即使是癌症患者，已确诊或治疗后就不应再过多使用 χ 线检查。

医学研究：应注意伦理上的问题，应尊重受照人意愿，而且必须在其了解事实的基础上进行。

### 2. 放射防护最优化

在放射实践的正当性分析之后，确定要照射的实践，此时应进行放射防护的最优化分析。也就是，对于所有的辐射照射，在考虑了经济、技术和社会等诸因素之后，使个人剂量的大小、受照人数的多少和不确定发生照射事件的发生概率，都应保持在可做到的合理的尽可能低的水平，避免一切不必要的照射。

在某项辐射防护实践中，不是剂量越低越好，应当使照射剂量降低到合理的可以做到的程度。否则，将会增加辐射防护的代价，所获得的纯利益反而减少。

### 3. 个人剂量限值

在进行了上述两项分析之后，从安全角度考虑，还要对个人在行动中接受的剂量加以限制，以保证个人不会受到不可接受的辐射危险。

辐射实践的正当性及其防护的最优化原则主要与辐射源有关，涉及对某项辐射源的使用和防护是否适宜；而个人剂量限值涉及职业性人员个人和公众个人，与人有关，必须高度重视。

（1）放射工作人员（职业照射）的剂量限值。①防止确定性效应：眼晶体年当量剂量 <150mSv/年；四肢（手和足）或皮肤年当量剂量 <500mSv/年；②限制随机效应：连续五年的年平均有效剂量 <20mSv/年；（原为 50mSv/年）；任何一年中的有效剂量 <50mSv/年；有效剂量（E）= $\sum_T W_T \cdot H_T$（为人体各组织或器官的当量剂量乘以相应的组织权重因数的和）

| 组织或器官 | 组织权重因数 $W_T$ | 组织或器官 | 组织权重因数 $W_T$ |
| --- | --- | --- | --- |
| 性腺 | 0.20 | 肝 | 0.05 |
| （红）骨髓 | 0.12 | 食道 | 0.05 |
| 结肠 | 0.12 | 甲状腺 | 0.05 |
| 肺 | 0.12 | 皮肤 | 0.01 |
| 胃 | 0.12 | 骨表面 | 0.01 |
| 膀胱 | 0.05 | 其余组织或器官 | 0.05 |
| 乳腺 | 0.05 | | |

（2）公众的个人剂量限值。①防止确定性效应：眼晶体年当量剂量 <15mSv/年；皮肤的年当量剂量 <50 mSv/年；（是职业人员的 1/10 的量）②限制随机效应：年有效剂量 <1mSv/年（原为 5mSv/年）

#### 4. 实施检查的规定

（1）严格执行检查资料的登记、保存、提取和借阅制度，不得因资料管理、受检者转诊等原因使受检者接受不必要的重复照射。

（2）不得将核素显像检查和 χ 射线胸部检查列入对婴幼儿及少年儿童体检的常规检查项目。

（3）对育龄妇女腹部或骨盆进行核素显像检查或 χ 射线检查前，应问明是否怀孕；非特殊需要，对受孕后 8 至 15 周的育龄妇女，不得进行下腹部放射影像检查。

（4）应当尽量以胸部 χ 射线摄影代替胸部荧光透视检查。

（5）实施放射性药物给药和 χ 射线照射操作时，应当禁止非受检者进入操作现场；因患者病情需要其他人员陪检时，应当对陪检者采取防护措施。

#### 5. 健康普查的质量控制措施

医疗机构使用放射影像技术进行健康普查的，应当经过充分论证，制定周密的普查方案，采取严格的质量控制措施。

使用便携式 χ 射线机进行群体透视检查，应当报县级卫生行政部门批准。在省、自治区、直辖市范围内进行放射影像健康普查，应当报省级卫生行政部门批准。跨省、自治区、直辖市或者在全国范围内进行放射影像健康普查，应当报卫生和计划生育委员会批准。

#### 6. 放射治疗计划的科学制定

开展放射治疗的医疗机构，在对患者实施放射治疗前，应当进行影像学、病理学及其他相关检查，严格掌握放射治疗的适应症。对确需进行放射治疗的，应当制定科学的治疗计划，并按照下列要求实施：

（1）对体外远距离放射治疗，放射诊疗工作人员在进入治疗室前，应首先检查操作控制台的源位显示，确认放射线束或放射源处于关闭位时，方可进入。

（2）对近距离放射治疗，放射诊疗工作人员应当使用专用工具拿取放射源，不得徒手操作；对接受敷贴治疗的患者采取安全护理，防止放射源被患者带走或丢失。

（3）在实施永久性籽粒插植治疗时，放射诊疗工作人员应随时清点所使用的放射性籽粒，防止在操作过程中遗失；放射性籽粒植入后，必须进行医学影像学检查，确认植入部位和放射性籽粒的数量。

（4）治疗过程中，治疗现场至少应有 2 名放射诊疗工作人员，并密切注视治疗装置的显示及病人情况，及时解决治疗中出现的问题；严禁其他无关人员进入治疗场所。

（5）放射诊疗工作人员应当严格按照放射治疗操作规范、规程实施照射；不得擅自修改治疗计划。

（6）放射诊疗工作人员应当验证治疗计划的执行情况，发现偏离计划现象时，应当及时采取补救措施并向本科室负责人或者本机构负责医疗质量控制的部门报告。

#### 7. 核医学诊疗要求和放射性废物处理

开展核医学诊疗的医疗机构，应当遵守相应的操作规范、规程，防止放射性同位素污染人体、设备、工作场所和环境；按照有关标准的规定对接受体内放射性药物诊治的患者进行控制，避免其他患者和公众受到超过允许水平的照射。

核医学诊疗产生的放射性固体废物、废液及患者的放射性排出物应当单独收集，与其他废物、废液分开存放，按照国家有关规定处理。放射性固体废物是指具有对大气及生态环境、人类健康等能造成损害或危害的放射性的固体废物。

## 四、防范和处置放射事件应急预案的制定

医疗机构应当制定防范和处置放射事件的应急预案;发生放射事件后应当立即采取有效应急救援和控制措施,防止事件的扩大和蔓延。

1. 成立应急处理领导小组,组织、开展放射事件的应急处理救援工作,制定应急预案。
2. 发生放射源泄漏污染、放射源丢失、人员受超剂量照射事故时,应启动预案。
3. 事故发生后立即组织有关部门和人员进行放射性事故应急处理。
4. 负责向主管卫生部门及时报告事故情况。
5. 负责放射性事故应急处理具体方案的研究确定和组织实施工作。
6. 放射事故中人员受照时,要通过个人剂量计或其他工具、方法迅速估算受照人员的受照剂量。
7. 负责迅速安置受照人员就医,组织控制区内人员的撤离工作,并及时控制事故影响,防止事故的扩大蔓延。

## 五、放射事件调查处理与报告

医疗机构发生下列放射事件情形之一的,应当及时进行调查处理,如实记录,并按照有关规定及时报告卫生行政部门和有关部门:

1. 诊断放射性药物实际用量偏离处方剂量50%以上的。
2. 放射治疗实际照射剂量偏离处方剂量25%以上的。
3. 人员误照或误用放射性药物的。
4. 放射性同位素丢失、被盗和污染的。
5. 设备故障或人为失误引起的其他放射事件。

# 第五节 监督管理和放射事件的处理

## 一、医疗机构放射诊疗管理与监督检查

(一) 医疗机构放射诊疗管理

医疗机构应当加强对本机构放射诊疗工作的管理,定期检查放射诊疗管理法律、法规、规章等制度的落实情况,保证放射诊疗的医疗质量和医疗安全。

(二) 卫生行政部门监督检查

县级以上地方人民政府卫生行政部门应当定期对本行政区域内开展放射诊疗活动的医疗机构进行监督检查。检查内容包括:

1. 执行法律、法规、规章、标准和规范等情况。
2. 放射诊疗规章制度和工作人员岗位责任制等制度的落实情况。
3. 健康监护制度和防护措施的落实情况。
4. 放射事件调查处理和报告情况。

## 二、被检查单位的义务与执法人员的要求

(一) 被检查单位的义务

被检查的单位应当予以配合,如实反映情况,提供必要的资料,不得拒绝、阻碍、

隐瞒。

（二）对执法人员的要求

1. 卫生行政部门的执法人员依法进行监督检查时，应当出示证件。

2. 执法人员等的保密义务。卫生行政部门的执法人员或者卫生行政部门授权实施检查、检测的机构及其工作人员依法检查时，应当保守被检查单位的技术秘密和业务秘密。

3. 监督执法队伍建设。卫生行政部门应当加强监督执法队伍建设，提高执法人员的业务素质和执法水平，建立健全对执法人员的监督管理制度。

### 三、放射事故处理措施

1. 事故后立即向环保、公安、卫生部门报告。
2. 安排人员接受医学检查并进行救治；坚持主动抢救原则，生命第一的原则。
3. 封锁、保护事故现场，防止扩大。
4. 对事故展开调查，（判定事故级别、搞清核素种类、活度，估算人员受照剂量）。
5. 处理人员应配戴个人剂量报警仪，监测单位应有剂量仪等检测仪器。

## 第六节　法律责任

### 一、行政责任

（一）未取得放射诊疗许可从事放射诊疗工作等的法律责任

医疗机构有下列情形之一的，由县级以上卫生行政部门给予警告、责令限期改正，并可以根据情节处以 3000 元以下的罚款；情节严重的，吊销其《医疗机构执业许可证》。

1. 未取得放射诊疗许可从事放射诊疗工作的。
2. 未办理诊疗科目登记或者未按照规定进行校验的。
3. 未经批准擅自变更放射诊疗项目或者超出批准范围从事放射诊疗工作的。

（二）使用不具备相应资质的人员从事放射诊疗工作的法律责任

医疗机构使用不具备相应资质的人员从事放射诊疗工作的，由县级以上卫生行政部门责令限期改正，并可以处以 5000 元以下的罚款；情节严重的，吊销其《医疗机构执业许可证》。

无证行医的行为违反了法律规定，必然要承担相应的行政责任，医疗机构和相关人员会受到卫生行政管理部门的行政处罚或处分。

（三）未进行建设项目卫生审查、竣工验收的法律责任

医疗机构违反建设项目卫生审查、竣工验收有关规定的，按照《中华人民共和国职业病防治法》的规定进行处罚。

《中华人民共和国职业病防治法》第 70 条明确规定："建设单位违反本法规定，有下列行为之一的，由安全生产监督管理部门给予警告，责令限期改正；逾期不改正的，处 10 万元以上 50 万元以下的罚款；情节严重的，责令停止产生职业病危害的作业，或者提请有关人民政府按照国务院规定的权限责令停建、关闭。"

1. 职业病危害预评价报告未经安全生产监督管理部门审核同意，开工建设的。

2. 建设项目的职业病防护设施未按照规定与主体工程同时投入生产和使用的。

3. 职业病危害严重的建设项目，其职业病防护设施设计未经安全生产监督管理部门审查，或者不符合国家职业卫生标准和卫生要求施工的。

4. 未按照规定对职业病防护设施进行职业病危害控制效果评价、未经安全生产监督管理部门验收或者验收不合格，擅自投入使用的。

（四）购置、使用不合格或淘汰放射诊疗设备等的法律责任

医疗机构违反本规定，有下列行为之一的，由县级以上卫生行政部门给予警告，责令限期改正；并可处1万元以下的罚款：

1. 购置、使用不合格或国家有关部门规定淘汰的放射诊疗设备的。
2. 未按照规定使用安全防护装置和个人防护用品的。
3. 未按照规定对放射诊疗设备、工作场所及防护设施进行检测和检查的。
4. 未按照规定对放射诊疗工作人员进行个人剂量监测、健康检查、建立个人剂量和健康档案的。
5. 发生放射事件并造成人员健康严重损害的。
6. 发生放射事件未立即采取应急救援和控制措施或者未按照规定及时报告的。
7. 违反本规定的其他情形。

（五）卫生行政部门及其工作人员法律责任

卫生行政部门及其工作人员违反本规定，对不符合条件的医疗机构发放《放射诊疗许可证》的，或者不履行法定职责，造成放射事故的，对直接负责的主管人员和其他直接责任人员，依法给予行政处分。

## 二、民事责任和刑事责任

如果违反放射诊疗法律规定，造成患者、受检查者和工作人员健康损害的，根据有关法律，责任人要承担民事赔偿责任。

对造成放射事故，情节严重的，构成犯罪的，依法追究刑事责任。

### 思考题

1. 放射诊疗分为哪几类？放射治疗应该遵循哪些原则？
2. 医疗机构开展放射诊疗工作应当具备的哪些条件？
3. 对从事放射诊疗工作的工作人员防护的要求是什么？
4. 开展放射诊疗，对患者和受检查者的防护要求是什么？
5. 案例：2006年12月，妇女杨××到×市某二级医疗机构进行身体检查，此时杨××已经怀孕8周，医院的接诊医生未问明杨××是否已怀孕即采取了全身χ射线骨密度检查，检查前也未以任何形式进行辐射危害告知。待检查完毕后杨××拿到检查报告才发现自己接受了χ射线检查，随即向医生讨说法，要求医院赔偿。
   （1）该案是否属于医源性医疗事故？
   （2）杨××的诉求是否合理？法律依据是什么？
   （分析思路：此案属于未告知辐射危害侵权案例。）

# 第十三章

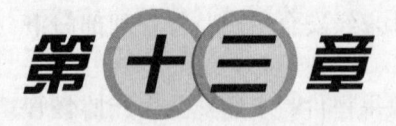

# 突发公共卫生事件应急法律制度

**本章导引**

> 本章主要介绍突发公共卫生事件应急处理的相关法律规定、报告与信息发布等内容，掌握在突发性应急公共卫生事件中，政府部门、医疗卫生机构、有关单位和个人应该承担的职责，明确和规范责任意识，有效预防、及时控制和消除突发事件及其危害，确保社会在突发公共卫生事件中避免较大的损失。

随着世界联系的日益密切，感染性的疾病发生和传播的速度比世界历史上任何时候都快，各国都将公共卫生安全上升到事关民族存亡的高度来看待，这也为我国突发公共卫生事件应对法律制度的完善提供了机遇和挑战。

## 第一节 概述

突发公共卫生事件是在某一短促时间内意外发生的、危害公共卫生安全的事实。为了能在突发事件面前应对自如，各国都制定了相应的应急法律制度，我国也不例外。

### 一、突发公共卫生事件的类型与特征

突发公共卫生事件（以下简称突发事件），是指突然发生，造成或者可能造成社会公众健康严重损害的重大传染病疫情、群体性不明原因疾病、重大食物和职业中毒以及其他严重影响公众健康的事件。

（一）突发公共卫生事件的分级与分类

**1. 突发公共卫生事件的分级**

根据突发公共卫生事件的性质、危害程度、涉及范围，划分为四级：

（1）特别重大突发公共卫生事件（I级）：①肺鼠疫、肺炭疽在大、中城市发生并有扩散趋势，或肺鼠疫、肺炭疽疫情波及2个以上的省份，并有进一步扩散趋势。②发生传染性非典型肺炎、人感染高致病性禽流感病例，并有扩散趋势。③涉及多个省份的群体性不明原因疾病，并有扩散趋势。④发生新传染病或我国尚未发现的传染病发生或传入，并有扩散趋势，或发现我国已消灭的传染病重新流行。⑤发生烈性病菌株、毒株、致病因子等丢失事件。⑥周边以及与我国通航的国家和地区发生特大传染病疫情，并出现输入性病例，严重危

及我国公共卫生安全的事件。⑦国务院卫生行政部门认定的其他特别重大突发公共卫生事件。

(2) 重大突发公共卫生事件（Ⅱ级）：①在一个县（市）行政区域内，一个平均潜伏期内（6天）发生5例以上肺鼠疫、肺炭疽病例，或者相关联的疫情波及2个以上的县（市）。②发生传染性非典型肺炎、人感染高致病性禽流感疑似病例。③腺鼠疫发生流行，在一个市（地）行政区域内，一个平均潜伏期内多点连续发病20例以上，或流行范围波及2个以上市（地）。④霍乱在一个市（地）行政区域内流行，1周内发病30例以上，或波及2个以上市（地），有扩散趋势。⑤乙类、丙类传染病波及2个以上县（市），1周内发病水平超过前5年同期平均发病水平2倍以上。⑥我国尚未发现的传染病发生或传入，尚未造成扩散。⑦发生群体性不明原因疾病，扩散到县（市）以外的地区。⑧发生重大医源性感染事件。⑨预防接种或群体预防性服药出现人员死亡。⑩一次食物中毒人数超过100人并出现死亡病例，或出现10例以上死亡病例。⑪一次发生急性职业中毒50人以上，或死亡5人以上。⑫境内外隐匿运输、邮寄烈性生物病原体、生物毒素造成我境内人员感染或死亡的。⑬省级以上人民政府卫生行政部门认定的其他重大突发公共卫生事件。

(3) 较大突发公共卫生事件（Ⅲ级）：①发生肺鼠疫、肺炭疽病例，一个平均潜伏期内病例数未超过5例，流行范围在一个县（市）行政区域以内。②腺鼠疫发生流行，在一个县（市）行政区域内，一个平均潜伏期内连续发病10例以上，或波及2个以上县（市）。③霍乱在一个县（市）行政区域内发生，1周内发病10~29例，或波及2个以上县（市），或市（地）级以上城市的市区首次发生。④一周内在一个县（市）行政区域内，乙、丙类传染病发病水平超过前5年同期平均发病水平1倍以上。⑤在一个县（市）行政区域内发现群体性不明原因疾病。⑥一次食物中毒人数超过100人，或出现死亡病例。⑦预防接种或群体预防性服药出现群体心因性反应或不良反应。⑧一次发生急性职业中毒10~49人，或死亡4人以下。⑨市（地）级以上人民政府卫生行政部门认定的其他较大突发公共卫生事件。

(4) 一般突发公共卫生事件（Ⅳ级）：①腺鼠疫在一个县（市）行政区域内发生，一个平均潜伏期内病例数未超过10例。②霍乱在一个县（市）行政区域内发生，1周内发病9例以下。③一次食物中毒人数30~99人，未出现死亡病例。④一次发生急性职业中毒9人以下，未出现死亡病例。⑤县级以上人民政府卫生行政部门认定的其他一般突发公共卫生事件。

**2. 突发公共事件医疗卫生紧急救援分级**

根据突发公共事件导致人员伤亡和健康危害情况将医疗卫生救援事件分为四级：

(1) 特别重大事件（Ⅰ级）：①一次事件伤亡100人以上，且危重人员多，或者核事故和突发放射事件、化学品泄漏事故导致大量人员伤亡，事件发生地省级人民政府或有关部门请求国家在医疗卫生救援工作上给予支持的突发公共事件。②跨省（区、市）的有特别严重人员伤亡的突发公共事件。③国务院及其有关部门确定的其他需要开展医疗卫生救援工作的特别重大突发公共事件。

(2) 重大事件（Ⅱ级）：①一次事件伤亡50人以上、99人以下，其中，死亡和危重病例超过5例的突发公共事件。②跨市（地）的有严重人员伤亡的突发公共事件。③省级人民政府及其有关部门确定的其他需要开展医疗卫生救援工作的重大突发公共事件。

（3）较大事件（Ⅲ级）：①一次事件伤亡30人以上、49人以下，其中，死亡和危重病例超过3例的突发公共事件。②市（地）级人民政府及其有关部门确定的其他需要开展医疗卫生救援工作的较大突发公共事件。

（4）一般事件（Ⅳ级）：①一次事件伤亡10人以上、29人以下，其中，死亡和危重病例超过1例的突发公共事件。②县级人民政府及其有关部门确定的其他需要开展医疗卫生救援工作的一般突发公共事件。

### 3. 根据事件的表现形式分类

（1）在一定时间、一定范围、一定人群中，当病例数累计达到规定预警值时所形成的事件。例如：传染病、不明原因疾病、中毒（食物中毒、职业中毒）、预防接种反应、菌种、毒株丢失等，以及县以上卫生行政部门认定的其他突发公共卫生事件。

（2）在一定时间、一定范围，当环境危害因素达到规定预警值时形成的事件，病例为事后发生，也可能无病例。例如：生物、化学、核和辐射事件（发生事件时尚未出现病例），包括：传染病菌种、毒株丢失；病媒、生物、宿主相关事件；化学物泄漏事件、放射源丢失、受照、核污染辐射及其他严重影响公众健康事件（尚未出现病例或病例事后发生）。

### 4. 根据事件的成因和性质分类

（1）重大传染病疫情。指某种传染病在短时间内发生、波及范围广泛，出现大量的病人或死亡病例，其发病率远远超过常年的发病率水平。例如，1988年，在上海发生的甲型肝炎暴发；2003年，传染性非典型肺炎疫情；2004年，青海鼠疫疫情等。

（2）群体性不明原因疾病。指在短时间内，某个相对集中的区域内同时或者相继出现具有共同临床表现病人，且病例不断增加，范围不断扩大，又暂时不能明确诊断的疾病。例如，传染性非典型肺炎疫情发生之初，由于对病原方面认识不清，虽然知道这是一组同一症状的疾病，但对其发病机制、诊断标准、流行途径等认识不清，这便是群体性不明原因疾病的典型案例。随着科学研究的深入，才逐步认识到其病原体是由冠状病毒的一种变种所引起。

（3）群体性不明原因疾病是指在短时间内，某个相对集中的区域内，同时或者相继出现具有共同临床表现病人，且病例不断增加，范围不断扩大，又暂时不能明确诊断的疾病。如传染性非典型肺炎疫情发生之初，由于对病原方面认识不清，虽然知道这是一组同一症状的疾病，但对其发病机制、诊断标准、流行途径等认识不清，这便是群体性不明原因疾病的典型案例。随着科学研究的深入，才逐步认识到其病原体是由冠状病毒的一种变种所引起。

（4）重大食物和职业中毒。指由于食品污染和职业危害的原因而造成的人数众多或者伤亡较重的中毒事件。如2002年初，保定市白沟镇苯中毒事件，箱包生产企业数名外地务工人员中，陆续出现中毒症状，并有6名工人死亡。2002年9月14日，南京市汤山镇发生一起特大投毒案，造成395人因食用有毒食品而中毒，死亡42人。

（5）新发传染性疾病。狭义是指全球首次发现的传染病，广义是指一个国家或地区新发生的、新变异的或新传入的传染病。世界上新发现的32种新传染病中，有半数左右已经在我国出现，新出现的肠道传染病和不明原因疾病对人类健康构成的潜在危险十分严重，处理的难度及复杂程度进一步加大。

（6）群体性预防接种反应和群体性药物反应。指在实施疾病预防措施时，出现免疫接种人群或预防性服药人群的异常反应。这类反应原因较为复杂，可以是心因性的、也可以是其他异常反应。

（7）重大环境污染事故。指在化学品的生产、运输、储存、使用和废弃处置过程中，由于各种原因引起化学品从其包装容器、运送管道、生产和使用环节中泄漏，造成空气、水源和土壤等周围环境的污染，严重危害或影响公众健康的事件。如2004年4月，发生在重庆江北区某企业的氯气储气罐泄漏事件，造成7人死亡，15万人疏散的严重后果。

（8）核事故和放射事故。指由于放射性物质或其他放射源造成或可能造成公众健康严重影响或严重损害的突发事件。如1992年，山西忻州钴—60放射源丢失，不仅造成3人死亡，数人住院治疗，还造成了百余人受到过量辐射的惨痛结局。

（9）生物、化学、核辐射恐怖事件。指恐怖组织或恐怖分子为了达到其政治、经济、宗教、民族等目的，通过实际使用或威胁使用放射性物质、化学毒剂或生物战剂，或通过袭击或威胁袭击化工（核）设施（包括化工厂、核设施、化学品仓库、实验室、运输槽车等）引起有毒有害物质或致病性微生物释放，导致人员伤亡，或造成公众心理恐慌，从而破坏国家和谐安定，妨碍经济发展的事件。如1995年，发生在日本东京地铁的沙林毒气事件，造成5510人中毒，12人死亡。

（10）自然灾害。指自然力引起的设施破坏、经济严重损失、人员伤亡、人的健康状况及社会卫生服务条件恶化超过了所发生地区的所能承受能力的状况。主要有水灾、旱灾、地震、火灾等。如1976年，唐山地震造成24.2万人死亡。

（二）突发公共卫生事件的特征

1. 突发性：突发公共卫生事件不易预测，突如其来，但其发生与转归也具有一定的规律性。

2. 公共属性：突发事件所危及的对象不是特定的人，而是不特定的社会群体，在事件影响范围内的人都有可能受到伤害。

3. 危害的严重性：突发事件可对公众健康和生命安全、社会经济发展、生态环境等造成不同程度的危害，这种危害既可以是对社会造成的即时性严重损害，也可以是从发展趋势看对社会造成严重影响的事件。其危害可表现为直接危害和间接危害。直接危害一般为事件直接导致的即时性损害，间接危害一般为事件的继发性损害或危害。例如，事件引发公众恐慌、焦虑情绪等，对社会、政治、经济产生影响。

（三）突发公共卫生事件特点

1. 成因的多样性。许多公共卫生事件与自然灾害有关，比如地震、水灾、火灾等，最重要的就是地震以后会不会引起新的、大的疫情，要做到大灾之后无大疫是很艰难的。公共卫生事件与事故灾害也密切相关，比如烈性传染病爆发、环境污染、生态破坏、交通事故等。社会安全事件也是形成公共卫生事件的一个重要原因，如生物恐怖等。另外，还有动物疫情、致病微生物、药品危险、食物中毒、职业危害等。

2. 分布的差异性。在时间分布差异上，不同的季节，传染病的发病率也会不同，比如SARS往往发生在冬、春季节，肠道传染病则多发生在夏季。分布差异性还表现在空间分布差异上，传染病的区域分布不一样，像我们国家南方和北方的传染病就不一样，此外还有人群的分布差异等。

3. 传播的广泛性。当前全球化的时代，某一种疾病可以通过现代交通工具跨国流动，而一旦造成传播，就会成为全球性的传播。另外，传染病一旦具备了三个基本流通环节，即传染源、传播途径以及易感人群，它就可能在毫无国界情况下广泛传播。

4. 危害的复杂性。重大的卫生事件不但对人的健康有影响，而且对环境、经济乃至政治都有很大的影响。比如2003年爆发的传染性非典型肺炎（简称"非典"，SARS），尽管患病的人数不是最多，但对我们国家造成的经济损失确实很大。

5. 治理的综合性。治理需要四个方面的结合，第一是技术层面和价值层面的结合，不但要有一定的先进技术还要有一定的投入；第二是直接的任务和间接的任务相结合，它即是直接的愿望也是间接的社会任务，所以要结合起来；第三是责任部门和其他的部门结合起来；第四是国际和国内结合起来。只有通过综合的治理，才能使公共事件得到很好的治理。另外，在解决治理公共卫生事件时，还要注意解决一些深层次的问题，比如社会体制、机制的问题；工作效能问题以及人群素质的问题，所以要通过综合性的治理来解决公共卫生事件。

6. 新发的事件不断产生。比如1985年以来，艾滋病的发病率不断增加，严重危害着人们的健康；2003年"非典"疫情引起人们的恐慌；近年来，人感染禽流感疫情、人感染猪链球菌病、手足口病以及甲型H1N1流感等都威胁着人们的健康。

7. 种类的多样性。引起公共卫生事件的因素多种多样，比如生物因素、自然灾害、食品药品安全事件和各种事故灾难等。

8. 食源性疾病和食物中毒的问题比较严重。比如1988年上海甲肝暴发；1999年宁夏沙门氏菌污染食物中毒；2001年苏皖地区肠出血性大肠杆菌食物中毒；2002年南京毒鼠强中毒；2004年劣质奶粉事件等。这些事件都属于食源性疾病和食物中毒引起的卫生事件。

## 二、我国应对突发公共卫生事件的法律制度

（一）我国应对突发公共卫生事件法律框架的建立

2003年上半年，我国26个省（区）和直辖市暴发了传染性非典型肺炎，为了抗击非典，2003年5月9日，国务院颁布了《突发公共卫生事件应急条例》（以下简称《应急条例》）。从根本上建立了国家突发公共卫生事件应急机制，为我国应对突发公共卫生事件提供了更有力的法律武器，标志着我国应对突发公共卫生事件进一步纳入法制化管理的轨道，也标志着我国突发公共卫生事件应急机制进一步完善。

流行趋势的预测，及时发出传染病预警，根据情况予以公布等责任；非典之后，国家加快突发公共事件应急机制建设，以提高保障公共安全和处置突发事件的能力，规范各级政府在突发公共卫生事件中的领导、指挥和应急处理的法定责任；应急工作的责任也定位在政府，包括制定突发公共卫生事件应急预案、应急储备、行政控制措施采取等。同时，还确定县级以上地方人民政府作为突发公共卫生事件的法定报告人；卫生行政部门具体负责组织突发公共卫生事件的调查、控制和医疗救治等工作；规定了医疗卫生机构在突发公共卫生事件应急工作中的责任，发现突发公共卫生事件，应当在2小时内向所在地县级人民政府卫生行政主管部门报告；规定了突发公共卫生事件的监测机构，负有救援任务的专业和管理人员也在法规中确定其责任和义务。

我国与突发公共卫生事件应急有关的法律法规，还有《中华人民共和国传染病防治法》《中华人民共和国职业病防治法》、《中华人民共和国食品卫生法》、《中华人民共和国执业医师法》、《使用有毒物品作业场所劳动保护条例》、《危险化学品安全管理条例》、《放射事故

管理条例》、《核事故医学应急管理规定》、《突发公共卫生事件与传染病疫情监测信息报告管理办法》、《食物中毒事故处理办法》等。如《中华人民共和国执业医师法》规定，遇有自然灾害、传染病流行、突发重大伤亡事故及其他严重威胁人民生命健康的紧急情况时，医师应当服从县级以上各级人民政府卫生行政部门的调遣；在《中华人民共和国传染病防治法》中，规定国务院卫生行政部门负责制定国家传染病监测规划和方案。国务院卫生行政部门和省、自治区、直辖市人民政府根据传染病发生、流行趋势的预测，及时发出传染病预警，根据情况予以公布等责任；规定在中华人民共和国领域内的一切单位和个人，必须接受疾病预防控制机构、医疗机构有关传染病的调查、检验、采集样本、隔离治疗等预防、控制措施，如实提供有关情况。

（二）依法应对突发公共卫生事件的必要性

1. 从法律实施看，颁布和实施法规、条例，为各级政府领导突发公共卫生事件工作提供了法律保证。突发公共卫生事件不仅是公共卫生问题，也是社会问题，政府领导统一指挥传染病防治工作，有利于各部门的通力合作，有利于加强开发社会资源，有利于保证对突发公共卫生事件，特别对重大传染病疫情、突发新的原因不明的传染病应急事件的应对，更有其重要意义。《传染病防治法》和《应急条例》特点之一，就是突出了政府统一领导、统一指挥。

2. 从信息管理看，规定了法定报告责任人、报告病种、报告渠道和时限。疫情报告是获得传染病发生和流行的重要渠道，通过把握疫情发生和流行趋势，为政府和卫生行政部门的科学决策提供了依据。非典疫情的应急处理问题之一就是信息不畅通，要建立完善的突发公共卫生事件监测、预警系统，强化地区、部门、医疗机构间的信息沟通，防止医疗机构交叉感染，疫情扩散。

3. 从获得时效看，充分利用卫生法律手段，保证了传染病预防、控制措施的落实。但是过去卫生行政执法力度不够，处罚条款可操作性不强，从抗击非典的实践看，依法行政，追究法律责任必须职责分明。

4. 从法律功能看，"预防为主"的卫生工作方针以法律形式固定下来，增强了法的生命力，防患于未然，大大减少了因传染病等疫情的暴发和流行造成人民身体健康的危害和经济损失。

5. 从保护健康权益看，国家对个人与公共利益关系的调整，保护了大多数人的最大利益，同时不得歧视传染病病人。

（三）我国公共卫生类突发公共事件专项应急预案

我国公共卫生类突发公共事件专项应急预案共有四件：《国家突发公共卫生事件应急预案》、《国家突发公共事件医疗卫生救援应急预案》、《国家突发重大动物疫情应急预案》、《国家重大食品安全事故应急预案》。

1. 应急预案，强化了政府处理公共卫生事件的指挥管理职责。

2. 针对一些地方和部门对突发事件预警能力不足、监测系统反应不灵敏的问题，规定了突发公共卫生事件的监测和预警制度，确立了快捷、多渠道、纵横协调的信息报告制度。

3. 针对防治非典工作中反映出的应急储备不足的问题，对突发公共卫生事件应急预案的制定和启动做了明确规定。

4. 为了及时有效地救治传染病病人，防止相互感染和交叉感染，切断传染源，规范了医疗卫生机构对传染病密切接触者采取隔离、医学观察措施以及对内应当采取卫生防护措施。

### 三、国外应对突发公共卫生事件的体制

（一）美国应对突发公共卫生事件的体制

在应对突发公共卫生事件，处理严重疾病的制度建设中，美国建立了"国家—州—地方"纵横协调的、全方位的、多层次的三级应对反应机制，这三级应对体系自上而下包括：联邦疾病控制与预防系统；医院（地区/州）应急准备系统；城市（地方）医疗应急系统。

1. 美国疾病控制预防中心。总部设在亚特兰大，是垂直领导，权力很大，而且是半军事化管理，效率非常高。主要职能是疾病的预防，是整个突发公共卫生事件应对系统的核心和协调中心，负责制定全国性的疾病控制和预防战略、公共卫生监测和预警、突发事件应对、资源整合、公共卫生领域管理者和工作人员的培养。

2. 卫生资源和服务部。主要通过提高医院、门诊中心和其他卫生保健合作部门的应急能力，来提高区域应对突发公共卫生事件的能力，在全国实行分区管理，共设10个区，区内以州为单位实现联动。其他参与者还包括：州级应急管理机构、州级农村卫生保健部门办公室、退伍军人卫生保健部门和军方医院、基本医疗保健协会等。

3. 城市医疗应对系统。是地方层面的应对突发公共卫生事件的运作系统，该系统通过地方的执法部门、消防部门、自然灾害处理部门、医院、公共卫生机构和其他"第一现场应对人员"之间的协作与互动，确保城市在一起公共卫生事件中最初48小时的有效应对，从而使得城市在全国应急资源被动员起来之前能以自身力量控制危机事态。

美国突发公共卫生应对体系比较完整，注重各部门之间的协作和配合，重视突发事件的预防和监测，构筑强大的公共卫生防护网，采用了大量的监控措施，这些监控措施主要包括，国家疾病监控体系、卫生保健工人全国监控体系、危机网和全球新出现传染病预警网络、公共卫生信息的传递。

信息平台与医院、药店、社区、慈善机构以及城镇、州和各级政府卫生当局实行联网，通过信息传递链，直接从医院门诊病人的就诊、药店各种药品的销售、紧急报警求救等情况中搜集有关信息，并在第一时间作出分析和反应。在发生突发公共卫生事件时，根据美国的法律，总统有权视危机的严重性，决定是否需要宣布国家进入"危机状态"，并启动联邦应急计划，但无论是否进入紧急状态，都有一整套系统能使各州在面临危机时迅速行动，从而遏制突发公共卫生事件的发展态势，避免发生全国性的危机。一旦国家进入危机状态，美国疾病控制预防中心就会连续追踪新发病例，使民众能够及时知道疾病的传播情况，并且提供一些援助，包括：技术支持、人手协助以及财政方面的支援，当地医疗机构缺少足够医疗人手时为他们派出其职员协助，并且在全社会范围内，与国防、消防、医疗、科研等部门的跨部门协作，从而形成了多维度、多领域的纵横交织的协作和应对系统。

（二）日本应对突发公共卫生事件的体制

日本建立了纵向行业系统管理和分地区管理相衔接的全国突发公共卫生事件应急管理网络体系。该体系由国家级突发公共卫生事件应急管理系统和地方应急管理系统构成。独立的国家突发公共卫生事件应急管理系统，是由主管健康卫生、福利、劳保的厚生劳动省负责建立，覆盖非常广。地方突发公共卫生事件应急管理系统，则由道府县卫生健康局、卫生试验

所、保健所、县立医院、市村及保健中心组成。在此系统中，消防、警察、医师会、医疗机构协会、通信、铁道、电力、煤气、供水等部门，也以法律形式规定了这些部门在突发公共卫生事件的预防和处理过程中的义务和责任。

日本1993年《地域保健法》规定，都道府县的各个市、区必须设立保健所，其管辖范围包含日本本土的所有国民。这些保健所在普及地域保健、人口动态统计、改善食品营养及食品卫生、保持住宅环境卫生、维护公共卫生和公共医疗、预防传染病以及保障居民健康等方面起到了决定性作用。保健所定期深入居民区、学校等地发布通知，进行日常的疾病预防工作，教育儿童养成和保持良好的生活习惯和卫生习惯，提高全社会的公共卫生水平。

（三）国外应对突发公共卫生事件制度

**1. 法律制度较完善，体制健全**

以法律为依托，建立了纵横协调统一的应对体制。如美国早在1950年就制定了《灾害救助和紧急援助法》，从疫情的监测、预案的启动、疫情的处理等都做了完整的规定，此外还有《全国紧急状态法》、《公共卫生安全和生物恐怖威胁防止和应急法》、《天花应急处理人员防护法》等等。国外有关突发公共卫生安全的法律制度，也是随着一些传染病的出现而建立的，充分体现出对公共卫生安全法制的重视。

**2. 信息公开，全民参与**

美国在突发公共卫生事件处理过程中，利用发言人制度向外界提供权威信息，建立任务报告和评价系统，确保在第一时间将突发公共卫生事件通知媒体和公众。美国疾病控制预防中心在疾病发现之后，会连续追踪新发案例，使民众能够及时知道疾病的传播情况。并且媒体具有相当独立的信息传播权，如在甲型H1N1流感爆发时，各大报纸、各大门户网站进行实时报道，为公众提供信息。

**3. 注重突发公共卫生事件的监测，强调快速反应**

国外十分注重突发公共卫生事件的预防和监测，美国采取了一系列的监控措施，主要包括：国家疾病监控体系、卫生保健工人全国监控体系、危机互联网和全球新出现传染病预警网络。建立了电子信息系统，使得有关疾病监测的信息能够快速在中央和地方以及各部门之间传递。在一旦发生突发性公共卫生事件危险时，迅速采取措施，强调"快速"反应处置。

**4. 不断提高公共卫生水平**

发达国家十分重视全社会的公共卫生水平，重视对公共卫生事业的投入，并以财政投入为物质基础，注重公共场所的卫生防疫和清洁。比如在某些西方国家公民与公共设施可以毫无戒备的接触，主要是因为公共设施的清洁度可以让公民放心。社会提倡人人讲究卫生，养成良好的卫生习惯，注重自然环境的清洁，遏制病菌的滋生和蔓延。

**5. 重视日常科研和国际合作**

科技力量在保障公共卫生安全的战斗中起着不可替代的作用，世界各国都十分重视有关流行病的科学研究和实验，以法律为保障给予科学研究物质支持和设备供给。在突发公共卫生事件的处理过程中，政府动员各种分散的科研实力开展广泛的协作。在突发公共事件日益频发，全球联系日益频繁，公共卫生事件引起"全球反应链"的形势下，发达国家开展了广泛国际协作。在甲型H1N1流感蔓延全球的情势下，世界卫生组织充当起国际组织者的角色，共同应对这场公共卫生事件。

# 第二节 突发公共卫生事件应急条例

《应急条例》适用于突然发生的造成或者可能造成社会公众健康严重损害的重大传染病疫情、群体性不明原因疾病、重大食物和职业中毒以及其他严重影响公众健康的突发事件的应急工作，具有比较强的针对性和可操作性。

## 一、突发事件应急条例立法

### 1. 立法背景与意义

自2002年11月，我国一些地区相继发生非典型肺炎疫情，对人民群众的健康和生命安全造成严重威胁。为了有效预防、及时控制和消除突发公共卫生事件的危害，保障公众身体健康与生命安全，维护正常的社会秩序，国务院依照《中华人民共和国传染病防治法》和其他有关法律的规定，制定出台了《应急条例》。

解决突发公共卫生事件应急处理中存在的"信息渠道不畅、信息统计不准、应急反应不快、应急准备不足"等问题，建立统一、高效、有权威的突发公共卫生事件应急处理机制，既立足于解决实际问题，又为今后及时有效地处理突发公共卫生事件建立起一整套较为完整的"信息畅通、反应快捷、指挥有力、责任明确"的法律制度。标志着我国突发公共卫生事件应急处理工作纳入法制化轨道，突发公共卫生事件应急处理机制进一步完善。

### 2. 立法宗旨与目的

《应急条例》这部法规的颁布实施，从法律制度上建立了我国应对突发公共卫生事件的快速处理机制，为提高应对突发公共卫生事件的反应能力，提供了更具有可操作性的法律依据。有效预防、及时控制和消除突发事件，保障公众身体健康与生命安全，维护正常的社会秩序。

制定《应急条例》，是为了有效预防、及时控制和消除突发事件及其危害，指导和规范各类突发事件的应急处理工作，最大限度减少突发公共事件对公众健康造成的危害，保障公众身心健康与生命安全，维护正常的社会秩序。

## 二、应急工作的指导原则

突发事件应急工作，应当遵循预防为主、常备不懈的方针，贯彻统一领导、分级负责、反应及时、措施果断、依靠科学、加强合作的原则。

### 1. 预防为主，常备不懈

提高全社会对突发事件的防范意识，落实各项防施措施，做好人员、技术、物资和设备的应急储备工作，对各类可能引发突发事件的情况要及时进行分析、预警，做到早发现、早报告、早处理。

### 2. 统一领导，分级负责

根据突发事件的范围、性质和危害程度，对突发事件实行分级管理，各级人民政府负责突发事件应急处理的统一领导和指挥，各有关部门按照预案规定，在各自的职责范围内做好突发事件应急处理有关工作。

### 3. 反应及时，措施果断

地方各级人民政府和卫生行政部门要按照相关法律、法规和规章的规定，完善突发事件应急体系，建立健全系统、规范的突发事件应急处理工作制度，对突发事件和可能发生的公共卫生事件作出快速反应，及时、有效开展监测、报告和处理工作。

### 4. 依靠科学，加强合作

突发事件应急工作要充分尊重和依靠科学，要重视开展防范和处理突发事件的科研和培训工作，为突发事件应急处理提供科技保障。各有关部门和单位要通力合作、资源共享，有效应对突发事件。要广泛组织、动员公众参与突发事件的应急处理过程。

## 三、《应急条例》的创新

《应急条例》是我国在总结处理突发性公共卫生事件应急工作经验教训的基础上，借鉴国际上好的做法，重点解决应急处理工作中存在的信息不准确、反应不及时、准备不充分等问题，形成了五大法律制度创新：

### 1. 预防控制与应急处理指挥制度

2003年非典的暴发和流行，反映我国应对突发公共卫生事件预警能力不足、监测系统反应不灵敏。因此，国家需要建立统一的突发公共卫生事件预防控制体系，建立和完善监测和预警机制，并保证其正常运行。(1) 在突发事件发生后，国务院和省、自治区、直辖市人民政府设立突发事件应急处理指挥部，负责对突发事件应急处理的统一领导、统一指挥，卫生部门和其他有关部门在各自的职责范围内，作好相应工作。(2) 全国突发事件应急指挥部对地方突发事件应急处理进行督察与指导，地方政府与部门要给予配合，省、自治区、直辖市突发事件应急处理指挥部对本行政区域内突发事件应急处理进行督察与指导。

监测和预警工作应当根据突发公共卫生事件的类别，制定监测计划，科学分析、综合评价监测数据。对早期发现的潜在隐患以及可能发生的突发公共卫生事件，应当依照规定的程序和时限及时报告。

### 2. 应急预案的制定及启动制度

(1) 应急预案的制定。为了及时、有序处理突发公共卫生事件，迅速制定出突发公共卫生事件应急预案，至关重要。《应急条例》规定：国务院卫生行政主管部门按照分类指导、快速反应的要求，制定全国突发公共卫生事件应急预案，报请国务院批准；省、自治区、直辖市人民政府根据全国突发公共卫生事件应急预案，结合本地实际情况，制定本行政区域的突发公共卫生事件应急预案。

(2) 应急预案的启动。《应急条例》规定了应急预案的启动程序。突发公共卫生事件发生后，卫生行政主管部门应当组织专家，对突发公共卫生事件进行综合评估，初步判断突发公共卫生事件的类型，提出启动突发应急预案。

在全国范围内或者跨省（区）、直辖市范围内，启动全国突发公共卫生事件应急预案，由国务院卫生行政主管部门报国务院批准后实施。省（区）、直辖市启动应急预案，由省（区）、直辖市人民政府决定，并向国务院报告。

应急预案启动前，县级以上各级人民政府有关部门应当根据突发公共卫生事件的实际情况，做好应急处理准备，采取必要的应急措施；应急预案启动后，突发公共卫生事件发生地的人民政府有关部门，应当根据预案规定的职责要求，服从突发公共卫生事件应急处理指挥部的统一指挥，立即到达规定岗位，采取有关的控制措施。

### 3. 应急处理措施制度

为确保快速、有效地应急处理突发公共卫生事件，《应急条例》规定了应急处理的五大措施：

(1) 国务院卫生行政主管部门对新发现的突发传染病,根据危害程度、流行强度,依照《传染病防治法》的规定,及时宣布为法定传染病;宣布为甲类传染病的,由国务院决定。

(2) 省(区)级以上人民政府卫生行政主管部门,或者其他有关部门指定的突发公共卫生事件应急处理专业技术机构,负责突发公共卫生事件的技术调查、确证、处置、控制和评价工作。

(3) 突发公共卫生事件发生后,国务院有关部门和县级以上地方人民政府及其有关部门,应当保证突发公共卫生事件应急处理所需的医疗救护设备、救治药品、医疗器械等物资的生产、供应;铁路、交通和民航行政主管部门应当保证及时运送。

(4) 根据突发公共卫生事件应急处理的需要,突发公共卫生事件应急处理指挥部有权紧急调集人员、储备的物资、交通工具以及相关设施、设备;有权在必要时对人员进行疏散或者隔离,可以依法对传染病疫区实行封锁;有权根据突发公共卫生事件应急处理的需要,对食物和水源采取控制措施。

(5) 县级以上地方人民政府卫生行政主管部门,应当对突发公共卫生事件现场等采取控制措施,宣传突发公共卫生事件防治知识,及时对易受感染的人群和其他易受损害的人群采取应急接种、预防性投药、群体防护等措施;规定了人员隔离、群体防护等应急处理具体措施,以保证突发公共卫生事件应急处理工作有力、有效、有序地进行。

### 4. "三就地"和"四早"制度

(1) "三就地"制度

《应急条例》第41条规定:"对传染病爆发、流行区域内流动人口,突发事件发生地的县级以上地方人民政府应当做好预防工作,落实有关卫生控制措施;对传染病病人和疑似传染病病人,应当采取就地隔离、就地观察、就地治疗的措施。"在突发公共卫生事件中需要接受隔离治疗和医学观察措施的病人、疑似病人和传染病病人密切接触者,在卫生行政主管部门或者有关机构采取医学措施时应当予以配合;拒绝配合的,由公安机关依法协助强制执行。

(2) "四早"制度

《应急条例》第42条规定:"有关部门、医疗卫生机构应当对传染病做到早发现、早报告、早隔离、早治疗,切断传播途径,防止扩散。"为了强调"及时"与"果断",对疫情报告和公布的制度作了进一步明确,对报告的时限进行了非常严格的规定。地方政府必须在2个小时、省一级的政府必须在1个小时之内向上一级部门报告;对于谎报、缓报和隐瞒的地方和部门规定了非常严格的法律责任。

医疗卫生机构应当对因突发公共卫生事件致病的人员,提供医疗救护和现场救援,对就诊病人必须接诊治疗,并书写详细、完整的病历记录;对需要转送的病人,应当按照规定将病人及其病历记录的复印件转送至接诊或者指定的医疗机构;应当采取卫生防护措施,防止交叉感染和污染;医疗机构收治传染病病人、疑似传染病病人,应当依法报告所在地的疾病预防控制机构;接到报告的疾病预防控制机构应当立即对可能受到危害的人员进行调查,根据需要采取必要的控制措施。传染病暴发和流行时,街道、乡镇以及居民委员会、村民委员会应当组织力量，团结协作，群防群治，协助卫生行政主管部门和其他有关部门、医疗卫生机构做好疫情信息的收集和报告、人员的分散隔离、公共卫生措施的落实工作，向居民、村民宣传传染病防治的相关知识。

5. 疫情报告、举报和信息发布制度

（1）疫情的报告制度。《应急条例》规定，对早期发现的潜在的隐患、可能发生的突发事件，应当及时报告。

具体要求：省（区）级政府在接到疫情等突发事件报告1小时内，必须向国家卫生计生委员会报告；县以上地方政府卫生部门在接到疫情等突发事件报告2小时内，必须向本级政府和上级卫生部门报告，并同时向国家卫生计生委员会报告。

突发事件检测机构、医疗卫生机构和有关单位发现应当报告的事项时，应当在规定的时间内向所在地县级政府卫生部门报告。

交通工具上发现需要采取应急控制措施的传染病病人、疑似传染病病人，其负责人应当以最快的方式通知前方停靠点，并向交通工具的营运单位报告；交通工具的前方停靠点和营运单位，应当立即向交通工具营运单位行政主管部门和县级以上地方人民政府卫生行政主管部门报告；卫生行政主管部门接到报告后，应当立即组织有关人员采取相应的医学处置措施；对于交通工具上的传染病病人密切接触者，由交通工具停靠点的县级以上各级人民政府卫生行政主管部门，或者铁路、交通、民航行政主管部门，根据各自的职责，依法采取控制措施；涉及国境口岸和出入境的人员、交通工具、货物、集装箱、行李、邮包等需要采取传染病应急控制措施的，依照国境卫生检疫法律、行政法规的规定办理。

从紧急行政角度而言，受理相关主体报告的行政机关无权径直决定是否采取应急措施，因此只能报告并提请上级行政机关决定；或者虽有权采取相应的应急处理措施，但由于突发公共事件的防治要涉及多个行政领域，甚至跨越几个地方，因此必须报告上级并由上级协调采取多部门、多地方联合行动。

（2）疫情的举报制度。国家建立突发公共卫生事件举报制度。公布统一的突发事件报告、举报电话。任何单位和个人都有权向人民政府及其有关部门报告突发事件隐患，有权向上级人民政府及其有关部门举报地方人民政府及其有关部门不履行突发事件应急处理职责，或者不按照规定履行职责的情况。对举报突发事件有功的单位和个人，县级以上政府及其有关部门应当予以奖励。

（3）疫情的发布制度。为了做到突发事件的信息公开，《应急条例》规定了信息通报和发布制度。针对非典防治中暴露出的信息渠道不畅和信息报告不及时、不准确等问题，《应急条例》规定了突发事件的公布制度：关于突发事件信息的发布主体和要求，规定国务院卫生行政主管部门负责向社会发布突发事件的信息，必要时可以授权省（区）、直辖市人民政府卫生行政主管部门向社会发布本行政区域内突发事件的信息；信息发布应当及时、准确、全面。《应急条例》还规定，国家公布统一的突发公共卫生事件报告、举报电话，以保证上情下达、下情上传，做好双向反馈。

## 第三节 突发事件的应急处理体系

我国突发公共卫生事件应对能力正在逐步提高，在不断提高医疗科技的基础上，完善公共卫生领域的法律制度，在法律制度的构建上注意医疗技术与国家制度有效运作，形成国家、社会、公民的良性互动，以稳定全面的法律制度应对千变万化、不可预测的突发公共卫生事件。

### 一、突发事件的应急工作

#### (一) 应急管理机构的体系及职责

国务院是突发公共事件应急管理工作的最高行政领导机构，在国务院总理领导下，由国务院常务会议和国家相关突发公共事件应急指挥机构负责突发公共事件的应急管理工作，必要时，派出国务院工作组指导有关工作。国务院办公厅设国务院应急管理办公室，履行值守应急、信息汇总和综合协调职责，发挥运转枢纽作用；国务院有关部门依据有关法律、行政法规和各自职责，负责相关类别突发公共事件的应急管理工作；地方各级人民政府是本行政区域突发公共事件应急管理工作的行政领导机构。同时，根据实际需要聘请有关专家组成专家组，为应急管理提供决策建议。

1. **应急指挥机构**

国家卫生计生委员会依照职责和有关规定，在国务院统一领导下，负责组织、协调全国突发事件应急处理工作，并根据突发事件应急处理工作的实际需要，提出成立全国突发事件应急指挥部。地方各级人民政府卫生行政部门依照职责和有关规定，在本级人民政府统一领导下，负责组织、协调本行政区域内突发事件应急处理工作，并根据突发事件应急处理工作的实际需要，向本级人民政府提出成立地方突发事件应急指挥部的建议。各级人民政府根据本级人民政府卫生行政部门的建议和实际工作需要，决定是否成立国家和地方应急指挥部。地方各级人民政府及有关部门和单位要按照属地管理的原则，切实做好本行政区域内突发事件应急处理工作。

2. **全国突发事件应急指挥部的组成和职责**

全国突发事件应急指挥部负责对特别重大突发事件的统一领导、统一指挥，作出处理突发事件的重大决策。指挥部成员单位根据突发事件的性质和应急处理的需要确定。

3. **省级突发事件应急指挥部的组成和职责**

省级突发事件应急指挥部由省级人民政府有关部门组成，实行属地管理的原则，负责对本行政区域内突发事件应急处理的协调和指挥，作出处理本行政区域内突发事件的决策，决定要采取的措施。

4. **日常管理机构**

国务院卫生行政部门设立卫生应急办公室（突发事件应急指挥中心），负责全国突发事件应急处理的日常管理工作。各省、自治区、直辖市人民政府卫生行政部门及军队、武警系统要参照国务院卫生行政部门，关于突发事件日常管理机构的设置及职责，结合各自实际情况，指定突发事件的日常管理机构，负责本行政区域或本系统内突发事件应急的协调、管理工作。各市（地）级、县级卫生行政部门，要指定机构负责本行政区域内突发事件应急的日常管理工作。

5. **专家咨询委员会**

国务院卫生行政部门和省级卫生行政部门,负责组建突发事件专家咨询委员会。市(地)级和县级卫生行政部门,可根据本行政区域内突发事件应急工作需要,组建突发事件应急处理专家咨询委员会。

6. **应急处理专业技术机构**

医疗机构、疾病预防控制机构、卫生监督机构、出入境检验检疫机构是突发事件应急处理的专业技术机构。应急处理专业技术机构要结合本单位职责,开展专业技术人员处理突发事件能力培训,提高快速应对能力和技术水平,在发生突发事件时,要服从卫生行政部门的统一指挥和安排,开展应急处理工作。

（二）应急预案的制定

为了提高政府保障公共卫生安全和处置突发公共卫生事件的能力,最大程度地预防和减少突发公共卫生事件及其造成的损害,保障公众的生命安全,全国突发事件应急预案应当包括以下主要内容:

1. 突发事件应急处理指挥部的组成和相关部门的职责;
2. 突发事件的监测与预警;
3. 突发事件信息的收集、分析、报告、通报制度;
4. 突发事件应急处理技术和监测机构及其任务;
5. 突发事件的分级和应急处理工作方案;
6. 突发事件预防、现场控制,应急设施、设备、救治药品和医疗器械以及其他物资和技术的储备与调度;
7. 突发事件应急处理专业队伍的建设和培训。

（三）预防控制体系

突发事件应急预防和监测工作。

1. **预防**

地方各级人民政府应当依照法律、行政法规的规定,做好传染病预防和其他公共卫生工作,防范突发事件的发生。县级以上各级人民政府卫生行政主管部门和其他有关部门,应当对公众开展突发事件应急知识的专门教育,增强全社会对突发事件的防范意识和应对能力。

2. **监测与预警**

国家建立统一的突发事件监测、预警与报告网络体系。县级以上地方人民政府应当建立和完善突发事件监测与预警系统。县级以上各级人民政府卫生行政主管部门,指定各级医疗、疾病预防控制、卫生监督和出入境检疫机构负责开展突发事件的日常监测,并确保监测与预警系统的正常运行。省级人民政府卫生行政部门要按照国家统一规定和要求,结合实际,组织开展重点传染病和突发事件的主动监测,国务院卫生行政部门和地方各级人民政府卫生行政部门要加强对监测工作的管理和监督,保证监测质量。

监测与预警工作,应当根据突发事件的类别,制定监测计划,科学分析、综合评价监测数据,各级人民政府卫生行政部门根据医疗机构、疾病预防控制机构、卫生监督机构提供的检测信息,按照公共卫生事件的发生、发展规律和特点,及时分析其对公众身心健康的危害程度、可能的发展趋势,及时做出预警。对早期发现的潜在隐患以及可能发生的突发事件,应当依照本条例规定的报告程序和时限及时报告。

### （四）应急准备

1. 国务院有关部门和县级以上地方人民政府及其有关部门，应当根据突发事件应急预案的要求，保证应急设施、设备、救治药品和医疗器械等物资储备。

2. 县级以上各级人民政府应当加强急救医疗服务网络的建设，配备相应的医疗救助药物、技术、设备和人员，提高医疗卫生机构应对各类突发事件的救助能力，社区的市级以上地方人民政府，应当设置与传染病防治工作需要相适应的传染病专科医院，或者指定具备传染病防治条件和能力的医疗机构承担传染病防治任务。

3. 县级以上地方人民政府卫生行政主管部门，应当定期对医疗卫生机构和人员开展突发事件应急处理相关知识、技能的培训，定期组织医疗卫生机构进行突发事件应急演练，推广最新知识和先进技术。

## 二、突发事件的应急报告

突发事件应急报告是相关决策机关掌握突发事件发生、发布信息的重要渠道，通过应急报告和信息发布制度，利于各级领导部门准确把握事件动态，正确进行决策，及时采取控制和处理措施；有利于提醒公众注意疫情的发展和突发事件的影响，提高警惕，增强认知水平和防范能力。

### （一）突发事件应急报告制度

**1. 应急报告**

国务院卫生行政主管部门制定突发事件应急报告规范，建立重大、紧急疫情信息报告系统。有下列情形之一的，省、自治区、直辖市人民政府应当在接到报告1小时内，向国务院卫生行政主管部门报告：

（1）发生或者可能发生传染病暴发、流行的；
（2）发生或者发现不明原因的群体性疾病的；
（3）发生传染病菌种、毒种丢失的；
（4）发生或者可能发生重大食物和职业中毒事件的。

国务院卫生行政主管部门，对可能造成重大社会影响的突发事件，应当立即向国务院报告。

**2. 报告时限**

突发事件监测机构、医疗卫生机构和有关单位发现有下列情形之一的，应当在2小时内向所在地县级人民政府卫生行政主管部门报告，接到报告的卫生行政主管部门应当在2小时内向本级人民政府报告，并同时向上级人民政府卫生行政主管部门和国务院卫生行政主管部门报告；县级人民政府应当在接到报告后2小时内向设区的市级人民政府或者上一级人民政府报告；设区的市级人民政府应当在接到报告后2小时内向省、自治区、直辖市人民政府报告。

任何单位和个人对突发事件，不得隐瞒、缓报、谎报或者授意他人隐瞒、缓报、谎报。

**3. 核实与通报**

接到报告的地方人民政府、卫生行政主管部门依照《应急条例》规定报告的同时，应当立即组织力量对报告事项调查核实、确证，采取必要的控制措施，并及时报告调查情况。

国务院卫生行政主管部门应当根据发生突发事件的情况，及时向国务院有关部门和各省、自治区、直辖市人民政府卫生行政主管部门以及军队有关部门通报。

突发事件发生地的省、自治区、直辖市人民政府卫生行政主管部门，应当及时向毗邻的省、自治区、直辖市人民政府卫生行政主管部门通报。

接到通报的省、自治区、直辖市人民政府卫生行政主管部门，必要时应当及时通知本行政区域内的医疗卫生机构。

县级以上地方人民政府有关部门，已经发生或者发现可能引起突发事件的情形时，应当及时向同级人民政府卫生行政主管部门通报。

（二）突发事件的举报和发布制度

1. 举报制度

任何单位和个人有权向人民政府及其有关部门报告突发事件隐患，有权向上级人民政府及其有关部门举报地方人民政府及其有关部门不履行突发事件应急处理职责，或者不按照规定履行职责的情况，接到报告、举报的有关人民政府及其有关部门，应当立即组织对突发事件隐患、不履行或者不按照规定履行突发事件应急处理职责的情况进行调查处理。

对举报突发事件有功的单位和个人，县级以上各级人民政府及其有关部门应当予以奖励。

2. 发布制度

国家建立突发事件的信息发布制度。国务院卫生行政主管部门负责向社会发布突发事件的信息，必要时，可以授权省、自治区、直辖市人民政府卫生行政主管部门向社会发布本行政区域内突发事件的信息。信息发布应当及时、准确、全面。

（三）突发事件的信息公开制度

在突发公共卫生事件中，信息公开对于及时控制疫情、稳定民心，维持社会秩序有着十分重要的作用。

1. **在立法上，保证政府信息公开的及时和全面**

一方面通过立法来规定政府发布突发事件的时限，既有利于避免政府官员借故拖延，也有利于政府在有关时限内，进行调查，证实消息的真伪。另一方面，改变我国现行突发公共卫生事件信息发布权属于中央的体制，将突发公共卫生事件的信息发布权下放到各个大中城市，同时规定在一定的条件下（如疫情的传播速度和造成的死亡人数达到一定标准），这些地方政府有权发布相关信息，这样有助于控制人口流动和疾病的传播。

2. **在观念上，将信息公开视为政府的义务和责任**

随着我国公共管理制度的发展和服务型政府的建立，政府官员的整体法律意识和职业素养在不断地提高，科学管理的理念也大大加强了。政府在日常执法和管理中，严格贯彻依法行政的观念，严格依照法律办事，使得政府信息公开不再是迫于法律的压力，将信息公开视为自己的职责和义务。

3. **在新闻媒体上，要保障公民的知情权和新闻媒体的独立报道权**

在突发公共卫生事件中，公民如没有其他途径获得所想要知晓的信息时，有权向相关行政机关申请知晓，政府以及相关新闻媒体要保障公民的知情权，同时要规定新闻媒体的独立报道权，赋予其在发现突发公共卫生事件中，及时告知社会公众的权利，当然也要明确规定散布谣言、报道"伪事实"情形下要承担的责任，包括媒体负责人和报道人的责任。在立法中应完善新闻媒体的授权机制，保证其有独立于政府的信息传播权。总之，要改变新闻媒体在突发公共卫生事件中两种极端的做法，使新闻媒体真正肩负起"社会守望者"的职责，让人民群众及时地、客观地、充分地享有"知情权"。

#### 4. 在网络系统上，建立统一的突发公共卫生事件的信息网

互联网时代，要整合网络资源，针对不同的环节建立不同的监测和信息系统。在注重国内网络建设的同时，建立国际化的信息共享机制。WHO具有全球爆发警报与反应网络，还设有专门收集流行病学情报的搜索引擎，我国应与其保持严密联系，通过信息网络系统及时地掌握各种突发公共卫生事件的信息。

### 三、突发事件的应急处理

#### （一）应急预案的启动

突发事件发生后，卫生行政主管部门应当组织专家对突发事件进行综合评估，初步判断突发事件的类型，提出是否启动突发事件应急预案的建议，在全国范围内或者跨省、自治区、直辖市范围内启动全国突发事件应急预案，由国务院卫生行政主管部门报国务院批准后实施。省、自治区、直辖市启动突发事件应急预案，由各自治区、直辖市人民政府决定，并向国务院报告。

全国突发事件应急处理指挥部，对突发事件应急处理工作进行督察和指导，地方各级人民政府及其有关部门应当予以配合。省、自治区、直辖市突发事件应急处理指挥部，对本行政区域内突发事件应急处理工作进行督察和指导，省级以上人民政府卫生行政主管部门或者其他有关部门指定的突发事件应急处理专业技术机构，负责突发事件的技术调查、确证、处置、控制和评价工作。国务院卫生行政主管部门对新发现的突发传染病，根据危害程度、流行强度，依照《中华人民共和国传染病防治法》的规定及时宣布为法定传染病；宣布为甲类传染病的，由国务院决定，应急预案启动前，县级以上各级人民政府有关部门应当根据突发事件的实际情况，做好应急处理准备，采取必要的应急措施。

应急预案启动后，突发事件发生地的人民政府有关部门，应当根据预案规定的职责要求，服从突发事件应急处理指挥部的统一指挥，立即到达规定岗位，采取有关的控制措施，医疗卫生机构、监测机构和科学研究机构，应当服从突发事件应急处理指挥部的统一指挥，相互配合、协作，集中力量开展相关的科学研究工作。

#### （二）应急控制措施

##### 1. 保障措施

突发事件发生后，国务院有关部门和县级以上地方人民政府及其有关部门，应当保证突发事件应急处理所需的医疗救护设备、救治药品、医疗器械等物资的生产、供应，铁路、交通、民用航空行政主管部门应当保证及时运送。

##### 2. 防护措施

根据突发事件应急处理的需要，突发事件应急处理指挥部有权紧急调集人员、储备的物资、交通工具以及相关设施、设备；必要时，对人员进行疏散或者隔离，并可以依法对传染病疫区实行封锁。突发事件应急处理指挥部，根据突发事件应急处理的需要，可以对食物和水源采取控制措施。县级以上地方人民政府卫生行政主管部门应当对突发事件现场等采取控制措施，宣传突发事件防治知识，及时对易受感染的人群和其他易受损害的人群采取应急接种、预防性投药、群体防护等措施。

## 3. 组织实施

参加突发事件应急处理的工作人员,应当按照预案的规定,采取卫生防护措施,并在专业人员的指导下进行工作。国务院卫生行政主管部门或者其他有关部门指定的专业技术机构,有权进入突发事件现场进行调查、采样、技术分析和检验,对地方突发事件的应急处理工作进行技术指导,有关单位和个人应当予以配合,任何单位和个人不得以任何理由予以拒绝。

## 4. 控制措施

(1) 相关技术标准、规范和控制措施的制定。对新发现的突发传染病、不明原因的群体性疾病、重大食物和职业中毒事件,国务院卫生行政主管部门应当尽快组织力量,制定相关的技术标准规范和控制措施。

(2) 交通工具上传染病人的控制。交通工具上发现根据国务院卫生行政主管部门的规定需要采取应急控制措施的传染病病人、疑似传染病病人,其负责人应当以最快的方式通知前方停靠点,并向交通工具的营运单位报告。交通工具的前方停靠点和营运单位应当立即向交通工具营运单位的行政主管部门和县级以上地方人民政府卫生行政主管部门报告。卫生行政主管部门接到报告后,应当立即组织有关人员采取相应的医学处置措施。交通工具上传染病病人的密切接触者,由交通工具停靠点的县级以上各级人民政府卫生行政主管部门或者铁路、交通、民用航空行政主管部门,根据各自的职责,依照传染病防治法律、行政法规的规定,采取控制措施。涉及国境口岸和出入境的人员、交通工具、货物、集装箱、行李、邮包等需要采取传染病应急控制措施的,依照国境卫生检疫法律、行政法规的规定办理。

(3) 医疗卫生机构的职责。医疗卫生机构应当对因突发事件致病的人员提供医疗救护和现场救援,对就诊病人必须接诊治疗,并书写详细、完整的病历记录;对需要转送的病人,应当按照规定将病人及其病历记录的复印件,转送至接诊的或者指定的医疗机构。医疗卫生机构内应当采取卫生防护措施,防止交叉感染和污染,医疗卫生机构应当对传染病病人密切接触者,采取医学观察措施;传染病病人密切接触者应当予以配合。医疗机构收治传染病病人、疑似传染病病人,应当依法报告所在地的疾病预防控制机构。接到报告的疾病预防控制机构,应当立即对可能受到危害的人员进行调查,根据需要采取必要的控制措施。

### (三) 应急处理

传染病暴发、流行时,街道、乡镇以及居民委员会、村民委员会应当组织力量,团结协作,群防群治,协助卫生行政主管部门和其他有关部门、医疗卫生机构,做好疫情信息的收集和报告、人员的分散隔离、公共卫生措施的落实工作,向居民、村民宣传传染病防治的相关知识。对传染病暴发、流行区域内的流动人口,突发事件发生地的县级以上地方人民政府应当做好预防工作,落实有关卫生控制措施;对传染病病人和疑似传染病病人,应当采取就地隔离、就地观察、就地治疗的措施。

有关部门、医疗卫生机构应当对传染病做到早发现、早报告、早隔离、早治疗,切断传播途径,防止扩散。县级以上各级人民政府应当提供必要资金,保障因突发事件致病、致残的人员得到及时、有效的救治,具体办法由国务院财政部门、卫生行政主管部门和劳动保障行政主管部门制定。在突发事件中需要接受隔离治疗、医学观察措施的病人、疑似病人和传染病病人密切接触者,在卫生行政主管部门或者有关机构采取医学措施时应当予以配合;拒绝配合的,由公安机关依法协助强制执行。

## 第四节 法律责任

严格依法办事，处理重大突发卫生事故，必须认真执行有关法律法规，不应强调应急任务而违规操作。同时，要运用法律武器，对任何干扰重大卫生事故调查处理的单位和个人及时进行处罚，以保证应急处理工作顺利进行。为了减少盲目性，防止各行其是和蛮干，必须依据相关法律法规来规范应急处理队伍的行为，严格依法办事。

### 一、政府部门的法律责任

县级以上地方人民政府及其卫生行政主管部门未依照本条例的规定履行报告职责，对突发事件隐瞒、缓报、谎报或者授意他人隐瞒、缓报、谎报的，对政府主要领导人及其卫生行政主管部门主要负责人，依法给予降级或者撤职的行政处分；造成传染病传播、流行或者对社会公众健康造成其他严重危害后果的，依法给予开除的行政处分；构成犯罪的，依法追究刑事责任。

国务院有关部门、县级以上地方人民政府及其有关部门未依照本条例的规定，完成突发事件应急处理所需要的设施、设备、药品和医疗器械等物资的生产、供应、运输和储备的，对政府主要领导人和政府部门主要负责人依法给予降级或者撤职的行政处分；造成传染病传播、流行或者对社会公众健康造成其他严重危害后果的，依法给予开除的行政处分；构成犯罪的，依法追究刑事责任。

突发事件发生后，县级以上地方人民政府及其有关部门对上级人民政府有关部门的调查不予配合，或者采取其他方式阻碍、干涉调查的，对政府主要领导人和政府部门主要负责人依法给予降级或者撤职的行政处分；构成犯罪的，依法追究刑事责任。

县级以上各级人民政府卫生行政主管部门和其他有关部门在突发事件调查、控制、医疗救治工作中玩忽职守、失职、渎职的，由本级人民政府或者上级人民政府有关部门责令改正、通报批评、给予警告；对主要负责人、负有责任的主管人员和其他责任人员依法给予降级、撤职的行政处分；造成传染病传播、流行或者对社会公众健康造成其他严重危害后果的，依法给予开除的行政处分；构成犯罪的，依法追究刑事责任。

县级以上各级人民政府有关部门拒不履行应急处理职责的，由同级人民政府或者上级人民政府有关部门责令改正、通报批评、给予警告；对主要负责人、负有责任的主管人员和其他责任人员依法给予降级、撤职的行政处分；造成传染病传播、流行或者对社会公众健康造成其他严重危害后果的，依法给予开除的行政处分；构成犯罪的，依法追究刑事责任。

### 二、医疗卫生机构的法律责任

医疗卫生机构未依照《突发公共卫生事件应急条例》的规定，有下列行为之一的，由卫生行政主管部门责令改正、通报批评、给予警告；情节严重的，吊销医疗机构执业许可证；对主要负责人、负有责任的主管人员和其他直接责任人员依法给予降级或者撤职的纪律处分；造成传染病传播、流行或者对社会公众健康造成其他严重危害后果，构成犯罪的，依法追究刑事责任。

1. 未履行报告职责，隐瞒、缓报或者谎报的；
2. 未及时采取控制措施的；
3. 未履行突发事件监测职责的；

4. 拒绝接诊病人的;
5. 拒不服从突发事件应急处理指挥部调度的。

### 三、有关单位和个人的法律责任

在突发事件应急处理工作中,有关单位和个人未依照《突发公共卫生事件应急条例》的规定履行报告职责,隐瞒、缓报或者谎报,阻碍突发事件应急处理工作人员执行职务,拒绝国务院卫生行政主管部门或者其他有关部门指定的专业技术机构进入突发事件现场,或者不配合调查、采样、技术分析和检验的,对有关责任人员依法给予行政处分或者纪律处分。触犯《中华人民共和国治安管理处罚法》,构成违反治安管理行为的,由公安机关依法予以处罚;构成犯罪的,依法追究刑事责任。

在突发事件发生期间,散布谣言、哄抬物价、欺骗消费者、扰乱社会秩序、市场秩序的,由公安机关或者工商行政管理部门依法给予行政处罚;构成犯罪的,依法追究刑事责任。

总之,突发公共卫生事件是在某一短促时间内意外发生的、危害公共卫生安全的事实。它的不可预测性、公共卫生安全危害性、紧急处置性决定了人们在应对此类事件时必须采取应急措施。为了能在突发事件面前应对自如,必须要遵守相应的应急法律制度,各负其责,才能把突发事件的危害降低到最小程度。

## 思考题

1. 突发公共卫生事件的特征是什么?
2. 简述突发事件应急工作的方针和原则是什么?
3. 怎样借鉴美国和日本应对突发公共卫生事件的举措?
4. 完善我国突发公共卫生事件的对策是什么?
5. 突发公共卫生事件应急控制措施有哪些?
6. 案例:2005年6月16日和17日,安徽省泗县大庄镇卫生防疫保健所组织全镇19所中小学的2500名学生接种甲肝疫苗,但是随后300名学生出现了头痛、胸闷、四肢麻木等不良反应,其中一位6岁的小学生不幸死亡。温家宝总理就"6.17"事件作出批示:"人命关天"。
   (1) 防疫保健所的三名工作人员应该承担什么责任?
   (2) 该事件属于为什么性质?法律依据是什么?
   (分析思路:群体性预防接种事件;玩忽职守罪。)
7. 案例:中国之声《新闻纵横》报道,2010年12月19号的一次实验,改变了东北农业大学28名师生的人生轨迹。这是一次羊活体动物实验,先解剖,再肢解,最后观察羊内脏。整堂解剖课从上午一直持续到下午,学生也没有消毒概念,徒手去做实验,也没有采取戴口罩、戴手套等防护性操作,实验结束后,有28人感染严重布鲁氏杆菌传染病。
   (1) 作为医学生,我们应该如何规范医学实验?
   (2) 该事件属于什么性质?法律依据是什么?
   (分析思路:做实验染病 重者或丧生育能力。)

# 第十四章

# 人体器官移植法律制度

**本章导引**

本章介绍人体器官移植的概念、分类、历史与现状，对人体器官移植供需矛盾引发的法律问题进行探析，并对世界各国关于人体器官移植的法律法规加以概述。重点讲解我国《人体器官移植条例》中关于人体器官移植的各项规定，并从行政责任、民事责任与刑事责任的角度分别阐述违反人体器官移植管理办法的相关规定应承担的法律责任。通过本章学习，了解对人体器官移植进行法制规范的重要性，熟悉涉及人体器官移植的相关法律法规。

器官移植技术使许多本来难以恢复健康的病人得以康复，使患有不治之症的患者有了生的希望和可能，现在全世界每年因器官移植手术而获得第二次生命的人已有50余万。器官移植的设想早在古希腊时期已产生，但直到20世纪才成为现实。现在，由于新的免疫抑制药物的研制和应用，组织配型能力的提高以及外科手术的改进，器官移植取得很大成就。1963年首例肝移植、1967年首例心脏移植等手术成功，一次次轰动了世界。目前对人体内除了神经系统以外的所有器官和组织都可以移植，肾脏移植的应用最为广泛，人数已逾10万，存活率也最高，肾移植5年以上存活率已接近90%，可见器官移植技术对人类最终战胜疾病有着深远的意义。

## 第一节 概述

### 一、国外人体器官移植的历史与现状

在古代社会，人类就有了用组织器官代替有疾病或受损的组织器官的朴素想法。西方宗教故事里有很多关于器官移植的传说，其中最著名、流传最广的是卡斯莫斯兄弟换腿的故事。卡斯莫斯兄弟在宗教和医学史上被奉为圣人，传说两人为了躲避古罗马的迫害而来到叙利亚传教。在供奉其为圣人的教堂里经常有人不治而愈，因此，很多国家的人不远万里前去朝圣，有一个朝圣者下肢得了肿瘤，发生坏疽，无法行走，家人把他抬到教堂里，让病人在教堂里平静地睡去，卡斯莫斯兄弟显灵了，他们把病人病变的腿锯掉，然后把一个刚去世的黑人的腿移植在他的身上，当病人醒来的时候，发现自己换了一条腿并已经可以走路了。

公元348年西方拜占庭时代，有用取尸体下肢移植治疗下肢坏疽的文献记载。考古学证实在古埃及、希腊、罗马、南北美、印度均有零星关于移植的记录。

18世纪，陆续有器官移植的实验出现与报道。医学史上公认最早的组织移植试验，是从18世纪英国实验外科的先驱约翰·亨特尔（John Hunter）开始。他曾经用鸡做了一个实验，成功地把鸡的脚移植在了鸡冠的部位。在这之后，很多科学家开始在动物甚至人的身上做组织移植的实验，有些实验获得成功。如1902至1912年间，卡雷尔（A. Carrel）和古斯里（C. Guthrie）首次用血管吻合法施行了整个器官移植的动物实验，包括心、肾、脾、卵巢、肢体以及各种内分泌器官。1905年，卡雷尔把一只小狗的心脏移植到了大狗颈部。作为器官移植的先驱，卡雷尔获得1912年诺贝尔医学奖。

当人们开始尝试移植器官时，却遇到了无法解决的难题。难题之一：器官的动脉、静脉和各种功能性管道的重新构建，这要求有一套不同于缝合一般组织的外科技术。直至1902年，法国人卡雷尔（A. Carrel）突破了这个技术瓶颈，他发明了血管的二点缝合法奠定了器官移植临床技术的基础；难题之二：免疫排斥反应。发现免疫排斥反应的是英国的医学生物学家彼得·梅达尔（Peter Medawa）。他在第二次世界大战期间接触到一个在轰炸中被严重烧伤的病人，在给这位患者移植皮肤时，发现来自志愿者捐献的皮肤受到了排斥，而从患者本人身上取下的皮肤移植后却没有排斥反应。基于当时进行的一些免疫学相关的早期研究和实验，他很快想到这个现象一定是活性免疫反应的结果，随后在实验室做了大量的实验，证明确实如此。但是，彼得·梅达尔和其他很多研究者并没有找到完全解决的办法。

1940年以后，英国生物化学家梅达华（Peter Brain Medawar），澳大利亚免疫学家伯内特（Frank Macfarlane Brunet）和美国斯内尔（George D. Snell）等专家逐渐揭开了导致排斥危险的免疫过程的谜底，解释免疫系统是如何发现和排斥外来组织，促进了免疫学特别是移植免疫学的诞生和发展。梅达华和伯内特以其卓越的成绩获得了1970年诺贝尔医学奖。

1954年，美国外科医生约瑟夫·默雷（Joseph Murry）在波士顿为一对同卵双胞胎兄弟间完成了肾移植，移植非常成功。8年后，接受肾移植的哥哥理查德因心脏病突发去世，但去世时肾功能仍然完好，这例手术成为医学史上首例获得成功的器官移植手术，而在此之前，器官接受者最长的存活记录仅是1个月。1956年美国西雅图的唐奈·托马斯（E. Donnall Thomas）成功地进行首例骨髓移植手术。默雷和托马斯的杰出贡献使得他们一起获得了1990年的诺贝尔医学和生理学奖，而他们两人的开拓性研究和革命性成就也开辟了器官移植的新时代，人类长期向往的器官移植疗法终于实现。1959年底，美国的Lillehei施行了首例人同种异体胰腺移植；1963年美国科罗拉多州丹佛市退伍军人管理局医院的威廉·沃德尔（William Waddell）和托马斯·斯塔泽尔（Thomas E. Starzel）实行了世界首例同种异体原位肝移植。同年，美国密西西比医疗中心的詹姆斯·哈迪（James Hardy）实行了人类历史上第一例肺移植。1967年12月，南非开普敦的巴纳德（C. N. Barnard）医生成功完成了世界上第一例人体心脏移植手术，虽然患者只存活了18天，但这一成功震惊了世界医学界，由此促发了医学史上心脏移植的高潮。

随着器官移植技术的不断提高和对抗器官移植免疫排斥反应的高效免疫抑制剂的问世，器官移植的成功率已大大增加，至今人类已经完成除大脑以外所有器官的移植。

## 二、中国人体器官移植的历史与现状

我国古代早在大约公元前430年，在《列子·汤问》中就叙述了神医扁鹊为两个病人互换心脏以治病的故事。1986年，在美国的器官移植大会上，扁鹊换心的图像被作为大会徽标，这也是国际公认最早的关于器官移植的文字记载。但从现代医学的角度来看，心脏移植必须具备一定的物质和技术条件，这在2000多年前是根本无法达到的。

中国人体器官移植始于20世纪60年代，1960年吴阶平教授在国内成功进行了第一例肾脏移植。70年代末，第一例肝脏和第一例心脏移植成功。20世纪80年代以来中国相继开展了胰腺、脾、肾上腺、骨髓、胸腺、睾丸和心肺等双器官的联合移植，90年代进入飞速发展时期。目前中国内地已有164家医院经卫生部审定批准开展器官移植，每年肝移植数在3000至3500例，每年肾移植数目超过100例的医院就有30多家，每年进行肾移植手术的有5000例左右，截至2007年6月底肾移植数实际累计已超过2万例次。到目前为止，中国已经成为继美国之后的世界第二大器官移植大国，国际上能开展的人体器官移植手术在中国几乎都能开展。

### 三、人体器官移植的作用和价值

1. 人体器官移植技术使许多本来难以恢复健康的病人得以康复，使患有不治之症的患者有了生的希望和可能，充分体现了人类崇高的医学人道主义精神。如肾移植已成为治疗终末期肾病的首选疗法，处于大器官移植的首位，而且治疗效果稳步提高，手术后生存最长的已有35年。再如眼角膜移植可使95%的患者恢复视力。

2. 从一定意义上讲，人体器官移植使有限的医疗卫生资源发挥更大的效益。仍以肾移植为例，目前费用虽然比较高，但与维持晚期肾衰竭病人生命的长期的透析治疗的费用相比，肾移植要经济得多，而且肾移植在相当程度上可以使病人恢复正常的工作和生活。据统计，肾移植后1年的生存率平均达到95%以上，术后病人虽然需要继续使用免疫抑制药物控制排斥反应，但生活质量很好，一次移植成功的病人生存2年以上的约有85%回到工作岗位，能继续为社会创造财富，其社会意义显而易见。

## 第二节 人体器官移植引发的法律问题

随着人体器官移植技术的发展及成功率的提高，人体器官移植医学日益得到世人的承认和肯定，对该项医疗服务的需求也日渐增长。在面对日益增长的人体器官移植需求与巨大的供需缺口之间的矛盾时，不少法律问题由此而生。

### 一、人体器官移植的概念与分类

（一）人体器官移植的概念

人体器官移植（Human Organ Transplantation），是指摘取人体器官捐献人具有特定功能的心、肺、肝、肾或者胰腺等器官的全部或者部分，将其植入接受人身体以代替其病损器官的过程。

提供器官的一方称为供体，接受器官的一方称为受体。

（二）人体器官移植的分类

随着医学技术的不断发展，人体器官移植的种类也在不断增多。根据不同的标准可以对器官移植做出不同的分类。

根据供体和受体的种属不同，可将人体器官移植分为同种移植和异种移植。同种移植（Allograft Transplantation）指同一物种内（即人与人间）个体内部或个体之间的移植，是临床最常见的移植类型。异种移植（Xeno Transplantation）指不同种属间的移植，如将黑猩猩的心脏移植给人类。

在同种人体器官移植中，根据供移植的器官是否来自于自身，可将器官移植分为同种自体器官移植和同种异体器官移植。同种自体器官移植即将自身组织或器官从一个部位移植到另一部位，如植皮术，因为自身组织不会发生免疫排斥反应，所以可终生存活。同种异体器官移植即将供体的器官或组织移植到同种类的另一受体身上，即我们通常意义上说的器官移植。比如说，甲的心脏出现了功能衰竭，正好此时乙脑死亡了，但是心脏还在跳动，按照有些国家实行的脑死亡标准，就可以把乙的心脏取下来，移植给甲。

在同种移植中，根据供体是活体还是尸体，又可分为活体器官移植和尸体器官移植。所谓活体器官移植，是指在不影响供体生命安全和不造成其健康损害的前提下，由健康的成人个体自愿提供生理及技术上可以切取的部分器官给他人；尸体器官移植，是指供移植的器官来源于死者的遗体，包括有心跳的供体和没有心跳的供体，其中有心跳的供体即我们通常所说的脑死亡供体。

根据器官植入部位，可分为原位移植与异位移植，原位移植指移植物在移植术后位于移植前的解剖学原来的位置的移植，否则就称之为异位移植。

根据不同的移植技术可将移植术划分为：吻合血管的移植、带蒂的移植、游离的移植和输注移植。

## 二、人体移植器官的来源

### （一）活体器官移植

#### 1. 活体器官移植的概念

活体器官移植（Living Related Organ Transplantation）是从活体供体身上摘取某一成双器官中的一个或某一器官的一部分，并将其移植给受体。目前，可开展的活体器官移植手术包括肾、肝、肺、胰腺、小肠移植手术，其中肾移植开展最多，由供者捐献自己两个肾脏中的一个；肝移植也开展较多，由供者捐献肝脏的一叶；肺移植极少开展，需要两个供者，每个供者捐献一叶肺；胰腺移植也极少开展，由供者捐献胰腺的一部分；小肠移植仍处于实验状态，需要供者捐献小肠的一部分。

在器官严重短缺，许多病人在等待中死亡的现状下，亲属活体移植无疑为移植病人提供了另一种选择。常见的为器官移植做活体供体的有活体配偶供者、活体亲属供者、非亲属活体供者，活体供者的一个最基本原则就是不能危及供者的生命，对其未来生活不致造成大的影响。

活体器官移植所带来的益处越来越为医学界和公众所认可。首先，从医学角度看，活体器官的质量要优于尸体器官。活体器官"冷缺血时间"短，极少出现移植功能延迟，术后病人的急性排斥反应发生率和失败率都较低；其次，如果是亲属间的活体移植，由于亲属间的组织配型适配率较高，组织相容性好，移植排斥反应率明显下降，所以受者服用抗排斥反应药物的量，比尸体器官移植的患者减少1/3，大大减轻了患者的经济负担；同时，由于服药量少，也降低了药物对机体产生的毒副作用。

#### 2. 活体器官移植引发的法律问题

虽然活体器官移植可弥补尸体器官来源的不足，缓解器官需求和供应的矛盾，且活体器官移植各国都在进行，但其引发的法律、伦理问题不容忽视。近些年，人体器官买卖案时有发生，网络上，求购、出售肾源的各种信息刺激眼球，巨大的可供移植器官的缺口催生了活体器官买卖的"地下市场"。如果在活体器官移植中不遵照法定程序从活体上摘取器官去救治患者，这种行为会被看做是违反法律的行为。

## (二) 尸体器官移植

### 1. 尸体器官移植的概念

尸体器官（Cadaveric Organ）是指从已经确认死亡的人体身上摘取的器官。但它必须是从刚刚死亡的人体上摘取的新鲜器官，因此也称死体活器官。对于单一生命器官，例如心脏的移植，尸体是唯一合理的供体来源。目前国外最主要的器官来源，就是公民脑死亡后的器官捐献。

在中国，尽管器官移植数量在稳步增加，但是器官移植供体严重缺乏成为制约我国器官移植的瓶颈。据卫计委统计，目前我国每年有150万名患者需要通过器官移植来拯救生命，但每年仅有1万人能够接受移植手术，器官缺乏是主要原因。制约中国公民捐献遗体器官的主要原因在于：

（1）传统观念的影响。中国儒家思想根深蒂固，儒家思想认为："身体发肤，受之父母，不敢毁伤，孝之始也。"一些人则抱守"全尸而终"的陈规陋俗。人们对捐献遗体器官的观念还相当淡薄，捐献遗体器官的社会风气也未形成，捐献遗体器官、组织的社会阻力较大。

（2）脑死亡标准未被我国法律采纳。死亡标准直接关系到供体器官的质量。心跳呼吸停止之前摘取供体器官，因未受缺血的损坏，是最理想供体。由于我国至今仍采用心、肺死亡标准，心脏停止跳动，血液循环随之停止，将导致其他器官功能渐趋衰竭，即使人们同意死后捐献器官，由于器官热缺血时间过长，导致一些有可能被移植的器官得不到合理合法使用。脑死亡立法，不仅能把有限的医疗卫生资源用到更有效的地方，使广大人民群众受益，还能为器官移植开展提供充分的器官来源。

（3）公民对器官分配渠道的不信任。许多中国公民不愿捐献器官，还是出于对器官分配渠道的不信任。自2011年4月起，"中国器官分配与共享系统"开始在全国164家拥有移植资质的医院做试点，主要负责调配肝脏、肾脏这两种器官，2013年9月1日起，人体器官移植分配与共享系统被要求在全国具有器官移植资质165家医院强制使用，这将在一定程度上能遏制器官分配的乱象。但执行"中国器官分配与共享系统"需要一个过程，因而还要经过一段时间才能够重建公众对器官分配的信任。

（4）遗体捐赠体系不完善。当前随着医学知识的普及，人们对于遗体捐赠的认识越来越理性。许多人已经能够接受器官移植、造福人类的观念，并在生前自愿签署捐赠遗体的协议。但由于《人体捐献器官获取与分配管理规定》实施前，我国遗体捐赠体系不完善，仅有少数民间组织从事器官捐献工作，各级红十字会在参与人体器官捐献宣传推动、报名登记、捐献见证、器官分配、缅怀纪念、人道救助等工作中没有合法名分，国家层面的人体器官捐献管理机构未成立，也未形成统一的遗体捐献法规，遗体捐赠双方的权利和义务难以界定，让不少志愿捐献者心存顾虑。从2013年9月1日起，随着《人体捐献器官获取与分配管理规定》（以下简称《规定》）正式实施，这种状况将得到改观。

### 2. 尸体器官引发的法律问题

使用尸体器官本身的法律伦理问题不大，关键是获取这类器官的方式上存在的各种问题。

在利用尸体器官时，应增强死者家属对遗体器官的意识，维护死者及其家属的自主权及知情同意权。同时，医务人员应尊重尸体，以正当合法的途径获取器官，反对窃取，并正当使用捐赠的器官。如1998年10月，北京××医院眼科医生，在准备为两位失去视力的眼疾病人移植角膜时，发现储存的角膜已经坏死。于是他未经告知死者家属，未获得家属同意，进入停尸房将一位女性尸体的角膜摘除,换上义眼。在火葬前家属发现死者角膜已被摘除,将医生告上法庭,控告他犯盗尸罪。这个案例就是属于非法盗尸,当事人要承胆法律责任的。

### (三) 胎儿器官组织移植

**1. 胎儿器官组织移植的概念**

胎儿器官组织移植（Fetal Organ and Tissue Transplantation）是指利用不能成活的或属淘汰的活胎或死胎作为器官供体,也可为细胞移植提供胚胎组织。

对胎儿器官的使用是一个十分敏感的问题。胎儿器官移植因胚胎器官独特的优点（易得到、组织抗原弱、排斥反应小、生长力强）,已经成为治疗帕金森病、糖尿病、镰状细胞性贫血及某些癌症的重要医疗手段,受到器官移植医生的青睐。

**2. 胎儿器官引发的法律问题**

胎儿器官只能来源于晚孕胎儿,而中、晚期引产,尤其是晚期妊娠引产在国际上是普遍被禁止的,而且,胎儿器官的采用涉及胎儿的生存权利、淘汰性胎儿标准、胎儿死亡鉴定及处置权限等诸多问题。例如,当某些孕妇怀孕后对流产举棋不定,如果得知流产可以带来经济好处就会选择流产,甚至会出现某些妇女为了经济利益而怀孕流产出卖胎儿。

目前,尽管有一些国家为规范胎儿器官组织的移植,出台了相关的道德准则,但世界上还没有系统的以法律形式对胎儿的利用做出明确的规定。

### (四) 异种器官组织移植

异种移植（Xeno Transplantation）是以某一物种的细胞、组织、器官作为移植物,移植到另一物种体内。显然,如果异种器官移植广泛应用于临床,对于扩大器官移植的治疗范围,解决世界性器官供体缺乏的问题,免除从人的活体或尸体上采集器官的社会问题具有重要的意义。但是,目前异种器官移植不仅要面对超免疫排斥给人的生命带来的威胁、跨物种感染给人类带来的危害,还要考虑器官置换给受者造成的心理、社会压力以及动物权利问题。

### (五) 人工器官

随着现代科学技术的发展和医学防病治病的需要,在生物医学工程专业里逐渐形成了一门新科学即人工器官（Artificial Organs）。它主要研究模拟人体器官的结构和功能,用人工材料制成能部分或全部替代人体自然器官功能的机械装置。当人体器官病伤而用常规方法不能医治时,可以给病人使用一个人工制造的器官来完全或部分取代病损的自然器官,补偿或修复其功能。人工器官不受来源的限制,无组织配型问题,随时可被利用,因此,人工器官的研究和应用得到了迅速发展。目前,人体除大脑尚不能以人工大脑替代外,几乎人体每个器官都在进行人工模拟研制,其中已有不少人工制造的器官成功地应用于临床,修复了不少病损器官的功能,挽救了病人的生命。但人工器官的应用又引发了一系列关于移植受体的尊严及生命质量等新的问题,如判断个体死亡时,是以传统的人心功能作为死亡标准还是以人工脏器功能衰竭为标志。

## 三、器官的获取方式

### (一) 自愿捐献

不管是活体器官、尸体器官,或者胎儿器官,目前,获取的主要方式是通过自愿捐献（Voluntary Donation）来实现的。这一器官来源途径强调,器官供体自愿和知情同意是收集器官的基本道德准则。

活体器官的捐献主要是在患者与患者家属之间进行。当一个患者因疾病或其他原因某一重要脏器或器官功能衰竭，或因经济原因，或因一时找不到合适的移植用器官，患者生命危在旦夕，此时，可考虑在患者亲属中挑选合适的、自愿捐献器官的供体。也可考虑在非亲属社会成员中寻找自愿捐献者，但必须确认捐献者没有诸如经济、政治等其他目的或因素的干扰。

尸体器官自愿捐献是指医务人员在病人去世前询问病人或其家属，是否愿意病人死后捐赠器官。这种做法在伦理学上最没有道德争议，是最为理想的供体取得方式。

许多国家为促进自愿捐献做了许多工作，例如在驾驶执照上注明是否愿意死后捐献器官。机动车驾驶员身后志愿捐献器官，一直是国际上通行的做法。在欧洲，大多数国家在器官捐献方面采取"默认同意"的原则。除非在生前明确拒绝器官捐赠，否则医生便将其默认为同意捐赠器官。截至2009年，全美共有863万人登记加入器官捐献者资料库。这些登记者中有28%捐献了器官、30%捐献了组织、38%捐献眼角膜。据不完全统计，我国每年发生交通事故造成8万人死亡。如果有10%的机动车驾驶员身后志愿捐献器官的话，捐献者为0.8万例，将有效地缓解器官来源不足的难题。

尸体器官的捐献目前已有多种操作方式。1968年，美国统一法律全国督察会议起草的《统一人体组织捐献法》规定，任何超过18岁的个人可以捐献他身体的全部或一部分用于教学、研究、治疗或移植的目的，如果个人在死前未做此捐献表示，其近亲属可以作出捐献遗体的决定，除非已知死者反对；如果个人已做出这种捐献表示，不能被其亲属取消。1984年美国联邦政府通过法令要求在更新驾驶执照时再次表示是否愿意死后捐献器官，并在执照背后贴上器官捐献卡。许多州根据这条法令制定的法律具体规定，一个人可以捐献他身体的全部或一部分，以及指定接受他器官的人和机构。1997年联邦新的法律规定持器官捐献卡可以退税款。

英国则自1972年开始发起题为"我愿死后帮助某些人活着"的器官捐献运动，每年散发550万张器官捐献卡，卡片背面是捐献的各种器官名称。该卡片一经填写就生效，不必再询问家属意见。1997年8月31日，英国前王妃戴安娜因车祸在进行急救中去世，医生确认她脑死亡后，按照她生前的意愿，医生取下她的器官，分别捐献给了8个人。

1986年，新加坡制定了《肾脏捐献法案》。荷兰政府1992年1月宣布，凡18岁以上荷兰男女公民都应填写《人体器官捐献普查表》，然后由各级政府将普查结果逐级汇总到中央档案库，为政府当局制定有关计划方案提供可靠依据。

世界卫生组织于1987年第40届世界卫生大会，制定了器官移植的九项指导原则，其中包括捐献器官的自愿原则、器官非商业化原则、捐献器官的公平原则、最小伤害原则以及保护未成年人利益原则等。

在中国，到2002年年底，"公民逝世后器官捐献"的数字几乎还是零。2003年一个名叫田近的9岁男孩，因车祸遇难后，经家长同意无偿捐献了两个肾脏，成为我国首例国际标准化的器官捐献者。在陈忠华等医学专家的努力下，到2008年年底，我国已完成104例器官捐献。目前，国家鼓励逝者捐献器官。如2012年10月9日，在广东南海打工的20岁广西小伙韦茂志遭遇车祸，在他生命的最后一刻，其父决定签下同意书，捐出韦茂志的心脏、肝脏、双肾、一对眼角膜等10个器官及遗体。国家卫生和计划生育委员会有关部门表示，自2010年3月原卫生部（现卫生和计划生育委员会）联合中国红十字会总会在我国19个省份陆续启动人体器官捐献试点工作以来，截至2013年8月9日，全国共实现捐献1006例。公民逝世后捐献器官占移植器官来源总量的比例，已由之前的几乎为零提高到目前的23%

左右。

（二）推定同意

推定同意捐献，即除非患者生前声明不做器官捐献，否则患者脑死亡后，一律视为同意器官捐献。推定同意有两种方式：

1. **医师推定同意**

这实际是指由政府授权医务人员，只要死者生前未表示反对，医师就可推定其同意摘取器官，不考虑亲属的意愿。法国、瑞士、丹麦等国家采取了此种方法。

2. **亲属推定同意**

医师与死者亲属进行交涉，已明确家属没有反对意见，同意捐献方可摘除器官。由于亲属同死者生前关系最紧密，最能了解死者生前的可能意愿，所以亲属拥有推定同意权，是理所当然。世界上，多数国家都采取过亲属推定同意原则。如意大利、英国、西班牙、罗马尼亚等国家。罗马尼亚1976年制定的《器官移植法》规定，对器官移植必须尊重死者亲属的意见，要从尸体中移植器官必须征得年满18周岁以上的亲属的同意，如死者生前有书面表示反对的，移植被禁止。

（三）商业化的器官交易

单纯从解决移植用器官的目的来说，器官商品化可以吸引一些人提供器官来源以缓解器官紧缺的矛盾，但由此引发的道德、法律问题却使人望而却步。

人体器官交易存在着严重的社会危害性：首先是器官质量难以得到保证，受体往往难以了解所购买器官是否安全和健康，如供体是否有传染病等。其次会导致在生死面前表现出极度不平等，有钱人可以购买器官而重获新生，而贫穷者只能绝望的等待死亡来临。同时，穷人通过出售自己的器官来获取钱财，会加剧贫穷者与富人间的不平等。第三，器官商品化极易诱发犯罪。目前非法人体器官交易在一些国家和地区已经泛滥成灾。如：在危地马拉的一个村庄里，警察发现一对以色列夫妇在当地办的一个地下育婴堂，以供国外急需移植器官的病人，每个婴儿的售价是7.5万美元。人体器官一旦商品化后，面对暴利的诱惑，极易导致人性泯灭，诱发犯罪。

面对医学界、法学界、伦理学界的呼声，大多数国家、地区通过立法禁止非法人体器官交易活动。目前，已经有德国、美国、英国、法国等国家和我国香港、澳门等地区制定了相关法律、法规。如1989年《英国器官移植法》规定："根据本法第一款，买卖或者销售来自于活体或尸体的器官用于器官移植的行为是一种刑法上的重罪。"日本《器官移植法》规定了非法出售人体器官罪、从事人体器官买卖中介罪以及为获利而非法为他人实施器官移植罪等四项犯罪。香港特别行政区《1999年人体器官移植（修订）条例》规定："对于买卖人体器官首次定罪可判罚5万港元及监禁3个月。"新加坡《器官移植法》第14条规定："一个人出于经济的考虑，使自己得到或者给予他人（经济利益），而同意出卖或者得到他自己或他人的任何器官，无论在他或他人生前或者死后都构成犯罪。"具体包括下列行为方式：同意购买、提议他人出售、询问他人是否同意向自己或他人购买或者向他人出售等行为。我国的《人体器官移植条例》在2007年5月才开始实施。对于人体器官的买卖行为，第二条明确规定，"任何组织或者个人不得以任何形式买卖人体器官，不得从事与买卖人体器官有关的活动。"

### 四、受体的选择

受体（Recipient）选择应同时考虑器官移植接受者医学、心理、社会、经济等因素。对明确非器官移植适应症或康复潜力很小的病人实施器官移植术是否适合？在供体供不应求的情况下，优先给谁移植，是按先后排队，还是按社会地位、出钱的多少，或是按病情的严重程度等等，都是受体选择面临的难题。现行的做法是首先考虑医学标准，其次考虑综合社会标准。

（一）医学标准

医学标准即由医务人员根据医学发展的水平和技能作为判断基础，其标准主要看受体器官是否已经衰竭，但让所有器官已经衰竭的患者都有同等机会接受器官移植，就目前情况下，是难以做到的。因此，面临着选择问题。

1. 医学标准需要考虑移植的禁忌症。

（1）原发疾病。一般来说，身体各个器官病变引起功能衰竭后均可进行器官移植，但要考虑到原发疾病，如果是全身因素引起的该器官功能衰竭就应慎重采用移植术。

（2）全身严重感染和活动性结核病患者不应进行肾移植术，因免疫抑制药物和类固醇药物的应用可使感染病灶发展和结核病灶扩散而造成严重后果。

（3）恶性肿瘤、顽固性心衰、慢性呼吸衰竭、凝血机制紊乱、精神病及肝炎患者或肝功能尚未恢复以前，禁忌进行移植手术。

2. 受者健康状况及并发症。除需移植有病变的器官外，其他脏器功能要求良好。

3. 年龄一般在 15～45 岁之间，4 岁以下、65 岁以上应列为相对禁忌症。

4. 免疫相容性选择（组织配型良好）。一般要求 ABO 血型相同或相配合，HLA 配型位点相配较多，交叉配合及淋巴毒试验为阴性。

5. 受者病情需要的紧迫程度。

随着医学的发展，医学标准会随之变化。

（二）社会标准

社会标准是指根据有关社会因素加以考虑，如病人过去或未来对社会贡献的大小，病人配合治疗的能力、社会应付能力、经济支付能力等，选择谁做移植，谁先做移植。病人配合治疗的能力在一定条件下是医务人员选择可否进行器官移植的重要标准，但这又不能绝对化，因为病人配合治疗能力水平与医患间的沟通、病人对疾病的理解等因素有关；至于经济问题，在我国目前条件下确实是一个应该考虑的问题，在没有经济能力支持术后维护费用时，不建议手术。

对于上述两种选择受体的标准，医学标准是首要的标准。这是因为医学标准从病人的需要和成功的可能性出发，可保证供体器官发挥最大的效用以真正体现生命的尊严。社会标准是对医学标准的补充，在稀有资源的分配上体现了前瞻性和后顾性原则的统一，体现了个人利益和社会利益的统一。

自 2011 年 4 月起，我国器官分配与共享系统已经启动，主要负责调配肝脏、肾脏这两种器官，心、肺等人体器官的分配与共享体系仍在建设之中，开始在全国 164 家拥有移植资质的医院做试点。自 2013 年 9 月 1 日起，要求全国具有器官移植资质的 164 家医院强制使用人体器官移植分配与共享系统。在这个全国联网的系统里，只搜集有关病情的数据，并不记录有关患者的身份、职业、经济能力、社会地位的信息，器官与等待移植手术的患者之间的匹配完全由计算机来生成，根据就近分配政策，匹配将"分层进行"，按照获得器官的移植中心、全省、全国这三个层次逐一展开分配。这种分配模式不仅促进了公平、公正、公开地给等待器官移植的患者合理分配，又有利于监督整个分配流程，每个器官的分配在系统上都有记录可查，不受人为干预。

## 第三节 人体器官移植的法律法规

### 一、国外人体器官移植的法律法规

世界上开展人体器官移植的国家，绝大多数在20世纪80年代以前就已经基本完成了人体器官移植的立法工作。

英国于1952年制定了《角膜移植法》，1961年制定了《人体组织法》，1989年通过了《人体器官移植法》。

美国在器官捐献和移植方面有较为健全的法律制度。1968年美国通过了《统一人体组织捐献法》，该法规定：（1）任何超过18周岁的正常人可以捐献他身体的全部或一部分用于教学、研究、治疗或移植的目的。个人对自己的解剖授予权可以以遗嘱和证书形式体现。以证书形式捐献器官的，要填写"志愿供者卡片"，由捐献者本人和两个证人在证书上签字，上面记载"如果我万一死去，身体的器官均可以捐献"。（2）如果个人在死前未做出捐献的明确表示，死者的近亲属有权做出捐献表示，除非已知死者生前反对捐献。（3）如果个人已经做出捐献的表示、不能被亲属取消。1984年制定了《全美器官移植法》，这是一项具有历史意义的明确禁止买卖人体器官用于移植的法案。该法案认为，销售人体器官可能会导致对穷人的剥削，一贫如洗的人们可能会为了交付抵押金或为了孩子们能吃饭而出卖自己的器官，还可能会导致器官品质方面的问题。该法案还规定，那些参与买卖人体器官的人，将被处以5年监禁和5万美元罚款。2000年，美国政府特别制定了《异种器官移植的准则草案》，主要内容包括：（1）对异种器官移植的临床计划，要求移植工作者应包括例如外科、传染科医生、兽医、移植免疫学家、感染控制专家以及临床微生物学家等。（2）对于动物来源，要求动物应该取自经过筛选、检查、封闭的、特性良好的牧群或群落，尽可能没有传染因子。（3）对于临床问题，要求应该通过临床和实验室检查监测异种器官移植接受者的健康状况。（4）对于公共卫生需要，建议进行全国性登记以提供评估长期安全性以及有助于流行病学的调查。

法国于1976年11月颁布了《器官移植法令》，规定："为了医学或科学的目的，一个人在活着的时候没有表示出他死后反对移植其器官的，才能进行移植。"

日本在1979年将其1958年制定的《角膜移植法》修改为《角膜、肾脏移植法》，并于1997年7月公布了新的《器官移植法》。

1986年国际移植学会围绕器官资源分配问题，发布了以下基本准则：所捐献的器官必须尽可能予以最佳利用；应根据医学与免疫学的标准，将器官给予最适合移植的病人；决不能浪费可供使用的器官，应成立区域性或全国性的器官分配网，作公平合适的分配；分配器官必须经由国家或地区的器官分配网安排；分配器官的优先顺序不能受政治、机构或某团体偏爱的影响；参与器官移植的外科与内科医生不应在本地、本国或国际上从事宣传；从事移植的外科医生或其他小组成员不可以直接或间接地从事牵涉买卖器官或任何使自己或所属医院获益的行为。

1991年，印度制定了一项于1995年2月开始实施的禁止出售活人器官的法律，一方面，这项法律鼓励人们出于爱心自愿捐献器官，以挽救需要移植器官的病人的生命，为此，这项法律将脑死亡概念写了进去，并允许外科医生摘取脑死亡者的器官供移植之用，但是医院从事器官移植手术必须先向政府登记；另一方面，这项法律又规定出售活人器官者，将被罚款2万卢比,并且可被判处3至7年徒刑。

1992年,荷兰政府做出决定,为了保障人体器官移植正常进行,并对患者的生命健康负责,严禁一切人体器官的私下交易。

西班牙、巴西、新加坡等国的相关法律规定,除非本人在生前明确表示不愿捐献自己的器官(在身份证上注明),否则所有人都应被视为人体器官自愿捐献者,在其死后,医生有权摘取其器官供移植用。

各国对器官移植的立法内容虽然有所不同,但大体上都涉及:器官捐献的条件、原则、程序,器官移植的原则,以及脑死亡标准等。

## 二、我国人体器官移植的法律法规

### (一)概述

我国的人体器官移植始于20世纪60年代初,与国外相比起步约晚了10年,目前无论在手术方面还是在抗排斥反应的措施方面,都已达到或接近国际先进水平,但在人体器官移植的立法方面相对滞后于世界一些先进国家。

1995年11月,中国器官移植发展基金会在北京成立。1997年南京市成立了红十字会捐献遗体志愿者之友组织。1999年5月中华医学会在武汉召开了中国器官移植法专家研讨会。学术界对脑死亡、器官移植的讨论和新闻媒体的报道宣传,已使公众对这些医学新技术、新问题有了一定的了解和立法心理准备。在1999年第九届全国人大2次会议上,上海、山东、广州等地的代表均提出了《角膜捐献法》议案。

2000年12月15日,上海市人大常委会通过并颁布了我国大陆地区第一部关于遗体捐献的地方性法规《上海市遗体捐献条例》,规定自然人生前有意愿的,可委托执行人捐献遗体,执行人可以是捐献人的近亲属或者同事、好友等,也可以是捐献人生前所在单位或街道等机构。对生前未明确表示不同意捐献遗体的死者,其近亲属可全部或部分捐献遗体用于医学科学事业,如果近亲属之间意见不统一,登记机构不得办理捐献手续。

2003年8月22日,深圳市人大常委会通过并颁布了《深圳经济特区人体器官捐献移植条例》,这是我国大陆地区第一部关于器官移植捐献的地方性法规。第一次明确提出了捐献移植器官的规则。规定了器官捐献移植和接受双方的自愿原则、无偿捐献原则、优先考虑其他医疗方法原则、无伤害原则和鼓励捐献人体器官五大原则。为保证患者得到供体的机会公平、公正,规定由市红十字会确定接受器官患者的顺序,违者将依法予以处罚。此外,还明确禁止以任何方式买卖器官,同时在立法上也体现出医疗专业的技术原则。为防止出现医疗谋杀,对死亡者的认定以及何时摘取器官等,都有比较明确的规定。

2006年7月1日起,卫生部(现卫生和计划生育委员会)实施《人体器官移植技术临床应用管理规定》(以下简称为《规定》)明确指出:卫生部(现卫生和计划生育委员会)主管全国人体器官移植工作;对从事开展器官移植的医院和医生进行了条件的限定;规定了伦理方面的内容。同时制定了多个配套文件,如肾脏、心脏、肝脏、肺脏、胰腺、小肠移植等技术管理规范,为医疗机构及其医师开展肾脏、心脏、肝脏、肺脏、胰腺、小肠移植的最低要求。从医疗机构基本要求、人员基本要求、技术管理基本要求、培训、其他管理要求5个方面规范移植技术临床应用,以保证医疗质量和医疗安全。

2007年3月31日,国务院颁布《人体器官移植条例》(以下简称《条例》)明确规定:"任何组织或者个人不得以任何形式买卖人体器官,不得从事与买卖人体器官有关的活动。活体器官的接受人限于活体器官捐献人的配偶、直系血亲或者三代以内旁系血亲,或者有证据证明与活体器官捐献人存在因帮扶等形成亲情关系的人员。从事人体器官移植的医疗机构实施人体器官移植手术,除向接受人收取摘取和植入人体器官的手术费,保存和运送人体器官的费用,摘取、植入人体器官所发生的药费、检验费、医用耗材费外,不得收取或者变相收取所移植人体器官的费用。"

2009年6月11日发布《卫生部关于进一步加强人体器官移植监管工作的通知》规定,将违规开展涉外器官移植的,为不符合《人体器官移植条例》规定"三种关系"的供受者开展活体器官移植的,不按要求上报人体器官移植数据的三项内容,列为人体器官移植监管中的"一票否决"内容。违反上述三项之一,一经查实,立即暂停直至注销相应人体器官移植诊疗科目,同时追究医院主要负责人和相关人员的责任。

2009年12月28日制定《卫生部关于规范活体器官移植的若干规定》(以下简称为《规定》),《规定》明确提出,活体器官捐献应当遵循自愿、无偿的原则。活体器官捐献人与接受人仅限于以下关系:(1)配偶:仅限于结婚3年以上或者婚后已育有子女的。(2)直系血亲或者三代以内旁系血亲。(3)因帮扶等形成亲情关系:仅限于养父母和养子女之间的关系、继父母与继子女之间的关系。从事活体器官移植的医疗机构应当配备身份证鉴别仪器并留存上述证明材料原件和相关证件的复印件备查。

2010年6月24日发布的《卫生部办公厅关于加强人体器官移植数据网络直报管理的通知》强调:移植数据网络直报遵循强制上报、统一规范、分级负责、统一管理原则。直报时限为每例人体器官移植手术后72小时内。对于未按规定报送移植数据、不主动配合移植数据核查工作的医院,依据《条例》和《卫生部关于进一步加强人体器官移植监管工作的通知》中"一票否决"的规定,暂停直至注销该医院相应人体器官移植诊疗科目,同时追究医院主要负责人和相关人员的责任。

2011年4月18日,《卫生部关于进一步加强人体器官移植监管工作的通知》要求:人体器官移植医师和其他医务人员不得以任何理由到非移植医疗机构开展任何形式的人体器官移植手术;任何非移植医疗机构和医务人员不得开展任何形式的人体器官移植手术,也不得以任何理由摘取健康人体的器官。

2011年5月9日,《卫生部办公厅关于启动心脏死亡捐献器官移植试点工作的通知》提出:要在全国启动开展心脏死亡捐献器官移植试点工作。凡三级甲等医院、符合《卫生部关于印发肝脏、肾脏、心脏、肺脏移植技术管理规范的通知》,医院所在地市级红十字会同意开展并愿意承担人体器官捐献试点工作,2007年5月1日以来无违法违规开展人体器官移植现象的医疗机构,均可申请。

2013年9月1日,《人体捐献器官获取与分配管理规定》正式实施,《规定》明确要求,具有器官移植资质165家医院,将强制使用人体器官移植分配与共享系统。《规定》要求,省级卫生行政部门须在国家卫生计生委的统一领导下,成立一个或多个由人体器官移植外科医师、神经内外科医师、重症医学科学医师及护士等组成的人体器官获取组织(以下简称OPO)。捐献器官的获取工作必须由OPO按照国家心脏死亡器官捐献分类标准实施。OPO的有关管理规范由国家卫生计生委另行制订。《规定》首次对OPO中的器官捐献协调员提出资质要求:他们必须或者是具有高等学校医学专业本科及以上学历,持有有效的医师执业证书,具备两年以上的临床工作经验,并在医疗机构中从事医疗工作的执业医师;或者是具有高等学校护理专业专科及以上学历,持有有效的护士执业证书,具备两年以上临床护理工作经验,并在医疗机构中从事临床护理活动的注册护士。器官捐献协调员还必须经过省级以上卫生行政部门组织的培训和考核,考核通过并在人体器官捐献协调员注册系统中登记注册后才能上岗。要求省级卫生行政部门应明确划分各 OPO 的服务范围，不得重叠，并确保 OPO 的服务范围覆盖辖区内各级各类医疗机构。一旦医疗机构发现潜在的捐献人，应当主动向省级卫生行政部门为其指定的 OPO 报告，禁止向其他机构、组织和个人转介潜在的捐献人。与此同时，OPO 也必须在省级卫生行政部门为其划定的服务范围内实施捐献器官的获取，不能超范围开展工作。一旦 OPO 启动了系统，就必须严格执行分配结果，确保捐献人及其捐献器官的溯源性。《规定》首次对人体捐献器官获取与分配进行了明确的职责划分：由国家卫生计生委负责全国的监督管理与协调工作，县级以上卫生行政部门负责辖区内人体捐献器官获取与分配的监督管理工作。《规定》特别明确了违规情形：（1）未严格按照死亡判定程序进行死亡判定；（2）违背公民生前意愿获取其尸体器官，或者公民生前未表示同意，违背其近亲属意愿获取其尸体器官；（3）未通过器官分配系统分配捐献器官；（4）未执行器官分配结果；（5）伪造医学数据，骗取捐献器官；（6）OPO 在服务范围外获取捐献器官；（7）医疗机构及其医务人员向指定的 OPO 以外的机构、组织和个人转介潜在捐献人；（8）涉嫌买卖捐献器官或者从事与买卖捐献器官有关活动；（9）其他违反本管理规定的行为。对这些违规行为将依照法律法规，由县级以上卫生行政部门依法予以处理。涉嫌构成犯罪的，移交司法部门进行查处。《规定》正式施行之日，全国各地卫生行政机构将获得一个监管账号，凭此账号实时监控本地器官分配系统的运行。

此外，我国台湾地区于 1987 年 6 月公布了《人体器官移植条例》，1993 年 5 月进行了修订；1988 年 3 月公布了《人体器官移植条例实施细则》。我国香港特别行政区于 1997 年 11 月公布了《人体器官移植条例》。

## （二）我国人体器官移植的法律法规

《人体器官移植条例》作为目前我国效力最高的人体器官移植法规，它对于规范人体器官移植，保证医疗质量，保障人体健康，维护公民的合法权益，促进我国器官移植事业的健康发展具有重大意义。

### 1. 《人体器官移植条例》的适用范围

《人体器官移植条例》适用于在中华人民共和国境内从事的人体器官移植，但不包括人体细胞和角膜、骨髓等人体组织移植。

### 2. 人体器官的捐献

（1）人体器官捐献原则

人体器官捐献应当遵循自愿、无偿的原则。

公民享有捐献或者不捐献其人体器官的权利；任何组织或者个人不得强迫、欺骗或者利诱他人捐献人体器官。公民捐献其人体器官应当有书面形式的捐献意愿，对已经表示捐献其人体器官的意愿，有权予以撤销。公民生前表示不同意捐献其人体器官的，任何组织或者个人不得捐献、摘取该公民的人体器官；公民生前未表示不同意捐献其人体器官的，该公民死亡后，其配偶、成年子女、父母可以用书面形式共同表示同意捐献该公民人体器官的意愿。

（2）人体器官捐献主体的规定

①捐献人体器官的公民应当具有完全民事行为能力。

②任何组织或者个人不得摘取未满 18 周岁公民的活体器官用于移植。

（3）活体器官捐献人与接受人的关系的规定

活体器官的接受人限于活体器官捐献人的配偶、直系血亲或者三代以内旁系血亲，或者有证据证明与活体器官捐献人存在因帮扶等形成亲情关系的人员。《关于规范活体器官移植的若干规定》进一步明确，活体器官捐献人与接受人仅限于以下关系：

①配偶，仅限于结婚3年以上或者婚后已育有子女的。

②直系血亲或者三代以内旁系血亲。

③因帮扶等形成亲情关系，仅限于养父母和养子女之间的关系、继父母与继子女之间的关系。

**3. 人体器官的移植**

（1）对从事人体器官移植的医疗机构及医务人员的规定

医疗机构及其医务人员从事人体器官移植，应当遵守伦理原则和人体器官移植技术管理规范：

①医疗机构从事人体器官移植，应当具备下列条件：第一，有与从事人体器官移植相适应的执业医师和其他医务人员；第二，有满足人体器官移植所需要的设备、设施；第三，有由医学、法学、伦理学等方面专家组成的人体器官移植技术临床应用与伦理委员会，该委员会中从事人体器官移植的医学专家不超过委员人数的1/4；第四，有完善的人体器官移植质量监控等管理制度。

②从事人体器官移植的医疗机构应当定期将实施人体器官移植的情况向所在地的省、自治区、直辖市人民政府卫生行政主管部门报告。

③实施人体器官移植手术的医疗机构及其医务人员应当对人体器官捐献人进行医学检查，对接受人因人体器官移植感染疾病的风险进行评估，并采取措施，降低风险。

④在摘取活体器官前或者尸体器官捐献人死亡前，负责人体器官移植的执业医师应当向所在医疗机构的人体器官移植技术临床应用与伦理委员会提出摘取人体器官审查申请。人体器官移植技术临床应用与伦理委员会收到摘取人体器官审查申请后，应当对下列事项进行审查，并出具同意或者不同意的书面意见：第一，人体器官捐献人的捐献意愿是否真实；第二，有无买卖或者变相买卖人体器官的情形；第三，人体器官的配型和接受人的适应症是否符合伦理原则和人体器官移植技术管理规范。经2/3以上委员同意，人体器官移植技术临床应用与伦理委员会方可出具同意摘取人体器官的书面意见。人体器官移植技术临床应用与伦理委员会不同意摘取人体器官的，医疗机构不得做出摘取人体器官的决定，医务人员不得摘取人体器官。

⑤从事人体器官移植的医疗机构及其医务人员摘取活体器官前，应当履行下列义务：第一，向活体器官捐献人说明器官摘取手术的风险、术后注意事项、可能发生的并发症及其预防措施等，并与活体器官捐献人签署知情同意书；第二，查验活体器官捐献人同意捐献其器官的书面意愿、活体器官捐献人与接受人存在本条例第十条规定关系的证明材料；第三，确认除摘取器官产生的直接后果外不会损害活体器官捐献人其他正常的生理功能。从事人体器官移植的医疗机构应当保存活体器官捐献人的医学资料，并进行随访。

⑥摘取尸体器官，应当在依法判定尸体器官捐献人死亡后进行。从事人体器官移植的医务人员不得参与捐献人的死亡判定。从事人体器官移植的医疗机构及其医务人员应当尊重死者的尊严；对摘取器官完毕的尸体，应当进行符合伦理原则的医学处理，除用于移植的器官以外，应当恢复尸体原貌。

⑦从事人体器官移植的医疗机构应当定期将实施人体器官移植的情况向所在地省、自治区、直辖市人民政府卫生主管部门报告。

⑧从事人体器官移植的医务人员应当对人体器官捐献人、接受人和申请人体器官移植手术的患者的个人资料保密。

（2）诊疗科目登记

医疗机构从事人体器官移植，应当依照《医疗机构管理条例》的规定，向所在地省、自治区、直辖市人民政府卫生行政主管部门申请办理人体器官移植诊疗科目登记。省、自治区、直辖市人民政府卫生行政主管部门进行人体器官移植诊疗科目登记，除依据上述条件外，还应当考虑本行政区域人体器官移植的医疗需求和合法的人体器官来源情况。省、自治区、直辖市人民政府卫生主管部门应当及时公布已经办理人体器官移植诊疗科目登记的医疗机构名单。

已经办理人体器官移植诊疗科目登记的医疗机构不再具备规定条件的，应当停止从事人体器官移植，并向原登记部门报告。原登记部门应当自收到报告之日起 2 日内注销该医疗机构的人体器官移植诊疗科目登记，并予以公布。

（3）人体器官移植临床应用能力评估

省级以上人民政府卫生主管部门应当定期组织专家根据人体器官移植手术成功率、植入的人体器官和术后患者的长期存活率，对医疗机构的人体器官移植临床应用能力进行评估，并及时公布评估结果；对评估不合格的，由原登记部门撤销人体器官移植诊疗科目登记。

（4）移植费用

从事人体器官移植的医疗机构实施人体器官移植手术，除向接受人收取下列费用外，不得收取或者变相收取所移植人体器官的费用：①摘取和植入人体器官的手术费。②保存和运送人体器官的费用。③摘取、植入人体器官所发生的药费、检验费、医用耗材费。前款规定费用的收取标准，依照有关法律、行政法规的规定确定并予以公布。

（5）手术患者排序

申请人体器官移植手术患者的排序，应当符合医疗需要，遵循公平、公正和公开的原则。

## 第四节　法律责任

### 一、行政责任

1. 违反《人体器官移植条例》规定，买卖人体器官或者从事与买卖人体器官有关活动的，由设区的市级以上地方人民政府卫生主管部门依照职责分工没收违法所得，并处交易额 8 倍以上 10 倍以下的罚款；医疗机构参与上述活动的，还应当对负有责任的主管人员和其他直接责任人员依法给予处分，并由原登记部门撤销该医疗机构人体器官移植诊疗科目登记，该医疗机构 3 年内不得再申请人体器官移植诊疗科目登记；医务人员参与上述活动的，由原发证部门吊销其执业证书。

国家工作人员参与买卖人体器官或者从事与买卖人体器官有关活动的，由有关国家机关依据职权依法给予撤职、开除的处分。

2. 医疗机构未办理人体器官移植诊疗科目登记，擅自从事人体器官移植的，依照《医疗机构管理条例》的规定予以处罚。

实施人体器官移植手术的医疗机构及其医务人员违反规定，未对人体器官捐献人进行医学检查或者未采取措施，导致接受人因人体器官移植手术感染疾病的，依照《医疗事故处理条例》的规定予以处罚。

从事人体器官移植的医务人员违反规定，泄露人体器官捐献人、接受人或者申请人体器官移植手术患者个人资料的，依照《执业医师法》或者国家有关护士管理的规定予以处罚。

违反《人体器官移植条例》规定收取费用的，依照价格管理的法律、行政法规的规定予以处罚。

3. 医务人员有下列情形之一的，依法给予处分；情节严重的，由县级以上地方人民政府卫生主管部门依照职责分工暂停其 6 个月以上 1 年以下执业活动；情节特别严重的，由原发证部门吊销其执业证书：

（1）未经人体器官移植技术临床应用与伦理委员会审查同意摘取人体器官的。

（2）摘取活体器官前未依照规定履行说明、查验、确认义务的。

（3）对摘取器官完毕的尸体未进行符合伦理原则的医学处理，恢复尸体原貌的。

4. 医疗机构有下列情形之一的，对负有责任的主管人员和其他直接责任人员依法给予处分；情节严重的，由原登记部门撤销该医疗机构人体器官移植诊疗科目登记，该医疗机构 3 年内不得再申请人体器官移植诊疗科目登记。

（1）不再具备《人体器官移植条例》第十一条规定条件，仍从事人体器官移植的。

（2）未经人体器官移植技术临床应用与伦理委员会审查同意，做出摘取人体器官的决定，或者胁迫医务人员违反规定摘取人体器官的。

（3）摘取活体器官前未依照规定履行说明、查验、确认义务，对摘取器官完毕的尸体未进行符合伦理原则的医学处理，恢复尸体原貌的。

医疗机构未定期将实施人体器官移植的情况向所在地省、自治区、直辖市人民政府卫生主管部门报告的，由所在地省、自治区、直辖市人民政府卫生主管部门责令限期改正；逾期不改正的，对负有责任的主管人员和其他直接责任人员依法给予处分。

5. 从事人体器官移植的医务人员参与尸体器官捐献人的死亡判定的，由县级以上地方人民政府卫生主管部门依照职责分工暂停其 6 个月以上 1 年以下执业活动；情节严重的，由原发证部门吊销其执业证书。

## 二、民事责任

违反《人体器官移植条例》规定，给他人造成损害的，应当依法承担民事责任。

1. 医疗机构未办理人体器官移植诊疗科目登记，擅自从事人体器官移植的，依照《医疗机构管理条例》的规定予以处罚。

2. 实施人体器官移植手术的医疗机构及其医务人员违反本条例规定，未对人体器官捐献人进行医学检查或者未采取措施，导致接受人因人体器官移植手术感染疾病的，依照《医疗事故处理条例》的规定予以处罚。

3. 从事人体器官移植的医务人员违反本条例规定，泄露人体器官捐献人、接受人或者申请人体器官移植手术患者个人资料的，依照《执业医师法》或者国家有关护士管理的规定予以处罚。

4. 违反本条例第 21 条规定收取费用的，依照价值管理的法律、行政法规的规定予以处罚。

## 三、刑事责任

1. 违反《人体器官移植条例》规定，有下列情形之一，构成犯罪的，依法追究刑事责任：

（1）未经公民本人同意摘取其活体器官的。

（2）公民生前表示不同意捐献其人体器官而摘取其尸体器官的。

（3）摘取未满 18 周岁公民的活体器官的。

虽然《人体器官移植条例》中明确规定违反该条例中上述规定的要依法追究刑事责任，但刑法中在 2011 年 2 月 25 日前却并没有直接针对此一行为的罪名。因此，一些非法组织器官买卖案件的当事人只能参照其他罪名处理。

2.《中华人民共和国刑法修正案（八）》关于组织他人买卖人体器官的处罚规定

2011年2月25日公布并于2011年5月1日起施行的《中华人民共和国刑法修正案（八）》，在刑法第234条后增加一条，作为第234条之一："组织他人出卖人体器官的，处5年以下有期徒刑，并处罚金；情节严重的，处5年以上有期徒刑，并处罚金或者没收财产。"

"未经本人同意摘取其器官，或者摘取不满18周岁的人的器官，或者强迫、欺骗他人捐献器官的，依照本法第234条、第232条的规定定罪处罚。"

"违背本人生前意愿摘取其尸体器官，或者本人生前未表示同意，违反国家规定，违背其近亲属意愿摘取其尸体器官的，依照本法第302条的规定定罪处罚。"

《中华人民共和国刑法修正案（八）》增加了组织他人买卖人体器官的处罚规定，解决了目前定罪中的困惑和分歧，统一了各地司法机关对这种行为的定性。违反人体器官移植的相关规定，参与或组织非法买卖人体器官，将会受到法律的严厉制裁。

### 思考题

1. 你如何看待人体器官移植的作用与价值？
2. 目前世界各国人体器官的来源主要有哪些？
3. 目前世界各国人体器官的获取方式主要有哪些？
4. 违反人体器官移植管理办法，将会承担哪些法律责任？
5. 案例：2010年10月，河北邢台桥东检察院以非法经营罪批捕犯罪嫌疑人李××。李××招募各地21岁至28岁卖肾者50余名，从中非法获利10余万元。2010年12月，北京市海淀区检察院以组织出卖人体器官罪起诉郑伟等16人。核实涉案的有51枚肾脏器官、1000余万赃款。
   (1) 李××是否构成犯罪？
   (2) 李××应该承担什么责任？法律依据是什么？
   （分析思路：非法经营出卖人体器官罪。）

# 第十五章

# 现代医学发展中的法律问题

**本章导引**

> 随着社会的发展，人们健康观念的转变，现代高新医学科学与技术在临床上的应用，带来了一系列的社会、伦理道德和法律问题，本章主要阐述人工生殖技术中人工授精、体外授精以及基因诊疗等带来的社会伦理和法律问题；死亡的判定标准、安乐死等人类自身面临的问题如何获得法律的支持。

现代高新医学科学与技术的发展，向法律提出严峻的挑战。如人工生殖技术、器官移植、人工脏器应用、冰冻技术、胚胎移植、克隆技术、基因诊断与治疗、脑死亡标准等在临床上的应用，广泛涉及法律、伦理、国家科技政策、卫生方针、经济规划、公民的文化心理适应等方面的问题，而法律上的问题尤其突出，它使传统的法律思想和相关法律制度受到冲击，提出了许多新问题，引发了许多新的社会关系、需要新的立法予以规范和调整。

## 第一节 人工生殖技术的法律问题

历史和现实都提示我们，面对新技术革命的挑战和高新医学科学技术的冲击，只有顺应医学科学技术的发展，及时制定新的医学法律，才能协调人和医学科学技术的关系，协调医学科学技术和社会经济现实的关系，保障和促进这些新技术健康顺利的发展，造福人类，促进社会进步，这是医学法学面临的重要任务。

### 一、人工生殖技术概述

#### （一）人工生殖技术的概念及意义

人工生殖技术（Assisted Reproductive Technology，ART），是指用现代医学科学技术和方法改变或代替人类自然生殖过程中某一环节或全部过程的人工技术方法，使不育夫妇妊娠的技术，也称为人工辅助生殖技术。包括人工授精（Artificial Insemination，AI）和体外受精-胚胎移植（In Vitro Fertilization and Embryo Transfer，IVF-ET）及其衍生技术两大类。试管婴儿就是使用该技术的体外受精——胚胎移植方法生育的婴儿。世界首例试管婴儿的诞生被誉为继心脏移植成功后20世纪医学界的又一奇迹，激发了全球许多国家研究这一高新技术的热潮。

据世界卫生组织（WHO）评估，每7对夫妇中约有1对夫妇存在生殖障碍。我国近期调查，国内不孕症者占已婚夫妇人数的10%，发病率呈上升趋势。我国更受传宗接代观念影响，多数家庭盼子心切，使不育夫妇承受着极大的心理压力，甚至引发离异、婚外恋之类家庭乃至社会的问题。人类辅助生殖技术无疑是生物医学的一场变革，为不孕不育症的治疗提供了新途径。其次，人类存在许多遗传疾病，如果夫妇一方或双方具有某种遗传性疾病，那么在他们的后代中再现这种遗传性疾病的风险就很高。因此，在医学还不能够彻底治愈遗传性疾病之前，生殖技术的出现，无疑给他们带来了养育健康后代的希望，为优生提供了技术保障，对提高人口素质有重大现实意义。但是，该技术的实施涉及到一系列复杂的伦理、道德和法律等争论，是对社会传统生育观念的冲击和对现有法律制度的挑战。

### （二）人工授精

人工授精（Artificial Insemination，AI）是指用人工方法收集精子并直接注入女性生殖道内，以期受孕成功的一种技术。人工授精的先决条件是女方生育力正常，主要用来解决男性不育问题。人工授精按精液来源不同分为两种：同源人工授精（Artificial Insemination by Husband Semen，AIH）和异源人工授精（Artificial Insemination by Donor Semen，AID）。

人类有文字记载的第一例人工受精于1770年发生在英国。1953年美国阿肯色大学医学中心的谢尔曼（J. K. Sherman）和伯奇（R. HBurge）利用干冰冻精子复温后用于人工授精并获得成功。20世纪60年代以来，人工授精作为治疗男性不育的技术被广泛应用，商业性精子库的生意也十分兴隆，由人工授精而生育的婴儿大量增加。现在，全世界人工授精婴儿已超过30万。

### （三）体外受精

体外受精-胚胎移植（In Vitro Fertilization and Embryo Transfer，IVF－ET）及其衍生技术，是分别取出精子和卵子，在试管中使卵子受精，培育成胚胎，并将胚胎植入子宫。这是20世纪70年代发展起来的一项难度较大的新生殖技术。用这种技术生育的婴儿称"试管婴儿"。1978年7月25日，美国罗伯特·爱德华兹（Robort Edwardz）用这种技术成功地诞生了世界上第一个试管婴儿路易斯·布朗。这项技术主要适用于女性不育问题，同时对于开展人类胚胎学和遗传工程学的研究具有重要意义。我国首例试管婴儿于1988年3月10日诞生。

### （四）代理母亲

代理母亲（Surrogate Mother）是人工授精和体外受精技术在临床运用过程中出现的，是指代人妊娠的妇女。使用的是代理孕母自己的或捐献者的卵子和委托人或捐献者的精子，通过人工授精或体外受精技术，由代理孕母妊娠，分娩后交给他人抚养。收养人支付一定的报酬。这种代理生育（代孕也叫代生）的契约20世纪70年代末最早出现于美国，现在西方已成为一种职业即"代理母亲"。

## 二、人工生殖技术产生的法律问题

人工生殖技术的问世和应用，既给人类带来福音，也给人类带来许多社会伦理问题和法律问题。归纳而言，主要有如下问题：

### （一）如何确定人工生殖技术婴儿的法律地位

对于一个采用人工生殖技术而出生的婴儿来说，有可能存在五个父母，精子赠与人，卵子赠与人，孕育胎儿的代理母亲，抚育该婴儿的夫妇。那么，究竟谁才是婴儿的父母？法律应该承认谁作为父母的权利和义务？

**1. 同源（夫精）人工授精（AIH）的法律问题**

同源人工授精的法律问题较为简单，争议较少，AIH 所生子女与生母之夫存在着自然血缘关系，被视为婚生子女一般没有问题。其法律问题主要是在丈夫已经法律宣布死亡之后，利用亡夫生前存于"精子银行"的冷冻精液怀孕的新生子女是否具有与婚生子女同等的权利？英国著名漫画家吉姆·卡莎丽 1971 年结婚时便同丈夫商定要 4 个孩子，婚后生育两个孩子，1975 年其夫患癌症后，将精液存入了"精子银行"。卡莎丽在丈夫死后 17 个月，用夫精成功地怀了第三个孩子，问题在于，后一个孩子与前两个孩子是否享有同等的权利？精子冷冻术的使用使本来较为明确的 AIH 子女的法律地位复杂化了。

现行继承法中有两条原则：（1）从血缘上看，继承人与被继承人存在配偶、子女、父母关系的，享有同等的继承权。（2）"继承的时间从被继承人死亡时开始"，"必须在继承开始时生存之人"。如果遗产分割时被继承人的遗腹子尚未出生的，当保留胎儿的份额。按照继承法的第一项原则，用亡夫精子怀孕分娩的子女应具有同样的继承权，因为他们属于其父的亲生子无疑；而按照第二项原则，因 AIH 出生的婴儿其父死亡时根本不存在，不可能有继承权。同为被继承人的孩子，有的可以享有继承权，有的却无权继承其父母的遗产，这样处理显然是不合理的。对此，传统的继承法已无法判定。

**2. 异源人工授精（AID）的法律问题**

AID 所生子女由于与生母之夫不存在自然血亲关系，因而引出了一系列法律问题：

（1）AID 子女的法律地位判定。1968 年，加利福尼亚州最高法院通过一项决议，在受精者及其丈夫双方同意下经过 AID 怀孕及所生的孩子都是他们结合的合法后代。目前，从多数国家的发展趋势看，都主张经过夫妻双方同意后出生的子女，应推定为婚生子女，其与母之夫的关系视为亲生父子关系。

（2）关于谁是 AID 子女法律上的父亲的判定。由于人类自然生育传统观念的定式，必然产生 AID 子女父亲角色的冲突。对于 AID 出生的子女，客观上存在着一个生物学父亲（供精者），一个社会学父亲（养育人），即生母之夫。谁是 AID 子女法律上的父亲？从世界上大多数法学界人士的意见和许多国家的有关立法来看，大都认定后者为合法父亲，承担相应的权利和义务，供精者不是该 AID 子女的合法父亲，不享有对该子女的权利和义务。1972 年《美国统一亲子法》规定：在 AID 情形下，丈夫必须书面承诺要求经夫妻双方签字，法律将丈夫和胎儿的自然父亲同样对待，AID 的供精人不视为胎儿的自然父亲。有的法律还规定同意进行 AID 的夫妇离婚后，养育父亲不能拒绝对 AID 出生子女提供经济上支持的义务，也不能拒绝其会见子女和受赡养的权利。

（3）AID 的匿名及供精人与 AID 子女的关系问题。随着 AID 广泛应用，已经发生多起 AID 子女寻找生父和供精人认领 AID 子女的案例。从尊重和保护 AID 子女知情权角度来看，AID 子女有权利知道其生物学父亲是谁，有权知道自己的出生背景。有的学者认为捐精者匿名是利弊共存，而利大于弊。理由有：①符合捐精者意愿和要求，有利于供精者利益的保护。②有利于接受 AID 夫妇的利益。③有利于 AID 出生子女的成长，避免由于发现和认识捐精者，而造成种种不平衡心理。④有利于家庭安宁和稳定。⑤避免公开供精者姓名而导致的法律、伦理问题，减少纠纷。⑥有利于防止精子商品化，在不匿名的情况下，人们可以根据自己的需要广泛自由地选择供精者，出于对优生的兴趣和需要，一些名人的精子会变成一种高价遗传资本出售。正因为捐精者匿名在 AID 中具有决定性的重要地位,各国现行法律倾向于匿名权利的正当性应予保护,所以各国制定的 AID 法案都严格要求供精者匿名。

至于供精者本人,当代法律倾向已很明确,供精者(Donor)与 AID 子女之间无任何法律联系,供精人无权去了解 AID 子女的任何情况,也无权了解接受精子的 AID 夫妻的情况,法律必须严禁其进行任何亲子测试活动,也必须禁止 AID 子女和供精人相认。

(4) AID 的生育权问题。单身妇女,包括未婚女子、寡妇、女同性恋者及其他女独身主义者,是否享有 AID 生育权?每位妇女都享有生育权利只是一个学理性结论,它必须受制于法律传统和维护子女具体利益的目的。作为医疗手段的人工授精术是因不育症存在而产生的,因此这种新生殖技术主要用于治愈不育之症。西方许多国家都只允许在婚姻关系内进行。但在英国,1991 年 3 月颁布的"人生育和胚胎管理局"的法规,却允许单身妇女接受人工授精,并且只要不育治疗中心同意,单身妇女也有接受 AID 的权利,当然她也必须充分考虑孩子未来的命运及是否承认父亲的问题。

### 3. 体外受精-胚胎移植 (In Vitro Fertilization and Embryo Transfer, IVF－ET) 的法律问题

与人工授精相比,体外授精替代了更多的自然生殖过程,对人类传统生育观念的冲击更大,因而所引起的法律问题也更复杂。关于父母的确定。如果说 AID 提出了谁是法律上的父亲的问题,IVF 则扩大为"谁是父母"?根据配子来源可分为以下几种情况:

(1) 在夫妻双方同意下,进行同源 IVF(用妻子的卵子和丈夫的精子)后,将胚胎植入妻子子宫妊娠生育,这种 IVF 所生育的婴儿遗传学的父母即法律上的父母,能够被唯一的确定下来,不存在法律上的问题。

(2) 在夫妻双方同意下,用妻卵和供精在体外受精后将胚胎移植入妻子子宫妊娠生育,这种情形与 AID 相似,这类试管婴儿法律地位的确认原则类同于 AID 子女。

(3) 在夫妻双方同意下,使用供卵与夫精进行 IVF 然后将胚胎植入妻子子宫妊娠生育,这类试管婴儿涉及两个母亲:遗传学母亲(供卵者)和生身母亲。在自然生殖方式下,母亲的概念是统一的,集生物(遗传学)母亲、生身母亲、养育母亲为一体,但在 IVF 中,母亲角色发生了裂变,对这类试管婴儿,与在 AID 中的情形一样,而将同样的原则应用到卵子供者身上,则应认定生下婴儿的妇女为合法母亲。

(4) 在夫妻双方同意下,使用供卵和供精 IVF 后再将胚胎植入妻子子宫妊娠生育。所生子女有两个父亲(生母之夫与供精者)、两个母亲(生母和供卵者)。世界各国的法律观念一般都认为,生下婴儿的妇女应当是孩子的合法母亲。英国在 1990 年的《人工授精和胚胎学》法案中规定:"一个由植入体内的胚胎或精子和卵子而孕育孩子的妇女应被视为该孩子的母亲,而非其他妇女。"所以,即使采用 IVF 技术出生的孩子与准备充当孩子养育父母的夫妇双方毫无遗传和血缘关系,仍应确定这对夫妇为孩子的合法父母,通过 IVF 所生子女应视为婚生子女,享有婚生子女的一切权利与义务。

### 4. 代理母亲 (SM) 的法律问题

从技术上讲,代孕、代生并无新意,所使用的技术主要是通常的人工授精技术,偶尔也使用试管婴儿技术。但代孕与人工授精、体外授精一样,也引起了一系列法律问题。

关于"谁是代理母亲所生婴儿的父母"的确定,法学界认识不一,世界各国法律规定不尽相同。主要有三种情况:(1) 以遗传学为根据确定亲子关系,这是人类在漫长的历史中一直适用的最基本原则。(2) 随着 AID 和 IVF 技术的应用,遗传母亲与孕育母亲为同一

人时，则遵循生者为母的原则。（3）按契约约定亲子关系，如美国新泽西州、密歇安州等州法律规定，请人代生婴儿的夫妇，根据与代理母亲签订的契约与收养的孩子是养父母、养子女关系。

从世界各国的立法情况来看，除了美国之外，其他国家的法律基本上都是禁止代理母亲的。英国虽然承认代理母亲，但法律对此有严格限制，如不得带有商业性质。代理母亲的出现存在以下法律问题：

（1）代理母亲代生婴儿的归属问题。有时代生母亲出于母爱，舍不得将所生孩子给委托代理的夫妇，或是由于所生婴儿存在某些缺陷，双方都不愿承担该孩子的抚养责任。（2）出租子宫收取酬金的现象。一位妇女以收取酬金为代价出租她的子宫，这无异于把妇女当作生育机器，这是侵犯妇女的尊严。（3）代理母亲的存在，使婴儿被当作商品，自由买卖，这是对人类尊严和基本人权的侵犯，也是不能接受的。（4）代理母亲的存在，出现了有的母亲替女儿代孕，甚至祖母替孙女代孕的情况，造成伦理混乱。所以，如果使用代理母亲来满足那些不能怀孕或不愿怀孕却又希望有孩子的妇女的愿望，势必影响其他人包括所生婴儿的权益，给社会、家庭带来危害，代理母亲职业是违背社会良好风俗的。

许多国家都立法，明文禁止代孕行为。在法国，根据1992年通过的《生物伦理法律草案》，代理母亲受到禁止，那些已替人怀孕的妇女只能将生下的孩子归为己有，否则要追究其法律责任。在英国，1985年的《代孕协议》法案规定，对从事商业性代孕行为和刊登与代孕有关的广告行为要进行刑事制裁。

### （二）受精卵和胚胎管理的法律问题

由于遗传物质可以在体外储存，胚胎冷藏技术的发展为体外受精的临床应用拓展了空间，这就使遗传物质的捐献、买卖、实验、移植、进口、出口成为可能，由此引发出如何确定胚胎和受精卵的法律地位及相关的一系列法律问题。

**1. 受精卵和胚胎是不是人的问题**

受精卵和胚胎是不是人？其地位权利如何？目前存在两种截然不同的意见：一种意见认为是人，应尊重之，不应伤害，未经主人同意也不能随意处置；另一种意见则认为不是人，不具有与人相同的法律地位。

**2. 胚胎的研究是否符合人道主义的问题**

将多余的胚胎销毁或丢弃是否构成杀人？据1984年报道，美国有22个州的法律禁止胚胎研究。美、英、澳等国家专门组织班子或委托专家委员会对胚胎冷藏的法律问题提出咨询。1990年，德国颁布的《胚胎保护法》规定，禁止人胚胎研究，不允许用已死亡的人的精子或卵子进行体外受精，而且决不允许提前鉴定胎儿性别，有严重遗传性连锁疾病危险的人例外。对于胚胎的冷藏和保管，英国《人工授精和胚胎学》法案规定，配子的保管期为10年，胚胎的保管期为5年，不得超过其法定保管期限，保管期满后可任之死去。法国《生命科学与人权》法律草案建议，冷冻胚胎保管期也为5年，5年后在其亲生父母由于死亡、离婚、分居而不再成为夫妻后必须销毁，但也可转赠给其他夫妇。

**3. 是否允许商业性获取人类胚胎的问题**

IVF容易导致一胎多生。西方国家的一些商人甚至准备筹建"婴儿工厂"，从事婴儿的批量生产和买卖。许多国家都担心通过商业性获取胚胎会导致人口买卖和人口贩子粗制滥造婴儿，影响人口素质。因此，世界各国法律均禁止商业性获取人类胚胎。

### （三）人工授精技术及其卫生要求如何标准化问题

从目前各国情况看，缺乏统一的供精（供卵）人工授精标准；对供精（供卵）者进行遗传学普查的很少，同一供精者的精子被多次重复使用的情况很普遍；由于操作者的工作失误或玩忽职守，造成事故的也时有发生。为保证采用人工授精所生婴儿的遗传学上的健康，避免人工授精可能产生的近亲婚配的危险，应该通过立法对人工授精规定一个统一的技术和卫生标准，包括对供精（供卵）者的健康要求、人工授精操作者（医生及其他有关医务人员）的责任等。

## 三、人工生殖技术在我国的应用及立法思考

### （一）人工生殖技术应用的现状

我国人工授精的研究和应用比发达国家要晚，但发展相当迅速。1982年，在著名人类和医学遗传学家卢惠霖教授指导下，湖南医学院首先报道我国首次用冻精进行人工授精获得成功。1986年，青岛医学院建立我国第一座人类精子库。目前，全国大多数省市已建有人工精子库，并广泛开展人工授精业务。1988年3月10日，北京医科大学附属第三医院成功地诞生了我国大陆第一例试管婴儿。

人工生殖技术的应用，对我国社会的发展带来了积极的影响：（1）有利于治疗不育症，从法律上讲，每一对夫妇都有生育权，新生育技术可以帮助不育夫妇行使其正常的生育权。改善夫妻关系和稳定现存家庭关系，同时也有利于社会的安定。（2）有利于优生优育，有效地减少后代患遗传传染性疾病的风险，提高中华民族人口素质。（3）有利于推动计划生育工作，为计划生育提供生殖保险。

但是，我国生殖技术的应用也产生了一些令人担忧的问题：人工授精严重失控；人工授精子女和试管婴儿的法律地位难以确定；有相当一批不同层次的医疗单位、个体开业医生，未经卫生行政部门审查批准，不顾条件，盲目开展此项工作；对供精者随意多次取精，并用同一供精者精液同时授予多个妇女的现象较为普遍；缺乏人工生殖技术档案的统一管理；有关生殖技术的纠纷无法可依，相应立法处于滞后状态。1987年，上海市发生了我国第一起人工授精婴儿引起的法律争端，生殖技术的应用所产生的社会关系还没有法律规范来调整。

针对上述问题，1989年卫生部（现卫生和计划生育委员会）曾发出紧急通知，严禁滥用人工授精技术。1991年7月，最高人民法院在关于夫妻离婚后，人工授精所生子女的法律地位如何确定的司法解释中指出"在夫妻关系存续期间，双方一致同意进行人工授精，所生子女应视为夫妻双方的婚生子女。"但仅此是远远不够的。因此，有必要借鉴国外有关生殖技术的法律，结合我国实际情况，尽快立法，加强对生殖技术的法律管理，对生殖技术引起的一些新社会关系加以法律调整。

### （二）生殖技术应用的立法思考

生殖技术的发展与其他高新医学技术一样是人类的一种进步，尽管在道德上引发了难以完结的争论和客观上的面临许多伦理选择上的两难问题，但其医学价值和社会意义是不可否定的，只要不放任自流，用法律手段对其进行控制与管理，避免失控和滥用，生殖技术将会真正成为造福人类的新技术。

在我国有关生殖技术立法，许多专家在有关会议上提出过一些有价值的可供考虑的方案。综合有关方面的意见，其立法构思主要内容如下：

1. 生殖技术的适应证。应用对象的认定和适用范围的划界，对生殖技术的适用范围应有限制，有的学者主张，生殖技术只适用于患有不育症或遗传疾病的合法夫妇；有生育能力的夫妇、单身女子或单身男子，不得接受生殖技术；禁止代理母亲、禁止人类无性生殖的研究和应用。

2. 实施生殖技术的法定程序。符合生殖技术适用范围的夫妇双方愿意采用生殖技术，必须就接受人工生殖技术事宜订立书面协议书，然后经公证机关公证，夫妇双方持经过公证的协议书等有关文件（包括计划生育管理部门的准生育证明、医疗机构出具的不育证明或有遗传性疾病证明），向医院申请接受人工生殖手术，医院认为符合条件的，再由夫妇双方和医院签订有关协议，并根据协议实施有关生殖技术。

3. 遗传物质的管理。符合条件的供精者自愿捐献的供精，可由精子库冷冻贮存，配子和胚胎为生殖需要也可冷冻贮存，其控制权由提供者享有。为自己生育而冷冻的配子，在供体死亡后应销毁。为婚姻中生育子女的需要而冷冻的胚胎，夫妇双方死亡后，胚胎应销毁，禁止遗传物质的买卖。

4. 实施人工生殖技术的医疗单位和医务人员的条件和许可。对从事生殖技术业务的医疗单位及其医务人员，实行许可制度；医疗单位为开展业务，可采集供精（或供卵），应对供者进行健康检查和严格筛选，并建立供精（卵）者档案，同一供精者的精子使用次数要有限定，对实施生殖技术出生的孩子建立档案，以防止将来可能出现的近亲婚配，医疗单位和从事生殖技术操作的人员有为当事人保密的义务。

5. 子女的法律地位。在婚姻关系存续期间，经夫妻双方同意，使用捐精人工授精所生子女应视为夫妻双方的婚生子女，使用夫精人工授精或者使用夫妻配子进行体外授精所生子女与自然生育的子女具有相同的法律地位。

6. 对于生殖技术商业性的限制。

7. 法律责任。应对生殖技术应用中违反有关规定的违法犯罪行为规定相应的法律责任。

## 第二节 基因工程与克隆技术的法律问题

### 一、基因工程概述

#### （一）基因工程的概念

基因是以 DNA 序列的方式存在的遗传信息的基本单位，它决定着生物的性状、生长与发育。基因工程，又称基因拼接技术或重组 DNA，是指采取类似工程设计的方法，按照人们的需要，通过一定的程序将具有遗传信息的基因，在体外条件下进行剪接、组合、拼接，再把经过人工重组的基因转入宿主细胞大量复制，并使遗传信息在新的宿主细胞或个体中高速表达，最终产生出基因产物。

1973 年，柯恩（S. Cohen）和波尔（H. Boyer）等首次利用 DNA 拼接技术，将金黄色葡萄球菌的质粒与大肠杆菌的质粒 DNA 成功地实现了 DNA 的重组，获得了双亲某些遗传特性的新菌种，开创了基因工程的先河。在以后的 20 年中，基因工程取得了惊人的发展，它的许多成果已走出实验室，并逐步产业化、商业化，被广泛应用于农业、工业、医药、卫生、环保、食品等领域。应用于医药卫生领域的基因工程技术主要有基因诊断、基因治疗和无性繁殖、转基因食品等。

## （二）国外有关基因工程的立法概况

由于基因工程技术应用与人类的生活、生命与健康紧密相关，比如基因工程药物、疫苗都涉及人体健康，而通过转基因改良农作物品种产生的转基因食品涉及人类自身的营养与身体健康。因此，基因工程技术的研究与应用的安全性和伦理道德及法律问题，一直受到人们的关注。

基因工程技术存在的安全性问题，主要包括：（1）外源基因引入生物体，特别是引入人体后，是否会破坏调节细胞生长的基因，是否会激活原癌基因。（2）基因工程是否会导致产生难以控制的新型病原物。目前关于这两方面的问题，并无确切的科学答案。

基因工程技术也引起了一系列的社会伦理问题，导致许多人和组织对它的反对。西方有的人士（特别是动物保护组织）认为，用动物做实验进行各种基因操作，人为地改变了地球上现有的生物，是对所有生物（包括人类）的生存权的极大损害。更多的人则担心，基因工程技术一旦被怀有非人道目的的人或组织所利用，将会给人类带来灾难。

由于基因工程涉及比较复杂而敏感的人类社会各方面的关系，世界各国政府和一些国际组织对基因工程的安全操作和在有关领域中的应用制定了严格的规则。

1976年6月23日，美国国家卫生研究院（NIH）被授权制定并公布了世界上第一个实验室基因工程应用法规《重组DNA分子实验规则》。此后，全世界有25个国家也陆续起草或制定了这类法规，但其中绝大多数是以美国的准则为蓝本。1982年以来，随着基因工程的产业化、商业化的进展，在美国、日本和一些西欧国家，继运用基因工程商业化生产胰岛素之后，用基因工程合成的人生长激素、乙型肝炎疫苗、组织血纤维蛋白酶原激活因子以及各种干扰素相继进入临床试验。这意味着重组DNA这项新技术将走出实验室进入工厂、医院、社会，从而使所谓的潜在性危害发生的可能性明显增长。为了防止重组DNA所导致的危险和灾害性事故的发生，一些西方国家和国际组织在重组DNA安全操作和有关领域中运用的技术方面制定了法规。1986年，通过了国际生物技术产业化准则，日本、澳大利亚等国制定了更为具体的《重组DNA技术工业化准则》、《重组DNA技术制造药品的准则》等。1989年，原联邦德国政府批准的基因技术法草案确定了国家对基因技术的监督地位。概括这些国家关于基因工程法规的内容，大致包括：禁止实验项目；法规适用范围；研究微生物的物理、生物化学和生物学控制要求；机构职责和审批条件；工作人员的卫生与安全；与此项技术相关的环境保护等。上述法规对这些国家基因工程技术的研究和应用，起到了积极的推动作用。

## 二、基因工程引起的法律问题

### （一）基因诊断

基因诊断也称DNA诊断。DNA探针技术或基因探针技术，是指通过直接探查基因的存在和缺陷来对人体的状态和疾病作出判断。

最早的基因诊断是1976年凯恩等人借助DNA分子杂交方法首次成功地进行的地中海贫血的产前诊断。经过20多年的发展，基因诊断取得了许多成果，目前正广泛用于许多疾病的诊断。诸如基因诊断可以用流行病学的大量筛分调查和统计；对晚发遗传病进行预测；对妊娠早期进行胎儿性别鉴定；用小型DNA探针进行DNA指纹鉴定以协助犯罪分析等，特别是在遗传病诊断方面成绩尤为显著，现在可以用不同途径进行基因诊断的遗传病已达上百种。

基因诊断的医学意义是巨大的,但它的应用也产生了许多法律问题,诸如病人的基因图谱一旦泄露,病人就面临着就业、教育、保险、婚姻的危险,有些甚至会遭受冷落和歧视。因此,医生是否有为诊断出遗传病的病人保密的义务?如果医生为病人保密,是否损害了病人配偶或未来子女的利益?如果医生泄密,影响了病人的婚姻、就业、保险,医生是否应负责任等。通过常规血检,就可以检验出他的基因,并可立即把这一本来属于个人隐私的资料送入 DNA 资料库,而由谁来监督和保证这类资料不被他用或滥用?正是通过基因诊断查明的遗传病患者在社会上受到的歧视,使人们开始考虑有关基因诊断的法律控制问题。因为从人权和人格尊严的角度,每个人的基因图谱应当是每个人的个人秘密,享有隐私的保护权。正是基于这些理由,美国一些议员向国会指出了"人类基因组隐私法"法案,旨在保护人的隐私、维护人的平等尊严,法案突出了"非医疗急救和司法判案需要,遗传资料不得泄露"的内容。

(二)基因治疗

基因疗法是指改变人体活细胞遗传物质的一种医学治疗方法,即通过基因诊断出异常的基因后,用正常基因代替异常基因,达到治疗的目的。基因疗法一般分为体细胞基因治疗、生体细胞基因治疗、增强基因工程和优生基因工程。

1980 年,基因治疗首次用于人体。1989 年 5 月 23 日,世界上首项获准的临床基因标记试验开始进行。基因治疗作为治疗人类疾病的全新方法,在短短几年里,以其迅速发展和成功的效果,得到了医学界、产业界和政府的高度重视。目前,在美国、法国、意大利、荷兰、中国,已有几十个经批准的临床基因标记和治疗项目。在西方发达国家,基因治疗不仅得到政府的支持和基金导向,而且得到企业财团的投资。

基因治疗为人类展示了美好的应用前景。但是,基因治疗涉及改变人类的遗传物质,有可能产生不可预知的严重后果。一般认为,体细胞基因治疗只涉及患者个体,而生殖细胞基因治疗则对人类未来产生深远影响。特别是在伦理、法律方面引发许多问题,如人能否改变人?人的尊严何在?以什么标准来改变人?基因治疗是一项费用昂贵的医疗技术,哪些人有权享有这种技术?还涉及人体基因是否允许买卖等。所以,目前许多国家对基因治疗采取非常审慎的态度,同时从法律角度对此做出调整、规范和控制。1985 年,美国公布了《基因疗法实验准则》,对人类基因治疗实行有条件的开放。

(三)无性生殖(克隆技术)

1. **无性生殖的概念**

无性生殖(Cloning),即无性繁殖,也称之为克隆(Clone),是指生物体并不通过性细胞的受精,而是从一个共同的细胞、组织或器官繁殖而得到一群遗传结构完全相同的细胞或生物,即无性生殖。高等生物繁衍生命的自然规律本是有性繁殖,克隆技术却改变了这种自然规律,以无性繁殖代替有性繁殖。

1997 年 2 月 22 日,英国爱丁堡罗斯林研究所 52 岁的胚胎学家伊恩·维尔穆林博士及其研究小组宣布首次培育成功世界上第一只克隆羊"多利"的消息后,震撼了世界,"多利"的问世,标志着 20 世纪又出现一项重大科技成果。克隆技术作为生物工程的关键性手段,在科技和社会发展中,具有不可忽视的重要作用。它在基础生命科学、医学、农业科学研究与生产中,具有重大的理论价值和广阔的应用前景。

## 2. 克隆技术引发的法律问题

现代生物基因工程技术发展表明，此类研究的下一步就是"克隆人"的问世，由此引发一场如何看待克隆技术的全球争论：克隆技术给人类带来的是喜是忧？人类是否应该通过法律禁止克隆人的出现？对此，有两种观点：

一种观点认为，有性繁殖是高等生物繁衍生命的自然规律，克隆这一程序化的制造生命方式是现行生殖观念所不能接受的：

（1）造成人种退化。这种对人类个体性状的人工控制，可能发生对作为自然物种之一的人类发展进行过强的干预，其后果将会影响人种自然构成和发展，甚至影响人类自然进化的轨迹，使人类失去遗传多样性，人类将不再有自然进化，这对作为一个生物物种的人类将是一个灾难。（2）冲击法律观念。无性生殖将造成家庭和社会关系混乱。通过自然生殖方式出生的每个人在家庭关系和社会关系中都有确定的身份和法律地位，而以无性生殖方式出生的人则会对通过男女结合的生育方式和作为社会基本单位的家庭带来冲击，它导致了人类人口生产与性爱的分离，改变了家庭成员的血亲关系模式，强烈地加剧家庭多元化，他们与社会其他成员的法律关系将十分紊乱复杂，现有的法律甚至社会秩序都将被搅乱。（3）带来社会动荡，诱发社会失控。无性生殖使人失去了作为人的独特性和自我感。每个人都具有"独特"的基因型，并由此产生从外貌到个性的差异，这种差异产生并强化了每个人的自我感和个人价值，而无性生殖的人则被破坏了人有独特基因型的权利，即作为人的独特性的权利。这种技术如被用来控制人的性别、人种，或为生产商品化人体器官，后果更难想象。基于以上分析，所以克隆人应该禁止。

另一种观念认为，发现和发明是科学发展的动力。人类最终将会承认创造人的生命的方式不只有性繁殖一种，应该允许无性繁殖作为一种补充方式。两种方式所创造出来的都是人的生命，同样是神圣的。克隆技术对人类的危害可以通过法律来控制，一是在人体克隆研究试验阶段；二是在克隆人的诞生阶段。

从法律上讲，或从人权角度讲，每个人都有自己的尊严和价值。如果允许用克隆的方法在实验室内去复制人或者大批复制同一个人，人的尊严、价值和权利又从何体现？从家庭法律关系来说，任何人的出生都在其家庭关系乃至社会关系中具有明确的法律身份和地位。作为克隆人同样不能例外，应当确认其法律身份，且标准应是统一的。但是，用克隆方式复制人，完全违背了人类生育和人类亲属关系的伦理模式和基本准则。它不仅完全改变了人类自然的男女结合的生育方式，而且使"亲属关系是一种以婚姻和血缘为纽带的社会关系"这一法律概念，发生根本动摇，使社会成员间的法律关系变得十分紊乱复杂，现有的法律甚至社会秩序将被搅乱。正因为如此，克隆人的设想在全球受到抵制，克隆技术的应用及其可能出现的伦理、法律问题，引起了世人的普遍关注。时加强对克隆技术立法特别是克隆人研究的立法也已提到了议事日程。在克隆羊诞生不到两个月的时间里，美国、英国等多个国家政府就明确宣布政府科研基金决不支持任何将克隆技术应用于克隆人类的研究工作。

1997年11月，联合国教科文组织在巴黎通过了指导基因研究的道德准则性文件《世界人类基因组与人权宣言》，要求禁止研究克隆人等损害人类权利与尊严的科研行为。世界卫生组织（WHO）表示，利用克隆技术复制人，在伦理上是不能接受的，这种试验将从遗传角度威胁人类安全。在日内瓦举行的第55届世界卫生大会通过的决议中指出，运用无性繁殖技术复制人类"违背人的尊严和道德，因而必须严格禁止"。1998年1月12日，法国、丹麦、芬兰等19个欧洲国家在巴黎签署了《禁止克隆人协议》，禁止用任何技术创造与任何生者或死者基因相似的人。这一协议是人类第一份禁止克隆人的法律文件。日本内阁会议于2000年4月通过一项名为《关于限制对人的克隆技术的法律》草案，它规定禁止克隆人，违者将处以最高5年徒刑的刑罚。

（四）转基因食品

**1. 转基因食品的概念**

所谓转基因就是将一种生物的基因植入另一种生物之中，使后者获得一种它本来没有的自然品质。例如在普通西红柿里加入一种北极生长的海鱼的抗冻基因，所生产出的西红柿在冬天的保存时间就更长；又如在普通玉米里加入一种抗虫基因，培养出抗虫害转基因玉米，害虫一旦吃了这种玉米就会死亡，从而减少了使用化学杀虫剂及农药对动物和人体的危害。另外，有些转基因产品增加了原产品所没有的一些有用品质，如具有抗除草剂的能力、具有更多营养成分、具有独特的药用价值、具有更高的产量、具有更好的感官性状等。

转基因食品的研究工作从20世纪70年代就开始了，1983年，出现了世界上第一种转基因作物——一种含有抗生素药类抗体的烟草；1993年，第一种市场化转基因食物——可以延迟成熟的番茄在美国出现。转基因大豆和玉米等已经成为美国的重要出口商品。

**2. 关于转基因食品的争论和立法**

转基因技术在农业上的应用将成为解决由于人口膨胀所引起的粮食危机的有效途径。但事物的另一方面是，"转基因食品是否有毒？"这一争论在20世纪末的欧美，从科学界扩大到政界和社会普通公众、政府要员、国会议员、经销商、普通消费者、环保主义者都纷纷卷入其中。总的说来，美国和加拿大的公众对基因改良食物接受程度提高，欧盟对此比较审慎。

反对转基因食品的理由主要有：（1）转基因食品违反了自然、背叛了上帝。（2）对人体健康会造成损害。比如：如果在转基因过程中，新的抗虫害的功能体现在植物的根、茎、叶的每一个细胞之中，那么它将比仅在外部喷洒农药具有更大的毒性，对昆虫有毒的转基因产品同样会对人体有毒害。（3）对农业和生态环境会造成不利影响。比如，有些生物技术公司为了保护知识产权，对销售给种植者的转基因种子作了"绝育"处理，这种绝育基因有可能无意中转移到其他作物品系中，使之也变成不育。（4）有些生物吃了具有杀虫功能的转基因植物时可能会面临灭绝。尽管我们还不能对转基因食品会给人类产生的影响做出科学的结论，但是转基因食品时代的来临不可避免，现在重要的是对转基因食品进行立法。

首先，必须制定关于转基因食品的国际安全标准。其次，要维护消费者的知情权，要让他们知道自己在吃什么，以便做出选择。为此，欧盟已经规定，从1998年起，食品零售商必须在标签上标明食品中是否含有转基因成分。最后，转基因食品上市前，应对其进行严格的监测管理，以便在上市前就发现问题，对生产转基因食品的企业实行许可制度。

### 三、我国基因工程及其立法

我国是生物技术发展较快的国家之一，但是我国生物技术立法工作却很滞后，仅在专利法、环境保护法等法律中涉及一些生物技术的法律问题。

（一）关于基因工程安全管理

为了促进我国生物技术的研究和开发，加强基因工程的安全管理，维持生态平衡，国家科委于1993年12月24日,发布了《基因工程安全管理办法》,就适用范围、安全性评价、申报以及审批和安全控制措施等方面作了规定。

《基因工程安全管理办法》所称基因工程,包括利用载体系统的重组DNA技术以及利用物理或者化学方法把异源DNA直接导入有机体的技术。但不包括下列遗传操作:(1)细胞融合技术,原生质体融合技术。(2)传统杂交繁殖技术。(3)诱变技术,体外授精技术,细胞培养或者胚胎培养技术。凡在中华人民共和国境内进行的一切基因工程工作,包括实验研究、中间试验、工业化生产以及遗传工程体释放和遗传工程产品使用,从国外进口遗传工程体,在中国境内进行基因工程工作的,都要遵守基因工程安全管理办法。

### (二) 关于基因诊断与基因治疗

我国目前仅同意体细胞治疗,1993年,卫生部(现卫生和计划生育委员会)制定了《人的体细胞治疗和基因治疗临床研究质控要点》,强调对基因治疗的临床试验要在运作之前进行安全性论证,有效性评价和免疫学考虑,同时注意社会伦理影响。

### (三) 关于人类遗传资源管理

#### 1. 人类遗传资源的概念

人类遗传资源是指含有人体基因组,基因及其产物的器官、组织、细胞、血液、制备物、重组脱氧核糖核酸(DNA)构建体等遗传材料及相关的信息资料。

人类的全部遗传信息约有3.5万个基因,以阐明人类全部遗传信息为目标的人类基因组计划,是人类认识自身,揭开生命奥秘,奠定21世纪医学、生物学发展基础的重大工程,其研究成果将对生命科学、人类健康、伦理道德、社会行为和相关产业产生极其深刻的影响。

我国众多的人口,56个民族和诸多遗传隔离人群,形成了丰富的人类遗传资源,是研究人类基因组多样性和疾病易感性抗性的不可多得的材料。但由于管理上的问题,在这一珍贵资源的采集、研究、开发中存在盲目、无序、流失的现象。为了加强人类遗传资源的管理,国家科学技术部、卫生和计划生育委员会联合制定了《人类遗传资源管理暂行办法》,将我国人类遗传资源的采集、收集、研究、开发、买卖、出口、出境等活动,纳入了法制化管理的轨道。

#### 2. 人类遗传资源的管理原则

我国对人类遗传资源管理贯彻保护和利用相统一,加强管理与加强研究相并重的原则。第一,加强对研究工作的支持,以分离、研究、开发重要疾病相关基因为重点,为生物医药和生物技术产业的长远发展奠定基础;第二,积极推动在平等互利基础上的国际科技合作,提高研究水平和效率,使我国宝贵的人类遗传资源得到有效的利用和开发,为全面完成人类基因组计划作出贡献;第三,加强管理,建立人类遗传资源的分级管理、统一审批制度和知识产权的分享制度。

#### 3. 人类遗传资源的管理规定

(1)国家对重点遗传家系和特定地区遗传资源实行申报登记制度,发现和持有重要遗传家系和特定地区遗传资源的单位或个人,应及时向有关部门报告。

(2)对国际合作项目实行审批制度。凡涉及我国人类遗传资源的国际合作项目应经批准后签约。申报程序是:中方合作单位填报申请书并附合同文本草案、人类遗传资源提供者及其亲属的知情同意证明等有关材料,中央所属单位按隶属关系报国务院有关部门,非中央所属单位报所在地方主管部门，经上述部门初审同意后，向中国人类遗传资源管理办公室提出申请。

（3）未经许可，任何单位和个人不得擅自采集、收集、买卖、出口、出境或其他形式对外提供。

（4）研究开发项目的知识产权处理。第一，我国研究开发机构对于我国境内的人类遗传资源信息，包括遗传家系和特定地区遗传资源及其数据、资源、样本等，享有专属持有权。获得上述信息的外方合作单位和个人未经许可不得公开发表、申请专利或以其他形式向他人披露；第二，有关人类遗传资源的国际合作项目应当遵循平等互利、诚实信用、共同参与、共享成果的原则处理知识产权归属和分享。

（5）科技部和卫生和计划生育委员会共同负责管理全国人类遗传资源。

4. **法律责任** 《人类遗传资源管理暂行办法》规定，我国单位和个人违反《人类遗传资源管理暂行办法》规定，未经批准，私自携带、邮寄、运输人类遗传资源材料出口、出境的，由海关没收其携带、邮寄、运输的人类遗传资源材料，视情节轻重，给予行政处罚直至移送司法机关处理；未经批准擅自向外方机构或者个人提供人类遗传资源材料的，没收所提供的人类遗传材料并处以罚款；情节严重的，给予行政处罚直至追究法律责任。

国（境）外单位和个人违反人类遗传资源管理办法规定，未经批准，私自采集、收集、买卖我国人类遗传材料的，没收其所持有的人类遗传资源材料并处以罚款；情节严重的，依照我国有关法律追究其法律责任。私自携带、邮寄、运输我国人类遗传资源材料出口、出境的，由海关没收其携带、邮寄、运输的人类遗传资源材料，视情节轻重，给予处罚或移送司法机关处理。

人类遗传资源管理部门的工作人员和参与审核的专家有为申请者保守技术秘密的责任。玩忽职守，徇私舞弊，造成技术秘密泄露或人类遗传资源流失的视情节给予行政处罚，直至追究法律责任。

（四）关于无性生殖

在我国克隆技术也引起了社会各界的重视，卫生和计划生育委员会为此召开了专家座谈会，认为应当支持和保护科学家采用克隆技术探讨医学领域中的重大课题，但是，在中国境内禁止开展克隆人的研究。我国对任何人以任何形式开展克隆人研究的态度是：不赞成、不支持、不允许、不接受，同时要大力普及有关克隆的知识，引导人们正确理解克隆的概念，以更好地支持科学技术的发展。

## 第三节 死亡法学

### 一、死亡标准与死亡的法学判定

生老病死是人生之必然。作为通常意义上的死亡，即生物学死亡是生物体生命的最终结局。然而，死亡不仅是一个医学概念，而且是一个法学概念。死亡在法律上的意义主要体现为：死亡决定杀人罪的成立；民事权利能力终止、婚姻关系消灭、继承的实际开始；侵权行为的构成；保险金、赔偿金的取得，刑事责任的免除以及诸如合伙、代理等一系列民事法律关系的变更或终止等。

死亡是法学中最重要的课题之一。死亡决定法律裁决：终止或开始，而不是过程。法律关注医学如何支持现行法律。法律急需为死亡去定义，因而急需建立和承认某一死亡标准，因此，死亡必须由法律来判定，由此再去对含有死亡的事件进行裁决，以完成法律的任务。然而，法律的任务在于如何从死亡过程中定一个终点，一个符合科学与伦理的终点，一个法律意义上的可以决定权利义务关系变更的终点。因此，死亡时间的判断标准才是法律所需要的。

## 二、脑死亡的法律问题

### （一）脑死亡的概念与死亡标准

脑死亡（BrainDeath）是指当心脏还继续跳动，大脑的功能由于原发于脑组织严重外伤或脑的原发性疾病而全部丧失，发生不可逆的改变，最终导致人体死亡。脑死亡如同心跳和呼吸停止一样，是人的生命现象的终止，是个体死亡的一种类型。

人的生命活动的表现形式很多，其中呼吸和心跳是最容易观察和测定的两种方式。因此，自古以来，人们都把心跳和呼吸停止作为死亡的确切无疑的象征。中国的《黄帝内经》称："脉短，气绝死"。

在西方国家，1951年世界著名的《布莱克法律词典》的死亡定义为："血液循环完全停止，呼吸、脉搏停止"。这一传统的死亡观念，由于几千年的延续而天经地义地成为世界各国医学、哲学、宗教、伦理、法律及社会大众一致的认识，人类关于死亡标准长期被心肺功能停止的传统观念所垄断。自20世纪50年代以来，由于现代医学的进展，这个人类有史以来最稳定的观念发生了重大改变。

1. 在长期的医学实践中，医学界从20世纪50年代开始提出，60年代初最后认识，人死亡是一个分层次进行的复杂过程，心肺死亡作为死亡的一个层次，并不绝对预示或标志着整个人体的死亡。

2. 医学技术在抢救心跳、呼吸骤停方面有了突破性的发展，人工心脏、救护设备和人工呼吸机可以使心跳、呼吸停止数小时乃至十余小时的病人复苏，再加上人工营养维持，能使许多病人"起死回生"。

3. 20世纪60年代以来，现代医学在心脏移植技术方面的惊人成功，从根本上动摇了心肺死亡的传统观念。现代医学认为，心跳和呼吸停止并不表明必然死亡，有些患者可通过人工起搏器和人工呼吸维持血液循环和大脑供氧，甚至移植心脏。

1967年，南非医师首次施行心脏移植手术成功，从而打破了心脏功能丧失将导致整个机体死亡的常规。由于心肺功能的可替代性，使其失去作为死亡标准的权威性器官的地位。相反，在脑死的情况下，心肺功能得到维持，但并不等于活着，只不过是延续着生物死亡而已。这种靠人工心脏系统、静脉营养等医疗措施维持着心脏、呼吸状况，既占据昂贵的医疗设备，毫无实际意义地消耗宝贵的医药资源，又使其亲属承受着经济上和精神上的负担。人们不得不想：一个没有意识，没有自主性呼吸和心跳，靠人工设施维持的生命能算是人的真正生命吗？同时，也带来一些更为棘手的法律问题，医师何时能停止对病人的抢救和治疗？何时能摘取供体器官？如何确定人的死亡及其时间？传统的死亡标准已无法解决因复苏技术和器官移植的发展所带来的难题，从而引发了关于建立新的死亡标准的思考，正是在此背景下，适应现代医学发展的需要，一种被医学界认为更加科学的脑死亡概念和脑死亡标准便应运而生。

## （二）脑死亡的诊断标准

各国有关脑死亡的法律，一般都将脑死亡定义为全脑死亡，即大脑、中脑、小脑和脑干的不可逆的死亡（坏死），而不管心跳和脊髓机能是否存在。脑死亡如何诊断和鉴别，这涉及医疗行为的适当实施和法院审判工作的正确开展。

对脑死亡的最早研究开始于1959年。1968年，在世界第22届医学大会上，美国哈佛大学医学院死亡定义审查特别委员会提出了比较完善的脑死亡诊断标准，简称哈佛标准。得到国际医学界的赞同和支持。其主要内容包括：（1）不可逆的深度昏迷，病人完全丧失对外部刺激和内部需要的所有感受能力。（2）自主运动包括自主呼吸运动停止，呼吸机关闭3分钟而无自动呼吸。（3）脑干反射消失，瞳孔放大，瞳孔对光反射，角膜反射，眼运动反射等均消失。（4）脑电沉默，脑电图平直记录20分钟。凡符合以上标准，并在24小时或72小时内反复测试，多次检查，结果均无变化，即可宣告死亡。但需排除低温（体温＜32.2℃）和中枢神经抑制剂作用。继哈佛标准之后，不少国家和组织也相继提出了脑死亡标准。1968年WHO建立的国际医学科学组织委员会规定死亡标准为：对环境失去一切反应；完全没有反射和肌肉张力；停止自主呼吸；动脉压陡降和脑电图平直。目前世界上许多国家采用了哈佛医学院的诊断标准，并有30多个国家立法通过了脑死亡标准。

## （三）确立脑死亡的意义

脑死亡概念及其诊断标准的提出，是对死亡标准的重新认识，其意义主要体现在：

**1. 有利于促进器官移植的开展**

脑死亡概念和脑死亡标准并非为器官移植而定，但器官移植却因此而得益。器官移植技术的发展，需要大量的组织脏器，且越新鲜越好。在适宜的新鲜供体严重短缺的现状下，依靠先进的科学技术维持脑死亡者的呼吸和循环功能，使之可能成为医学上最理想的器官移植的供体和极好的人体器官和组织的天然贮存库。医师可以根据移植的需要，从容地做好各项移植准备工作后，适时摘取供体器官，从而提高器官移植的成功率。脑死亡的确立为一大批新鲜供体的摘取提供了合法条件。

**2. 有利于医疗卫生资源的合理利用**

现代医疗行为的宗旨并不是盲目地延长毫无价值的生物意义上的生命，更不是延长人类痛苦的死亡过程。确定脑死亡的标准，可以合法地适时终止对脑死亡者的医疗措施，减少不必要的医疗支出，把有限的医疗卫生资源用于那些需要治疗，而又能够达到预期效果的病人身上，在减少社会负担的同时，也减轻脑死亡亲属的精神和经济负担。

**3. 有利于科学地确定死亡，维护人的生命尊严**

现代医学科学技术，使传统的心跳、呼吸停止不再是判断死亡的绝对标准，而脑死亡则是不可逆的。对于一些因服毒、溺水或冻死的患者，特别是服用中枢神经抑制剂自杀的假死者，运用心跳呼吸停止作为死亡标准，很难鉴别假死状态，往往放弃及时抢救的时机。脑死亡标准的确立，为死亡鉴别提供了更科学的依据，从而更有利于维护病人的生命存权，更好地维护人的生命尊严与价值。

**4. 有利于法律的正确实施**

死亡不仅是一个医学概念，而且是一个法学概念，死亡对于刑法、民法、婚姻法、继承法等几乎每一个法律领域都具有重要意义。

如何科学地、准确地判断一个人的死亡时间，在司法实践中对于法律的适用具有绝对重要的意义。传统的死亡标准已日益显现出局限性,而脑死亡标准的确立,可以更加科学。准确地判断一个人的死亡时间,有利于正确适用法律、公平合理地处理案件。

（四）国外有关脑死亡的法律规定

脑死亡概念和脑死亡标准的提出,引发了一系列社会伦理争论和立法探讨。芬兰是世界上第一个在法律上确立脑死亡的国家,此后,美国的堪萨斯州在1970年通过了《死亡和死亡定义法》,这是第一个关于死亡定义的立法。目前,已有80多个国家承认了脑死亡标准。具体情况大致有三种：

1. 国家制定有关脑死亡的法律,承认脑死亡是宣布死亡的依据。例如美国、芬兰、加拿大、阿根廷、瑞典、澳大利亚、奥地利、希腊、意大利、英国、法国、西班牙、波多黎各等十多个国家。

2. 国家和地区法律虽然没有明文规定承认脑死亡,但临床上已经承认脑死亡状态并用以作为宣布死亡的依据。例如,比利时、德国、印度、爱尔兰、荷兰、新西兰、南非、瑞士、韩国、泰国等十多个国家。

3. 脑死亡概念为医学界所接受,但由于缺乏法律对脑死亡的承认,临床上也不敢推行脑死亡标准。

1983年,美国医学会、律师协会、统一州法律监察全国会议以及美国医学和生物学及行为研究伦理学问题总统委员会建议美国各州采纳以下条款："任何人患有呼吸和循环不可逆停止或大脑全部功能不可逆丧失就是死人。死亡的确定必须符合公认的医学标准"。该条款实际上是让传统死亡概念、标准和脑死亡概念、标准并存,避免与人们对死亡定义可能产生的误会,有明显过渡性质,很快被世界很多国家接受。

（五）我国脑死亡立法思考

目前,我国对脑死亡的定义与标准,尚无法律规定。要不要接受脑死亡概念,在学术界存在着不同看法。现实生活中仍以心跳呼吸停止、反射消失作为判定死亡的惟一标准。即使医学界接受脑死亡的概念,医师也不敢以此作为判定死亡的标准。但是鉴于前述确立脑死亡的意义,世界各国承认脑死亡标准已渐成为发展趋势,我国医学界、社会学界、伦理学界、法学界有越来越多的人接受脑死亡概念。1999年2月,专家和学者们认为,在我国确认脑死亡的实际意义是客观存在的,中国大城市已经具备判定脑死亡的条件,呼吁尽快就脑死亡立法,承认脑死亡概念,确定脑死亡标准。由于我国文化传统和医学科学技术发展状况的不平衡,使人们对脑死亡的认识还很模糊,在短期内对脑死亡标准不可能达成共识,但是,决不能以脑死亡标准是否被全社会承认来判定是否应当立法。相反,应当通过立法来确认脑死亡,从法律角度顺应形势,引导民众统一认识。

借鉴外国和我国香港、台湾地区的脑死亡立法经验,我国在脑死亡立法上应考虑以下问题:

1. 两种死亡定义和标准同时并存。据我国国情,确立脑死亡定义与标准和传统死亡定义与标准同时并存的制度,立法应限定在何种情况下,才能使用脑死亡标准来判断病人死亡。这样,就可因人因地而异,既能防止因脑死亡误诊可能造成的对有抢救价值的病人延误抢救,又可以使医生正确运用脑死亡标准对那些脑功能全部丧失处于不可逆状态的病人及时宣布死亡。作为一种过渡,当医疗条件和水平达到一定程度时,即可采用脑死亡标准。

2. 制定严格的脑死亡诊断标准

借鉴哈佛标准,结合我国医疗实践,制定严格的脑死亡诊断标准,具体内容应当是:

(1) 脑死亡判定的先决条件。(2) 临床诊断。(3) 确认试验。(4) 脑死亡观察时间。立法赋予这样的诊断标准以法律效力，使之成为临床医生必须遵守的行为规范。我国卫生部（现卫生和计划生育委员会）在制定脑死亡诊断标准方面已经做了卓有成效的工作。

1999 年 5 月，中华医学会、中华医学杂志编委会在武汉组织召开了我国脑死亡标准（草案）专家研究会就《中国脑死亡诊断标准（讨论稿）》以及制定脑死亡诊断标准的目的，尊重人的生命与死亡尊严的必要性等进行了讨论。卫生部（现卫生和计划生育委员会）脑死亡法起草小组制定的脑死亡诊断标准中，将脑死亡概念界定为：脑死亡是包括脑干在内的全部功能丧失的不可逆转的状态。其具体条件包括：(1) 先决条件：昏迷原因明确，排除各种原因的可逆性昏迷。(2) 临床诊断：深昏迷，脑干反射全部消失，无自主呼吸（靠呼吸机维持，呼吸暂停试验阳性）。以上必须全部具备。(3) 确认试验：脑电图平直，经颅脑多普勒超声呈脑死亡图形。体感诱发电位 P14 以上波形消失。此三项中必须有一项阳性。(4) 脑死亡观察时间：首次确诊后，观察 12 小时无变化方可确认为脑死亡。

3. 建立科学严格的脑死亡管理制度。脑死亡立法应规定哪些医生有权做出脑死亡诊断，应按什么程序进行，使用哪些测试手段等，以防止医生的草率诊断或虚假诊断。这里主要应包括：(1) 脑死亡确定医师的资格条件。(2) 参与脑死亡确定的人员。(3) 可以确定脑死亡的医院必须具备规定的设备条件。(4) 运用脑死亡标准做出脑死亡诊断的合理程序。(5) 脑死亡诊断书的签发。

4. 在脑死亡诊断中病人合法权益的监督保护

在运用脑死亡标准时，病人的合法权益会不会受到侵害，这也是立法要考虑的问题。按照民法观点，缺乏自我意识的病人的民事权利（包括其生命健康权）应由其法定代理人负责监督和保护。因此，在脑死亡立法中应赋予病人家属一定的权利，例如：何时关掉病人呼吸机等仪器，何时放弃抢救等，病人家属应享有知情和同意权。是否可以利用病人器官进行实验或移植，病人家属也应享有知情、监督和最终决定权等。

5. 法律责任

脑死亡立法应当明确规定违反脑死亡法律法规的法律责任。

### 三、安乐死的法律问题

#### （一）安乐死的概念

安乐死一词源于希腊文"euthanasia"，本意是指"无痛苦的幸福死亡"，有时也译为"无痛苦致死术"。《牛津法律指南》对安乐死的定义是："在不可救药的或病危的患者自己要求下，所采取的引起或加速死亡的措施。" 1985 年出版的《美国百科全书》中把安乐死称为"一种为了使患有不治之症的病人从痛苦中解脱出来的终止生命的方式"。《中国大百科全书·法学卷》的解释是："对于现代医学无可挽救的逼近死亡的病人，医师在患者本人真诚委托的前提下，为减少病人难以忍受的剧烈痛苦，可以采取措施提前结束病人的生命。"

所谓安乐死，就是指医务人员应濒死病人或其家属的请求，依据法律规定，通过作为或不作为，消除病人的痛苦或缩短痛苦的时间，使其安详地度过死亡阶段，结束生命。

安乐死通常分为：(1) 主动安乐死（active euthanasia），又叫积极安乐死，是指鉴于病人治愈无望，应病人或家属的请求，医务人员采用药物或其他手段主动结束病人生命，让其安然死去。这类安乐死被称为"仁慈助死"，所采取的措施常称之为"无痛致死术"。(2) 被动安乐死（passive euthanasia）又叫消极安乐死，是指医务人员应病人或家属的请求，不再给以积极治疗,而仅仅给以减轻痛苦的适当维持治疗,任其自行死亡,故又称为"听任死亡"。

(二) 安乐死法律地位的争论

安乐死的实践古已有之,早在史前时代,古游牧部落在迁移时,常常把病人、老人留下来,加速他们死亡。在古希腊罗马,允许病人结束自己的生命,并可请外人助死。17世纪,弗兰西斯·培根(FrancisBacon,1561~1624年)在他的著作中多次提到无痛苦致死术。1938年,美国查尔斯·波特组建"自愿安乐死合法化协会",开辟了近代安乐死之先河。此后,欧美许多国家都有人积极提倡安乐死,安乐死发展成为一项新的人权运动。只是由于德国纳粹的介入,盗用安乐死名义,屠杀了数百万无辜的人,使安乐死声名狼藉。20世纪60年代以来,随着医学生物技术的发展,人道主义思潮在西方的发展和深化,传统的生命价值观受到很大的冲击,安乐死的实践意义日益突出,又逐渐成为医学界、法学界、伦理学界以及公众关注的热点。

由于安乐死不仅涉及伦理、哲学、医学等方面的问题,还涉及人们对人生、生活和死亡的看法与理解,更会引发出一系列的法律问题,因此,直到现在,人们对安乐死仍褒贬不一。对安乐死的不同理解产生出对安乐死的不同态度,有关的法律规定也有所不同。支持安乐死的人看重生命存在的内容、方式,重视安乐死的利,认为安乐死可以减轻垂危病人的痛苦,当病人感到生不如死时,安乐地死亡比痛苦地生存对他们更人道;又可以减轻病人家属的精神痛苦和经济负担,为社会节省有限的医药资源,使之发挥更大的效用,他们提倡医学的根本任务是提升人的生命质量。反对安乐死的人认为,安乐死不仅与医生的职责相冲突,而且还可能被滥用,成为病人的配偶、子女等亲属为了减轻自己的负担或为了分割遗产等其他原因变相杀人的借口。但经过半个多世纪的争论,时至今日,赞成安乐死的人越来越多,呼声越来越高。尽管如此,对于安乐死是否要制定法律予以保护,绝大多数国家持审慎态度。20世纪70年代以来,安乐死先后在一些国家和地区合法化,在立法上有一定进展的国家,大多是对消极安乐死的认可。1976年,美、英、日、荷等国在东京召开了第一次国际安乐死会议,并签署了关于安乐死的《东京宣言》,要求尊重"生的意志"和"尊严的死"的权利。1980年,成立了"国际死亡权利协会联合会"。1993年2月9日,荷兰议会通过安乐死法令,允许医生在严格的条件下,可以对病人实施安乐死。这是迄今为止在安乐死方面最为自由开放的举措。

(三) 国外有关安乐死的法律规定

**1. 主动安乐死**

由于这是用直接的方法使重危病人提前死亡,较难为人们接受。目前,世界上承认主动安乐死为合法的国家只有少数几个,瑞典承认主动安乐死,但很少实行。荷兰安乐死法令规定,病人已确患绝症,且因无法忍受痛苦而不断提出愿意死去的要求,医生可以对病人实施安乐死。该法令还规定,医生无需征得病人同意,可以给处于昏迷状态的病人、患老年痴呆症的病人以及先天畸形者实施安乐死。日本则以判例确认主动安乐死在一定条件下的合法性,它是通过法院对刑法中"正当行为"和"紧急避险行为"的解释,给安乐死以有条件的法律认可。除此之外,主动安乐死为绝大多数国家的法律所禁止。在美国所有50个州中,主动安乐死都是非法的,一般都以杀人罪被起诉,只是在实际审判中,陪审团往往给"仁慈的杀人"以同情和宽大处理。瑞士和德国,经过修改的刑法,主动安乐死既不被判作谋杀,也不按照谋杀进行处罚。在前苏联和波兰的刑法中,有关安乐死的一些特殊条款规定,以同情受害者和应受害者要求为动机的杀人，是减轻处罚的理由。

**2. 被动安乐死**

一般来说，被动安乐死较容易为人们所接受。从世界各国立法看，法律所承认的大多是被动安乐死，即"允许死亡"。美国各州所承认的安乐死也都属于被动安乐死。1976 年，美国加利福尼亚州正式通过了《自然死亡法》这项法律，允许成年病人制定"生命遗嘱"，授权医生关掉维持生命的人工设备。医生根据病人的"生命遗嘱"取下生命维持系统，对病人的死亡不负任何责任；病人因授权医生摘下人工生命维持系统而死亡也不应看作自杀，不影响其家属领取人身保险费。这项法令还规定"生命遗嘱"须当着至少 2 名见证人所作才有效力，证人不能是医生或病人家属；病人也可以通过销毁文件或通知住院医师等方式，废除已作出的"生命遗嘱"。可见，被动安乐死的法律问题的核心是：重危病人享有死亡的权利，有权请医生摘下人工辅助装置，在自然状态中带着尊严死亡。

### （四）我国安乐死立法探讨

安乐死问题在我国引起医学界、法学界、伦理学界以及公众的讨论和关注始于 20 世纪 80 年代。1986 年 6 月，发生在陕西省汉中市一家医院的安乐死事件是引起我国安乐死讨论的起因之一。我国现行法律未对安乐死加以认可，然而，安乐死案件却多次出现，在发生纠纷而无相关法律调整的情况下，全国人民代表大会部分代表先后数次提出议案，建议制定安乐死法，受到国家立法机关和有关部门的重视。但是，安乐死是一种具有特殊意义的死亡类型，它既是一个复杂的医学、法学问题，又是一个极为敏感的社会、伦理问题。目前我国制定安乐死法规的条件尚不成熟。

## 思考题

1. 人工生殖技术的概念和分类是什么？
2. 如何理解死亡概念？如何判断脑死亡？
3. 如果我国进行安乐死立法，还需要做哪些工作？
4. 你对克隆技术的了解有哪些？
5. 案例：广州一对富商夫妇久婚不孕，2010 年初找来两位代孕妈妈，借助试管婴儿技术，自身加两位代孕女性，孕育的 8 个胚胎，采取"2＋3＋3"队型，受孕全部成功。2011 年自身加两位女性先后诞生 4 男 4 女"八胞胎"。
   (1) 富商夫妇否存在违法犯罪行为？法律依据是什么？
   (2) 从医学法律角度分析，人工生殖技术给未来社会带来的法律问题是什么？
   （分析思路：人工生殖技术是现代医学的一大成果，但也带来了社会一连串的社会、法律、伦理问题。）
6. 案例：患者史某，女，65 岁，农民。经北京几个大医院确诊为肝癌晚期，病痛非常痛苦，患者已经处于昏迷状态。卫生院主治医生查房时，告诉陪床患者的老伴："病人患的是不治之症，根本无康复希望，继续治疗是一种浪费。"患者的老伴不忍患者忍受痛苦，同意放弃治疗。随后卫生院主治医生让护士拔掉静脉点滴针头，不久患者死亡。
   (1) 卫生院主治医生是否存在违法犯罪行为？法律依据是什么？
   (2) 患者的儿女上告法院，医生擅自让护士拔掉静脉点滴针头属于医疗事故，医生是否应该承担法律责任？
   （分析思路：医疗经济、安乐死的法律制度建设。）

# 第十六章

# 医疗损害责任法律制度

**本章导引**

本章主要讲述《中华人民共和国侵权责任法》的制定过程，医疗侵权行为的概念、分类及构成要件，侵权行为的归责原则、赔偿主体、承担赔偿责任或免责，患者、医疗机构及其医务人员的义务与权利，对掌握医疗损害责任法律制度有一个全面的认识。

近年来，随着市场经济的发展，人们之间的利益纷争越来越多，各种侵犯他人权益的案件也不断增加。医生戴钢盔上班、患者带着录像机看病……原本在同一战壕与疾病斗争的医患双方越来越走向对立，医疗纠纷不断。据最高人民法院统计，目前全国法院一年审理的医疗事故案件1万余件，医疗损害赔偿案件4万余件；北京市的某个区级法院1999年只处理了9起医疗纠纷案件，2008年已经上升到200件。医疗纠纷数量逐年上升，迫切需要从法律上合理界定医疗损害责任。

## 第一节 概述

### 一、医疗损害责任法的历史沿革

各地医疗机构严重的医疗损害责任纠纷、医患纠纷逐渐增多，不但影响正常的医疗工作和医务人员的安全，而且也影响到社会的安定。为了规范医疗机构的诊疗行为，确定医疗损害责任，国务院于1986年6月29日颁布了《医疗事故处理办法》，于1987年1月1日生效实施。这个行政法规是在我国实行公费医疗政策、医疗机构诊疗行为的性质是社会福利保障的大背景下实施的，此法规主要存在两点不足：一是规定只有构成医疗责任事故和医疗技术事故的前提下，受害患者才有权要求赔偿；二是明确规定医疗机构即使存在医疗差错也不承担赔偿责任。

《医疗事故处理办法》偏重于对医疗机构的保护，患者即使存在医疗损害，也无法得到相应的权利救济，因为限制赔偿不利于保护受害患者的合法权益。关于限制数额规定："确定为医疗事故的，可根据事故等级、情节和病员的情况给予一次性经济补偿。补偿费标准，由省、自治区、直辖市人民政府规定。"据此，各省、直辖市、自治区人民政府分别制定了本地的医疗事故处理办法实施细则，规定了本地区一次性补偿标准。

国务院于 2002 年 4 月 4 日把《医疗事故处理办法》重新修订为《医疗事故处理条例》颁布，并于 2002 年 9 月 1 日施行。《医疗事故处理条例》在一定程度上改变了受害者赔偿权利严格限制的做法，但并没有摆脱行政机关偏袒医疗机构的嫌颖。为了保护公民的合法民事权益，2009 年 12 月 26 日《中华人民共和国侵权责任法》（以下简称《侵权责任法》）由第十一届全国人民代表大会常务委员会第十二次会议通过颁布，自 2010 年 7 月 1 日起实施。该法共 12 章 92 条，对公民民事权益进行了全方位、多层次、立体化保护，涉及生命权、健康权、隐私权、婚姻自主权、继承权等人身、财产权益的诸多方面，堪称保护公民人身、财产权益的集大成者。法律施行后，人们有了一部维护自身合法利益的"行动指南"。

## 二、医疗损害责任法的概念

### 1. 医疗损害责任的概念

医疗损害责任是一个含义非常广泛的概念，几乎概括了在医疗过程中所发生的所有损害的救济问题，远比医疗事故责任和医疗过错责任的概念宽大。医疗损害责任指医疗机构及其从业人员在医疗活动中，未尽相关法律、法规、规章和诊疗技术规范所规定的注意义务，在医疗过程中发生过错，并因这种过错导致患者人身损害所形成的民事法律责任。

根据《侵权责任法》第 54 条规定的：患者在诊疗活动中受到损害，医疗机构及其医务人员有过错的，由医疗机构承担赔偿责任。据此，医疗损害责任是指医疗机构及其医务人员在诊疗活动中因为过错导致患者人身损害应当承担的侵权责任。

### 2. 医疗损害责任法的概念

医疗损害赔偿纠纷案件，是由医疗机构高技术高风险特点的医疗行为引起的，随着公众维权意识的不断增强，基于医患关系而产生的医疗损害赔偿纠纷案件在逐年增多；目前有关医疗损害赔偿法律制度还不完善，导致该类案件一直是人身损害赔偿案件中的难点。

医疗损害责任法（Medical Injury Liability Act），是指有关医疗损害行为的定义和种类，以及对医疗损害行为如何进行制裁、对患者医疗损害后果如进行补救的侵权责任法律规定的总称。

## 三、医疗损害责任法的特征

1. 医疗损害责任法不是独立的法律，而是侵权责任法的组成部分。在《侵权责任法》中，医疗损害责任法直接规定在特别侵权责任类型中，作为特别侵权责任类型中的一种具体类型进行规定。

2. 医疗损害责任法具有强制性。医疗损害责任法与侵权责任法一样，是权利保护法，是权利损害的救济法，具有侵权责任法的强制性法律规范的特点。医疗损害责任法着眼于对医疗损害责任的制裁和对受害患者的法律保护，这种制裁和保护都是与医疗机构及其医务人员实施医疗损害责任的初衷相违背的，与其意愿和目的完全相反，具有强制性法律的特点，而不是任意性法律规范，不允许医疗机构、医务人员或者患者对医疗损害责任的归责原则、责任构成、举证责任等强行规定经过协议而改变，也不允许侵权人将自己应当承担的侵权责任转嫁他人，更不允许侵权人拒绝承担侵权责任。

3. 医疗损害责任法调整的对象是医疗机构与患者之间，基于医疗损害而发生的民事法律关系。在医疗领域中，也不是所有的法律关系都由医疗损害责任法进行调整，只有医疗机构及其医务人员作为一方、患者作为另一方构成的医疗损害赔偿法律关系,才由医疗损害责任法调整。因此,医疗机构和患者在履行医疗服务合同关系中,医疗机构一方造成了患者损害,产生了医疗损害赔偿的法律关系,医疗损害责任法对其进行规范。至于医疗机构与患者之间一般的法律关系,并不由医疗损害责任法调整,而由我国的《合同法》《医疗责任法》等法律调整。

4. 医疗损害责任法调整范围的有限性。侵权责任法的内容非常广泛,涉及范围特别宽,几乎包括了社会生活的各个领域。而医疗损害责任法是侵权责任法的一部分,只是涉及医疗领域的侵权责任法,并不涉及其他领域。即使在医学领域,医疗损害责任法也并不是调整全部。

## 第二节　医疗损害责任

### 一、医疗损害责任的分类

在理论上医疗损害责任的类型,分为医疗伦理损害责任、医疗技术损害责任和医疗产品损害责任。《侵权责任法》第55条至第59条分别规定了这三种医疗损害责任的类型,构成了医疗损害责任完整的类型体系。

（一）医疗技术损害责任

《侵权责任法》第57条规定了医疗技术损害责任:"医务人员在诊疗活动中未尽到与当时的医疗水平相应的诊疗义务,造成患者损害的,医疗机构应当承担赔偿责任。"医疗技术损害责任是医疗机构及医务人员具有医疗技术过失的医疗损害责任类型。医疗技术损害责任,是指医疗机构及医务人员从事病情的检验、诊断和治疗方法的选择,治疗措施的执行,病情发展过程的追踪以及术后照护等医疗行为时,存在有不符合当时既存的医疗专业知识或技术水准的过失行为,医疗机构应当承担的损害赔偿责任。

医疗技术损害责任适用过错责任原则。证明医疗机构及医务人员的医疗损害责任的构成要件,须由原告,即受害患者一方承担举证责任,即使是医疗过失要件也由受害患者一方负担。

（二）医疗伦理损害责任

《侵权责任法》第55条规定了违反告知义务的损害责任,是医疗伦理损害责任的基本类型;第62条规定的违反保密义务的损害责任也是医疗伦理损害责任的类型。医疗伦理损害责任,是指医疗机构及医务人员从事各种医疗行为时,违反了医疗职业良知或职业伦理应遵守的规则,未对患者充分告知或者说明其病情,未提供病患及时有用的医疗建议,未维护患者与病情相关的隐私权,或未取得病患者同意,即采取某种医疗或停止继续治疗措施等行为,医疗机构应当承担的损害赔偿责任。

医疗伦理损害责任的核心,是具有医疗伦理过失。第55条第2款规定违反告知义务造成患者损害的,就构成违反告知义务的医疗伦理损害责任。在诉讼中,对于损害的界定,应当包括造成患者人身实质性损害和造成患者精神性权利即自我决定权的损害;对于医疗伦理损害责任构成中的医疗违法行为、损害事实以及因果关系的证明,由受害患者一方负责证明。在此基础上实行过错推定,将医疗过失的举证责任全部归之于医疗机构,医疗机构一方认为自己不存在医疗过失，须自己举证，证明自己的主张成立，否则应当承担赔偿责任。

（三）医疗产品损害责任

《侵权责任法》第59条规定了医疗产品损害责任。医疗产品损害责任，是指医疗机构在医疗过程中使用有缺陷的药品、消毒药剂、医疗器械以及血液（包括血液制品）等医疗产品，造成患者人身损害，医疗机构或者医疗产品生产者、销售者应当承担的医疗损害责任。

医疗产品损害责任是特殊的产品责任，医疗机构也是这种侵权损害赔偿责任法律关系的一方责任人，与制造有缺陷医疗产品的生产者承担连带责任。

《侵权责任法》规定了上述三种不同的医疗损害责任，使医疗损害责任构成了一个完整的类型体系，概括了全部的医疗损害责任的类型，既借鉴了法国关于医疗科学过失和医疗伦理过失的科学分类方法，又体现了我国医疗产品损害责任的特殊规则，是一个完美的医疗损害责任的类型体系。

## 二、医疗损害责任的构成要件

（一）医疗机构及医务人员的违法行为

医疗机构及其医务人员在诊疗活动中的违法诊疗行为是构成医疗损害责任的首要要件。这里的医疗机构是指从事疾病诊断、治疗活动的医院、卫生所、疗养院、门诊部、诊所、卫生所（室）以及急救站等机构。这里的医务人员包括医师、护士和其他与诊疗活动有关的相关工作人员，如救护车的调度、驾驶、跟班救护人员。这里的诊疗行为是指医疗机构及其医务人员通过各种检查，使用药物、器械及手术等方法，对疾病作出判断和消除疾病、缓解病情、减轻痛苦、改善功能、延长生命、帮助患者恢复健康的临床医学实践行为。医疗机构及其医务人员没有尽到必要的注意义务，违反了不得侵犯患者生命权、健康权和身体权的法定义务。

（二）患者受到损害

包括患者的生命权、健康权或者身体权等遭受侵害；患者因此造成的财产利益损失；以及患者或其近亲属遭受的精神损害。如根据我国《侵权责任法》第62条规定："医疗机构及其医务人员应当对患者的隐私保密。泄露患者隐私或者未经患者同意公开其病历资料，造成患者损害的，应当承担侵权责任。"

（三）患者损害的追诉

医务人员的诊疗行为与患者遭受人身损害之间存在因果联系。医务人员在诊疗过程中因药品、消毒药剂、医疗器械的缺陷，或者输入不合格的血液造成患者损害的，患者可以向生产者或者血液提供机构请求赔偿，也可以向医疗机构请求赔偿。患者向医疗机构请求赔偿的，医疗机构赔偿后，有权向负有责任的生产者或者血液提供机构追偿。

（四）医疗机构及医务人员存在过错

医务人员在诊疗活动中未尽到与当时的医疗水平相应的诊疗义务，造成患者损害的，医疗机构应当承担赔偿责任。

判断医疗机构及其医务人员是否存在过错，应该以行为人是否尽到与诊疗行为发生时的医疗水平相应的注意义务为标准。我国《侵权责任法》第58条规定了推定医疗机构有过错的三种情形：（1）违反法律、行政法规、规章以及其他有关诊疗规范的规定。（2）隐匿或者拒绝提供与纠纷有关的病历资料。（3）伪造、篡改或者销毁病历资料。对此，医疗机构可以提出反证明证明自己没有过错。

### 三、医疗损害赔偿责任的承担

#### （一）医疗损害责任的赔偿主体

患者在诊疗活动中受到损害，医疗机构及其医务人员有过错的，由医疗机构承担赔偿责任。医疗机构作为医疗损害责任的赔偿主体，为医务人员违反诊疗规定的行为以及所使用的医疗产品造成患者损害的承担侵权责任。

#### （二）医疗机构承担赔偿责任的情形

**1. 未尽到说明义务**

医务人员在诊疗活动中应当向患者说明病情和医疗措施。需要实施手术、特殊检查、特殊治疗的，医务人员应当及时向患者说明医疗风险、替代医疗方案等情况，并取得其书面同意；不宜向患者说明的，应当向患者的近亲属说明，并取得其书面同意。

医疗机构及其医务人员告知义务的范围主要是对患者作出决定具有决定性影响的信息，具体包括如下内容：（1）就诊医疗机构和医务人员基本情况和医学专长包括医疗机构的基本情况、专业特长，医务人员的职称、学术专长、以往治疗效果等。（2）医院规章制度中与其利益有关的内容。（3）医疗机构及其医务人员的诊断手段、诊断措施。（4）所采用的治疗仪器和药品的疗效、副作用等问题。（5）手术的成功率、目的、方法、预期效果、手术过程中可能要承受的不适和麻烦以及手术不成功可能想象到的后果、潜在危险等。（6）患者的病情。（7）患者所患疾病的治疗措施。即可能采用的各种治疗措施的内容、通常能够达到的效果、可能出现的风险等。（8）告知患者需要的费用。

医务人员未尽到此义务的，造成患者损害的，医疗机构应当承担赔偿责任。

**2. 未尽到与当时医疗水平相应的诊疗义务**

医务人员的注意义务是最基本的义务，要求医务人员在诊疗活动中积极履行其应尽的职责，对其实施的每一个环节所具有的危险性加以注意。医疗机构及其医务人员对患者及家属有义务具备相同时间、地域等客观条件下医务人员通常所应具备的医学知识和技术；有义务使用相同时间、地域等客观条件下医务人员在诊疗同类疾病时所使用的技术；有义务在诊疗活动中做出最佳合理的判断。医务人员如果在诊疗过程中出现未尽医疗活动中不良结果的预见义务或未尽医疗活动中不良结果的回避义务以及未尽医疗活动中的转诊、会诊义务等情形时，视为其未尽医师注意义务。正如我国《侵权责任法》第57条规定："医务人员在诊疗活动中未尽到与当时的医疗水平相应的诊疗义务，造成患者损害的，医疗机构应当承担赔偿责任。"

**3. 泄露患者隐私**

隐私是一种与公共利益、群体利益无关，当事人不愿他人知道或他人不便知道的个人信息，当事人不愿他人干涉或他人不便干涉的个人私事，以及当事人不愿他人侵入或他人不便侵入的个人领域。隐私权是指自然人享有的私人生活安宁与私人信息秘密依法受到保护，不被他人非法侵扰、知悉、收集、利用和公开的一种人格权，而且权利主体对他人在何种程度上可以介入自己的私生活，对自己是否向他人公开隐私以及公开的范围和程度等具有决定权。

我国《侵权责任法》第62条规定："医疗机构及其医务人员应当对患者的隐私保密。泄露患者隐私或者未经患者同意公开其病历资料，造成患者损害的，应当承担侵权责任。"根据这一规定，侵犯患者隐私权的情形包括以下方面：（1）超出诊疗需要的知情范围刺探患者的隐私。（2）故意泄漏、公开、传播、侵犯患者的隐私。（3）以非诊疗需要知悉患者的隐私。（4）直接侵入患者的身体侵犯其隐私。（5）未经患者同意允许实习生观摩。（6）未经患者同意公开其病历等有关资料等。

医疗机构侵犯患者的隐私权的民事责任同一般侵权责任相同，主要包括停止侵害、恢复名誉、消除影响、赔礼道歉、赔偿损失（包括精神损害赔偿）。

### 四、医疗损害责任的免责规定

《侵权责任法》规定了医疗损害责任的6项免责事由，符合这些规定的情形的，应当免除医疗机构的赔偿责任。

#### （一）患者或者其近亲属不配合医疗机构进行符合诊疗规范的诊疗

1. 患者及其家属缺乏医疗卫生常识，经医务人员详细解释仍无效。
2. 患者及其家属不如实提供病史。
3. 患者及其家属不配合检查。
4. 患者及其家属不遵守医嘱。
5. 患者及其家属不服从医院管理。

在上述5种情形中，如果医疗机构及其医务人员也有过错的，不免除医疗机构及其医务人员的赔偿责任。

#### （二）紧急情况下医疗措施的实施

医务人员只要按照紧急救治措施的医疗操作规范实施诊疗行为，虽然没有按照平常规定尽到注意义务，也应当免责。

紧急情况下实施医疗措施免责。免责需要具备两个条件：（1）抢救生命垂危的患者等紧急情况。现行的医疗法规规章对于"紧急情况"的界定为：患者因疾病发作、突然外伤受害及异物侵入人体内，身体处于危险状态或非常痛苦的状态，在临床上表现为急性外伤、脑挫伤、意识消失、大出血、心绞痛、急性严重中毒、呼吸困难、各种原因所致的休克等。（2）医务人员在紧急情况下已经尽到合理的注意义务。尽到合理的注意义务是指医疗机构及其医务人员已经尽到了一个合理的、谨慎的应尽的义务。

紧急情况实施相应医疗措施的程序。《侵权责任法》第56条规定：因抢救生命垂危的患者等紧急情况，不能取得患者或者其近亲属意见的，经医疗机构负责人或者授权的负责人批准，可以立即实施相应的医疗措施。该条的立法宗旨是从人道主义出发，赋予医疗机构的免责救助权。其需同时满足以下三点：（1）必须是在紧急情况下。（2）不能取得患者或者其近亲属的意见。（3）紧急救助权决定人是特定的，即是医疗机构的负责人或者授权的负责人。

#### （三）限于当时的医疗水平难以诊疗

1. 当时的医疗水平为相对意义上的概念。即指本地区、本部门的，而非绝对意义上的。不得用现在的医疗科学技术认定过去的医疗行为是否有过错。

2. 因患者个体差异、疾病自然转归。
3. 并发症。即：继发在原发病之上，难以预见或虽能够预见但难以避免或防范的。

### （四）不可抗力因素导致的损害

因不可抗力造成他人损害的，不承担责任。法律另有规定的，依照其规定。不可抗力是指不能预见、不能避免并不能克服的客观情况。

### （五）正当防卫造成的损害

因正当防卫造成损害的，不承担责任。正当防卫超过必要的限度，造成不应有的损害的，正当防卫人应当承担适当的责任。为了使国家、公共利益、本人或者他人的人身、财产和其他权利免受正在进行的不法侵害，而采取的制止不法侵害的行为，对不法侵害人造成损害的，属于正当防卫。

### （六）紧急避险造成的损害

因紧急避险造成损害的，由引起险情发生的人承担责任。如果危险是由自然原因引起的，紧急避险人不承担责任或者给予适当补偿。紧急避险采取措施不当或者超过必要的限度，造成不应有的损害的，紧急避险人应当承担适当的责任。紧急避险是行为人为了使国家、公共利益、本人或者他人的人身、财产和其他权利免受正在发生的危险，不得已采取的以损害较小的合法权益来保全较大的合法权益的行为。

## 第三节　医疗纠纷案件的举证规则

举证责任，是指法律规定，在案件的真实情况难以确定的情况下，由一方当事人提供证据予以证明，如果其提供不出证明相应事实情况的证据，则承担败诉及不利后果的制度。

2001年12月6日，最高人民法院审判委员会第1201次会议通过了《最高人民法院关于民事诉讼证据的若干规定》，并于12月21日公布，自2002年4月1日起施行。该规定第4条的第8款规定，因医疗行为引起的侵权诉讼，由医疗机构就医疗行为与损害结果之间不存在因果关系及不存在医疗过错承担举证责任。

最高人民法院这一司法解释，是基于我国《民事诉讼法》中关于举证责任的立法规定过于原则，在实践中缺乏可操作性，无法解决在实践中出现的各种举证责任问题，而且由于法官的素质不一，对于证据采信时随意性比较大，该司法解释可以明确规定法官在采信证据时的行为。此外，从本质上，如果双方当事人证据势均力敌，在法官无法判定的情况下，举证责任分配给谁，对谁就不利。所以，举证责任的分配反映的是价值取向，这个价值取向包括三个方面：一是民法更加转向维护社会的稳定性，法律要向弱势群体倾斜，使他们获得赔偿的机会；二是主张诚实信用原则；三是考虑到特殊领域的支配能力，即在某个特殊领域中，如果加害人更加了解情况，更容易接近证据，而受害人无法知道，无法举证，那么受害人不承担举证责任。在医患关系中，患者是相对弱势群体，医疗机构在举证时，有比患者更多的便利条件，在取得证据的能力上优于患者，所以法律是向弱势的患者倾斜。根据上述原因，在医疗事故纠纷司法诉讼中实行举证责任倒置符合司法实践的发展，保护了作为患者方面的弱势人群。

### 一、医疗机构的举证规则

根据医疗纠纷引起的诉讼中的举证原则，医院方面进行举证的目的在于证明自己的行为与原告方的损害结果没有因果关系以及不存在过错等，因此，医院方面在证明医疗行为与后果之间无因果关系，医疗行为无过错的时候适用举证责任倒置。

根据我国《民法通则》有关规定，一般构成侵权行为要有4个要件：行为人的行为有违法性；行为人有主观过错；有损害结果；违法行为与损害结果有因果关系。

在分配举证责任上，要求医疗机构就医疗行为与后果之间无因果关系、医疗行为无过错两个要件承担举证责任。因此在举证中，并不是所有的证据都需要医院方面举证，但需要注意的是，医疗机构在无过错举证中，目前实行的法人责任和雇员责任应当是替代责任，也就是说雇员的责任应当由法人承担。所以，医疗机构在抗辩时，不能只说该医生有执业资格，是合格的医生，仅仅这样是不能免责的，而应该运用医学科学知识，对疾病的认知，是否遵守知情原则等方面来证明医生和医院无过错。同时，医疗机构要对患者的权益和义务了解，才能在抗辩中合理地承担举证责任倒置的义务。

根据该规则，医疗机构除了承担医疗行为与损害结果之间不存在因果关系及不存在医疗过错进行举证之外，仍需要对其他的事实进行举证，适用的原则是我国民法所要求的"谁主张，谁举证"。

对医疗案件实行举证责任倒置，一方面，发挥了医院方面的技术优势，相对患者方面，医院掌握了丰富的医学科学知识，让医院方面承担技术上的举证责任，可以更好地保护弱势患者群体的权益，维护法律的公平、公正；另一方面，对医疗机构而言，可以促使他们增强其责任心，遵守诊疗护理规范，培养良好的职业道德以及守法意识，以及在工作中自觉地去规范执业的主动性。

## 二、患方的举证规则

在医患纠纷引起的诉讼中，实行举证责任倒置对于弱势的患者方面无疑提供了有力的法律救济，减轻了举证责任，体现了公平、公正的司法原则。但根据该规则，并不意味着患者方面不需要承担任何举证责任，患者方面仍然需要对诉讼成立要件的部分事实负举证责任。患者方面需要对自己的主张，做一些事实上的举证，仍有举证的责任和义务，如患者方面起诉时要有诉讼证据，提出主张时也要有相对人、机构损害等证据和要求赔偿的证据等。医疗纠纷中因医疗行为引起的侵权诉讼中的主要举证责任分配如表16-1。

表16-1 举证责任分配

| 争议问题 | 举证责任分配 | 适用原则 |
|---|---|---|
| 当事人身份 | 各自自行举证 | 谁主张，谁举证 |
| 存在医疗行为 | 原告 | 谁主张，谁举证 |
| 不存在医疗行为 | 被告 | 谁主张，谁举证 |
| 医疗行为和后果关系 | 被告 | 举证责任倒置 |
| 损害结果存在 | 原告 | 谁主张，谁举证 |
| 损害结果不存在 | 被告 | 谁主张，谁举证 |
| 损害结果的程度 | 原告 | 谁主张，谁举证 |
| 医疗行为无过错 | 被告 | 举证责任倒置 |
| 患者存在过错 | 被告 | 谁主张，谁举证 |

患者方面需要对自己的主张，做一些事实上的举证，仍有举证的责任和义务，如患者方面起诉时要有诉讼证据，提出主张时也要有相对人、机构损害等证据和要求赔偿的证据等等。

### 三、病历资料的相关规定

#### 1. 病历资料的填写与保管

病历是指患者在医院中接受问诊、查体、诊断、治疗、检查、护理等医疗过程的所有医疗文书资料,包括医务人员对病情发生、发展、转归的分析、医疗资源使用和费用支付情况的原始记录,是经医务人员、医疗信息管理人员收集、整理、加工后形成的具有科学性、逻辑性、真实性的医疗档案。

医疗机构及其医务人员应当按照规定填写并妥善保管住院志、医嘱单、检验报告、手术及麻醉记录、病理资料、护理记录、医疗费用等病历资料。发生医疗争议时,医疗机构和患者都有举证的义务,由医疗机构保管的病历资料是医疗技术鉴定中记录医疗行为和医疗过程的重要文书,因此,必须保证病历内容客观、真实、完整,对病历要实施科学管理。

关于急诊抢救病历书写。门诊病历应即时书写,在患者每一次就诊的同时即可以书写完成。急诊病历应在接诊同时或处置完成后及时书写。住院病历中入院记录或住院病历应在患者入院后 24 小时内完成,首次病程记录和术后首次病程记录要及时记录。

卫生部(现卫生和计划生育委员会)早在 1982 年制定的《医院工作制度》对病历的书写和保管都作了规定,但原有的病案书写、保管等相关规定已不能适应新形势的需要,因此,卫生部对病案的书写规范和管理工作提出了新的要求,即,病历书写规范分为住院病历、门诊病历、急诊病历和病历质量评价四部分。病历内容要真实完整,重点突出,条理清晰,有逻辑性、科学性,要使用医学术语书写,文字要通顺简练、字迹清晰,无错别字、自造字及非国际通用的中、英文缩写,涉及的数字要使用阿拉伯数字,重点内容以不同颜色书写或标记,病历内容不得随意涂改。

#### 2. 病历资料的查阅与复制

病历属于医药卫生科技档案,是国家档案的重要组成部分。《档案法》、《档案法实施办法》和《医药卫生档案管理暂行办法》中对于档案、病历的保管均作出了规定。医疗机构要设置专门部门,配备专职人员负责病历资料的收集、整理、分类、质量检查、统计分析、检索、保管等工作,并提供设备、设施等支持条件;建立病历保管、统计、借阅等相关管理制度,鼓励病历信息资源的开发利用。

患者要求查阅、复制前款规定的病历资料的,医疗机构应当提供。医疗机构必须做到以下几点:

(1) 医疗机构必须要有,不能隐匿。
(2) 医疗机构必须要按照规定填写。
(3) 医疗机构必须妥善保管。
(4) 在患者提出要求的时候,医疗机构必须向患者提供以查阅、复制。

医疗机构不履行这些义务,就是过错。有过错、有损害,就应承担赔偿责任。这些客观病历包括:住院志、医嘱单、检验报告、手术及麻醉记录、病理资料、护理记录、医疗费用等病历资料。《侵权责任法》第 58 条规定:"医疗机构隐匿或者拒绝提供与纠纷有关的病历资料,以及伪造、篡改或者销毁病历资料,患者因此受到损害的,推定医疗机构有过错。"

## 第四节 医疗损害责任赔偿

《侵权责任法》的实施将给医疗案件及医疗行为带来很多变化和影响，具有历史性、进步性意义，弥补了《医疗事故处理条例》规定存在的不足。特别是第七章以单独章节的形式，用11个条文专门规定了"医疗损害责任"，把医患之间难解的复杂关系，置于法律条文的框架下，试图重建医患关系，是我国首次以法律的形式规定医疗损害责任。对解决当今社会越来越多的医患纠纷，维护医患双方合法权益，构建和谐医患关系提供了强有力的法律保障。

### 一、侵权损害赔偿

#### 1. 医疗机构侵权损害赔偿

关于药品、消毒药剂、医疗器械的缺陷，或者输入不合格的血液造成患者损害责任承担问题，《侵权责任法》第59条规定，患者可以向生产者或者血液提供机构请求赔偿，也可以向医疗机构请求赔偿。患者向医疗机构请求赔偿的，医疗机构赔偿后，有权向负有责任的生产者或者血液提供机构追偿。这个规定与《产品质量法》有关缺陷产品的规定相似，对医药生产企业的影响比较大。但该条只规定了生产者，没有规定销售企业的赔偿责任，因为药店不是医疗机构，假如患者去药店购买进口药，则患者无法以《侵权责任法》向药店主张赔偿责任。

#### 2. 患者隐私侵权损害赔偿

《侵权责任法》第62条规定：医疗机构及其医务人员应当对患者的隐私保密。泄露患者隐私或者未经患者同意公开其病历资料，造成患者损害的，应当承担侵权责任。随着我国生物医学模式向社会医学模式的转型，有关医学科学与社会科学的问题将越来越受到重视，隐私权问题便是其中的一个方面，患者隐私权写入法律也是我国人权进步的体现。

#### 3. 对医疗行为限制的规定

《侵权责任法》第63条规定，医疗机构及其医务人员不得违反诊疗规范实施不必要的检查。过度检查有两个原因，一是医疗机构搞创收；二是医务人员为了自我保护。这是一个保护患者权益的一个规定，但患者对诊疗规范的可及性是一个很大的问题。《侵权责任法》提到的医疗水平本身就是不好确定的因素，各地各级医院的医疗水平也难以统一。

(1) 过度医疗。是指医疗机构或医务人员违背临床医学规范和伦理准则，不能为患者真正提高诊治价值，只是徒增医疗资源耗费的诊治行为。或者说，在治疗过程中，不恰当、不规范甚至不道德，脱离病人病情实际而进行的检查、治疗等医疗行为。简单说，过度医疗是超过疾病实际需求的诊断和治疗的行为，包括过度检查、过度治疗。过度医疗不是诊治病情所需，起码不是诊治病情完全所需。过度医疗是与道德相违背的，是法律以及相关制度被禁止的。

(2) 拒绝小病大治。近年来，看病贵已成为群众意见普遍较大的问题，一些医疗机构以经济利益为目的，对就诊病人实施不必要的检查，小病大治，开具大处方，形成天价医疗费用，看个感冒要几千元，受点小伤就几乎要做"全身检查"，这样的事情早已不是新闻，造成患者不必要的损害和损失。《侵权责任法》第63条的这项规定，扩大了对就诊患者的保护力度和范围，加强了对医疗机构的规范和约束，对于控制和降低人民群众反映强烈的医疗费用过高的问题，具有十分重要的意义。

## 二、禁止患者"医闹"的法律规定

《侵权责任法》第64条规定：医疗机构及其医务人员的合法权益受法律保护。干扰医疗秩序，妨害医务人员工作、生活的，应当依法承担法律责任。

其实，这个禁止"医闹"的规定可能起不了多大的作用。因为"医闹"现象有其深层次原因，既有道德的原因，也有体制性原因；既涉及情感，也混杂利益。"闹"在某些情况下也是患者家属的无奈之举。当"闹"给人们的印象似乎还是高效实际的解决医疗纠纷的方法时，估计"医闹"现象短时间内还会存在。杜绝"医闹"现象有待于医疗鉴定的公正性和透明度的提高，有待于人们的医疗知识普及化和可及性的提高。

### 思考题

1. 简述侵权责任法保护的民事权利。
2. 一般侵权责任应该包括哪些构成要件？
3. 侵权责任的承担方式都有哪些？
4. 试述医疗损害责任的构成要件。
5. 试述医疗损害责任中的过错判断标准。
6. 案例：某日，产妇马女士在马路上突然感觉下腹疼痛、临盆在即，被周围群众送到该市妇幼保健医院。生产过程中，医院发现马女士 C3P041 周宫内孕头位活胎、头盆不称，遂决定实施剖腹产手术。但手术具有一定的危险性，可能导致手术中出血、损伤临近器官、术后感染粘连出血等不良后果。当时马女士已经昏迷，而马女士的亲属又联系不上。为了挽救患者性命，医院为马女士实施了剖腹产手术，剖宫产下了一名男婴。手术过程中由于患者出血不止，阔韧带血肿，导致失血性休克，子宫卒中，紧急情况下经过院长批准，对马女士实施了子宫次全切术。手术后，马女士却以医院未经自己同意无故切除子宫、卵巢为由向该妇幼保健医院索赔，将其告上了法庭。

(1) 此案中被告该妇幼保健医院是否违反了法律规定？为什么？

(2) 被告该妇女幼保健医院是否应该承担什么责任？法律依据是什么？

（分析思路：合理诊疗的免责案例。在当时马女士已经昏迷而其亲属又联系不上的紧急情况下，为了挽救患者性命，医院基于救死扶伤的医道精神为马女士实施了剖腹产手术以及子宫次全切术，最终使得马女士的生命得以保全，符合紧急救助义务的实体构成要件。同时，此项紧急救助义务的履行也完全符合其程序要件，经过了医院负责人即院长的批准。根据《侵权责任法》第56条及《医疗机构管理条例》第33条的相关规定，医院对张女士所采取的相应医疗措施是符合法律规定的，马女士不应追究医院的法律责任。）

# 第十七章

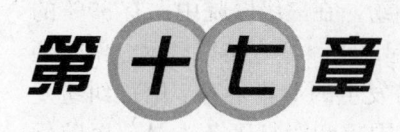

# 医疗事故处理法律制度

**本章导引**

本章学习《医疗事故处理条例》的基本内容、基本概念和法律特征。掌握医疗事故的分级制度。熟悉医疗意外的性质和处理方法。了解医疗事故的鉴定制度、工作程序、赔偿范围、赔偿标准、行政处理与监督法律责任。

医疗纠纷案件中包括许多复杂的内容,是目前一个比较热门的话题,牵动着每一个家庭的利益。医疗纠纷并非一定是医疗事故,也有非医疗事故;医疗事故可以导致纠纷,也可以不发生纠纷,非医疗事故也同样可以发生纠纷。有医疗问题导致的纠纷,也有非医疗问题引起的纠纷;还有其他产品质量及经济问题引起的纠纷。有时诸多的问题常互相交织在一起,互为因果,互相作用,增加了医疗纠纷审理的难度及复杂性。

## 第一节 概述

### 一、国内外医疗纠纷的现状

（一）国内医疗纠纷的现状

我国的医疗纠纷自 20 世纪 90 年代以来,各地市卫生行政部门的资料表明,每年接待的纠纷案件几乎是呈逐年上升成倍数增长之势。如果以医疗纠纷数量作为统计依据,北京 1600 万常住人口计算,医疗纠纷平均每百万人口发生的数量,2005 年为 50 件,2006 年是 77 件,2007 年是 100 件。北京平均每百万人口发生的医疗纠纷数量,接近德国 10 年前的平均水平。所以,今后若干年内,医疗纠纷增长不可避免。

医疗纠纷的影响面大,造成医患矛盾激化,发生医患恶性事件,毁坏医院设备事件时有发生。据上海市 60 所医院调查统计,5 年中因医疗纠纷发生殴打医务人员事件 49 起,因医疗纠纷未及时有效解决,陈尸医院的就有 25 起,其中较长时间陈尸约占 10%—20%。在这些纠纷中,严重差错者占 30% 左右,也就是说约有 50% 是医务人员不同程度存在过失,其他属于医患间缺乏沟通与理解、认识误差、服务态度、收费分歧等。在所有纠纷中,通过法律解决的仅占 10.8%,而双方协商解决,最后医院做出让步赔款占 46%。在 326 所医院中,医院的公物被打砸占 43.86%,对医院的设施直接造成破坏占 35.58%,医务人员受伤占 34.46%。

中华医院管理学会维权部2001年度对全国326所医院进行了医疗纠纷状况的调查，发现医疗纠纷发生率为98.47%，几乎没有几家医院未发生过纠纷。在三级医院中，有39%的医院在一年内发生10~30起纠纷，有24.5%的医院发生30起以上。调查结果显示，索赔额相当惊人，平均每所医院年索赔金额在21万元以上。从纠纷发生的形势来看，医疗纠纷发生之后，常常是患者家属纠集许多人到医院乱吵乱闹，谩骂围攻和殴打医务人员、医院领导，甚至在医院内的公众场合摆花圈、烧纸、停尸等方法。许多纠纷并不希望通过法律解决，只想扩大事态，逼迫医院让步，达到索赔的目的。医疗纠纷已经成了严重影响正常医疗秩序和医务人员安全的问题，足以引起社会的重视。

我国台湾省医疗事件近年来也呈上升趋势，据统计，11%的医师在最近一年里曾遇到医疗纠纷；26%的医师在过去的5年中曾遇到医疗纠纷；44%的医师在行医生涯中遇到医疗纠纷。台湾的医疗事件补偿额也非常惊人，1987—1992年经过法律手段解决的纠纷案件达800余件，医师补偿额的支出达2.7亿台币，花费在医疗纠纷方面的诉讼及其他支出累计达3.7亿台币。

（二）国外医疗纠纷的现状

同样在国外，医疗纠纷也呈上升增多的势头。如果以医疗纠纷数量作为统计依据，德国医疗纠纷根据最近几年统计数据，逐年递增，如1997年发生8884件，2001年发生10739件，到2003年是11053件。德国人口暂按8300万计算，平均每百万居民医疗纠纷投诉量，1997年为107件，2001年为129件，2003年为133件。德国是西欧经济和科技发达的国家之一，每年的医疗事故总数多达10万起，其中有2.5万起事故导致了病人死亡。德国人多选择调解的方式来解决医疗事故，而通过法院裁决案件中，仅有10%判定病人一方胜诉，而得到了民事赔偿；仅有0.3%的案件医生需要负刑事责任。由此可见，即使真正的医疗事故，需要承担刑事责任的医生也是少数的。美国每年约有近十万人死于医疗事故，这个数字相当于车祸和艾滋病死亡人数之总和，年损失达290亿美元。澳大利亚通过对28家医院住院病人的调查，发现有16.6%的患者在住院过程中曾蒙受到较严重的医疗缺陷，这些缺陷给病人造成不同程度的痛苦或经济负担，在对这些缺陷的分析中认为，其中51%是可以避免的。

（三）医疗纠纷增多的原因

近年来，医疗纠纷在国内呈上升的势头，医疗纠纷案件已成为社会关注的热点，以上这些来自不同国家、地区的数字提示，医疗纠纷事件并非孤立事件，是商品社会和法制社会必然要出现的问题，是全世界医学界都面临的一个十分正常的现象。与西方国家相比，我国尚属开始上升阶段，估计还要持续发展一个时期。所以，正确认识和处理医疗纠纷案件，是今后医疗机构、法律部门和社会各界需要研究解决的问题。

1. 人们法治观念的增强，用法律的手段保护自己权益的现象。这种观念上的变革对推动社会的法制建设，改变以往陈旧的观念无疑具有良好的促进作用。

2. 人们法治意识的增强，对医生的临床工作有了较大的约束作用。医生也开始注意运用法律来规范自己的医疗行为和服务理念，这对提高医疗质量，改变以往旧的服务模式是有良好作用的。

3. 完善法制建设，不能忽视医学工作者工作的权益和科学研究、科学探索大胆实践的基本权力，只有维护了医生这些基本的权利，才能够保证大多数人的利益，才能够使更多的人享受到医学科学的发展所带来的益处。

4. 强调保障患者的利益，而限制和束缚医生的工作行为，使医生都变得谨小慎微、如履薄冰、如临深渊，不敢承担风险，缺乏为挽救患者生命而奋力工作的精神，那就会使一些本来可以从死亡线上抢救回来的患者失去生命，使一些经过努力承担些风险可以治愈的疾病失去治愈机会。如果这样，不但使医学的发展速度减慢，而且会使更多的人无法在医学的进步中受益。这从司法角度讲，也违背了司法的重要价值，因为司法的作用正是为了维护大多数人的利益。

## 二、医疗事故处理立法

1987年6月29日国务院颁布了我国第一个处理医疗事故的专门法规《医疗事故处理办法》。1997年3月14日八届全国人大第5次会议修订通过的《中华人民共和国刑法》对发生严重医疗责任事故的医务人员做出了刑事处罚规定。1998年6月29日九届全国人大常委会第3次会议通过的《执业医师法》对造成医疗责任事故的医师做出了明确的行政处罚规定。

卫生部（现卫生和计划生育委员会）从1996年开始修订《医疗事故处理办法》。2000年6月将《医疗事故处理办法（修订稿）》正式上报国务院审议。2002年4月1日起，《最高人民法院关于民事诉讼证据的若干规定》明确规定了医疗行为侵权纠纷赔偿适用举证倒置原则，该项规定称："因医疗行为引起的侵权诉讼，由实施危险行为的人就其行为与损害结果之间不存在因果关系承担举证责任。"2002年2月20日国务院通过了新修订的《医疗事故处理条例》，该条例于2002年4月4日正式公布，并于2002年9月1日生效。

2002年8月，卫生部（现卫生和计划生育委员会）又分别颁布了《医疗机构病历管理规定》、《医疗事故技术鉴定暂行办法》、《医疗事故分级标准（试行）》、《医疗事故争议中尸检机构及专业技术人员资格认定办法》、《中医、中西医结合病历书写基本规范（试行）》、《重大医疗过失和医疗事故报告制度的规定》、《医疗事故技术鉴定专家库学科专业组名录（试行）》等配套法规。

# 第二节 医疗事故

按常理只要发生医疗事故，按照医疗事故处理条例和规定进行处理，不应该再有什么纠纷。但是，在实际处理过程中，医患双方常常在是不是事故、事故的等级如何及索赔方面纠缠不休。即使有明确的医疗事故标准，仍难免要出现纠纷，甚至纠纷久拖不决。因此，医疗事故仅是医疗纠纷的主要内容之一。

## 一、医疗事故的概念

### （一）医疗事故的概念

医疗事故（Medical Malpractice）是指医疗机构及其医务人员在医疗活动中，违反医疗卫生管理法律、行政法规、部门规章和诊疗护理规范、常规，过失造成患者人身损害的事故。

### （二）医疗事故的认定

医疗事故是在医疗活动诊疗护理过程中发生的事故，没有医疗活动内容的事故，不能称为医疗事故。所以事故是不是在医疗活动中发生的，是区分医疗事故和其他事故的关键。鉴于此，日常工作中应严格禁止医务人员在非紧急情况下和不合法的执业场所实施医疗活动，否则将涉嫌非法行医。

是不是医疗事故，应该从如下几个方面来认定：

1. **场合及责任人**

导致医疗事故的责任者，也就是医疗事故的主体，应该是所在的医疗机构及其医务人员。所谓医疗机构，是指按照国务院1994年2月颁发的《医疗机构管理条例》，已经取得了《医疗机构职业许可证》的正式机构。所谓医务人员是指依法取得执业资格的医疗卫生专门人员，包括医师、护士、技师等正规的医疗机构和有执业资格的医务人员；不包括江湖游医和一些没有法人资格的机构；也不包括离开医疗机构的医师、护士，以及在其机构之外从事医疗的行医活动。医疗场合必须是医务人员在医疗机构内行医，有执业许可证或者叫执业资格者在执业时发生的事故。

2. **行为有违法**

医疗事故责任者必须行为上有过失，主要是指责任人在医疗过程中，由于违反了正常的医疗程序和国家已颁布的医疗管理法律，如《执业医师法》、《传染病防治法》、《母婴保健法》、《献血法》、《药品管理法》、《精神药品管理办法》、《麻醉药品管理办法》、《血液制品管理条例》、《医疗机构管理条例》及和专业部门及本单位规定的诊疗护理常规等。取得执业资格的医务人员，就应当对这些常规熟练掌握，严格遵照执行。如果在医疗行为中完全按照上述规章制度办事，就等于没有过失，出现问题原则上不承担责任。但是，必须有确凿的证据证明自己是按照上述规章制度办事的；在通常情况下，只要完全按照这些法律规范办事，一般是不会出现问题的。但是，如果违反上述操作规范，就很可能要出现问题。因此，审理和确定医疗事故，是否在医疗事故的过程中发生，是重要的判定依据。

3. **过失并造成了损害**

医务人员或医疗机构确有过失并造成了患者人身的损害，并且这种损害是由于违法行为造成的后果，二者有必然的因果联系。如果患者已有损害事实，但医务人员并没有过失，是按照常规规范操作的，这种情况医务人员一般是不承担责任的。另一种情况，如果有过失，但过失与后果之间没有必然的联系，那么，是过失归过失，后果归后果，二者不能等同对待，或者联系在一起来处理。但是，过失行为造成的医疗损害与主观上故意的损害应当有区别，因为二者在性质上是完全不一样的。有时，医务人员可能存在着某种程度的过失行为，而并没有给患者造成损害的后果，这种情况不作为医疗事故来处理。此时，对医务人员的过失行为应该进行帮助教育，而不是追究刑事责任，这与医疗事故也是两回事。

按照上述原则，医疗事故只要性质等级确定，按照条例就应当没有什么纠纷了。但是，在实际的司法实践中，即使等级性质已经确定，常常是仍然存在着纠纷。纠纷的原因主要是在事故等级的认定和赔偿额度密切相关，医患双方往往存在着较大的差距，涉及纠纷的医患双方存在着不同认识。

处理医疗纠纷的关键是要按照《条例》办事，对医疗事故的性质做出明确的认定，只要医患双方都以《条例》为基础，依法办事就会较好地解决或避免医疗纠纷。

## 二、医疗事故的法律特征

### （一）医疗事故是违法违规的过失

1. **医疗有风险**

医疗有风险是一个客观事实，但法律对这种风险性质有一个明确的界限，即合法的风险和非法的风险。所谓合法的风险，是指医疗管理法律、法规、规章和诊疗护理规范、常规允许的风险；非法的风险，则是指医疗管理法律、法规、规章和诊疗护理规范、常规不允许的风险。对合法的风险，医务人员不承担任何责任，实行责任豁免；对非法的风险，医务人员要承担相应的责任。甄别合法风险和非法风险的标准就是在医疗活动中是否存在过失，也就是在诊疗护理中是否违反医疗管理法律、法规、规章和诊疗护理规范、常规。

法律、法规、规章一般是由不同的立法机构制定的规范性文件，而诊疗护理的规范、常规既包括卫生行政部门以及全国性行业协（学）会基于维护公民健康权利的原则，又包括医疗机构制定的本机构医务人员在进行医疗、护理、检验、医技诊断治疗及医用物品供应等各项工作应遵循的方法和步骤，医务人员在执业活动中必须严格遵守，认真执行的各种标准、规程、规范和制度。

**2. 医疗活动的风险**

(1) 来自于医学发展本身的阶段性、局限性。人类目前还没有真正、全面地认识自己，在医学上仍存在很多"盲区"和"误区"，所以，对许多疾病还处在不断探索过程中。

(2) 来自于医务人员对疾病的认识。由于医护人员技术水平不一，所以，采取医护措施的办法、时机、尺度等有异，自然医疗效果也就有可能不同。

(3) 来自于患者的疾病。疾病本身就是一种风险，诊疗护理实质上是在化解风险，在化解风险的过程中又产生了新的风险。

**(二) 医疗事故是医疗机构及其医务人员失职造成的**

国家对有权开展医疗活动的医疗机构和有权从事医疗活动的医务人员规定了严格的许可制度。医疗事故的主体必须是依法取得执业许可或执业资格的医疗机构及其工作人员，医疗事故是医疗机构及其医务人员失职造成的。未取得《医疗机构执业许可证》的单位和组织，未取得执业医师或护士资格的人，是非法行医的主体。凡未经卫生行政部门批准而开展的医疗活动，都属非法行医。非法行医造成患者身体健康损害的，不属于医疗事故，属于一般的过失人身伤害。患者由于自己的过错造成的不良后果，也不能认定为医疗事故。

**(三) 医疗事故是医疗机构给病员造成的人身损害**

在医疗活动中，由于各种原因难免会出现一些不良后果，有些不良后果在不同程度上给患者的健康带来了影响和痛苦，有的甚至造成了人身损害。所以，为了保护患者利益，《医疗事故处理条例》将造成患者死亡、残废组织器官损伤，导致功能障碍以及明显的人身损害的其他后果的，定性为医疗事故，并对造成医疗事故的责任人规定了明确的处罚。

医疗事故是医疗机构给病员造成人身损害，是过失违法行为的后果。所谓过失是指行为人行为时的主观心理不是故意伤害患者，即行为人在行为时，决不希望或追求损害结果的发生，但由于自己的行为违法，造成了人身损害后果。过失行为和损害后果之间存在的因果关联是判定医疗事故成立的重要因素。在某些时候，虽然医务人员存在过失行为，甚至也的确存在有损害结果，但该损害结果与过失行为之间并不存在因果关联，医疗事故因而也就不能成立。此外，因果关系的判定，还涉及到追究医疗机构及医务人员的法律责任以及确定对患者的具体赔偿数额等重要问题。

### 三、医疗事故的等级和医疗事故的分级

医疗事故的分级直接涉及患者的赔偿，涉及卫生行政部门对医疗事故行政处理和监督，

也涉及到各卫生行政部门之间的事故划分,因此,医疗事故的分级正确、公平是公正处理医疗事故的关键因素之一。

(一) 医疗事故的分级标准

《医疗事故处理条例》根据给患者身体健康造成的损害程度,将医疗事故分为4级:

1. 一级医疗事故,是指造成患者死亡、重度残疾的医疗事故。
2. 二级医疗事故,是指造成患者中度残疾、器官组织损伤导致严重功能障碍的医疗事故。
3. 三级医疗事故,是指造成患者轻度残疾、器官组织损伤导致一般功能障碍的医疗事故。
4. 四级医疗事故,是指造成患者明显人身损害的其他后果的医疗事故。

除上述4级医疗事故外,患者还可以对其他医疗过失造成的损害,提出损害赔偿要求。在实践中,无论是医疗机构还是人民法院,都有类似案例发生,有的医疗机构主动做了赔偿,有的医疗机构经人民法院裁决后做出赔偿。

(二) 医疗事故的等级标准

根据《医疗事故分级标准(试行)》条例,将以上4级医疗事故从一级甲等至四级共分12个等级。

1. 一级医疗事故,系指造成患者死亡、重度残疾。

(1) 一级甲等医疗事故:死亡。

(2) 一级乙等医疗事故:重要器官缺失或功能完全丧失,其他器官不能代偿,存在特殊医疗依赖,生活完全不能自理。

2. 二级医疗事故,系指造成患者中度残疾、器官组织损伤导致严重功能障碍。

(1) 二级甲等医疗事故:器官缺失或功能完全丧失,其他器官不能代偿,可能存在特殊医疗依赖,或生活大部分不能自理。

(2) 二级乙等医疗事故:存在器官缺失、严重缺损、严重畸形情形之一,有严重功能障碍,可能存在特殊医疗依赖,或生活大部分不能自理。

(3) 二级丙等医疗事故:存在器官缺失、严重缺损、明显畸形情形之一,有严重功能障碍,可能存在特殊医疗依赖,或生活部分不能自理。

(4) 二级丁等医疗事故:存在器官缺失、大部分缺损、畸形情形之一,有严重功能障碍,可能存在一般医疗依赖,生活能自理。

3. 三级医疗事故,系指造成患者轻度残疾、器官组织损伤导致一般功能障碍。

(1) 三级甲等医疗事故:存在器官缺失、大部分缺损、畸形情形之一,有较重功能障碍,可能存在一般医疗依赖,生活能自理。

(2) 三级乙等医疗事故:器官大部分缺损或畸形,有中度功能障碍,可能存在一般医疗依赖,生活能自理。

(3) 三级丙等医疗事故:器官大部分缺损或畸形,有轻度功能障碍,可能存在一般医疗依赖,生活能自理。

(4) 三级丁等医疗事故:器官部分缺损或畸形,有轻度功能障碍,无医疗依赖,生活能自理。

(5) 三级戊等医疗事故:器官部分缺损或畸形,有轻微功能障碍,无医疗依赖,生活能自理。

4. 四级医疗事故,系指造成患者明显人身损害的其他后果的医疗事故。

新的医疗事故处理条例较之旧法规适当扩大医疗事故的范围主要是基于如下考虑:(1) 有利于切实保护患者的合法权益,促进医疗机构提高医疗质量和服务水平。(2) 有利于医疗事故争议的解决。(3) 有利于与其他法律相衔接。

## 第三节 医疗意外

医学是一个探索性、实践性极强的学科。人类至今对很多疾病现象,认识仍然十分肤浅,对医学上许多问题的认识仍然很不完备,还有许多问题根本就没有认识。即使是有经验的医生,在对病人疾病诊断治疗程中,实际上也存在着许多对未知的探索。这就难免会出现意想不到的事情,也就是意外的发生。

从医学的角度讲,医疗意外期望减少到最低限度,但只要有医疗活动,就可能会发生意外。医疗意外有其突发性和难以预测性,一旦出现不良后果,患者及家属常常因缺乏应有的心理准备,加上对医学特殊性的不了解,就很有可能引起纠纷。尽管从医学角度讲,意外并非等同于医疗事故,并不是因为医疗和医务人员造成的。但是,一旦医疗意外发生,纠纷仍然难以避免。实践中,由于医疗意外导致的纠纷,在整个医疗案件中占有很大的比例。

### 一、医疗意外的含义

医疗意外(Medical Accidents)是指医务人员在对患者诊断治疗过程中,医务人员虽然是按照常规操作,并未违反有关法规及医疗操作的常规规定,但由于对疾病认识的不完备和疾病本身的复杂性,出现了原来意想不到或无法抗拒的特殊情况,并导致了不良的后果。这种情况称为医疗意外。

医疗意外一般包括以下含义:

1. 患者在诊疗过程中,确实发生了不良的后果,但是这种后果不是因为医务人员的失职或违规行为造成的。有时医务人员在整个医疗过程中完全尽心尽力,最后仍然出现了难以预料的后果;或者在诊疗过程中病情发生了突然的变化,医务人员及时采取了有效的救治措施,但仍没有挽回意外导致的不良后果,这是医务人员和患者及家属都不乐意看到的现象。

2. 虽然患者出现了不良后果,但并非医务人员由于技术的不熟练或技术能力达不到造成的,而完全是由于疾病的特殊情况和意想不到的原因造成的。

3. 医患双方预先都没有预想到,缺乏应有的心理准备,具有突发性、意想不到性的特点,尽管医务人员在主观和行为上没有任何过失,但是,一旦出现严重的不良后果,往往是使人难以接受。

4. 意外一旦发生,大多数后果比较严重,病人家属及病人周围的人由于缺乏应有的心理准备,常常对出现的严重后果难以接受和理解,因此比较容易导致医患纠纷。这种情况在目前许多长期无法解决纠纷案件中占大多数。

### 二、对待医疗意外的态度

医疗服务常常与患者的生命健康有关,对意外倍加重视是医务人员的责任。医生在医疗过程中应该千方百计、尽量地周密思考,在事前要准备有多种应对意外情况的方案。周密思考是希望把意外降低到最低的限度,或者是根本不发生意外。有预先的应付意外的方案,是为了一旦出现意外不至于措手不及,有及时的应对措施,把意外可能导致的不良后果降低到最小的限度。但是,作为病人和家属要对意外有充分的理解和认识,在保障自己的权益的时候,也要充分的理解到意外的不可抗拒性和意想不到性。但是事情的复杂性往往与期望相违背,医疗活动虽然是一项严密的科学实践活动,直接关系着人们生命安危,作为医务人员只能期望把风险、危险因素降低到最低限度。

正确对待医疗意外的态度:

1. 要实事求是,全面分析发生意外的原因及后果。
2. 要用科学的态度,正确评估医疗意外。
3. 要换位思考。假如自己是个医生(或者自己是个病人家属)应该如何对待?这样的换位思考,有时可能会更恰当地面对现实。
4. 根据当今科学的发展水平和社会上人们比较认同的水平,去权衡医疗意外。如果是理论上应当想到,而实际上却没有想到是不应当的。如果是由于失职、责任心不强,违反了常规,导致了不良的后果就不属于医疗意外,属于医疗事故。如果所面临的问题是全世界、全国医学界在理论上尚未认识的问题,应当作为医疗意外对待,即使因此出现了严重的后果,也应当给予充分理解。因此,对待医疗意外,不能和医疗事故和医疗差错同样对待,应当有所区别。
5. 作为医院及医务工作者,要有可能发生意外的思想和心理准备,无论多么简单的医疗行为,多么单纯的疾病,都要随时想到有可能发生意外的可能,要留有余地,意外可以不发生,但不可以不预防。
6. 要尽力找到发生意外的真实原因,从科学的角度找到证据。要达到此目的就需要医务人员不断学习新的理论知识,在临床上认真地观察思考,总结疾病新的规律,充实和扩大自己的知识面。把注意力放在预防意外发生和及时挽救意外的措施方面。作为患者及家属要对医疗意外有一个正确的认识,一旦发生要能够面对现实,实事求是的对待。

### 三、对医疗意外的处理

医疗意外属于医疗过程中的突发的预料未及的情况,有某些不可抗拒性,是意想不到的结果。由于意外常常会导致比较严重的后果,病人及家属往往难以接受,常误认为是由于医务人员过失造成的。因此,当面对严重的意外情况时,双方的情绪往往比较激烈,在对问题性质的认识上差距较大,有时即使司法介入处理起来也颇感棘手。

由于要弄清楚意外发生的原因及性质,其中涉及到许多医学知识和专业的特殊性。因此,在对意外的性质认定上,往往存在着的复杂的难以操作性。医疗机构医务人员往往仅从医学的特殊性和专业性方面来考虑问题,强调其不可抗拒性和难以预测性,而患者及其家属常常多从后果来思考问题。现实中,如果遇到医疗意外发生,要积极地为合理处理医疗意外,做好以下几个方面的工作。

#### (一)原始资料的封存

一旦发生意外,无论是医疗机构和患者,首要的是要迅速的封存有关医疗文件,避免丢失、破损或篡改,因为这是判定意外发生性质的原始依据。究竟是意外还是事故,到底是可以预见还是真的无法预见,主要通过这些原始的资料,才能够断定。因为在这些资料中,记录着患者发生意外的过程,同时也记录着医务人员是否违反了有关的法律和常规,是否存在着过失。因此如果这些资料被丢失、破损或篡改,也就等于失去了判定意外性质的依据,是非界限就难以划清。很显然判定是医疗意外还是医疗事故，主要的条件是医务人员是否遵循了有关的法律和常规。因此，这是最重要的一个环节，对医疗机构和患者都是重要的，因为既然双方认识上存在着差距，双方都要寻找支持自己意见的证据。

（二）意外性质的认定

判定是否是意外，应该在资料完整的情况下，由法定的医疗事故鉴定组织的专家根据原始资料及双方提供的证据，来认定其性质，因为医疗意外是一个专业性的问题，无论意外的大小及其后果的严重程度如何，都会涉及到许多医学的基础理论知识和实践经验以及国内外的前沿性理论和实验结果。只能由具有相当理论水平和实践经验的专家才能够根据事实材料来确定其性质。对待医疗意外，既不能完全以未想到的后果来定论，也不能有感情用事，更不能用想当然的方式从后果来推断医务人员是否存在着过失及责任问题。只有以事实为依据，把事情经过的事实结合医学科学的专业理论知识进行客观的分析，才能够确定其性质。由于医疗意外与医疗事故界限十分模糊，因此，对严重的医疗意外应当组织鉴定，才能确定其性质。

（三）意外的鉴定

意外一旦发生，应当根据法定鉴定组织的鉴定结论定是非。通常情况下，医疗意外一旦发生，患者及家属一方难免要多方咨询，如找某些医务人员了解事情的性质及真相，从专业角度作一些有关的准备，这当然是可以理解的，也是应当的。但是，自己选择的咨询对象无论是具有一定经验的专家，或者是一般的医务人员，他的意见都不能作为判定性质的依据。因为它不是法定的鉴定组织，即使所咨询的"专家"是法定鉴定组织的成员，只要不是在鉴定组织内发表的意见，也不能作为依据。因为其意见不是在公开的、正式的鉴定场合的意见，并不具备有法律的效应。

《条例》规定："医学会应当根据医疗事故争议所涉及的学科专业，确定专家鉴定组的构成和人数。专家鉴定组组成人数应为3人以上单数。医疗事故争议涉及多学科专业的，其中主要学科专业的专家不少于专家的鉴定组成员的1/2。"这里有三层含义：（1）鉴定员必须有医学会根据争议所涉及到的学科专业来确定参加鉴定人员的构成，其他人所指定的鉴定人是无效的，其他组织指定的专家鉴定也是无效的；（2）参加鉴定的专家人数必须是3人以上的单数，至少不能少于3人，由于要涉及到最后的表决，所以还专门要求的是单数；（3）医疗事故所涉及的学科专业于属于专业性的鉴定，必须由专业性的专家来定论。因为医学目前已经发展成为一个庞大的科学体系，临床上已分化出许多独立的专业，每一专业的专家很难对其专业以外领域的问题，作出准确的判定。因此，案件所涉及专业的人数也作了明确的界定，以保证鉴定的科学性。

《条例》规定："医学会应当提前通知双方当事人，在指定时间、指定地点，从专家库相关学科专业组中随机抽取专家鉴定成员。"这里也有两层含义：（1）双方当事人必须在指定的时间、指定的地点，也就是说，非指定的时间和地点，一些咨询性的鉴定或者是法定鉴定组织之外所作的鉴定，是无效的；（2）必须从专家库相关专业组中用随机的方式抽取专家组成员。

《条例》规定："医学会主持双方当事人抽取专家鉴定组员前，应当将专家库相关学科专业组中的专家姓名、专业、技术、职务、工作单位告知双方当事人。"由于纠纷涉及到双方，为了避嫌，在《条例》的第19条规定，医学会组织双方当事人组织鉴定前，必须将专家库相关专家的名单及基本情况告知双方的当事人，这样可以避免与某一方当事人有牵连的专家进入专家鉴定组织，其目的是保证其鉴定意见的公正性，并且在 20 条中还规定了回避和退出制度。

上述这些规定，都是为了保证鉴定的客观性。只要按照《条例》的有关规定，去组织鉴定，其结论就应当具有法律的效应。一旦性质确定，如不是事故而是医疗意外，医务人员在整个医疗过程中，没有存在过失，就应该以条例为准，不承担责任。

## 第四节　医疗事故的鉴定

### 一、医疗事故技术鉴定的提起

（一）医疗事故的技术鉴定机构

医疗事故的技术鉴定工作规定由医学会负责。我国医学会是指由医学科学工作人员、医疗技术人员等中国公民、医学科研组织、医疗机构等单位自愿组成，为实现会员的共同意愿，按照其章程开展活动的非盈利性医学社会组织，它是独立存在的社会团体法人，与任何机关和组织都不存在管理上的、经济上的、责任上的必然联系和利害关系，其权威性使我国现阶段的医疗事故的技术鉴定工作具备了专业性、中介性、客观性的条件。

设区的市级地方医学会和省、自治区、直辖市直接管理的县（市）地方医学会负责组织首次医疗事故技术鉴定工作。省、自治区、直辖市地方医学会负责组织再次鉴定工作。

（二）专家鉴定组的产生

医学会要承担起医疗事故的技术鉴定工作，应依法建立"鉴定专家库"一个庞大的、由高级医学及相关学科专家组成的专家储备库。

医疗事故技术鉴定由专家组成的专家鉴定组负责进行。组成鉴定专家组的专家，由双方当事人在医学会的主持下，从医学会建立的专家库中随机编号、等量抽取，专家由医学会抽取（保证单数），组长由组员推举或由最高专业技术职务者担任。入选鉴定专家库的专家必须是依法取得相应执业资格的医疗卫生专业技术人员，应具备良好的业务素质和执业品德，必须具有一定的资历和工作经验。医疗事故技术鉴定专家库，不受行政区域限制。这可以克服各个地区可能存在的技术能力的局限性，保证不同地区的专家库的实际鉴定能力和权威性，提高社会对医疗事故技术鉴定结论的信任度。

医疗事故技术鉴定过程中，专家回避的三种情形有：医疗事故争议当事人或者当事人近亲属；与医疗事故争议有利害关系；与医疗事故争议当事人有其他关系，可能影响公正鉴定的。

（三）医疗事故鉴定的提起

启动医疗事故技术鉴定程序的方式有三种：

1. 卫生行政部门接到医疗机构发生重大医疗过失行为的报告或医疗事故争议当事人要求处理争议的申请后，对需要进行医疗事故技术鉴定的，由卫生行政部门移交医学会组织专家鉴定组鉴定。

2. 医患双方协商解决医疗事故争议，需要进行医疗事故技术鉴定的，由双方当事人共同委托医学会组织专家鉴定组鉴定。

3. 人民法院受理医患纠纷相关案件后，应当事人的请求或自行决定将涉案医疗行为委托医学会进行医疗事故的技术鉴定。

## 二、医疗事故技术鉴定的原则

### （一）依法鉴定

是不是医疗事故，关键是看医疗行为有无违反医疗管理法律、法规、规章和诊疗护理规范、常规。专家鉴定组通过审查、调查，在弄清事实、证据确凿的基础上，综合分析患者的病情和个体差异，经过充分论证，审慎地做出相关医疗行为是否违法的结论，整个过程应依法进行。

### （二）独立鉴定

医疗事故技术鉴定本质上是一种医学辨别与判定，它应当尊重科学、尊重事实。在独立做出鉴定结论的过程中，不应受到医患双方或任何第三方的非法定的影响或干扰，以保证鉴定结论的科学、客观与公正。

### （三）实行合议制

医疗事故技术鉴定是由若干专家组成的专家鉴定组来完成的。由于医学科学本身的特殊性与复杂性，加之鉴定专家个人对疾病的认识存在着思维方式的不同，看问题的角度不同，关注的重点不同以及可能存在一定的认识盲点和误区，将难免在鉴定过程中出现认识上的不一致。即使经过认真分析，仍可能无法达成共识。这时，法律要求在充分讨论的基础上，通过表决，以超过半数成员的意见作为鉴定结论，少数人的意见也应该记录在案。通过这种合议制以最大限度地保证鉴定结论的客观与公正。

### （四）当事人参与

当事人参与技术鉴定是多方面的。当事人有权选择鉴定专家，在专家库中随机抽取专家组成鉴定组，可以要求自己不信任的鉴定专家回避，有权向专家鉴定组提供相关材料、陈述意见、进行辩护，并可以就有关物品及材料要求进行技术检验。

## 三、医疗事故技术鉴定

### （一）医疗事故技术鉴定的内容

#### 1. 医疗行为是否违反了医疗技术标准和规范

医疗技术标准和规范是诊疗护理的准则，遵守医疗技术标准和规范是医疗活动的基本要求，也是保证医疗质量的基本条件。

#### 2. 医疗过失行为与医疗事故争议的事实之间是否存在因果关系

所谓医疗过失行为，指的是违反医疗技术标准和规范的医疗行为。所谓医疗事故争议，是指患者对医疗机构的医疗行为的合法性提出争议，并认为不合法的医疗行为导致了医疗事故。

#### 3. 医疗过失行为在医疗事故中的责任程度

由于患者的病情轻重和个体差异，相同的医疗过失行为在造成的医疗事故中所起的作用并不相同，目前暂分为完全责任、主要责任、次要责任、轻微责任四种。

### （二）医疗事故技术鉴定的材料

医患双方在收到医学会接受鉴定申请通知之日起 10 日内向医学会提交下列材料：

1. 对医疗事故争议的书面陈述、申辩。
2. 病程记录、死亡病历讨论记录、疑难病历讨论记录、会诊意见、上级医师查房记录等病历资料原件、复印件。
3. 门诊病历、住院志、体温单、医嘱单、化验单（检验报告）、医学影像检查报告、特殊检查同意书、手术同意书、手术及麻醉记录单、病理报告单等病历资料原件、复印件。
4. 抢救结束后补记的病历资料原件。
5. 封存保留的输液、血液、注射剂、药物、医疗器械等实物，或者技术检验部门的检验报告。
6. 与医疗事故技术鉴定有关的其他材料。医学会应当自接到当事人提交的、有关医疗事故技术鉴定的材料、书面陈述及答辩之日起45日内组织鉴定并出具医疗事故技术鉴定书。

（三）医疗事故技术鉴定的结论

### 1. 处理医疗事故争议的依据

根据国务院《医疗事故处理条例》的规定，医疗事故技术鉴定结论是处理医疗事故争议的依据。医疗事故技术鉴定专家组，应当在医疗事故技术鉴定结论中体现以下方面：
（1）医疗行为是否违反医疗管理法律、法规、规章和诊疗护理规范、常规。
（2）医疗过失行为与医疗事故争议的事实之间是否存在因果关系。
（3）医疗过失行为在医疗事故中的责任程度。
（4）医疗事故的等级。

### 2. 医疗事故技术鉴定书内容

医疗事故技术鉴定书内容一般包括：双方当事人一般情况、当事人提交的材料和医学会的调查材料、对鉴定过程的说明、双方争议的主要事项、主要分析意见、鉴定结论、对医疗事故当事人的诊疗护理医学建议、鉴定时间等。

医疗事故鉴定结果及相应材料，医学会至少存档20年。

### 3. 尸体剖验

尸体解剖与检验，对于解决死因不明或对死因有异议而发生的医疗事故争议，具有无法替代的作用。《条例》规定，患者死亡，医患双方当事人不能确定死因或者对死因有异议的，应当在患者死亡后48小时内进行尸体解剖；具备尸体冻存条件的可以延长到7日，以便查清死亡原因。

尸检应当经死者近家属或家属同意并签字。死者家属或者医疗单位拒绝或者拖延尸检，超过规定时间，影响死因判定的由拒绝或者拖延方承担责任。

尸检应当由按照国家有关规定取得相应资格的机构和病理解剖专业人员进行。医疗事故争议双方当事人可以请法院病理学人员参加尸检，也可委托代表观察尸检过程。

## 四、不属于医疗事故的情形

（一）不属于医疗事故的情形

《医疗事故处理条例》规定不属于医疗事故的情形：
1. 在紧急情况下为抢救垂危患者生命而无法按照常规采取的急救措施造成不良后果的。
2. 在诊疗过程中由于病情异常或者患者体质特殊而发生医疗意外的。
3. 现有医学科学技术无法预料、防范的不良后果的。

4. 无过错输血感染造成的不良后果的。
5. 因患方原因延误诊疗导致不良后果的。
6. 因不可抗力造成不良后果的。

(二) 医疗事故鉴定专家组可以不受理的情况

《医疗事故处理条例》规定，医学会可以不受理委托鉴定申请的五种情况：
1. 当事人一方直接向医学会提出的鉴定申请。
2. 医疗事故争议涉及到多个医疗机构，其中一所医疗机构所在地的医学会已经受理。
3. 医疗事故争议已经由人民法院调解达成协议或判决。
4. 当事人已经向人民法院提起民事诉讼（司法机关委托的除外）。
5. 非法行医造成患者身体健康损害。

## 第五节 医疗事故的处理

### 一、医疗事故争议的协商解决

医疗事故争议可以协商解决，是医患双方以互解互谅的精神，通过平等协商自主解决医疗事故争议。协商解决可以缓解矛盾，减少误会，消除分歧，寻找到解决问题的方法。在医疗事故技术鉴定前协商，需要解决的问题主要包括两个方面：一是事实，即是否造成了不良后果，不良后果是否是由医疗行为所致；所致不良后果的医疗行为是否违反了医疗管理法律、法规、规章和诊疗护理规范、常规。二是承担责任的方式，即医疗机构对其过错造成的医疗不良后果应当以什么形式承担责任以及责任大小。一般以经济赔偿形式为主，由医患双方共同协商确定一个赔偿数额，但有的也可以采用赔礼道歉的形式。协商不成的，当事人可以向卫生行政部门提出调解申请，也可以直接向人民法院提起民事诉讼。在医疗事故技术鉴定后协商，主要解决承担责任的方式。

### 二、医疗事故争议的行政解决

医疗事故争议发生后，医患双方不愿协商解决，或者自主协商解决不成时，可以向卫生行政部门申请行政调解。申请内容可包括：申请人的基本情况、具体请求、争议的主要事实、理由和时间等。卫生行政部门收到申请后，应当及时进行审查，对符合规定的申请应当及时处理；对不符合规定的，则不予受理，并书面告知申请人。

已确定为医疗事故的，卫生行政部门应医疗事故争议的双方当事人请求，可以进行医疗事故赔偿调解。调解时，应当遵循当事人双方自愿原则，并依法确定赔偿数额。经调解，双方当事人就赔偿数额达成协议的，制作调解书，双方当事人应当履行；调解不成或协议后一方反悔的，卫生行政部不再调解。当事人可以在规定的期限内，向人民法院提起民事诉讼。

### 三、医疗事故争议的诉讼解决

医疗事故争议发生后，当事人可以直接选择诉讼途径解决，也可以在自主协商解决不成后，或者对卫生行政部门处理不服后，再选择诉讼解决。当事人既可以选择民事诉讼，也可以选择行政诉讼。当事人选择民事诉讼的，可以在申请卫生行政部门行政处理前，也可以在卫生行政部门行政处理过程中或者处理后。当事人选择行政诉讼的，也可以在卫生行政部门行政处理前（如不受理医疗事故争议处理申请），也可以在卫生行政部门行政处理过程中

（如对医疗事故技术鉴定不审核、不处理）或者处理后（如对处理结果不服）。但当事人申请卫生行政部门进行调解的，对调解结果不服，不能向人民法院提起行政诉讼，而只能按照民事诉讼的规定，向人民法院提起民事诉讼。

我国《民事诉讼法》规定，我国民事诉讼包括第一审程序、第二审程序、审判监督程序和执行程序。最常见的是人民法院审理第一审民事案件的普遍程序，包括起诉程序与受理、审理前的准备（质证）、法庭调查、法庭辩论、调解、判决或裁定等，此外，还包括不常见的简易程序和特别程序。如医疗事故人身伤害的民事诉讼案件的当事人对一审判决不服，有权在一审判决书送达之日起15日内向上一级人民法院提起上诉，要求上一级法院进行审理，做出撤销或变更判决、裁定的诉讼行为。审判监督程序又叫再审程序，是指人民法院发现已经发生法律效力的判决、裁定、调解书，在认定事实和适用法律上确有错误时，重新进行审理的诉讼程序。执行程序是人民法院依法对已经生效的民事判决和裁定，强制当事人履行的程序。医患双方在医疗事故人身伤害赔偿的民事诉讼过程中应正确了解诉讼程序，才能更好地依法维护各自的合法权益。

### 四、医疗事故赔偿

#### （一）医疗事故的赔偿范围与标准

医疗事故的赔偿属于民事法律责任。根据《医疗事故处理条例》的规定，医疗事故赔偿范围，包括医药费、误工费、住院伙食补助费、陪护费、残疾生活补助费、残疾用具费、丧葬费、被抚养人生活费、交通费、住宿费、精神损害抚恤金等11项医疗事故赔偿项目。

根据医疗事故处理条例规定，医疗事故赔偿费标准，应考虑医疗事故的等级、医疗过失行为在医疗事故损害后果中的责任程度、医疗事故损害后果与患者原有疾病状况之间的关系等因素，确定具体赔偿数额。

1. 医药费，包括挂号费、检查费、药费、治疗费、康复费等费用。医疗费根据医疗机构出具的医药费、住院费等收款凭证，结合病历和诊断证明等相关证据确定。赔偿义务人对治疗的必要性和合理性有异议的，应当承担相应的举证责任。医疗费的赔偿数额，按照一审法庭辩论终结前实际发生的数额确定。器官功能恢复训练所必要的康复费、适当的整容费以及其他后续治疗费，赔偿权利人可以待实际发生后另行起诉。但根据医疗证明或者鉴定结论确定必然发生的费用，可以与已经发生的医疗费一并予以赔偿。

2. 护理费，是指受害人因受到损害导致生活不能自理，需要有人进行护理而产生的费用支出。护理费根据护理人员的收入状况和护理人数、护理期限确定。护理人员有收入的，参照误工费的规定计算；护理人员没有收入或者雇佣护工的，参照当地护工从事同等级别护理的劳务报酬标准计算。

3. 交通费，是指受害人及其必要的陪护人员因就医或者转院所实际发生的用于交通的费用。交通费根据受害人及其必要的陪护人员因就医转院治疗实际发生的费用计算。交通费应当以正式票据为凭；有关依据应当与就医地点、时间、人数、次数相吻合。

4. 因误工减少的收入，是指受害人由于受到伤害，无法从事正常工作或者劳动而失去或者减少的工作、劳动收入。误工费根据受害人的误工时间和收入状况确定。误工时间根据受害人接受治疗的医疗机构出具的证明确定。受害人因伤残持续误工的，误工时间可以计算至定残日的前一天。受害人有固定收入的，误工费按照实际减少的收入计算。受害人无固定收入的，按照其最近3年的平均收入计算；受害人不能举证证明其最近3年的平均收入状况的，可以参照受诉法院所在地相同或者相近行业上一年度职工的平均工作计算。

5. 住院伙食补助费，可以参照当地国家机关一般工作人员的出差伙食补助标准予以确定。受害人确有必要到外地治疗，因客观原因不能住院，受害人本人及其陪护人员实际发生的住宿费和伙食费，其合理部分应予以赔偿。

6. 营养费，根据受害人伤残情况参照医疗机构的意见确定。

7. 赔偿残疾生活辅助具费，是指受害人因残疾而造成身体功能全部或者部分丧失后需要配制补偿功能的残疾辅助器具的费用。残疾辅助器具费按照普通适用器具的合理费用标准计算。伤情有特殊需要的，可以参照辅助器具配置机构的意见确定相应的合理费用标准。辅助器具的更换周期和赔偿期限参照配制机构的意见确定。

8. 残疾赔偿金，是受害人残疾后所特有的一个赔偿项目。残疾赔偿金根据受害人丧失劳动能力程度或者伤残等级，按照受诉法院所在地上一年度城镇居民人均可支配收入或者农村居民人均纯收入标准，自定残之日起按20年计算。但60周岁以上的，年龄每增加1岁减少1年；75周岁以上的，按5年计算。受害人因伤致残但实际收入没有减少，或者伤残等级较轻但造成职业妨害严重影响其劳动就业的，可以对残疾赔偿金做相应调整。

9. 丧葬费，丧葬费按照受诉法院所在地上一年度职工月平均工资标准，以6个月总额计算。

10. 被扶养人生活费，被扶养人生活费应根据扶养人丧失劳动能力程度，按照受诉法院所在地上一年度城镇居民人均消费性支出和农村居民人均年生活消费支出标准计算。被扶养人为未成年人的，计算至18周岁；被扶养人无劳动能力又无其他生活来源的，计算20年。但60周岁以上的，年龄每增加1岁减少1年；75周岁以上的，按5年计算。

11. 死亡赔偿金，是指自然人因生命权遭受侵害而死亡，由侵权人承担金钱赔偿的责任方式。死亡赔偿金的赔偿标准，由法官在司法实践中，根据案件具体情况，综合考虑各种因素之后进行确定。但是需要注意，对同一侵权行为造成多人死亡的，可以对死亡赔偿金以相同数额确定。《侵权责任法》第17条规定，因统一侵权行为造成多人死亡的，可以以相同数额确定死亡赔偿金。

被侵权人死亡的，其近亲属有权请求侵权人承担侵权责任。被侵权人为单位，该单位分立、合并的，承继权利的单位有权请求侵权人赔偿费用，但侵权人已支付该费用的除外。参加医疗事故处理的患者近亲属所需要的交通费、误工费、住宿费，计算费用的人数不超过2人，造成患者死亡的，参加丧葬活动的患者的配偶和直系亲属所需交通费、误工费、住宿费，计算费用的人数不超过2人。医疗事故的赔偿费用，实行一次性结算，由承担医疗事故责任的医疗机构支付。

（二）医疗事故赔偿的原则

由于医患关系在本质上属于民事法律关系，所以在处理医疗事故的时候，应当遵循民法的基本原则，如当事人在民事活动中的地位平等；保护公民、法人的合法权益；诚实信用等原则。不属于医疗事故的，医疗机构不承担赔偿责任；但也应考虑患者的实际损失、一般医疗机构的赔付能力和其他类似损害赔偿的状况等因素。医疗事故赔偿不应是象征性的，但也不应超越现阶段社会经济发展水平。让受害者获得合理的赔偿，也就是让受害者得到与现阶段社会经济发展相适应的赔偿。这种赔偿标准反映了社会发展的阶段性，它应随着社会经济的不断发展逐步提高。但又应考虑到医患关系毕竟是一种特殊的民事法律关系，因而在处理医疗事故时又有着须特别强调的一面。

(三) 医疗事故的赔偿方式

我国对医疗事故受害者实行一次性结算经济赔偿原则。经确定为医疗事故的，由医疗机构按照医疗事故等级、造成医疗事故的情节和患者的情况等，给予受害者一次性经济赔偿。由于部分医疗事故的受害者存在后续治疗及其费用问题，法院不能解决尚未发生的损失做出赔偿判决，因此，在处理这部分患者的相关费用时，应综合、客观地予以考虑。目前，一些地方正在推行医疗职业风险保险制度和医疗意外保险制度，这既解决了医疗事故赔偿资金的来源，也提高了医疗事故赔偿标准，同时也加强了社会医疗风险的意识。医疗事故实行保险制度是国际通行做法。有的医疗机构为提高赔付能力，建立了自己的医疗事故赔偿准备金。

# 第六节　　法律责任

## 一、行政责任

卫生行政部门接到医疗机构关于重大医疗过失行为的报告后未及时组织调查的；接到医疗事故争议的处理申请后，未在规定时间内审查或者移送上一级政府卫生行政部门处理的；未将应当进行医疗事故技术鉴定的重大医疗过失行为或者医疗事故争议移交医学会组织鉴定的；未依法逐级将当地发生的医疗事故以及依法对发生医疗事故的医疗机构和医务人员的行政处理情况上报的以及未依法审核医疗事故技术鉴定书，由上级卫生行政部门给予警告并责令限期改正，情节严重的，对负有责任的主管人员和其他直接责任人员依法给予行政处分。

医疗机构发生医疗事故的，由卫生行政部门根据医疗事故的等级和情节，给予警告。情节严重的，责令限期停业整顿直至由原发证部门吊销执业许可证。对负有责任的医务人员依法给予行政处分或纪律处分，对发生医疗事故的有关医务人员，卫生行政部门还可以责令暂停 6 个月以上 1 年以下执业活动，情节严重的，应吊销其执业证书。

如果医疗机构未如实告知患者病情、医疗措施和医疗风险的；没有正当理由，拒绝为患者提供复印或者复制病历资料的；未按国务院卫生行政部门规定的要求书写和妥善保管病历资料的；未在规定时间内补记抢救工作病历内容的，未依法封存、保管和启封病历资料和实物的；未设置医疗服务质量监控部门或配备专（兼）职人员的；未制定有关医疗事故防范和处理预案的；未在规定时间内向卫生行政部门报告重大过失医疗行为的；未依法向卫生行政部门报告医疗事故以及未按规定进行尸检和保存、处理尸体的，卫生行政部门将责令其改正，情节严重的，对负有责任的主管人员和其他直接责任人员依法给予行政处分或纪律处分。

医疗机构或者其他有关机构，如应由其承担尸检任务又无正当理由而拒绝进行尸检的以及涂改、伪造、隐匿、销毁病历资料的，由卫生行政部门责令改正，给予警告，对负有责任的主管人员和其他直接责任人员依法给予行政处分或纪律处分，情节严重的，由原发证部门吊销其执业许可证或资格证书。

## 二、刑事责任

卫生行政部门的工作人员在处理医疗事故的过程中违反法律的规定，利用职务上便利收受他人财物或者其他利益，滥用职权，玩忽职守，或发现违法行为不予查处，造成严重后果的，依照刑法关于受贿罪、滥用职权罪、玩忽职守罪或者其他有关罪的规定，依法追究刑事责任。

医疗机构发生情节严重的医疗事故的，对负有责任的医务人员依照《刑法》第335条关于医疗事故罪的规定，依法追究刑事责任。参加医疗事故鉴定的人员违反纪律的规定，接受申请鉴定双方或一方当事人的财物或者其他利益，出具虚假医疗事故技术鉴定书，造成严重后果的，依照《刑法》关于受贿罪的规定，依法追究刑事责任。由于新条例不分责任与技术事故，将使以责任事故的确定为前提的《刑法》第335条的适用难以成立。

患者或者其家属以医疗事故为由，寻衅滋事，抢夺病历资料，扰乱医疗机构正常医疗秩序和医疗事故技术鉴定工作，依照《刑法》关于扰乱社会秩序罪的规定，依法追究刑事责任。非法行医，造成患者人身损害，不属于医疗事故，触犯刑法的，依法追究刑事责任。

（一）医疗事故罪

1. **医疗事故罪的概念**

医疗事故罪，是指医务人员由于严重不负责任，造成就诊人死亡或者严重损害就诊人身体健康的行为。

2. **医疗事故罪的特征**

（1）侵犯的客体是国家正常的医疗秩序，即国家对医疗工作进行管理活动的正常状态和公民的生命、健康权。

（2）客观方面表现为严重不负责任，造成就诊人员死亡或严重损害就诊人身体健康。严重不负责任，是指医务人员在诊疗护理过程中，违反规章制度与诊疗护理常规，不履行或不正确履行诊疗护理职责，粗心大意，马虎草率。其行为既可以是作为，也可以是不作为。

（3）犯罪主体必须是医务人员，即直接从事诊疗护理事务的人员，包括国家、集体医疗单位的医生、护士、药剂人员，以及经主管部门批准开业的个体行医人员。

（4）主观方面是过失。

3. **法律认定**

（1）正确划清医疗事故罪与医疗技术事故的界限。责任事故是指医务人员因违反规章制度、诊疗护理常规等失职行为所致的事故；技术事故是指医务人员因技术过失所致的事故。技术事故一般是指医务人员因技术水平不高、缺乏临床经验技术上的失误所导致的事故，而不是因为严重不负责任而导致的事故。所以对医疗技术事故不应认定为本罪。

（2）正确区分医疗事故罪与医疗意外事故的界限。医疗意外事故是指由于医务人员不能预见或不可抗拒的原因而导致就诊人死亡或严重损害就诊人身体健康的事故。由于行为人主观上没有过失，因此不能认定为本罪。

（二）非法行医罪

1. **非法行医罪的概念**

非法行医罪，是指未取得医生执业资格的人非法行医，情节严重的行为。

2. **非法行医罪的特征**

（1）侵犯的客体是国家对医疗机构以及医务从业人员的管理秩序，及其公民的生命和健康权利。

（2）客观方面表现为非法行医的行为，即未取得医生执业资格的人，非法从事诊断、治疗、医务护理工作。构成本罪还需情节严重。

（3）犯罪主体是特殊主体，只能由未取得医生执业资格的人才能构成。已经取得医生执业资格的人,即使尚未办理其他有关手续的,也不成立本罪。

(4) 主观方面只能由故意所构成。但对于在非法行医中所造成的严重损害就诊人身体健康或造成就诊人身体健康的结果行为人具有过失。

### 3. 法律认定

本罪与医疗事故虽然都违反了相应的法律和行政法规,且都可能造成病人死亡或严重损害其健康,但本罪的主体为取得医生执业资格的人,而后者却必须为医务人员;同时,本罪主观方面为故意,而后者主观方面表现为过失。

## 三、民事责任

医疗事故中的民事责任通常是指医疗机构因发生医疗事故应向患方承担民事赔偿责任。医患纠纷发生后,由于医患双方是平等的民事主体,因而赔偿争议的解决可以通过自愿、平等协商,达成一致的协议。此外,双方如不愿意协商或是协商不成,可以向卫生行政部门申请赔偿调解。对已经确定为医疗事故的,卫生行政部门应当遵循当事人双方自愿原则进行调解,如能达成协议,由卫生行政部门制作调解书,双方应履行;调解不成或经达成协议后一方反悔的,卫生行政部门不再调解。最后,当事人可以在协商不成或是调解不成时向人民法院提起民事诉讼,也可以直接向人民法院提起民事诉讼,这是解决医疗事故争议的最终途径,是最终的救济手段,用司法程序解决医疗事故争议是最具强制力的一种解决途径。

医疗事故的损害后果,是对自然人生命健康权的侵害,生命健康权是公民的一项基本权利,也是享有其他一切权利的基础,对公民生命健康权的损害赔偿是针对损伤公民健康权所造成的财产损失的赔偿,其实质是一种财产责任。新实施的《医疗事故处理条例》根据我国关于人身损害的民法原则提出了确定医疗事故赔偿具体数额的三个基本原则:

### 1. 应当与具体案件的医疗事故等级相适应的原则

《条例》中关于医疗事故等级的划分,明确以医疗过失行为对患者人身造成的直接损害程度,合理划分在医疗事故的等级。因此,医疗事故的等级体现了患者人身遭受损害的实际程度,是对受害人身致伤、致残及其轻重程度的客观评价。医疗事故具体赔偿数额与医疗事故等级相适应,体现了我国民法在民事赔偿上的实际赔偿原则,体现了赔偿的公平性和合理性。

### 2. 应当与医疗行为在医疗事故损害后果中责任程度相适应的原则

医疗事故与医疗过失责任程度相适应的原则,是指在医疗方所承担的赔偿份额,应当与其过错行为对损害后果的作用相一致,体现医疗事故赔偿适用的"过错原则"。

过错原则是医疗事故赔偿的一个基本原则。明确医疗事故的赔偿责任,必须确定医疗行为本身是否有过错,有过错也不意味着承担全部责任,还要看过错行为对损害方损害结果所占的责任程度的大小,有多大责任就承担多大的赔偿责任。

责任程度原则是医疗事故赔偿的另一个基本原则。责任程度原则是一个较合理的赔偿适用规则:(1)避免在确定为医疗事故后就判定医疗主体承担全部损失的责任,使医疗主体承受起超过其实际致害行为责任程度的赔偿义务,合法权益受到损害。(2)避免对医疗过失责任程度较小的损害后果,在鉴定中不能确定为医疗事故,使患者不能得到应得的补偿。

### 3. 应客观考虑医疗事故损害后果与患者原有疾病状况之间的关系

这一原则要求确定医疗事故赔偿时,应当实事求是,客观地分析患者原有疾病状况对医疗事故损害后果的影响因素以及其与损害结果之间关系,免除医疗主体不应承担的赔偿成分，体现了法律的公平性，以及责任方应承担责任份额时以事实为根据，以法律为准绳的法治原则。

考虑患者原有疾病，主要应当注意以下几个方面：

（1）患者原有疾病在发生发展过程中的必然趋势与医疗事故损害后果的关系。

（2）患者原有疾病状况发展对现存损害后果的直接作用程度及过失行为之间关系。

（3）患者原有疾病状况的基础条件在静止状态与其现有损害的关系，如果都是一个相当于 X 级的残疾者，而医疗事故导致其残疾程度进一步严重，在确定具体赔偿数额时应当减除原有残疾损失的份额。

（4）患者原有疾病状况的危险性及其与医疗主题实施医疗行为的必然联系和客观需求，患者因医疗行为的获益结果与损害结果的关系等。

### 思考题

1. 简述医疗事故的法律特征。
2. 不属于医疗事故的情形有哪些？
3. 医疗意外的法律特征是什么？
4. 区别医疗事故与医疗意外的关键是什么？
5. 案例：《贵州都市报》报道，2003 年 9 月 1 日晚，贵州省毕节来筑城的何××到贵阳铁五局中心医院妇产科住院待产，9 月 2 日中午 11 时 40 分，在分娩困难情况下，医院为何××实施剖腹产手术，何产下一健康女婴后不久，医生告诉何××及其丈夫余××，称娃娃的脸在手术中被划了一下，余××看见刚出生的女儿的脸上被划出一条 1 厘米多的血口子，遂向医院提出赔偿；后经贵阳市医学会医疗事故技术鉴定工作办公室鉴定为四级医疗事故。

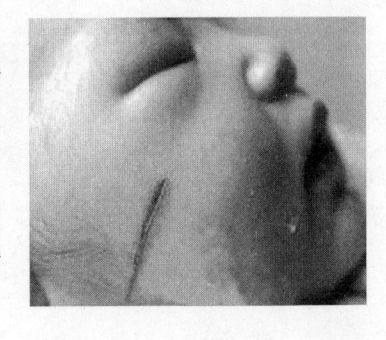

铁五局中心医院认为：婴儿脸划伤是手术意外，不是事故，今后不会留疤痕，并且家属签了"手术同意书"，因此医院不接受何××一家的赔偿要求。鉴于医院对新生儿实际造成意外伤害，医院愿意减免何伟燕住院费用的 10%。

（1）该案属于医疗事故还是医疗意外？鉴定的理由是什么？

（2）何××的请求是否合理？

（分析思路：医疗意外。）

6. 案例：死者余××，职工，今年 34 岁，2 月 26 日因感冒来到安康××医院就诊，被确诊为病毒性肝炎并住院治疗。3 月 1 日中午，医护人员给余小冬输入 A 型血浆。余××觉得有些奇怪，因为以前血型化验自己是 B 型。家属从户口本上查对血型后，证实余小冬是 B 型血。经查，原来是医院血库工作人员在抄写化验单上血型时，误将 B 型写成了 A 型。护士获知这一情况后，赶忙换成 B 型血浆，但当时原血袋中已有 1/3 的 A 型血浆输入了余小冬体内。3 月 2 日清晨，余小冬开始神志不清，4 日其病情加重，当晚 10 时左右余小冬被转往另一家大医院，5 日上午，余小冬经抢救无效死亡，死亡证明上注明死前症状是肝性脑病，死亡原因是呼吸衰竭。

（1）该案属于医疗事故还是医疗意外？鉴定的理由是什么？

(2) 该院医务科工作人员对记者的解释，有无医学法理根据？
（分析思路：医疗事故。）

7. 案例：2002年6月下旬，现年54岁的李××，因感到咽喉不适，吞咽不畅，且睡眠时鼾声大，到上海××医院就诊。经放射科GI检查，诊断为"食管下段病变，食管癌可能大"，同年7月1日李××入住该医院。入院后医生再次诊断为，"食管下段癌"。李××在入院后手术前的7天里，医院在为其做的手术前的常规检查中并未发现可以确诊癌症的指标，但医院未再作进一步相关检查的情况下，确诊为"食管下段癌"，且已晚期。并不顾及李先生家属再三要求做活检化验的要求，执意立即为其手术。术后第3天，病理报告显示李先生的病症实际为"食管下段近贲门处慢性溃疡"。

男子患溃疡被误诊为癌症，此后半年内进行了一系列大大小小的13次手术治疗，给李××留下了诸多后遗症。为此，李××将医院告上法院，请求法院判处医院赔偿其医疗费、误工费、护理费等各种费用。

(1) 该案属于医疗事故还是医疗意外？鉴定的理由是什么？
(2) 李××的诉求是否合理？黄浦法院判决的法理根据是什么？
（分析思路：医疗事故。）

# 参考文献

[1] 任天波.医学法学[M].西安:陕西师范大学出版总社有限公司,2012.
[2] 李新生,韩金素.医学法学[M].郑州:郑州大学出版社,2008.
[3] 吴崇其.卫生法学[M].北京:法律出版社,2005.
[4] 石恩林,李重阳.医学法学理论实践研究[M].兰州:甘肃人民出版社,2007.
[5] 徐正东,刘博.医学法学[M].成都:四川大学出版社,2011.
[6] 姜柏生,万建华,严晓萍.医事法学(第2版)[M].南京:东南大学出版社,2007.
[7] 陈晓阳,沈秀芹,曹永福.医学法学[M].北京:人民卫生出版社,2006.
[8] 杨立新.医疗损害责任法[M].北京:法律出版社,2012.
[9] 田侃.卫生法规[M].北京:中国中医药出版社,2010.
[10] 方龙山.卫生法学[M].南京:东南大学出版社,2006.
[11] 沃中东主编.卫生法学[M].杭州:浙江教育出版社,2009.
[12] 卞耀武.中华人民共和国药品管理法释义[M].北京:法律出版社,2001.
[13] 宋文质.卫生法学[M].北京:北京大学医学出版社,2005.
[14] 李艳,张会萍.卫生法学[M].郑州:河南人民出版社,2011.
[15] 赵同刚.卫生法立法研究[M].北京:法律出版社,2003.
[16] 樊立华.卫生法学[M].北京:人民卫生出版社,2004.
[17] 达庆东,田侃.卫生法学纲要[M].上海:复旦大学出版社,2011.
[18] 关向东.处方学概论[M].武汉:湖北科学技术出版社,2001.
[19] 赵玉元.病历与处方书写规范[M].兰州:兰州大学出版社,1998.
[20] 徐书珍.医疗文书书写规范与病案管理[M].北京:军事医学科学出版社,2007.
[21] 杨开忠,陆军.国外公共卫生突发事件管理要览[M].北京:中国城市出版社,2003.
[22] 余新忠.清代江南的瘟疫与社会——一项医疗社会史的研究[M].北京:中国人民大学出版社,2003.
[23] 张永伟,王冬玉.放射诊疗管理规定释义与适用[M].北京:中国法制出版社2010.
[24] 许建阳,刘建涛."非典"重大突发公共卫生事件的思考[J].医学与哲学,2003,(3).
[25] 彭波.器官捐献呼唤立法规范[N].人民日报,2012-7-18(018).
[26] 牟修红,何文富,张磊.开展处方点评工作的实践与意义[J].中国药业,2011,(13).
[27] 吴方建.解读《处方管理办法》条例[J].医药导报,2007,(7).
[28] 何宣蓉,李冠锋.学习、贯彻新的《处方管理办法》[J].中国药事,2008,(9).
[29] 李钰.应对突发公共卫生事件的法律制度研究[D].郑州大学,2005.
[30] 胡海华.突发公共卫生事件应急法律制度研究[D].东南大学,2005.
[31] 王丹.遏制器官移植乱象必须强化监管[N].健康报,2012-3-9(008).
[32] 孙菊枝.紧急状态下的公共卫生法律法规建设[J].中国公共卫生,2003,(10).
[33] 康达.国外媒体公共卫生事件的报道方法[J].中国记者,2003,(6).
[34] 付子堂.对利益问题的法律解释[J]法学家,2003,(8).
[35] 任天波.宁夏高校大学生心理健康教育研究[D].福建师范大学,2003.

# 后 记

我国加入世界贸易组织（WTO），国家向国际社会做出了诸多承诺，其中不乏大量关于人体生命健康权益的卫生事项。我国的卫生体制改革在不断深入，这些都为国家的卫生法制建设提出了更多、更新、更高的要求。党的十八大报告中提出："完善中国特色社会主义法律体系，加强重点领域立法，拓展人民有序参与立法途径。推进依法行政，切实做到严格规范公正文明执法。""要坚持为人民健康服务的方向，坚持预防为主、以农村为重点、中西医并重，按照保基本、强基层、建机制要求，重点推进医疗保障、医疗服务、公共卫生、药品供应、监管体制综合改革，完善国民健康政策，为群众提供安全有效方便价廉的公共卫生和基本医疗服务。"这是13亿中国人民向世界的承诺。

医学法是医师从事医师工作必备的医学法律知识。《医学法学》第二版是在《医学法学》2012年版的基础上修订而成，共分17章。参编人员与编写任务是：崔岚（第一章），郑学刚（第二章），雷鸣选（第三章），李宝凤（第四章），朱国明（第五章），汤波（第六、七章），任天波（第八、十七章），陈建保（第九、十章），杨雪梅（第十一、十五章），张杰（第十二章），徐萍风（第十三章），张焜（第十四章），郝红亮（第十六章）；由汤波、雷鸣选、徐萍风、杨雪梅担任审稿任务，任天波担任最后统稿任务。

《医学法学》在第二版修订过程中得到宁夏医科大学党政领导和人文社科部参与编写教师的大力支持；各位教师在编写过程中，查阅参考了大量的其他文献资料，吸取了这些相关书籍和文献资料的优秀成果，在此向参考文献资料的作者，陕西师范大学出版总社有限公司的编辑人员，表示衷心的感谢。

由于我们编写水平有限，书中错误在所难免，恳请各位同行专家和读者提出宝贵意见，不吝批评指正，我们将十分感谢。

宁夏医科大学人文社科部
2014年2月12日